Martina Meuth
Bernd Neuner-Duttenhofer

*Unser Leben auf dem Apfelgut*

Martina Meuth
Bernd Neuner–Duttenhofer

# *Unser Leben auf dem Apfelgut*

Karl Blessing Verlag

Umwelthinweis:
Dieses Buch und sein Schutzumschlag wurden
auf chlorfrei gebleichtem Papier gedruckt.
Die vor Verschmutzung schützende Einschrumpffolie
ist aus umweltschonender und recyclingfähiger PE-Folie.


Der Karl Blessing Verlag ist ein Unternehmen der
Verlagsgruppe Random House GmbH

1. Auflage
Copyright © für die deutschsprachige Ausgabe
Karl Blessing Verlag GmbH München 2003
Copyright © Meuth/Neuner-Duttenhofer 2003
Umschlaggestaltung: Design Team, München
Satz: Uhl + Massopust, Aalen
Druck und Bindung: GGP Media, Pößneck
Printed in Germany
ISBN 3-89667-206-1
www.blessing-verlag.de

# Inhalt

## Sommer

## Herbst

## Jahresausklang

## Wie alles begann

Ein Winterwetter wie im Bilderbuch. Ein leuchtend blauer Himmel wölbt sich hoch über der frisch mit einer dicken Schneeschicht überzogenen Landschaft. Die Sonne ist bester Laune und lacht. Wo sie länger einwirken kann, tropft's, und es entstehen Eiszapfen, die märchenhaft glitzern. Das Herz geht auf, endlich!

Wir waren schon drauf und dran, trübsinnig zu werden. In den Tagen zuvor wollte es kaum richtig hell werden. Morgens, wenn man die Vorhänge öffnete, kam kein Licht ins Zimmer, der Himmel drückte schwer, von dunklen Wolken verhangen.

Genauso war es gewesen, als wir hierher gezogen waren, vor gut siebzehn Jahren. Es war zwar März, aber der lange, grimmig kalte Winter wollte immer noch nicht dem Frühling weichen. Die Umzugsleute hatten Schwierigkeiten, durch den Schnee zu pflügen, der ausgerechnet zwei Tage vor dem Termin so reichlich gefallen war, wie den ganzen Winter nicht. Sie schleppten Kartons und Möbel die Treppe herab, schlitterten den langen Weg zum Haus – man kann bei uns nicht einfach vorfahren, sondern muss alles von einer höheren Ebene herunterwuchten und dann im Haus die Treppe wieder hinauf, manche Gegenstände bis zum zweiten Stock. Das machte den Herren keine gute Laune … Hundertzwanzig Kisten, voll gestopft mit Büchern, Geschirr, der zentnerschweren Sammlung von Fleischwölfen und anderen Küchengeräten aus Gusseisen. Von Möbeln, Kleiderkisten und Pflanzen wollen wir gar nicht reden, erst recht nicht von den Weinflaschen, die ebenfalls in das neue Heim umziehen sollten.

In der folgenden Zeit kein Lichtstrahl, nur Dunkelheit, sechs Wochen lang! Martina war verzweifelt: »Wo um Gottes willen sind wir bloß hingeraten?« In München, wo wir vorher gelebt hatten, gab es auch schon mal düstere Tage, aber nicht mehrere Wochen hintereinander ohne Sonne. Das war keine Einbildung, wie uns der allabendliche Wetterbericht zeigte: Schon nach wenigen Tagen verhieß das Sonnensymbol im Südosten föhnige Besserung. Aber bei uns, am Nordrand des Schwarzwalds – nicht der milden Seite, dem Rheintal, sondern der rauen Schwäbischen Alb zugewandt –, da hockte ein ausdauerndes Tief, und weit und breit war kein auffrischendes Frühlingslüftchen in Sicht, das die dicken Wolken hätte beiseite schieben können. Graue Schneereste allenthalben ließen die Landschaft schmutzig und trostlos wirken.

Als Stadtmensch war Martina daran gewöhnt, dass die Straßenreinigung den zuvor vom Schnee gnädig zugedeckten und nach dem Tauwetter umso hässlicher sichtbar werdenden Unrat des Winters schnell wegschaffte. Umso größer war ihr Entsetzen, jetzt auf eine Landschaft zu starren, die zwar von der Schneedecke befreit, aber noch längst nicht durch des Frühlings holden Blick belebt war. Hier sollte sie nunmehr leben?

Moritz (dieser Spitzname passt, wie Martina und alle Freunde finden, viel besser zu ihm als sein Taufname Bernd, der jedoch immer noch im Pass und in der Autorenzeile steht) war mit diesen unterschiedlichen Aggregatzuständen der Natur vertraut und konnte daher Martinas Verzweiflung nicht so recht nachvollziehen. Er wusste, dass bald wieder die Sonne scheinen würde, selbst wenn es im Augenblick schwer vorstellbar war. Er sah nicht die unter der Schneedecke verfaulten, braun gewordenen Gräser, sondern entdeckte beglückt die Spitzen der Schneeglöckchen, ahnte bereits die winzigen blauen Knöspchen der Scilla und erfreute sich an den gelben Blüten der Winterlinge, den ersten Vorboten des nahenden Frühlings…

Diese wahrzunehmen hat Martina erst im Laufe der Jahre gelernt; ebenso wie die Kunst, die sonnenlose Zeit zu Beginn des Jahres mit Gleichmut zu überstehen. Denn eines Tages ist es ja tatsächlich so weit: Dann hat die Sonne mit ihrer zunehmenden Kraft sogar die dunkelsten Ecken von Schneeresten befreit, dann hat Frau Fogel mit dem Rechen die Grasflächen im Park gebürstet und alle trockenen Äste aufgelesen. Man spürt allenthalben die Erwartung. Die schlafende Natur beginnt sich zu regen, langsam aufzuwachen… Es ist ja immer wieder verblüffend, mit welcher Macht Narzissen und Tulpen sich plötzlich Bahn brechen, zuerst nur Blattspitzen aus der Erde treiben, zwischen denen sich bald schon Knospen zeigen! Dann wünscht man sich nach ein paar sonnigen Tagen schon wieder den linden Frühlingsregen, der den Staub des Winters wegwäscht, Morcheln sprießen lässt und die Pflanzen erfrischt, damit sie wachsen und gedeihen können.

Im Winter 1985 allerdings, bei unserem Einzug, bot das Wetter keinerlei Abwechslung. Wir konnten uns darauf konzentrieren, unsere ganze Menage, die in München eine geräumige Fünf-Zimmer-Altbau-Wohnung ausgefüllt hatte, in Moritz' Elternhaus unterzubringen. Das war nicht leicht, zumal das Haus mit vielen Fenstern in den kleinen Räumen und den Verbindungstüren zwischen allen Zimmern wenig Stellfläche für Bücherregale bot und von seinen Bewohnern ein gehöriges Maß an Unterordnung verlangte.

Mit den Renovierungsarbeiten hatten wir bereits im Herbst zuvor begonnen: Wir hatten das Bad mit neuzeitlichem Komfort versehen und uns von der gusseisernen Riesenbadewanne getrennt, eine Ölzentralheizung mit Warmwasserversorgung eingebaut, die Zimmer mit Raufasertapeten versehen und alles weiß gestrichen. Seit dem Tod von Moritz' Mutter im Jahre 1982 hatte das Haus leer gestanden.

Die Küche brachten wir jetzt aus München mit. Wir hatten sie bereits für die vorletzte Wohnung von einem Schreiner nach unseren Vorstellungen anfertigen lassen, weil uns die von den einschlägigen Firmen angebotenen Möglichkeiten nicht praktisch genug erschienen. Zum Beispiel haben wir auf die viel Platz verschwendenden Sockel verzichtet: Bei uns werden die Unterschränke mit Schiebetüren bis auf den Fußboden ausgenutzt, schmalere Zwischenböden an der Rückwand bieten außerdem Raum für weniger oft benutzte Gegenstände. Und, vor allem, die Arbeitshöhe ist auf unsere Körpergröße ausgerichtet; der in der Höhe gewonnene Raum kommt Schubladen zugute. Diese Küchenmöbel benutzen wir heute noch, 23 Jahre später. Eine Investition, die sich gelohnt hat.

So also begann unser Leben auf dem Apfelgut. Moritz' Urgroßvater hatte es Ende des 19. Jahrhunderts gekauft. Der Rottweiler Pulverfabrikant Max von Duttenhofer war der typische industrielle Unternehmer der Gründerzeit. Ein stattlicher, dynamischer und äußerst durchsetzungskräftiger Mann, der wohl ebenso charmant wie rücksichtslos sein konnte. Das persönliche Adelsprädikat war dem Geheimen Kommerzienrat in Verbindung mit dem Kronenorden verliehen worden, den er nicht ablehnen konnte; die Erhebung in den erblichen Adelsstand für seine Verdienste um die industrielle Entwicklung in Württemberg – er hatte unter anderem die Daimler Motorenwerke mitbegründet und die Württembergische Metallwaren Fabrik – soll er dankend abgelehnt haben mit der Bemerkung: »Lieber der erste Industrielle im Staat als der jüngste Adlige«.

Das repräsentative Anwesen von Moritz' Urgroßvater in Rottweil und der unglaubliche Aufwand seines Haushaltes sind Geschichte. Max von Duttenhofer verlangte beispielsweise von seiner Frau Gemahlin, dass um Punkt 12 Uhr mittags 120 Personen mit einem ausgiebigen Menü bewirtet wurden, auch wenn er dies erst zwei Stunden vorher mitteilte – selbstverständlich klappte das! Dafür wies er aber auch den Gärtner an, dass er seiner Frau täglich ein Sträußchen ihrer Lieblingsblumen, nämlich duftende Maiglöckchen, auf den Frühstückstisch stellte – auch das klappte, mittels Eiskeller und Treibhaus.

Seine weitläufigen Kontakte in der ganzen Welt, vor allem in Kriegsministerien und Rüstungbetrieben, wären ein eigenes Kapitel wert. Er verehrte Bismarck, der ihn seinerseits schätzte und ihm von seinem Besitz Friedrichsruh ein Gelände in Bergedorf zur Verfügung stellte. Dort sollte Duttenhofer eine weitere Pulverfabrik bauen. Das von ihm erfundene rauchlose Pulver (welches ihn zu einem der reichsten Männer Württembergs machte) hatte 1870/71 entscheidend zum Sieg über die Franzosen beigetragen und war damals in der ganzen Welt begehrt – so auch in Russland. Er sagte dem Zarenreich eine große Pulverlieferung zu. Dies passte Bismarck allerdings überhaupt nicht in das politische Konzept, weshalb er den Kommerzienrat zu sich kommen ließ und ihn eindringlich beschwor, das Geschäft zu annullieren oder wenigstens die Lieferung hinauszuzögern. Er stellte dafür Kontakte mit der Türkei in Aussicht (die sich später auch als äußerst gewinnträchtig erwiesen). Urgroßvater versprach, sein Möglichstes zu versuchen, ohne finanzielle Einbußen zu erleiden oder seinen Ruf als verlässlicher Geschäftsmann zu verlieren. Als er schon in der Tür stand (so überlieferte es eine seiner Enkelinnen, Elisabeth Rönckendorff, eine Cousine von Moritz' Mutter, in ihren Lebenserinnerungen), rief Bismarck ihn zurück: »Duttenhofer, jetzt privat, wollen Sie mir einen Gefallen tun? Dann bringen Sie mir aus Russland ein Fässchen von dem schönen grauen, großkörnigen Kaviar mit. Wissen Sie, ich möchte mal wieder Kaviar mit dem Löffel essen können!« Die Verhandlungen in Moskau und Petersburg waren von Erfolg gekrönt. Mein Urgroßvater erhielt nicht nur einen Aufschub, sondern auch die Zusage, in Zukunft eine eigene Fabrik in Russland errichten zu können, was dann auch ein paar Jahre später geschah. Als Duttenhofer nach der Rückkehr dem Fürsten persönlich ausführlich berichten wollte, unterbrach ihn Bismarck ungeduldig:

»Duttenhofer, konnten Sie meinen privaten Wunsch ebenfalls erfüllen?«

»Ja, Durchlaucht, das Fässchen ist in meinem Gepäck!«

Man ließ es holen, der Fürst öffnete es eigenhändig, ein Diener brachte Löffel, und die beiden Herren verspeisten am Arbeitstisch des Reichskanzlers genüsslich den gesamten Inhalt. Von da an schickte Moritz' Urgroßvater Bismarck bis zu dessen Tod alljährlich zu Weihnachten ein Fässchen edelsten Kaviars.

Das »Rittergut Neunthausen« war eine kleine schwäbische Baronie mit einem winzigen Herrenhaus, wohl aus dem 16. Jahrhundert, mit nur sechs niedrigen Zimmern und Dachboden, wie ein uns erhaltener Stich des Kupferstechers Georg Christ Kilian zeigt. Dazu gehörte, lediglich ein paar Schritte entfernt, ein kleines Bauernhaus sowie – zweihundert Meter unterhalb, am Rande des Dorfes gelegen – ein veritables Hofgut. Moritz' Urgroßvater beauftragte einen Stuttgarter Architekten, das bescheidene Herrenhaus in eine großzügige Villa zu verwandeln, das Bauernhaus zu erweitern, um es als Gäste- und Verwalterhaus nutzen zu können, weiterhin Garagen und Pferdestall, Kutscherwohnung und Geräteschuppen darin unterzubringen.

Er selbst kümmerte sich höchstpersönlich mit seinem Verwalter um die Landwirtschaft und machte aus dem bisher eher verschlafenen und halbherzig bewirtschafteten Hof ein regelrechtes Mustergut mit Pferden, mit Rinder- und Schweinezucht, Feldwirtschaft und Obstplantagen. Denn der kühn planende Industrielle hatte einen ausgeprägten Hang zur Natur und war sich sicher, dass mit fortschrittlichen Methoden die landwirtschaftliche Produktion auch im rauen Klima seiner Heimat ein Gewinn bringendes Unternehmen werden könnte. Auf seinem prestigeträchtigen Rittergut wollte er sich von seinen vielen Reisen erholen, sich dem Landleben hingeben, der geliebten Jagd frönen und seine vielköpfige Familie um sich scharen.

Da er dies nur für den Sommer plante, verlangte er eine leichte, für damalige Verhältnisse in seiner Position bescheidene Ausführung. Schwäbische Sparsamkeit! Darunter haben wir jetzt noch jeden Winter zu leiden, denn die Wände des Hauses sind dünn, und drinnen ist es nur mit hohem Aufwand gemütlich warm zu bekommen.

Die Villa gliedert sich in zwei Hälften: das ursprüngliche Herrenhaus mit seinen kleinen, niedrigen, heimeligen Räumen, zum anderen der neue Anbau. Dieser hat eine hohe Vorhalle mit einem Kamin und mit einer zu den Gästezimmern führenden Galerie, einen großen Saal mit sechs Meter hohem Tonnengewölbe (in dem die festlichen Menüs unserer Kochseminare stattfinden) und einem Erker, der auf den Park hinausgeht und eine repräsentative Sitzecke hat; weiterhin Frühstücks- und Musikzimmer, die inzwischen zu Arbeitszimmern umfunktioniert wurden. Wir schlafen im ersten Stock des alten Teils, darüber und in Teilen des »Neubaus« befinden sich insgesamt sechs Gästezimmer: Kein Wunder, dass unsere Gäste fast immer über Nacht bleiben.

Zu Zeiten des Urgroßvaters waren die Zimmer im obersten Stock den Dienstboten vorbehalten, nur die drei Zimmer über unseren Arbeitszimmern und über der Sitzecke des Saals waren als Gästezimmer ausgewiesen. Ein Teil der Verwandtschaft wurde daher im Nachbarhaus untergebracht. Für die Enkelkinder in den Ferien war es ein Paradies: »…unser Kinderspielplatz mit allem Zubehör, inmitten alter Tannen, ein ausgespartes Rondell, ein ideal schöner Platz. Ich sehe noch heute die Sonnenlichter und Flecken über Platz und Bäume spielen und höre das unendliche Summen der Bienen, Libellen und all der sonstigen geflügelten kleinen Tiere«, schreibt Elisabeth Rönckendorff in ihren Erinnerungen. Der Urgroßvater starb zwar bereits 1903, die Tradition der familiären Sommerferien wurde aber von der Urgroßmutter und Großvater Max (junior) aufrechterhalten, der 1905 heiratete und mit seiner Frau in Berlin residierte.

Da die Villa an einem Hang steht, hat man das Gelände zunächst einmal in zwei Stufen terrassiert: Die erste Stufe ist das Parterre, nach Süden, das auch die Seiten des Hauses umschließt. Die zweite Stufe ist das Parterre hinter dem Haus, gen Norden, zu dem rechts vom Haus eine Treppe mit sieben und von der Terrasse aus eine Treppe mit fünf Stufen herunterführt. Das Parterre fällt also leicht ab, das fördert die Entwässerung. Als dem Fortschritt verpflichteter Industrieller hatte der Urgroßvater alle Wegflächen mit dem modernsten Material versehen. Die Großmutter hat dann den Beton aufwendig entfernen lassen und die Wege gesandet.

Leider sind die Geschossebenen im Haus nicht mit dem Gelände draußen auf einer Höhe: Am Haupteingang an der Vorderseite des Hauses geht es zunächst eine Stufe hoch in den Windfang. Von dort führen weitere sechs Stufen hinauf ins so genannte »Erdgeschoss« – in ein Vestibül mit anschließendem Treppenhaus – und acht Stufen hinunter ins Untergeschoss.

Die Hauptebene des Hauses liegt also erhöht, alle Lieferungen, Transporte oder kleinere Einkäufe müssen daher immer einige Stufen hoch oder runter geschleppt werden. Und innerhalb des Hauses ist nur das Erdgeschoss auf einer Ebene, im ersten und zweiten Stock verbinden Treppen mit drei bzw. sechs Stufen die Flure des Neubaus mit dem Treppenhaus des alten Teils. Auf jeder Etage befindet sich neben der Treppe eine Toilette, im ersten und zweiten Stock jeweils ein Badezimmer. In den Gästezimmern standen (und stehen) lediglich Waschtische mit Schüssel – früher brachten die Dienstmädchen morgens das Waschwasser in einer Kanne. Wir haben zwar zwischen zwei der Gästezimmer noch eine Dusche eingebaut, aber der sanitäre Anspruch der heutigen Zeit, jedes Gästezimmer mit eigenem Bad und Klo auszustatten, lässt sich aus Platzgründen leider nicht erfüllen.

Die Treppe vom vorderen Eingang ins Untergeschoss führt genau auf unsere Arbeitsküche zu, in der alles vorbereitet und ver-

arbeitet wird, was aus dem Garten kommt, in der unsere Kochkurse stattfinden und in der unsere Fernsehsendungen gedreht
werden. Gleich linker Hand geht es hinunter in den Weinkeller
unter dem Esszimmer. Rechts befinden sich die Heizung (wo
auch das Werkzeug ein ungeordnetes Dasein fristet) und der
Raum für den ungeliebten, aber notwendigen Öltank. Im Winter werden dort Gartenmöbel untergebracht, im Sommer die
Vorfenster, die wir in einem Teil des Hauses herausnehmen, damit
Licht und Luft in die Räume dringen. Weiter gibt es hier den Keller für alles Eingemachte, Konserven und andere Vorräte; einen
Raum für die Requisiten (die wir für die Photos und Dreharbeiten brauchen), den Leuchttisch zur Betrachtung der Dias und die
Dias selbst; das Büro unserer Mitarbeiterin, Frau Pfendtner;
schließlich ein Raum für Tiefkühltruhen, Eismaschine, Gartenge-
räte, Fahrräder, Grillwagen und so weiter, »Souterrain« genannt
(obwohl der Begriff ja eigentlich für das ganze Untergeschoss zu-
treffend wäre), wo sich auch der hintere Hauseingang befindet.

Die Villa wird längs der Vorderfront, Richtung Süden, von der inzwischen leider ziemlich befahrenen Landstraße durch eine
Mauer aus Tuffstein abgeschirmt, die zum größten Teil von Efeu
überwachsen ist. Gegenüber vom Haupteingang des Hauses ragt
ein nicht mehr benutztes großes Tor aus Eichenholz hervor, zu
dem eine etwas in sich eingesunkene, sehr romantisch wirkende
Treppe hochführt. Auf ihren Stufen stehen im Sommer Fuchsien,
vor den beiden die Treppe flankierenden, niedrigen Mäuerchen
steht jeweils ein kugelig geschnittener Lorbeerbaum. Entlang der
Grundstücksmauer reihen sich innen sieben ebenfalls von Efeu
überwucherte Linden, die alle drei Jahre nach französischer Art
gestutzt werden.
    Auf der anderen Seite der Straße befand sich früher der steil
ansteigende »Obere Park« – im unteren Teil Wiesen mit dekorativen Büschen, im oberen Teil Wald –, in dem ein Teepavillon für

die Erwachsenen, ein Blockhaus und ein arabisches Zelt für die Kinder sowie der Spielplatz waren. Das alles ist längst verschwunden, denn der Großvater hat hier in den zwanziger Jahren pflegeleichten und »später Gewinn bringenden« Wald angepflanzt. Der ist mittlerweile hoch gewachsen und nimmt uns im Winter mindestens vier Stunden am Tag Sonne weg! Und finanziellen Gewinn bringt er leider keineswegs.

Im Herbst vor drei Jahren hatten wir diesen Bereich durchforsten lassen und den Wald hier am Rand etwas zurückgedrängt, was vor allem dem Verwalterhaus zugute kam. Kurz darauf, am zweiten Weihnachtsfeiertag, hat dann der Orkan »Lothar« eingegriffen: Wild brausend und böse orgelnd fegte er über uns hinweg und warf unter fürchterlichem Splittern und Krachen weitere sechzig Bäume um, so dass der Wald noch lichter wurde. Mehr Sonne haben wir dadurch nicht, denn ein Teil des Waldes, weiter oben am Hang, steht noch immer vor deren Lauf. Am Haus selbst hatte »Lothar« Gott sei Dank nur wenig Schäden angerichtet: Ein paar vereinzelte Ziegel und Firststeine waren abgerissen und die Abdeckplatte eines Kamins abgehoben worden – sie war in der Luft zerbrochen. Die eine Hälfte trug der Wind 40 Meter weit über das Nachbarhaus, die andere Hälfte hatte das Dach durchschlagen und vierzehn Ziegel zertrümmert. Da die Ziegel ohnehin ziemlich altersschwach waren, lagen für die routinemäßigen Ausbesserungsarbeiten genügend neue bereit; wir konnten sie sofort ersetzen. Im Park allerdings war der Schaden größer – davon später.

Zwischen der Mauer und den am Haus entlang führenden Wegen erstrecken sich Wiesen, die zwar kurz gehalten werden, die aber im Winter aus Lichtmangel vermoosen und in denen im Frühling Krokusse und Gänseblümchen, im Sommer Margeriten und Günsel blühen.

Vor der nach Westen gerichteten Giebelseite des Hauses (die mit den schwarzwaldtypischen Holzschindeln verkleidet ist) gibt es mehrere Sitzmöglichkeiten, eine große, von Buntsandsteinpfaden in vier Quadrate unterteilte Rosenrabatte und die Terrasse, unser sommerliches Wohnzimmer. Diese weite, über den Abhang vorgeschobene und von einer hohen Mauer gestützte Fläche wurde früher auch »Söller« genannt. In einer dem Tal zugewandten Rundung stand ein riesiger Mast, an dem bei Urgroßvaters Anwesenheit die württembergische Fahne flatterte. Die vom Tal aus höchst imposant wirkende Stützmauer besteht aus kunstvoll verschränkt gesetzten Tuffsteinen. Überspannt wird die Terrasse von einem Eisengerüst, das die sich waagrecht vorstreckenden Äste zweier Traueresche trägt; nach nordischer Sage nennen wir sie wie die Weltesche »Yggdrasill«. Sie spenden bei Hitze wohltuenden Schatten. Von hier aus hat man einen über die Apfelanlagen des »Vorderen Parks«, den Obstschuppen und das Dorf reichenden Blick ins Glatttal nach Westen, hinein in den stimmungsvollen Schwarzwald. Besonders schön ist es hier natürlich am Abend, wenn die Sonne in immer wechselndem Farbspiel untergeht.

Nach Norden schließen sich an das Haus – rechts und links vom Erker des Saales, der als Risalit die Fassade gliedert – zwei Orangerien an. Die eine wird als »Warmhaus« auf zehn bis zwölf Grad gehalten, die andere darf als »Kalthaus« bis an die Frostgrenze absinken. Natürlich ist die Exposition nach Norden nicht glücklich, aber zum sonnigen Süden hin ist kein Platz dafür. Im Warmhaus sorgen deshalb Pflanzenleuchten für das notwendige Licht.

Von diesem Parterre fällt das Gelände in zwei Stufen hinab ins Tal der Glatt, dem Bach, der Richtung Osten zum Neckar führt: Unser knapp zwei Hektar großer Park. Längs der Kante vor der steil abfallenden Wiese eine Reihe von Kübelpflanzen, dazwischen eine Rose, ein Ginkgo, ein Pfirsich- und zwei Stachelbeerbäumchen sowie unser Lieblingsplätzchen im Sommer: zwei Deck-chairs aus Teakholz, auf denen wir abends Zeitung lesen und in den Park blicken. Hier ist auch der Teich mit einem Sitz-platz, nach unten begrenzt von Eiben und Buchs. Weiter unten, von einer Mauer gesäumt, der ehemalige Tennisplatz, der nur noch als Rasenfläche gehalten wird, auch »Festwiese« genannt. An seiner Westseite riesige, dunkle Eibenbüsche und eine japanische Kirsche, die sich jedes Frühjahr in rosa Wolken hüllt; die Ostseite flankiert ein Hang mit verschiedenfarbigen Rosen, in denen sich Unmengen von Walderdbeeren und Akeleien angesiedelt haben.

Alle Grünflächen sind Blumenwiesen, werden also nur zwei bis drei Mal im Jahr mit dem Balkenmäher gemäht. Das Gras wird, wie das Laub von den großen, alten, solitären Parkbäumen, zu Kompost gemacht. Neben den sieben Linden vor dem Haus und den beiden Trauereschen auf der Terrasse wachsen im Park drei Linden, drei Blutbuchen, eine Weymouthkiefer, ein Blutahorn, ein Traubenahorn, ein gewaltiger Lebensbaum (Thuja), eine Akazie, ein Nussbaum, eine japanische Kirsche, zwei Trauerfich-ten (die wie Muhmen den Tennisplatz beschützen), eine Birke, zwei Fichten, ein Crataegus mit roten Früchten, ein Speierling und erstaunlicherweise eine Catalpa, der es eigentlich bei uns zu kalt sein müsste. Ihr Stamm ist vollkommen von Efeu bedeckt – vielleicht bietet er den notwendigen Schutz. Ihren späten Aus-trieb im Juni erflehen wir alljährlich mit Bangen, aber sie belohnt uns zuverlässig im Juli mit ihren herrlichen weißen Kerzen über hellgrünem Laub.

Natürlich ist der Park ständig in Veränderung: Vor fünfzehn Jah-ren gingen vier Ulmen ein, dann gefiel uns eine Akazie nicht, die den Teich und seine Blumenbeete zu stark beschattete. Eine Fichte wurde immer gelber, schließlich gefällt und durch eine Kastanie ersetzt. Eine Blaufichte fiel der Sitkalaus zum Opfer (und wurde durch eine Trauerweide ersetzt), die zweite hat »Lothar« auf dem Gewissen. Dieser Orkan hat sich tiefer in unser Be-wusstsein eingegraben als die Zeitenwende des einige Tage später beginnenden neuen Jahrtausends – wir rechnen vor oder nach »Lothar«.

Das Unheil war am zweiten Weihnachtstag im Radio angekündigt worden. Wir hörten, dass der Sturm unter anderem schon Zehntausende von Bäumen im Park von Versailles umgeworfen hatte. Moritz befürchtete Schlimmstes, Martina besänftigte. Wir standen in unserer kleinen Küche und bereiteten den ausführlichen Weihnachtsbrunch zu, als die ersten Böen mit bedrohlichem Brausen durchs Tal fuhren. Blätter wirbelten durch die Luft, immer mehr Äste mischten sich darunter, es pfiff schrill durch die Fensterritzen. Aus dem Lebensbaum neben der Terrasse wurden riesige Äste gerissen – einer flog fünfzig Meter weit und klatschte in den Teich. Das Haus ächzte. Wir hatten Angst, dass das große Hallenfenster eingedrückt werden könnte, hofften, dass kein größerer Zweig ins Dach krachen würde.

Wir standen am Fenster und beobachteten schreckensstarr, wie die Bäume ums Überleben kämpften: Unglaublich, wie sich die große Tanne neben dem Teich bog! Immer wieder wurde ihr Wipfel weit niedergedrückt, er schien fast den Boden zu erreichen – »das kann nicht gut gehen!«, rief ich dumpf.

»Unke nicht schon wieder!«, entgegnete Martina, die es nicht leiden kann, wenn ich Befürchtungen ausspreche, als würde ich das Unglück damit geradezu herbeireden.

»Nein!«, schrie ich jetzt entsetzt auf. Eine gewaltige Böe hatte die Tanne in den Griff genommen, und sie begann sich auf ganzer Länge leicht zu neigen, mit dem Gipfel waagrecht im Sturm.

»So schlimm wird es schon nicht werden …«, beruhigte mich sanft Willy, unser stets optimistischer Freund, der gerade erst aufgestanden war.

Die Blaufichte an der Grenze zu den Obstanlagen des Vorderen Parks hatte bisher kerzengerade der Wucht der Lüfte getrotzt, aber in diesem Augenblick wurde sie von einer neuen Böe gepackt! »Das kann nicht sein, das kann nicht sein, bitte!«, jammerte ich, »doch, jetzt, auuuhhhh!« Ein schreckliches Krachen erschütterte das Haus: Die Wurzeln der Blaufichte waren unter dem Druck geborsten, und der ganze Baum neigte sich – wir empfanden es als unheimlich langsam – in die benachbarte Birke und riss diese im Fallen mit sich. Die Birke ihrerseits schlug in die große Fichte neben den Teich, die ich auch schon fallen sah. Aber nach der verheerenden Böe war für einen Augenblick Stille eingetreten, so dass der Stamm genau in diesem Moment zurückschnellte. Das rettete die Fichte, sonst wäre sie sicher auch umgeworfen worden und hätte im Fallen noch größeren Schaden angerichtet. Sie sieht jetzt reichlich zerzaust aus, aber immerhin, sie steht noch.

»Was ist denn bloß los?«, fragte Martinas Mutter, die jetzt ebenfalls ihr Lever beendet hatte und in den Saal herein kam. In ihrem Zimmer auf der Ostseite des Hauses hatte sie kaum etwas von der vernichtenden Kraft des Orkans mitbekommen.

»Schau doch mal raus!«

»Oh Gott!«

Lähmendes Entsetzen befiel uns: Jetzt fuhrwerkte »Lothar« im Oberen Park und knickte die Bäume wie Streichhölzer. Fassungslos, aber wider Willen auch fasziniert standen wir in der Haustür und schauten zu. Anderthalb Stunden wütete der Sturm, Radiosender warnten davor, das Haus zu verlassen, Wälder solle man meiden, es herrsche Lebensgefahr. Anderswo musste es fürchterlich aussehen. Aber auch nach dem Abklingen des Sturmes ahnte noch niemand, welche Spur der Verwüstung er durch Europa gezogen hatte. Zwei Tage später ging ich durch unseren Wald und war geschockt: Es waren wohl mehr Bäume gefallen, als wir normalerweise in vier Jahren einschlagen. Wie sich später herausstellte, war auch diese Schätzung noch zu optimistisch.

Die gefallenen Parkbäume wurden natürlich sofort beseitigt und im Frühjahr durch zwei serbische Fichten, eine blaue Zypresse, drei Goldregen und eine Magnolie ersetzt. Am Teich haben wir jetzt mehr Sonne. Und seit wir uns daran gewöhnt haben, dass der Sichtschutz von unten fehlt, genießen wir den neu gewonnenen Ausblick.

Unterhalb der Festwiese führt ein steiler Absturz ins Glatttal – früher befand sich dort ein romantischer Felsengarten mit abenteuerlichen Holzbrücken und chinesischem Pavillon. Hier hat Moritz in seiner Kindheit mit seinem Freund Klaus gespielt, einem Vertriebenenjungen, der im Nachbarhaus wohnte. Erst mit dem Roller, später mit dem Rad sind sie verwegen die steilen Wege hintergerast, nicht selten gab es aufgeschürfte Knie oder ein Loch im Kinn. Inzwischen ist alles verrottet, verfallen und vom Wald überwuchert. Darüber sind wir aber gar nicht unglücklich, denn der Wildwuchs schützt uns vor Verkehrslärm und lästigen Blicken.

An der Ostseite unseres Hauses folgt nach einem weiteren, nur sechs Meter breiten Rasenstreifen mit Rosenpavillon das ehemalige Gäste- und Bürohaus von Moritz' Urgroßvater, »Mohnshäusle« genannt – weil seine Schwester, verheiratet mit dem Flügeladjutanten Mohn, in den Ferien dort mit ihrer Familie zu wohnen pflegte. Mein Bruder hatte Ende der siebziger Jahre eine Zentralheizung eingebaut, wohnte und arbeitete hier als Graphiker und Maler bis zu seinem frühen Tod 1987.

Im kleinen Verwalterbüro des Erdgeschosses haben wir unser »Gutslädle« eingerichtet, daneben, im großen Kontor des Urgroßvaters, das »Gartenzimmer«, in dem wir an unseren Gutsprodukten interessierte Gäste empfangen, Seminare und Proben abhalten. Die Wohnung darüber ist vermietet.

Das »Lädle« wird verwaltet von unserer Sekretärin Birgit Pfendtner, einer jungen, fröhlich burschikosen Frau mit vielen Sommersprossen und kurzem Haar, dessen Farbe manchmal wechselt. Sie erledigt nicht nur unsere Buchhaltung, die Abrechnungen und einen Teil des Schriftverkehrs, sondern steht auch Herrn Fogel im Verkauf zur Seite. Der findet an jedem Mittwochnachmittag und Samstagvormittag unten im Obstschuppen am Dorfrand statt, wo die Kunden neben den Äpfeln auch alle anderen Produkte und unsere Bücher kaufen können. Und im »Lädle« jeweils am Dienstag- und Freitagvormittag. Frau Pfendtner stellt die kleineren Pakete mit Konfitüren und Spezereien nach den Aufträgen zusammen, die über das Internet hereingekommen sind, und sorgt dafür, dass die bestellten Bücher von uns nach Wunsch signiert werden. Größere Order von Wein und Säften fallen in Herrn Fogels Aufgabenbereich.

Frau Pfendtner war vor einigen Jahren aus Sehnsucht nach dem Landleben von Stuttgart hierher gezogen, arbeitet halbtags bei uns und kümmert sich nachmittags um ihren kleinen Sohn, die Pferde einer Freundin und um ihre Hühner und ihren Hund, einen hinreißenden, höchst lebendigen und auf alles neugierigen Mischling, der ausgezeichnet zu seinem Frauchen passt.

An dieses L-förmige Gebäude schließt sich ein kleiner, zur Straße hin offener Hof an, dessen dritte Seite vom ehemaligen Bauernhof gebildet wird, den freilich der Urgroßvater kräftig vergrößert hatte, vor allem mit Garagen für die ersten Autos! Als Hauptfinanzier des Unternehmens bekam er stets den ersten Daimler einer Serie. Wenn er den ein halbes Jahr gefahren hatte, stellte er ihn, zusammen mit einem inzwischen mit der Maschine und ihren Tücken vertrauten Chauffeur, dem König von Württemberg zur Verfügung. Großtante Elisabeth, die es als Kind in den Sommerferien genoss, mit ihren Cousinen und Cousins mit der Karosse durch die Gegend chauffiert zu werden, erzählt in ihren Erinnerungen: »Eines Tages kam der König nach Rottweil zu Besuch. Vor der Duttenhofer'schen Villa waren wir Kinder ihm zu Ehren im Sonntagsstaat und mit Fähnchen aufgestellt. Als der König im offenen Daimler heranrauschte, jubelten wir auf und schwenkten unsere Fähnchen wie wild. Gerührt neigte sich der König zum Fahrer. Nein so was, wie herzig sich die Kinder freuen! Da konnte sich der Fahrer nicht enthalten: ›Verzeihen Sie, Herr König, die Kinder meinen mich, nicht Sie!‹ Schließlich waren wir es, die er bis vor kurzem kutschiert hatte …«

Heute wohnt in diesem ehemaligen Bauernhaus die Verwaltersfamilie, Herr Fogel mit seiner Frau und zwei Söhnen. Darunter sind die Garagen für unsere Autos, Traktoren und ein Teil der Maschinen. Im ehemaligen Pferdestall wurde die Mosterei mit Presse und Fasslager eingerichtet, und in der darüber liegenden Kutscherwohnung können wir während der Ernte Saisonarbeiter unterbringen.

Die Familie Fogel ist ein wahrer Glücksfall für uns! Herr Fogel ist erst der vierte Verwalter des 1897 gegründeten Apfelguts – eine gewiss seltene Bilanz. Der erste Verwalter war als Haushofmeister für den ganzen Besitz zuständig, also für die Betreuung der Villa, des damals acht Hektar großen Parks und des Elektrizitätswerks, das der Urgroßvater am Dobelbach gebaut hatte, um sein Anwesen mit Strom zu versorgen. Zum Gutsbetrieb gehörten neben dem Apfelgut von vier Hektar noch 120 Hektar Wald und eine Landwirtschaft von über 80 Hektar, die jedoch bald schon an den Sohn des Verwalters verpachtet wurde. 1928 schied der Haushofmeister aus dem Amt, und der Bauernhof wurde samt Landwirtschaft an den Pächter verkauft. Dieser baute sich, da sämtliche Äcker – wie übrigens die aller Bauern des Ortes! – auf der Hochfläche lagen, dort einen neuen Hof. Der alte war wohl ziemlich baufällig und wurde abgerissen.

Der neue Verwalter, Herr Bernlöhr, war von Gut Neuhaus in Pommern hierher gekommen, das Moritz' Großvater ebenfalls gerade verkauft hatte, um Geld für die Neu- und Umbauten flüssig zu machen. Damals wurde der Obstschuppen errichtet, der Teich von vierblättriger zu rechteckiger Form umgestaltet; man versuchte, das Haus winterfest zu machen. Die oberirdische Stromleitung wurde eingegraben. Und vor allem wurden die

Obstanlagen in die bisher nur zum Verweilen genutzten Teile des Parks ausgeweitet, bis knapp sieben Hektar bepflanzt waren. Das Apfelgut wurde immer ertragreicher, im Wald arbeiteten im Winter bis zu 20 Bauern aus dem Dorf, die ja im Sommer auf ihren eigenen Höfen genug zu tun hatten und im Herbst bei der Apfelernte halfen.

Der Großvater experimentierte in Zusammenarbeit mit der BASF mit allen möglichen Mitteln gegen Pilzkrankheiten und Schädlinge. Unser längst verstorbener Mitarbeiter Wilhelm Armbruster (»so alt wie das Jahrhundert«) – der von mir »Opapa« genannt wurde und der das ausschließliche Recht hatte, den Lanz-Traktor zu fahren, der beim Gasgeben ungeheuer knallende Laute von sich gab – erzählte von unverträglichen Spritzmitteln auf Nikotinbasis, die mit feuchtem Tuch vor Mund und Nase ausgebracht wurden. Auch diese Vorsichtsmaßnahme konnte nicht verhindern, dass den Leuten danach speiübel wurde – sie bekamen zwei Tage frei, um sich wieder zu erholen!

Mit dem Krieg begannen schwierige Jahre, die Frauen mussten die Aufgaben der Männer übernehmen. Im Wald blieb vieles liegen. Nur der Verwalter durfte bleiben, weil er unentbehrlich für die Produktion war. Nach dem Krieg, als es Wurst nur gegen Lebensmittelmarken gab, durfte ich mit ihm, der (weil ohne Nazi-Vergangenheit) nun auch Bürgermeister war und daher die Erlaubnis für ein Auto hatte, nach Sulz zum Metzger fahren, im Kofferraum ein in der Nacht geschossenes Reh. Dies wurde dann in zwei oder drei Schinkenwürste umgetauscht, und Onkel Bernlöhr, wie ich ihn nannte, musste viermal halten, ehe wir nach Hause kamen: Wir stiegen dann beide aus, gingen an den Kofferraum, Onkel Bernlöhr schnitt mit seinem Jagdmesser (als leidenschaftlicher Jäger war er ständig in Jagdkleidung unterwegs) jedem ein »Rädle« Wurst ab, und wir verspeisten es genüsslich. Zu Hause angelangt, rannte ich dann schnurstracks zu Tante Bernlöhr, die allein es verstand, mir einen roten Johannisbeersaft so herzurichten, wie ich ihn liebte: Nur ein Fünftel des Glases wurde mit dem sirupartigen Saft gefüllt, dann mit süßem Sprudel (klarer Limonade) ganz langsam aufgegossen, so dass sich ein dichter Schaum bildete, der wunderbar geräuschvoll zu schlürfen war – zu Hause durfte ich das natürlich nicht.

Dann erlebte das Gut neue Glanzjahre: Das Wirtschaftswunder benötigte viel Holz, und ehe Orangen und Bananen Mode wurden, waren Äpfel das begehrteste Obst. Der Bodenseeraum mit seinen heute ausgedehnten Apfelplantagen machte dem Schwarzwald damals noch keine Konkurrenz.

1958 trat bei uns ein Obstfachmann seine Arbeit an, Karl Derksen mit seiner Frau Marianne. Einige Jahre darauf wurde er der dritte Verwalter. Er rodete nach und nach die alten Hochstammbäume mit teilweise nicht mehr gefragten Sorten und ersetzte sie erst durch Halbstämme, später durch Buschbäume. Wald und Obstplantagen ergänzen sich seither. Neben Herrn Derksen hatten wir ständig zwei feste Arbeiter, die im Sommer beim Spritzen der Bäume halfen – sie liefen mit Spritzpistolen an langen Schläuchen hinter dem Traktor her und umrundeten damit jeden einzeln stehenden Baum in den Steillagen sowie an den Böschungen. Natürlich halfen sie bei der Ernte, unterstützt von einigen aufs Altenteil gesetzten Bauern und Frauen aus dem Dorf. Und im Winter arbeiteten sie im Wald und »machten« Holz (wie man das Fällen der Bäume, das Zuschneiden der Stämme und Aufsetzen zum genau abgemessenen Stapel nennt) – dank Motorsäge und Motorwinde schafften die beiden ein Pensum, für das 30 Jahre vorher noch 20 Mann nötig gewesen waren.

Herr Derksen war die Seele des Betriebes, betrachtete alles wie »sein eigen« und zählte nie die Stunden, die er arbeitete. Wie oft saß er den ganzen Samstagnachmittag – vormittags war Verkauf – noch im Büro, manchmal sogar sonntags! Wir hatten dann stets ein schlechtes Gewissen – aber es war halt so: Die Bücher mussten geführt, die Holzlisten erstellt werden. Alles von Hand. Heute, im Zeitalter des Computers, sind das nicht Sachen von Stunden, sondern von Minuten... Dafür allerdings war die Arbeit gemütlicher, Hektik kam nicht auf (höchstens manchmal während der Ernte, wenn das Wetter nicht mitmachte). Man ließ sich Zeit, den Arbeitsrhythmus bestimmten die Natur und das dörfliche Leben. Natürlich gingen Derksens zu allen Hochzeiten und Beerdigungen, das gehört zu den Geboten des engen Zusammenlebens in einem Dorf. Mal hier ein Schwätzchen, mal dort eine Unterhaltung: Herr Derksen hatte immer etwas zu erzählen.

Seine Frau kümmerte sich, wie ihre Vorgängerin, um den Garten – das war traditionell Aufgabe der Verwalter und wurde nicht gesondert vergolten. Dabei handelte es sich um eine enorme Arbeit. Vor allem, als wir immer neue Gemüsearten heranschleppten! Die schweren Arbeiten, das Umgraben im Herbst, Pfähle einschlagen für die Beeren, Tomaten und Bohnen, übernahm natürlich ihr Mann.

Es waren herzensgute, fromme Menschen. Sie hatten keine Kinder, ihre ganze Liebe und Energie schenkten sie dem Gut. Meine Mutter hatte sich stets voll auf die beiden verlassen können. Und wir, als wir später in ihre Fußstapfen traten, auch.

Als meine Mutter 1982 starb, mussten wir entscheiden: das Gut verkaufen oder behalten? Mein Bruder wohnte im Mohnshäusle und wollte sich nicht mit dem großen Haus belasten. Also beschlossen wir, die Villa nach und nach zu sanieren und uns selbständig zu machen. Uns intensiv mit dem Gutsbetrieb zu beschäftigen neben unserem Beruf als Journalisten war natürlich nicht möglich, und so lief alles weiter wie bisher. Ohne die uneigennützige Zuneigung von Derksens wäre das nie möglich gewesen – wir hätten ja nie so viel auf Reisen sein, also unsere Bücher so nicht recherchieren und schreiben können.

Mitte der neunziger Jahre wurde es Zeit, einen Nachfolger als Verwalter zu suchen. Die ersten Versuche schlugen fehl, Herr Derksen schob seinen Ruhestand immer weiter hinaus. Dann meldete sich auf eine Anzeige Josef Fogel: Mitte dreißig, ein schmaler, fast zierlicher Mann, dem man die Kraft und Zähigkeit, die in ihm stecken, auf den ersten Blick nicht zutraut. In ihm vereinigen sich zurückhaltende Bedächtigkeit und schnelle Auffassungsgabe, natürliche Neugier und intellektuelle Begabung, zupackender Optimismus und ein fröhliches Naturell, stoische Ruhe und – die Vorliebe für bequeme Kleidung. Mitte der neunziger Jahre war er als Aussiedler mit seiner Familie aus der Ukraine nach Deutschland gekommen, in das Land seiner Vorfahren, die aus Schwaben stammten. Sein lustiges, holpriges Schwäbisch war uns anfangs schwer verständlich. Seine Frau Helena, ebenfalls aus der Ukraine, konnte nur wenig Deutsch. Er hatte Pflanzenbau studiert und über Jostabeeren promoviert, in Deutschland nach einem Sprachcrashkurs am Bodensee in einer riesigen Obstplantage gearbeitet und suchte nun eine verantwortlichere und selbständigere Tätigkeit. Helena hingegen war im Garten der Universität für Kräuter und Teepflanzen zuständig gewesen.

Sie ist hübsch, zierlich, hat leuchtend rotes Haar, lacht gern und ansteckend und sieht immer perfekt aus – ob in Arbeitskleidung oder in eleganter Ausgehkleidung. Den Garten, wie er heute ist, in seiner ganzen Vielfalt, mit den vielen Chili- und Basilikumsorten, den zwölferlei Tomaten und ungezählten Gemüsen und Salaten, hat sie erst möglich gemacht. Bereits ab Mitte Februar zieht sie die wärmebedürftigen, sich langsam entwickelnden Pflänzchen vor, die dann im März, wenn es warm wird, auf Heizmatten gestellt in den Frühbeetkästen des frostfrei gehaltenen Gewächshauses heranwachsen können. Rund 1000 Stunden ist sie im Jahr damit beschäftigt, wofür sie natürlich entlohnt wird.

Mit Herrn Fogel begann die längst fällige Modernisierung des Apfelgutes: Wir setzten Spindeln an Stelle von Buschbäumen, teilweise als Einzelbäumchen an Pfählen, teilweise am Draht in Reihen gezogen, je nach Geländeform. Seit wir einen geländegängigeren Traktor mit Spritzgerät angeschafft haben, ist Herr Fogel nicht mehr auf Hilfskräfte angewiesen. Die steilsten Hänge können wir allerdings nicht mehr für Äpfel nutzen: Stattdessen haben wir dort Pflaumen, Sauerkirschen und Mirabellen gepflanzt. Mit Herrn Fogel sind auch die Aktivitäten zur Veredelung intensiviert worden – er kümmert sich um die Saft- und Weinherstellung, um Weinbrände, Liköre und Essig.

Georg und Anton, die Söhne Fogels, haben wieder jugendlichen Übermut nach Neunthausen gebracht. Nachdem sie in ihrer Lausbubenzeit alle lose herumliegenden Steine ins Tal hinabdonnern ließen, ist mit zunehmender Reife – sie sind jetzt 16 und 13 Jahre alt – etwas mehr Ruhe eingekehrt. Freilich sind sie immer noch für allerlei Überraschungen gut: etwa das Zerlegen des Motors des mütterlichen Staubsaugers, das Eindringen ins Bios des väterlichen Computers, bedenkliche Noten, Raufereien in der Schule, die erste Freundin, Gel im Haar bei minus 18 Grad, Zigaretten und all die anderen hübschen Kleinigkeiten, mit denen Pubertierende ihre Eltern zur Weißglut bringen können…

Fogels kümmern sich auch um die Hühner, die jeden Morgen aus ihrem Stall gelassen, gefüttert und abends wieder eingesperrt werden müssen. Eines Abends, im Juni letzten Jahres, glaubte jeder der beiden Eheleute, der andere hätte es schon erledigt. Am nächsten Tag waren alle Hühner fort, nur ein paar Federn lagen noch herum: Der Fuchs hatte sie geraubt – wahrscheinlich eine Fähe, die ihre Jungen zu füttern hatte und die Gelegenheit dankbar nutzte. Außerdem haben sie eine Katze, die sich der Mäuse rund ums Haus annimmt; manchmal allerdings schleppt sie die Tierchen lebendig in die Wohnung, um mit ihnen ein bisschen zu spielen.

Den Wald lassen wir inzwischen vom Staat beförstern, was für uns billiger ist, als würden wir es selber tun. Deshalb haben wir mit Alexander nur noch einen Arbeiter angestellt. Er kommt aus Kasachstan, spricht (immer noch) ein fast unverständliches Deutsch, von einem kuriosen Dialekt gefärbt, wie ihn seine vor Jahrhunderten ausgewanderten Vorfahren überliefert haben. Groß, stämmig und immer mit seinem Gewicht kämpfend, manchmal mit verblüffend modischem Mut die Haare orange-leuchtend eingefärbt und in bunt geblümten Pluderhosen, erscheint er stets fröhlich und hilfsbereit. In unserem Wald kennt er sich mittlerweile besser aus als jeder andere.

Einst reihten sich an das Verwalterhaus nach Osten hin noch weitere Wirtschaftsgebäude, unter anderem ein Eiskeller, in dem unter dicken Strohschichten die im Winter aus dem Teich an der Straße gesägten Eisblöcke eingelagert wurden. Damit konnte man den ganzen Sommer hindurch im wohl isolierten Eisschrank im Gang des Untergeschosses Lebensmittel kühl und frisch halten. Aber schon die Großmutter hat dort, weil man von der Straße aus nur hier in einem Bogen hinter die Häuser fahren kann, das dadurch entstehende Dreieck mit einer Buchenhecke eingefasst und mit buntblätterigen Haselbüschen bepflanzt. Jetzt ist dieses Eck das Revier der Hühner. Tagsüber allerdings spazieren sie im Park und in den Obstanlagen herum, wo sie überall herumscharren, Gräser und Würmchen picken und im Sand baden.

Dahinter, weiter Richtung Osten, schließt sich der so genannte »Hintere Park« an, längst mit Apfelbäumen bepflanzt, den letzten Halbstämmen, die wir haben. Bald werden auch sie gerodet und stattdessen ebenfalls die leichter abzuerntenden, niedrigen Spindeln gesetzt. Der Hang im Osten mit seinen Wäldern gehört auch zu unserem Gut.

Vor dem Verwalterhaus erstreckt sich zur Straße hin ein gepflasterter Vorplatz – hauptsächlich zum Parken genutzt, deshalb hatte man die Kugellinden entlang der Straße schon vor langer Zeit entfernt, leider. Von diesem Vorplatz aus führt neben einem Brunnen ein kleines Tor durch die Mauer zu uns herein und über eine Treppe hinunter auf die Ebene, die unser Haus vorne und an den Seiten umgibt. Geht man zwischen dem Mohnshäusle und unserem Haus Richtung Park, gelangt man an die Treppe hinab zum Parterre hinter dem Haus, wo sich zwischen den Häusern ein Sitzplatz einfügt, nach oben hin zur Wiese abgegrenzt von einer gut einen Meter hohen Stützmauer. Auf dieser sorgt im Sommer eine große Palme für südliches Flair. Hinter dem Mohnshäusle, an der Grenze zum Park, steht ein Pizzaofen auf einer Mauer, welche früher eine Treppe flankierte, die hinter das Verwalterhaus hoch führte. Diese Treppe wurde aber schon in den fünfziger Jahren in eine Rampe umgewandelt, damit man mit dem Auto wenigstens zum hinteren Hauseingang fahren kann.

Im Park sind Wege angelegt, über die es später noch einiges zu erzählen gibt. Der Hauptweg führt in einem Bogen rechts am Teich vorbei nach links ins Tal, noch oberhalb des Tennisplatzes zum Vorderen Park und durch diesen zwischen Apfelbäumen und Rosenstöcken hinunter zum Obstschuppen. Hier wird die Apfelernte eingefahren, sortiert und verkauft. Inzwischen steht daneben auch ein Kühlhaus, in dem unsere Äpfel perfekt gelagert werden können.

Die Straße strebt vom Haus in sanftem Schwung erst Richtung Süden und das Dobeltal hinunter, schwenkt nach einer Haarnadelkurve wieder zurück, dabei den »Spitz« bildend, wo ebenfalls Apfelbäume stehen, und führt in großem Bogen ins Dorf. Genau hier, wo das Dobeltal ins Glatttal mündet, liegt jenseits der Straße unser Gemüsegarten. Umgeben ist er von langen Reihen von Apfelbäumen, die »Briel« genannte Parzelle, eigentlich Brühl.

Weitere Obstanlagen befinden sich oberhalb der Straße Richtung Dobeltal, durch eine Fichtenhecke von der Straße abgegrenzt, der »Gühringsacker«, nach dem Katasterauszug wäre Gehrenäcker richtig. Und schließlich am Hang gegenüber dem Haus Richtung Westen das so genannte Hörnle.

Hier also leben wir. Wir haben uns das ebenso schwierige wie schöne Haus so weit untertan gemacht wie möglich, uns natürlich auch seinen Bedingungen unterwerfen müssen, wo nötig. Wir haben hier renoviert und dort ausgebessert: Ein Ende ist nicht abzusehen. Denn natürlich ist das leicht gebaute Haus anfällig, zumal es jahrzehntelang kaum Pflege erfuhr: Nach dem Tode der Urgroßmutter im Jahre 1914 wurde es bis 1928 nur sommers zwei bis drei Monate bewohnt, die Großeltern lebten eigentlich in Berlin. Sie versuchten trotzdem, es winterfest zu machen, ließen überall Vorfenster einbauen und nahmen dem herrlichen großen Jugendstilglasfenster in der Halle das untere Drittel, weil hier offensichtlich zu viel Kälte eindrang – aber es half nichts. Sie haben es im Winter nie genutzt, sondern fuhren dann lieber an die Riviera oder nach St. Moritz.

1935 starb der Großvater und mit ihm die treibende Kraft. Die Großmutter lud im Sommer das Haus voller Gäste, den Winter verbrachte sie in Berlin oder München. Im Krieg floh meine Mutter mit mir schwanger vor den Bomben aus ihrem Münchner Domizil – drei Wochen nachdem sie ihre Wohnung verlassen hatte, fiel diese in Schutt und Asche! Eigentlich wollte sie nur für eine Übergangszeit am Rand des Schwarzwalds wohnen, jetzt musste sie dauerhaft hier bleiben. So hatte sie sich ihr Leben eigentlich nicht vorgestellt …

Sämtliches Vermögen war im Krieg verloren, meine Mutter saß mittellos auf dem Gut. Anfänglich umgeben von ausgebombten oder vertriebenen Verwandten und Freunden, die aber nach und nach alle wieder in die Städte zurück zogen. Mein Vater, 1941 nach seiner Habilitation als Röntgenologe von der Wehrmacht eingezogen, war 1946 aus englischer Gefangenschaft in das ihm fremde Haus gekommen. Doch er war ein gebrochener Mann. Er hatte sich im Frühstücks- und im Musikzimmer eine Praxis eingerichtet, sein Zustand blieb labil bis zu seinem frühen Tod 1954.

Fortan wurden nur die kleinen Räume des alten Urhauses im Winter bewohnt. Für den ordnungsgemäßen Unterhalt fehlte das Geld. Erst recht, als in den sechziger Jahren aus Wald und Äpfeln keine Gewinne mehr zu erzielen waren. Es regnete immer wieder rein, rottete hier und dort. Als wir Mitte der achtziger Jahre das Haus in Beschlag nahmen, konnte man im Saal auch neben einem Fensterrahmen durch die Mauer nach draußen schauen.

Wir leiden weiterhin unter dem nicht sicher zu dichtenden Dach – alle Jahre wieder bildet sich, wenn Schnee im Winkel über der Halle liegt, bei eisiger Temperatur und strahlender Sonne über der Traufe eine Eisbarriere, die dann das Wasser so zurückstaut, dass ganze Sturzbäche in die Halle pladdern. Da heißt's: flink Eimer aufstellen und sofort wischen! Dumm nur, wenn wir dann gerade unterwegs sind und Möbel und Bilder längere Zeit dem Wasser ausgesetzt sind – dann muss wieder endlos poliert und geputzt werden. Wie gut, dass Martina von Möbelrestaurierung etwas versteht.

Der Mangel an finanziellen Mitteln hat natürlich auch den Vorteil mit sich gebracht, dass das Haus weitgehend in seinem ursprünglichen Zustand erhalten blieb. Denn als in der Nachkriegszeit überall der Stuck fiel, hätte man vielleicht hier oder dort auch Hand angelegt, Schnörkel entfernt oder die dunkle Täfelung hell gestrichen, die mühsam zu putzenden, zugigen Doppelfenster mit ihren kleinen Unterteilungen gegen gut isolierte Panoramafenster ausgetauscht, wer weiß? Wir finden das Alte schön, auch wenn's mitunter beschwerlich ist, bewahren und pflegen, was vorhanden ist, ergänzen so einfühlsam wie möglich und so modern wie nötig. Rennen ständig treppauf, treppab und träumen (noch?) nicht, wie Moritz' Mutter im gebrechlichen Alter, vom ebenerdigen Bungalow…

Unser Dorf hat 670 Einwohner und besteht aus mehreren Teilen: auf unserer Seite der Glatt der Ortsteil *Neunthausen*, der bis zur Säkularisation dem nahen Kloster Alpirsbach zugehörig war und dessen Brauerei wir weiterhin verbunden sind, weil Moritz das mit dem berühmten Brauwasser hergestellte Pils sehr schätzt, – auf der anderen Seite das württembergische *Hopfau*. Es hat einen hübschen Ortskern mit (weniger schönem) Rathaus, evangelischer Kirche, dem liebevoll renovierten Pfarrhaus und der Schule – in der Moritz die ersten vier Klassen der Volksschule absolvierte.

Im Laufe der Jahre sind wir gewissermaßen öffentliche Personen geworden, vor allem durch das Fernsehen. Und natürlich werden wir immer wieder alles Mögliche gefragt: Ob wir verheiratet sind? Worauf Martina am liebsten antwortet: »Ja, sogar miteinander!« Wie wir das ganze Leben, privat und beruflich, zusammen verbringen können? Wie wir es nur schaffen, alles miteinander zu vereinbaren, das Bücherschreiben, die Reisen, den Journalismus, das Apfelgut und seine Produkte, Kochkurse und daneben noch die Freundschaft mit vielen Menschen?

Kennen gelernt haben wir uns durch den Beruf. Seit fast dreißig Jahren arbeiten wir beide als Journalisten mit dem Spezialgebiet Essen und Trinken. Seit fast fünfundzwanzig Jahren leben wir zusammen und führen ein als gastfreundlich bekanntes Haus.

Martina stammt aus Stuttgart und wuchs in einer gediegenen bürgerlichen Familie auf. Ihre Kindheit verbrachte sie in Kaiserslautern, zog in den Sommerferien zu den Großmüttern nach Stuttgart oder auf die Schwäbische Alb. Als Gymnasiastin lernte sie in Mannheim das Stadtleben zu schätzen, liebte Theater, Oper und Ballett. Bei ihren Eltern diente das Essen in erster Linie der Erhaltung der Körperkräfte. Also »richtige«, »natürliche«, »wertvolle« Ernährung – ihr Vater war ideologisch zwischen dem sendungsbewussten Dr. Bircher und den heutigen Vollkorn-Grünen angesiedelt. Ihre aus Norddeutschland stammende Mutter hatte ihre liebe Not, mit bescheidenen Mitteln die sechsköpfige Familie satt zu bekommen. Für Raffinement war wenig Raum.

Moritz wuchs dagegen auf dem Gut auf, um das es in diesem Buch gehen wird – also richtig auf dem Lande. Gute Grundprodukte waren für ihn immer etwas Selbstverständliches: Salate,

Kräuter und Gemüse aus dem Garten, Milch, Eier und Geflügel von den benachbarten Bauern (denen er bei der Ernte half), das Fleisch vom örtlichen Metzger, das Wild aus den umliegenden Wäldern, Forellen frisch aus der kühlen Glatt, in der die Familie ein Fischrecht hatte. Seine Mutter kochte hervorragend, schon als Junge aß er gut und viel, half beim Vorbereiten in der Küche und naschte aus allen Töpfen, denen köstliche Gerüche entströmten.

Er studierte in München Theatergeschichte, Soziologie und Kunstgeschichte – und erlitt einen Schock, als er das erste Mal die Uni-Kantine betrat. Was dort auf den Tisch kam, konnte er nach seinen bisherigen Erfahrungen nur als für den menschlichen Verzehr ungeeignet betrachten! Er flüchtete rasch auf den zu Recht berühmten Viktualienmarkt, kochte für sich und seine Freunde in einer winzigen Küche. Dadurch gewann er Routine und ein Repertoire, das bald über die bei der Mutter erworbenen Kenntnisse hinausging.

Martina absolvierte dagegen die Münchner Journalistenschule, war anschließend erst bei *Eltern*, dann bei der Frauenzeitschrift *freundin* Textredakteurin. Bald wechselte sie ins Kochressort, dessen Leitung sie schließlich übernahm. In Redaktion und Versuchsküche weiteten sich die Themen: Von schnellen und preiswerten Gerichten spannte sich der Bogen zu gewagten und exotischen kulinarischen Kreationen. Immer wurde saison- und marktbezogen gekocht. Mit ihren Kolleginnen erarbeitete sie Ideen zur Gästebewirtung, praktische und köstliche Menüs, von einfach und bescheiden für junge Frauen bis zu aufwendig und eindrucksvoll für gestandene Gastgeberinnen. Dabei half ihr auch ihre Liebe zu Italien, dessen bodenständige Küche sie schon in jungen Jahren kennen gelernt hatte.

Moritz entdeckte in dieser Zeit die bürgerliche deutsche Küchentradition von Henriette Davidis (ihr *Klassisches Kochbuch* erschien 1844) und Katharina Prato, die Rezepte von Clemens Wilmenrod (dessen Bücher zur seit 1953 ausgestrahlten Fernsehserie

*Bitte in zehn Minuten zu Tisch* Hunderttausender-Auflagen erreichten), Arne Krüger (*Das Hobby-Kochbuch* und *Herr Ober, was ist das?*) und vor allem Ulrich Klever. Und die in Frankreich entwickelte und über ganz Europa verbreitete großbürgerliche und höfische Küche, die Kochkunst. Er vertiefte sich in das Weber'sche Universallexikon, das Lexikon der Speisen und Getränke von Blüher-Petermann, die klassischen Standardwerke von Auguste Escoffier und Henri-Paul Pellaprat und in *Forelle blau und schwarze Trüffel* von Joseph Wechsberg, die Bibel für den beginnenden Feinschmecker. Als er dann eine Französin heiratete und sich ganz nach Frankreich orientierte, ein Jahr in Paris lebte, wurde er vollends zum Anhänger der französischen Küche und Kochkunst.

Martina hingegen entdeckte schon zu Beginn der siebziger Jahre ihre Leidenschaft für die asiatischen Küchen. Ein zweimonatiger Arbeitsaufenthalt in Singapur, wo sämtliche Küchen Asiens nebeneinander existieren und wo sie den Küchenchefs aller guten Restaurants zuschauen konnte, schuf die Basis ihres Wissens um die Unterschiede und Gemeinsamkeiten, die charakteristischen Gewürze und die vielfältigen Zubereitungsarten der verschiedenen Landesküchen. Vor allem die thailändische Küche wuchs ihr ans Herz. Später führten viele Reisen nach Taiwan, Hongkong, Japan, Indonesien, Malaysia und immer wieder nach Thailand, dessen kräuterwürzige, erfrischende und abwechslungsreiche Küche wir besonders lieben. Zu diesen Themen hat sie mehrere Bücher veröffentlicht und auch das grundlegende Kochbuch über die chinesische Küche von Kenneth Lo *Das große Buch der Chinesischen Kochkunst* (1983) für den deutschen Markt bearbeitet.

Moritz bot sich 1975 die Gelegenheit, bei drei Verlagen je ein Kochbuch herauszubringen. Er brach daher das Studium ab und wurde Leiter des Kochressorts und später auch stellvertretender Chefredakteur der Zeitschrift *Meine Familie und Ich*. Im Mittelpunkt der Arbeit dort stand die alltägliche Küche für einen durchschnittlichen Familienhaushalt: Küchenpraxis für den Alltag und für wiederkehrende Familienfeste. Er besorgte die Übersetzung und Bearbeitung des bahnbrechenden Buches *La Cuisine du Marché* (deutsch *Die neue Küche*) von Paul Bocuse, es folgten die Werke von Paul und Jean-Pierre Haeberlin (*Meisterküche im Elsaß,* 1986), Fredy Girardet (*La Cuisine spontanée – Die besten Rezepte,* 1985) und Gaston Lenôtre, schließlich betreute er auch die ersten und wichtigsten Bücher von Eckart Witzigmann. Dabei erwarb er ein umfassendes Wissen über die Nouvelle Cuisine, die unterschiedlichen Bestrebungen, die klassische Küche zu reformieren, schwere Mahlzeiten leichter zu machen, die Qualität der Produkte und ihre korrekte Verarbeitung in den Mittelpunkt zu stellen. Nur so wird das Kochen zu einer Beschäftigung, die kreativ ist und die Phantasie anregt.

Dann der große Umbruch, der Umzug von der Stadt aufs Land. Der Sprung in die Selbständigkeit als Journalisten war kühn, aber wir haben ihn bis heute nicht bereut. Zunächst schrieben wir für verschiedene Zeitschriften, dann kamen Bücher dazu, vor allem die Buchreihe *Kulinarische Landschaften,* die inzwischen mit dreizehn Bänden über unterschiedliche Regionen auf dem Markt ist. Schließlich das Fernsehen. Seit 1988 sind wir mit »Essen und Trinken« auf Sendung. Ein Ende ist nicht abzusehen, denn unsere Quoten sind beachtlich, trotz all der mittlerweile in geradezu inflationärer Weise vermehrten Kochsendungen.

»Wie kommt es nur«, fragte ein Journalist anlässlich der Pressekonferenz zum 15-jährigen Jubiläum unserer TV-Kochserie, »dass Sie von allen Kochsendungen am wenigsten in der Presse erwähnt werden, dabei die besten Einschaltquoten haben?« Das haben wir uns natürlich auch schon gefragt, aber die Antwort liegt auf der Hand: Erstens haben wir keine Lust, mit schrägen oder zickigen Allüren Schlagzeilen zu machen. Und zweitens stehen hinter uns keine die Sendung sponsernden Firmen, Produzenten oder Agenten, die mit einem dienstfertigen Apparat dafür sorgen, dass die PR-Trommel fest gerührt wird. Niemand puscht uns in die Zeitungsseiten, aber die Zuschauer finden unsere Sendungen, die Leser unsere Bücher, und das ist doch das Wichtigste.

Neben unserer journalistischen Tätigkeit hält uns das Gut in Trab. Im Laufe der Zeit mussten wir feststellen, dass das Produzieren und Vermarkten von Äpfeln mit einem Betrieb unserer Größe (will heißen: so klein wie wir sind) ein schwieriges Unterfangen ist und es sich nicht rechnen würde, weiterzumachen wie bisher. Also besannen wir uns auf die Veredelung, wie man die Weiterverarbeitung des Obstes nennt. Wir begannen, Produkte zu entwickeln, um unserem Apfelgut eine neue Perspektive zu geben.

Bald wagten wir uns auf ein neues Feld und gaben bei uns zu Hause Kochkurse. Wieder eine ganz andere Herausforderung, die uns viel Freude bereitet. Wir kommen so unmittelbar mit unseren Lesern und Zuschauern in Kontakt, erfahren aus erster Hand, welche Wünsche sie haben, welche Kenntnisse wir voraussetzen können, welche technischen Geräte sie beim Kochen einzusetzen gewohnt sind, welche Garmethoden ihnen geläufig sind, welchen Verfahren sie eher misstrauisch gegenüber stehen – kurz: Was sie wissen und was sie können. Und dabei haben wir festgestellt, welch eine unglaubliche Befriedigung es ist, jemandem etwas beizubringen!

Sie sehen, es ist ein vielfältig bestückter Bauchladen, den wir da vor uns her tragen und der uns in Atem hält. Kein Wunder, dass uns nie langweilig wird.

*Winter*

## Unruhe um die Jahreswende

Das neue Jahr begann, wie das vergangene endete: voller Überraschungen. Wir waren in Thailand gewesen, wo wir fünf Wochen für unser Buch recherchiert hatten, und kehrten vollkommen erschöpft zwei Tage vor Heiligabend zurück. Es lag bereits hoher Schnee, und es schneite immer weiter, so dass Herr Fogel, der in Stuttgart am Flughafen wartete, Mühe hatte, uns sicher nach Hause zu fahren. Dort traf uns der Kälteschock – den Temperaturwechsel von Tropenhitze zur arktischen Kälte (20 Grad minus) muss der Körper erst einmal verarbeiten!

Schon im Herbst hatte Moritz vorsichtshalber den Platz des Tannenbaums im Saal mit einer großen Palme besetzt, damit wir nicht doch noch in Versuchung gerieten, uns in den Weihnachtsstress zu stürzen. Aber es war keine Gefahr: Wir waren viel zu müde, um überhaupt daran zu denken! Zudem hatten Frau Pfendtner, unsere Sekretärin, und Frau Mönch, unsere Haushälterin, ein kleines Bäumchen für uns gerichtet, das in der Halle weihnachtliche Stimmung verbreitete. Von allen Seiten wurde Weihnachtsgebäck und Stollen gebracht. Uns selbst fehlte zum Backen die Kraft.

Am Tag darauf kam Willy, Moritz' allein stehender Schulfreund aus Berlin, zu Besuch. Dieses Jahr blieb es über die Festtage unser einziger Besuch. Er übernahm die Aufgabe des Weihnachtsbäckers und versorgte uns mit den traditionellen Plätzchen nach unseren Rezepten. Das Menü am Heiligabend war rein thailändisch: Wir hatten jede Menge Kräuter und Gemüse mitgebracht!

Am ersten Weihnachtstag pflügten wir in wildem Schneetreiben zu Martinas Mutter nach Mannheim und kehrten am selben Abend zurück. Am nächsten Tag lagen wir mit leichtem Fieber im Bett, und der arme Willy musste sich selbst versorgen.

Die Temperaturen stiegen kräftig an, und die enormen Schneemassen schmolzen. Aber wir hatten uns halbwegs erholt, und so begingen wir Martinas Geburtstag zwei Tage vor Silvester mit etwas Kaviar und Champagner in exquisiter Bescheidenheit. Die Glatt schwoll gewaltig an, am Abend verharrte der Pegel nur 35 Zentimeter unter dem Stand der Jahrhundertflut von 1990. Das ganze Tal und das halbe Dorf hatten damals unter Wasser gestanden, einer stinkenden, braunen, von Ölschlieren glänzenden Brühe. Auch diesmal stieg das Hochwasser unaufhörlich an, die Sirenen heulten und die Pumpen der Feuerwehr dröhnten. Es war alles andere als gemütlich, und wir schliefen schlecht.

Kein Wunder, dass wir einen Rückfall erlitten: Silvester und Neujahr verbrachten wir im Bett, und Willy beschäftigte sich mit einem neuen Computerprogramm für unser Rechnungswesen.

Am dritten Januar lassen wir uns vom Doktor gesund spritzen: In zehn Tagen wird das Fernsehen wieder vor der Tür stehen, wir müssen noch die Drehbücher schreiben, Requisiten raussuchen, einkaufen und dann wirklich fit sein.

Seit Neujahr aber ist es wieder eisig kalt. Nachts immer etwas unter 20 Grad unter Null, tagsüber friert es weiter, Höchsttemperatur minus acht Grad. Wenn das Thermometer so tief sinkt, bekommen wir unser altes Haus kaum richtig warm. Die Zentralheizung reicht dann nicht aus. Deshalb muss Moritz, auch wenn er momentan ohne Saft und Kraft ist, immer wieder ran: Er befeuert den Kamin in der Halle und den Kachelofen im Esszimmer. Jeden Morgen führt sein erster Gang zum Kamin, um die Glut, soweit noch vorhanden, mit neuem Holz zu entfachen. Manchmal gelingt es, meistens jedoch kommen ein paar *Spächele* (schwäbisch für kleine Holzscheite) hinein, ein paar Kerzenstummel darauf und dann zwei große Scheite, die in einer ganz bestimmten Anordnung liegen müssen, um guten Zug zu garantieren. Ist alle Glut erloschen, werden Kiefernzapfen daruntergebettet, die wir im Laufe des Jahres im Park auflesen und in einer riesigen Kiste sammeln. Früher hatte Moritz Papier dazugeknüllt, um das Feuer zu entfachen, heute zündet er einfach mit einem Gaslötbrenner hinein, und nach ein bis zwei Minuten lodern die Flammen!

Dann kommt der Esszimmerofen dran, der praktischerweise vom Flur aus beheizt wird, ein wunderschöner, runder, cremefarbener, biedermeierlich wirkender Kachelofen. Sein Einsatz zieht hervorragend, hält auch zuverlässig die Glut: Vor dem Zubettgehen werden noch vier Briketts nachgelegt, das reicht bis zum Morgen. Dann braucht Moritz nur einige *Spächele* reinzuwerfen, am Rost zu rütteln, bis Glut in den Aschekasten fällt, am Gitter zu stochern, damit ausreichend Luft angesogen werden kann – und in 99 von hundert Fällen brennt der Ofen bereits richtig, wenn Moritz mit dem Aschkasten zurückkommt. Anschließend werden wieder vier Briketts draufgelegt, der Zug wird der Außentemperatur entsprechend eingestellt und man muss nur noch alle drei bis vier Stunden daran denken, nachzulegen. Gott sei Dank hat der Kamin den gleichen Rhythmus.

Bei der Kälte, wie sie nun schon zehn Tage dauert, bangen wir um die Pflanzen in der Orangerie, durch die ja die Fernsehleute ihre Gerätschaften hereintragen müssen. Auch während des Drehens werden sie ständig rein und raus gehen, weil hinterm Haus der Ü-Wagen steht. Aber glücklicherweise fallen Väterchen Frost am Tag ihrer Ankunft die Zähne aus, und mit einer vor die Tür gehängten Decke können die befürchteten Schäden vermieden werden.

Zuerst sah es jedoch so aus, als ob die armen Kollegen von der Technik ihre gesamte Ausrüstung durch die Haustür hätten reintragen müssen. Die Tür zur Orangerie ließ sich nicht öffnen. Sie ging nur einen Spalt weit auf. Im letzten Winter hatten wir schon das gleiche Problem. Der Frost hatte die Buntsandsteinplatten hochgedrückt, die der Tür zwar nur einen winzigen Zentimeter, aber leider unverrückbar im Weg standen. Damals hatten wir unermüdlich Wannen voll kochendem Wasser über die Platten ausgeschüttet und eine ziemliche Überschwemmung verursacht. Immerhin ließen sich die Platten nach dieser Prozedur aus dem aufgetauten Boden herausheben. Wir hatten das Loch sodann mit Brettern und Tüchern abgedeckt, aber trotzdem wurde unsäglich viel Dreck ins Haus getragen: Es knirschte überall und sah abscheulich aus… Das wollten wir eigentlich nie mehr erleben. Deshalb hatten wir im Sommer die Platten neu verlegen lassen, den Untergrund noch tiefer ausgegraben, mit Kies gefüllt und ordentlich drainiert. Ein riesiger Aufwand, auch in finanzieller Hinsicht, und nun das!

Frau Pfendtner, die sonst das Haus durch diese Orangerie betritt, kam tagelang jeweils durch die Haustür herein. Frau Mönch musste das Haus umrunden, um den Biomüll auszuleeren. Als jetzt die Dreharbeiten näher und näher rückten und es nicht wärmer, sondern noch frostiger wurde, hatten wir uns fast schon auf eine Wiederholung der Schmutz- und Wasserspiele gefasst gemacht. Martina ging nochmal zur sperrenden Tür. Wieso, fragte sie sich, haben sich diese Platten wieder derart hochgehoben, obwohl man ihnen doch ein so tiefes und bequemes Bett bereitet hatte? Und sie betrachtete sich den Missstand erstmals von außen ganz genau. Da entdeckte sie den Kieselstein. Er war winzig, nicht größer als ein Kirschkern! Aber er lag so unglücklich, dass jeder Versuch, die Tür zu öffnen, ihn nur noch fester klemmte.

## Von Lampenfieber, Dreharbeiten
## und anderen Katastrophen

Der erste Drehtag ist immer der schlimmste. Wir haben schlecht geschlafen. Vor allem Martina sieht ziemlich verquollen aus. Arme Beate von der Maske! Heute wird sie wieder viel Arbeit haben … Reichlich kaltes Wasser ins Gesicht, damit die Schwellung zurückgeht. Und dann alles herrichten, was wir heute brauchen. Das Team hat gestern schon den ganzen Tag lang die Küche zu einem Fernsehstudio umgebaut, die Scheinwerfer angebracht, die Fenster mit einer Folie verklebt, die das Tageslicht kameragerecht einfärbt, den Tisch aufgebaut, mit der großen Glasscheibe darüber, auf und unter der wir mit unseren Requisiten für die richtige Stimmung zum Thema sorgen können. Jetzt muss alles mit entsprechenden Stoffen, Geschirrteilen, Gläsern und Bestecken dekoriert werden. Die Blumen kommen an ihren Platz. Die Zutaten werden zusammengetragen und bereit gestellt und − soweit erforderlich − vorbereitet. Inzwischen hat Frau Pfendtner das schon letzte Woche beim Händler bestellte Gemüse gebracht. Im Weinkeller bleibt es unter feuchten Tüchern frisch. Martina richtet die große Platte mit all den Zutaten her, die wir heute brauchen, und stellt sie in den »Set«, wie man beim Fernsehen die Szenerie nennt.

Beate hat ganze Arbeit geleistet, wir sind geschminkt und gepudert. Noch einmal haben wir das Buch durchgelesen und uns die Rezepte eingeprägt. Jetzt werden die Schürzen umgebunden, die Mikros angesteckt und eingeschaltet. Mit Arno, dem Produzenten und Regisseur, und den beiden Kameraleuten haben wir den ersten »Take« abgesprochen. Der Anfang einer Sendung ist nämlich besonders wichtig, bestimmt er doch ihre ganze Dynamik. Deshalb gehen wir Position für Position durch. Ein Probelauf, Korrekturen werden angebracht.

Jetzt wird es ernst.

Alles klar? Nochmal memorieren, tief Luft holen, kurz die Gedanken sammeln. »RUHE bitte, MAZ ab«, schallt Arnos Stimme übers Mikrophon aus dem Ü-Wagen hinterm Haus, wo jetzt die Aufzeichnungsgeräte anlaufen, zu uns in die Küche. Wir stehen an unseren vorher festgelegten Plätzen. Die beiden Kameraleute schultern ihre Kameras: »Achtung bitte, noch drei Sekunden!« Die letzte Aufforderung, jetzt müsste Martina loslegen.

Nichts passiert. »Was is?«

»Ich weiß nicht, was ich sagen soll.« In solchen Augenblicken ist man heilfroh, nicht live auf Sendung zu sein.

»Hallo, liebe Zuschauer«, soll Martina sagen, dabei einen Spargel schälen und fröhlich in die Kamera von Axel gucken, der mit dem Ding auf der Schulter in die Knie gegangen ist, sich bei diesen Worten langsam erheben wird, zuerst von unten durch die gläserne Platte nach oben schauend, dann genau waagrecht von der Seite auf den Berg von Spargel zielend, der auf der Platte aufgehäuft ist. Schließlich soll er sich endgültig aufrichten, um mit der Kamera auf Martinas Augenhöhe zu sein. »Das ist heute unser Star,« hätte sie dann sagen und den nunmehr geschälten Spargel so in Jochens Kamera links von ihr halten sollen, dass er ihn genau im Bild hat, »den König unter den Gemüsen.« Oder so ähnlich.

Zuerst ist Martina zu langsam, dann zu schnell, mal verspricht sie sich, dann fehlen ihr die Worte, oder das Mikro scheppert. Und jedes Mal muss der arme Axel wieder in die Knie, mit dem 25 Kilo schweren Gerät auf der Schulter – das stärkt die Bein- und Bauchmuskeln!

»Entschuldigung!« Martina ist schon ganz verzweifelt. Jetzt aber wirklich das allerletzte Mal – es muss doch endlich klappen! Ein Glück, dass Axel und Jochen weder die gute Laune verlieren noch ungeduldig werden. Moritz soll jetzt ebenfalls etwas Kluges sagen, setzt jedoch zu spät ein. Dann passt der Anschluss nicht. Und schließlich verhaspeln wir uns beide rettungslos, und ein im Grunde simpler Sachverhalt wird durch unser hilfloses Gestammel absolut unverständlich.

»Stop!« Erneut alles auf Anfang. Das bedeutet: Das Gemüse ersetzt, an dem man gerade herumgeschnitzt hat, das Arbeitsbrett sauber gewischt, die Zutaten wieder an ihren Platz gerückt… Endlich platzt der Knoten, und jetzt entwickelt sich alles ganz leicht weiter und gewinnt seine eigene Dynamik. Wenn wir einmal richtig drin sind und uns auf unser Thema einlassen können, sind die anfänglichen Schwierigkeiten wie weggeblasen, und die Kochprozesse laufen wie am Schnürchen.

15 Jahre machen wir unsere Sendung schon. Im ersten Jahr waren es vier »Ratgeber Essen und Trinken«, die damals noch bundesweit im Ersten am Sonntagnachmittag gesendet wurden. Der Erfolg war so groß, dass in den folgenden fünf Jahren jeweils sechs Ausgaben ausgestrahlt wurden. Die Zuschauer mochten uns, die Einschaltquoten waren die besten aller Ratgebersendungen, und alle waren zufrieden.

Doch dann schaffte man uns ab. Nach der Wiedervereinigung waren neue Sendeanstalten entstanden, die Sendezeiten wurden knapp. Alle Anstalten der alten Länder mussten denen der neuen etwas von ihrer Sendezeit abgeben. Da verfiel man beim WDR plötzlich auf die bizarre Meinung, Kochen im Fernsehen habe keine Zukunft. Dabei ging es damals, wie man sich erinnert, überhaupt erst richtig los. In der Dezembersendung 1993 mussten wir uns von unseren Zuschauern verabschieden.

Die Zuschauer waren enttäuscht und machten in zahlreichen Briefen ihrem Unmut Luft. Schon im Sommer drauf klopfte die Redaktion wieder bei uns an und schlug vor, die Sendereihe mit leicht verändertem Konzept wieder aufzunehmen. Vor allem wollte man die Gäste einsparen, die wir bis dahin jeweils passend zum Thema eingeladen hatten – diese zehn Minuten hatten jedes Mal tatsächlich einen vollen Drehtag gekostet. Und: Die Sendung sollte nunmehr fürs Dritte produziert werden, innerhalb einer Ratgeberschiene »ServiceZeit«. Zum Ausgleich dafür wollte man sie jedoch allmonatlich senden, also zwölf- statt wie bisher nur sechsmal im Jahr. Seither bestreiten wir die halbe Stunde allein, führen unsere Rezepte vor, geben Tipps, machen die Warenkunde, schlagen die passenden Weine oder andere Getränke vor und sorgen mit unserem Gekabbel dafür, dass die Zuschauer nicht nur informiert werden, sondern auch mal lachen und sich entspannen können.

Mittlerweile haben wir bald 150 Sendungen gedreht. Sie werden in anderen Dritten übernommen, der SWR zum Beispiel bestückt damit allwöchentlich einen festen Programmplatz. Da könnte man meinen, dass sich bei uns allmählich Routine eingestellt hat und wir kein Lampenfieber mehr haben. Weit gefehlt! Es ist wie verhext, aber die Tage vor dem Dreh werden wir zunehmend unruhig, schlafen schlecht, sind gereizt und miteinander ungeduldig.

Meist schaffen wir eine Sendung pro Tag, für unser Jahrespensum brauchen wir also vier Staffeln à drei Drehtage. Deshalb sind wir mit unseren Produktionen häufig schon weit voraus. Da sich unsere Themen nach der Jahreszeit oder dem Festkalender richten, ist es beinahe die Regel, dass die Produkte, um die es sich in der Sendung dreht, im Augenblick der Aufnahme keine Saison haben. Es genügt ja, wenn sie zum Sendetermin in Fülle auf dem Markt zu finden sind. Beschaffungsschwierigkeiten sind also für uns normal.

Es sind aber nicht nur die Lebensmittel, die mitunter Probleme bereiten, oft ist es auch unglaublich schwierig, die zum Sendetermin passenden Blumen zu besorgen, die den »Set« schmücken, also Farbe und Frische in die Küche bringen sollen. Bei den Staffeln in der wärmeren Jahreszeit geht es ja noch, im April kann der Händler durchaus Blumen auftreiben, die auch für den Juni oder Juli geeignet sind. Wenn dann schon die Septembersendung ansteht, wird die Sache aber komplizierter. Man will ja schließlich nicht jedes Mal weiße Lilien sehen, so schön die auch sind. Und für die Ostersendung, die wir im Januar drehen, gibt's neben den unvermeidlichen Narzissen zwar auch Tulpen, aber die haben wir schon für die Februarsendung verwendet. Dieses Jahr kam noch hinzu, dass wir bereits in der zweiten Januarwoche drehen mussten. So kurz nach einer langen Kette von Fest- und Feiertagen und dem in ganz Europa frostigen Wetter sind aber kaum anständige Blumen auf dem Markt. Martina musste von einem Ort zum anderen fahren, Händler becircen – und am Ende merkt wahrscheinlich wieder kein Mensch, wie viel Aufregung allein schon diese Verschönerung gekostet hat. Und wenn dann im Garten die allerschönsten Blumen in verschwenderischer Pracht und Fülle zu schneiden sind und man endlich aus dem Vollen schöpfen könnte, müssen wir unsere Weihnachtssendungen produzieren, in denen Bouquets von üppigen Sonnenblumen und Zinnien eher unpassend wirken. Da kommt Tragik auf.

Wir sind also nicht nur die Autoren und Moderatoren der Sendung, die Fernsehköche, sondern außerdem die Requisiteure, Zuarbeiter, Locationfinder, während der Aufnahmen auch die Zu- und Beiköche – alles in Personalunion. Martina ist obendrein Garderobiere, notfalls Putzfrau. Wir machen das Catering für die Crew und sogar den Telefondienst, weil wir in einem Funkloch für Handys leben und das Team nur über unsere Nummer erreichbar ist. Lauter Jobs, für die in anderen Produktionen ein Heer dienstbarer Geister bereit steht. Aber wir wollen's nicht anders, sind glücklich, dass unser Produzent mit einem kleinen Team arbeitet und möglichst mit denselben Leuten. Früher, als uns zu jedem Dreh eine neue Crew zugeteilt wurde, die dann jedes Mal das Rad neu erfinden wollte, war es anstrengender.

Zum Abwaschen zwischendurch, um schnell etwas herzurichten oder aus unserer Küche im Obergeschoss ein Gerät zu holen, hält sich Frau Mönch, unsere Haushälterin, zur Verfügung. Und auch beim Zubereiten des Essens für die Fernsehleute hilft sie mit. Deren Frotzeleien stand sie am Anfang etwas unsicher gegenüber, aber da sie nicht auf den Mund gefallen ist, verschaffte sie sich bald den nötigen Respekt.

Anstrengend ist es dennoch. Alles beginnt erst einmal mit dem so genannten Treatment, dem »Drehbuch«, das wir uns ausdenken. Zuerst überlegen wir uns, wie die Sendung sein soll, wie viel Zeit für die Warenkunde angesetzt werden muss, wie viel Zeit für Scherze, welche Rezepte wir überhaupt zeigen wollen. Schließlich lautet die uns am häufigsten gestellte Frage: »Woher kriegen Sie Ihre Ideen?« Und: »Wieso fällt Ihnen immer noch 'was Neues ein?« Da haben wir tatsächlich einen Ruf zu verlieren …

Wir arbeiten – man nimmt uns das hoffentlich nicht übel – weitgehend nach dem Lustprinzip: Was wir nicht mögen, bringen wir auch nicht, basta! Aber gottlob ist die kulinarische Welt ja groß und weit, und wir versuchen dieser Vielfalt gerecht zu werden. Es wird bei uns immer Mediterranes vorkommen und immer ein Hauch von Asien zu spüren sein.

Woher wir unsere Ideen nehmen? Ganz wichtig sind die Reportagereisen für unsere Bücher. Die führen uns in die unterschiedlichsten Restaurants und Küchen, auf fremde Märkte, zu Produzenten der vielfältigsten Erzeugnisse, sogar zu wildfremden Menschen, die wir einfach auf der Straße ansprechen, weil, zum Beispiel, aus ihrem Einkaufskorb ein Gemüse ragt, das wir nicht kennen. Nicht in Deutschland, wohl aber in Südeuropa und Asien passiert es schon mal, dass der angesprochene Passant uns zu sich nach Hause bittet, wo er das neue Gemüse zubereitet und uns davon probieren lässt – immer ein wunderbares Erlebnis! Ideen liegen auf der Straße, man muss sie nur wahrnehmen – auch wenn wir bei Freunden eingeladen oder privat unterwegs sind, mit Leuten auf dem Markt reden.

Anregungen gibt es buchstäblich überall! In Büchern, Zeitschriften, manchmal sogar im Kino: Wenn in *Chocolat* von einer überirdisch köstlichen Schokolade mit Chiliduft geschwärmt wird, dann stellen wir uns in die Küche und experimentieren, bis etwas entstanden ist, das uns gefällt. Bei dieser Gelegenheit sind wir übrigens auch zu unserem inzwischen legendären Chilieis gekommen. Warum, so dachten wir, nur Schokolade mit Chili würzen? Und haben die Grundmasse für Vanilleeis genommen – also viel Eigelb mit Zucker im Wasserbad dick geschlagen, mit heißer Sahne aufgegossen und schließlich zur so genannten »Rose« abgerührt; das heißt, weiterhin solange unter Rühren erhitzt, bis die den Kochlöffelrücken bedeckende Creme, auf die man pustet, sich kräuselt und wie eine Rose aussieht. Dann rührten wir je einen flachen Esslöffel winzige rote und grüne Chiliwürfelchen hinein und ließen die Masse in der Eismaschine gefrieren. Das Ergebnis war ganz gut, aber wirkte noch nicht harmonisch. Wir stellten fest, dass mehr Zucker als Gegengewicht nötig ist. Eine Lehre aus der Thaiküche, wo man mit Schärfe sehr subtil und dennoch großzügig umzugehen weiß: Süße dient als Äquilibrator, als Ausgleich. Inzwischen ist unser Rezept perfekt: Wir nehmen auf fünf Eigelb 180 Gramm Zucker (das ist viel, bei der Chilimenge aber nötig) sowie einen halben Liter Sahne. Und bisher hat unser Chilieis noch jeden begeistert!

Oder unsere Schokoladentorte. Wie lange hat Martina damit herumexperimentiert, bis sie zufrieden war: Im Laufe der Zeit wurde die Schokoladenmenge immer größer, schließlich verdoppelt – das war es dann! Jetzt ist die Torte dicht, saftig und behält auch nach dem Backen ihre Form.

Es kommt auch vor, dass Moritz eine herrliche Auswahl an Kräutern, Gemüsen oder Früchten aus dem Garten holt und wir begeistert damit herumprobieren, einfach so, weil wir soeben ohnehin dabei sind, unser Abendessen vorzubereiten. Macht nichts, wenn wir dann erst um elf am Tisch sitzen. Wir haben Spaß gehabt, und gleichzeitig ist etwas Köstliches dabei entstanden. Manchmal, wenn das Ergebnis gar zu phantastisch aussieht, kann es sogar sein, dass Martina die Kamera holt, Moritz das Licht aufbaut und wir eben noch schnell photographieren, was wir gerade kreiert haben. Na ja, ein bisschen verrückt sind wir manchmal schon...

Und wie war das mit dem Lampenfieber? Warum wird es nicht besser damit, sondern verstärkt sich von Mal zu Mal? »Das ist so«, tröstet uns unser Freund Hans, bayrischer Staatsschauspieler und in Ehren auf der Bühne ergraut. »Lampenfieber legt sich nie. Solange ihr das habt, seid ihr gut. Das bewahrt euch vor Routine!«

## Slow Food zu Besuch: Von unseren Äpfeln und Produkten

»Mein Großvater«, beginnt Moritz, »war ein glücklicher Mann! Er konnte mit den auf dem Rittergut Neunthausen produzierten Äpfeln noch richtig Geld verdienen. Wir zahlen heute auf jedes Kilogramm erstklassiger Äpfel, das wir für 1,10 Euro verkaufen, ziemlich genau dieselbe Summe noch einmal drauf.«

»Da können Sie aber nicht recht glücklich sein! Wenn ich richtig rechne, kann sich Ihr Betrieb nicht sehr lohnen...«, stellt Andreas Eggenwirth vom Slow-Food-Convivium Frankfurt mit herzhafter Ironie fest.

»Bravo! Sie haben unser Problem gut analysiert und vollkommen richtig erkannt«, schmeichelt Moritz ihm, »deshalb verkaufen wir, obwohl wir ein Apfelgut führen, am liebsten so wenig Äpfel wie möglich.«

Die Besucher – zwanzig Zeitgenossen, die so sehr an unseren Produkten interessiert sind, dass sie von Frankfurt am Main zu uns in den Schwarzwald gefahren sind – lachen verunsichert. Das war natürlich Moritz' Absicht. Nur wenn wir unser Problem zuspitzen, haben wir eine Chance, auch verstanden zu werden. Die

Preisentwicklung landwirtschaftlicher Produkte und die Preisgestaltung im Handel haben sich ja schon lange in extremer Weise verselbständigt und mit der eigentlichen Produktion, der Herstellung und deren tatsächlichen Kosten nichts mehr zu tun.

»Mein Großvater bekam«, fährt Moritz fort, »im Jahre 1930 30 Mark für jeden Zentner Äpfel, der an die eleganten Hotels in Freudenstadt, an Feinkostgeschäfte in Stuttgart und Berlin, auch an die Mitropa ging (das Rittergut Neunthausen war Exklusivlieferant der Speisewagengesellschaft der Reichsbahn!). Wir erlösen heute, wenn wir ab Gut verkaufen, im Schnitt 45 Euro (zusammengerechnet aus Klasse I und II). Was über den Großmarkt abgesetzt wird, bringt nach Abzug aller Kosten kaum mehr als 14 Euro.«

Erstauntes Gemurmel. »Wenn wir eine große Ernte haben und alle Äpfel verkaufen wollten, kämen wir auf einen Schnitt von etwa 30 Euro. Eine Mark hatte aber 1930 erheblich mehr Kaufkraft als ein Euro heute.« Zustimmendes Brummeln, anhaltend.

»Mein Großvater«, erklärt Moritz, »bezahlte seinen Arbeitern 30 Pfennige die Stunde. Sozialabgaben waren praktisch unbekannt. Und heute? Kostet uns die Lohnstunde, inklusive Lohnnebenkosten, das Hundertfache!«

Da wird das Raunen zu lauter Zustimmung: Es leuchtet allen ein, dass Äpfel heute viel zu billig sind! Zumindest gute.

»Weil wir nun für Äpfel nicht im Entferntesten Kosten deckende Preise erzielen konnten, versuchen wir es seit einigen Jahren mit der Veredelung, also mit Apfelprodukten: Apfelsaft, perlendem Apfelwein, stillem Apfelwein – einer verfeinerten Art des schwäbischen Most –, Apfelschaumwein nach klassischer Methode in Flaschengärung, Apfelbrand und schließlich mit einem prickelnden Saft, der nicht erhitzt wird, sondern das Aroma frischer Äpfel behält. Dies alles wollen wir nun probieren!«

Seit zwei Uhr trudeln die Gäste ein. Wir befinden uns im Gartenzimmer des Mohnshäusle, unserem Probenraum, und beginnen wie immer mit dem Getränk für alle Tage, unserem naturtrüben Apfelsaft in der 1-Liter-Pfandflasche. Ein guter Durstlöscher. Der klare Apfelgeschmack wird gelobt, der Saft ist nicht so pappig wie viele andere, richtig aromatisch. Die meisten Besucher kennen natürlich die Apfelsäfte von hessischen Streuobstwiesen und sind überrascht, dass unser Erzeugnis so viel weniger Gerbsäure, weniger Aggressivität besitzt. Moritz erzählt von den Unterschieden zwischen den alten Wirtschaftsobstsorten, die ja teilweise eine Menge herber Säuren enthalten, welche für die Gewinnung von Apfelwein, schwäbisch »Moscht«, durchaus von Vorteil sind: Sie helfen, ihn zu klären, und verhindern das Entstehen flüchtiger Säuren, jenen Essigstich, der bei Bauernmosten gar nicht so selten vorkommt. Im Schwabenland, vor allem auf der Schwäbischen Alb, wo die Äpfel oft spät und nach einem schönen Herbst sehr reif und daher süß und relativ säurearm geerntet werden, fügt man deshalb gern Mostbirnen hinzu – weil die noch mehr Gerbsäure haben, selbst wenn sie voll ausgereift sind. Das tut dem Geschmack gut und bringt höhere Alkoholwerte, denn Mostbirnen können auf der Zuckerwaage bis zu 85 Grad Öchsle steigen. Im Apfelsaft sind diese Gerbsäuren, wie unser Beispiel zeigt, jedoch nicht unbedingt nötig.

»Jetzt habe ich absichtlich das Pferd von hinten aufgezäumt«, fährt Moritz fort, das Thema Preise wieder aufgreifend. »Im normalen Wirtschaftsleben müssten wir ja andersherum vorgehen: Die Kosten berechnen, eine Gewinnmarge festsetzen und dann den Verkaufspreis festlegen. Der Erzeuger hat aber in der Landwirtschaft kaum Einfluss auf die Preisgestaltung – der Markt schreibt ihm die Preise vor! Wir könnten gar nicht mehr verlangen, sonst blieben unsere Kunden aus. Als Erzeuger stehen wir in Konkurrenz mit den Super- und Verbrauchermärkten, den Discountern und Abholmärkten. Die können so billig anbieten, weil sie riesige Mengen ordern und die Genossenschaften, sogar den internationalen Markt damit unter Druck setzen. Außerdem liegt die Messlatte ihrer Qualitätsanforderungen teilweise bestürzend tief... Natürlich versuchen wir, mit der Qualität unseres Obstes zu überzeugen. Aber hier, sozusagen auf dem platten Lande und weitab von Städten mit großer Kaufkraft, steht der Preis im Mittelpunkt der Kaufentscheidung der meisten Menschen. Und so müssen wir unsere Äpfel unter den Gestehungskosten verkaufen.«

»Und warum fahren Sie dann nicht in die Stadt und verkaufen dort teurer? In Stuttgart würden Sie doch gewiss das Doppelte erzielen können.«

»Wahrscheinlich. Aber dann kämen auch noch die Kosten für Fahrt, Marktstand, Miete und Personal dazu.«

Verwalter Fogel mischt sich ein: »Ich verkaufe hier auf dem Gut am Mittwochnachmittag und Samstagvormittag – daran haben sich unsere Kunden gewöhnt. Außerdem natürlich nach telefonischer Vereinbarung. Aber die sonstige Zeit habe ich zu tun: Im Herbst noch einmal mulchen (das Gras unter den Bäumen schneiden), Fallen gegen die Wühlmäuse stellen, Holz zum Heizen für den Winter richten, Pfähle für die Bäume in den neu anzulegenden Parzellen setzen, gegebenenfalls die Drähte spannen und schließlich die neuen Bäume setzen. Und dann, den ganzen Winter über, also vier bis viereinhalb Monate lang, die Bäume schneiden! Da könnte ich nicht auch noch auf den Markt fahren... Und eine Zusatzkraft extra dafür lohnt sich auf gar keinen Fall.«

Das sehen wiederum alle ein und wir werden gebührend bedauert. »Lägen wir am Stadtrand von München, könnten wir von unseren Äpfeln in Saus und Braus leben!«, scherzt Martina. Tatsächlich gibt es eine Reihe von Obstbauern vom Bodensee, die regelmäßig auf den Viktualienmarkt nach München fahren und dort eine Stammkundschaft gefunden haben, die ihnen dieselben Preise wie im Feinkostgeschäft bezahlt. Da geht kaum was unter 2,50 Euro pro Kilogramm, besonders schöne Äpfel von begehrten Sorten können auch schon auf 3,50 Euro kommen, französische Reine de Reinettes (unsere Goldparmänen), Reinettes de Canada oder die neue, als registrierte Marke gehandelte Primrose sogar auf über 5,00 Euro ... Da kann unsereins schon neidisch werden!

»Also müssten Sie rationalisieren, Kosten einsparen, mehr Äpfel erzeugen, um wieder in die Gewinnzone zu kommen!«, stellt einer der Gäste fest.

»Ja«, antwortet Moritz, »das versuchen wir natürlich. Aber unser Gut ist relativ klein – damit hat jegliche Rationalisierung ihre Grenzen, denn der Einsatz Kosten sparender Technologien lohnt sich erst ab einer bestimmten Mindestgröße. Außerdem treiben unsere teilweise steilen Hanglagen die Kosten in die Höhe. Aber davon später ...«

»Was für Apfelsorten sind denn in dem Saft drin?«, wollen einige der Gäste wissen.

Großes Staunen, als Moritz sie aufzählt – es sind genau die Sorten, die im Allgemeinen als langweilig, zu süß, pappig, modern, glatt und geschmacklos gescholten werden: Golden Delicious, Jonagold, Idared, Gloster und – diese Sorte allerdings wird allgemein akzeptiert – Schweizer Glockenapfel. Moritz erklärt, dass diese (wie die meisten anderen neuen) Sorten nicht wegen sortentypischer Qualitätsmängel, sondern durch Fehler beim Anbau – und weil man sie zu früh geerntet hat – in Verruf gekommen sind:

»Um größere Erträge zu erzielen, düngen viele Obstbauern zu stark, blasen damit die Äpfel auf, die sich jedoch nur mit Wasser anreichern, statt Geschmack auszubilden. Und weil der Handel keine gelb gewordenen, sondern lieber grünlich schimmernde Äpfel will – da der (meist schlecht aufgeklärte) städtische Verbraucher das Grün mit Frische verwechselt und mit angenehm fruchtiger Säure in Verbindung bringt –, pflückt man obendrein zu früh. Auf diese Weise wurde für den deutschen Markt der Ruf des Golden Delicious ruiniert – der in Wahrheit ein wunderbarer Apfel ist, aromatisch und süß, gleichzeitig mit einer frischen, eleganten Säure, vorausgesetzt allerdings, dass er in einer Region angebaut wird, wo die Temperaturunterschiede zwischen Tag und Nacht groß sind.«

»Also wie beim Wein?«, fragt einer der kundigen Besucher.

»Ganz genau wie beim Wein!«, bestätigt Moritz. »Wichtig für die Aromabildung sind nämlich möglichst große Temperaturschwankungen im Herbst: Kühle Nächte nach sonnigen Tagen sind ideal, so bleiben die aromatischen und belebenden Säuren und Aromastoffe erhalten. Je höher die Anbaugebiete liegen, desto besser funktioniert das: Bei uns wird bei strahlendem Sonnenschein an klaren Herbsttagen in den Früchten mehr Zucker ausgebildet, als in der milden, aber dunstigen Rheinebene. Und die kühlen Nächte erhalten die Säure, die bei der Ernte dann drei- bis viermal höher liegt als bei den langweiligen Massenerzeugnissen aus der Etschebene in Südtirol und dem Trentino oder aus dem Rhônetal.«

»Ich habe aber in Südtirol schon prima Äpfel gegessen!«, widerspricht ein Gast.

»Sicher – ich behaupte ja nicht, dass auf den Hängen und in den Seitentälern Südtirols und Trients oder in der Provence an der oberen Durance nicht ausgezeichnete Äpfel wachsen können. Die dort von kleinen Bauern in hoher Qualität erzeugten Äpfel entsprechen aber vollkommen anderen als den klassischen deutschen Geschmacksmustern und kamen bisher nur selten auf unsere Märkte. Der deutsche Verbraucher suchte frische Aromen und Säure im Apfel, während die Italiener und Franzosen süße, geschmacklich eher zurückhaltende Äpfel mit geringer Säure vorziehen. In den letzten Jahren hat sich dieses Geschmacksmuster gewandelt und immer mehr deutsche Kunden wünschen den südlichen Apfeltyp. Dem müssen auch wir mit neuen Sorten Rechnung tragen – die im Übrigen fast alle den Golden Delicious als einen Elternteil haben.«

»Das ist doch verrückt!«, empört sich eine Dame. »Also ich kann mit den blöden Dingern nichts anfangen. Die sind mir immer zu grasig und zu fest. Wenn man in diese überhaupt nicht deliziösen Monster beißt, bekommt man doch Zahnfleischbluten…«

»Es waren die deutschen Importeure, die den Ruf des Golden Delicious ruiniert haben«, erklärt Moritz. »Sie ließen ihn in Frankreich und Italien grasgrün pflücken, um etwas Ähnliches wie den leuchtend grünen, äußerst erfolgreichen Granny Smith aus Neuseeland und Australien auf den Markt bringen zu können. Als wir in der Provence waren, fragten uns die Obstbauern dort, was um Himmels willen die Deutschen denn mit diesen unreifen Bollern anfangen würden. Die könne man doch höchstens zum Boulespielen verwenden, aber doch nicht essen! Die müssten doch noch mindestens vier, besser sechs Wochen an den Bäumen hängen, um reif zu werden! Als wir ihnen erzählten, so unreif lägen diese Äpfel in den deutschen Supermärkten, meinten sie nur: ›Die spinnen ja, die Deutschen!‹«

»Na ja«, entgegnet ein Gast, »aber wozu brauchen wir neue Sorten, die nicht schmecken, wo es doch so viele traditionelle Obstsorten in Deutschland gibt? Oder wenigstens gab…«

»Lassen Sie uns über andere Sorten später reden«, bittet Moritz. »Ich möchte nämlich den Handel nicht so einfach aus seiner Verantwortung entlassen: Erst hatte er den üblen Ruf des Golden Delicious verursacht und dann wollte er ihn nicht mehr haben. Das Nachsehen hatten die Apfelbauern – nachdem die Preise im Keller waren, mussten sie roden und andere Sorten pflanzen, obwohl die Anlagen noch voll ertragsfähig waren. Ein enormer Schaden! Der Golden Delicious ist übrigens keineswegs eine Neuzüchtung. Bereits 1890 gelangte er unter dem Namen Edelstein aus den USA nach Europa. Damals wurde er allerdings überhaupt nicht akzeptiert. Erst nach dem Krieg, als die Sorte unter dem heute üblichen Namen erneut eingeführt wurde, trat sie ihren Siegeszug an. Im übrigen Europa besitzt sie einen weit höheren Stellenwert als bei uns. Mit Recht, finde ich, ich liebe diesen Apfel!«

Herr Fogel schneidet derweil mit dem Messer einen Golden Delicious auf, der in der Obstschale auf dem Tisch liegt, und reicht jedem einen Schnitz: Unsere Gäste sind verblüfft, so etwas haben sie noch nie gekostet:»Das ist ja ein tolles Aroma!«»Eine Wucht!«»Das ist nie und nimmer ein Golden Delicious!« Herr Fogel schneidet noch weitere Äpfel auf, und es dauert eine Weile, bis wieder Ruhe einkehrt.»Merkwürdigerweise«, Moritz setzt die folgende Behauptung in einen Moment der absoluten Stille,»entwickeln Golden Delicious keineswegs in der allerersten Qualitätsstufe ihren besten Geschmack. Die berosteten Früchte mit rauher Schale haben eindeutig das intensivste Aroma. Einer der seltenen Fälle«, jetzt lacht er spitzbübisch,»wo man für die bessere Qualität weniger zahlen muss…«

Wir schenken POMME-SECCO aus, unseren perlenden Apfelwein. Er schäumt in den Gläsern und passt hervorragend zu den mit Blutwurst belegten Brothäppchen, die Martina gerade hereingetragen hat. Denn wie der größte Teil des prickelnden Prosecco aus Italien, auf den unser Name natürlich anspielt, ist er nicht ganz trocken, sondern durch zwanzig Gramm Zucker pro Liter mit einer feinen Milde abgerundet.

»Die Äpfel werden hier auf dem Gut gepresst, natürlich nur gepflücktes Tafelobst«, erklärt Moritz.»Äpfel, die wir aus verschiedenen Gründen nicht als Tafelobst verkaufen − weil sie Schorfflecken haben, zu groß oder zu klein ausfallen, schief gewachsen, ohne Stiel oder mit zu viel Warzen besetzt sind − werden aussortiert, ins Kühlhaus gestellt und so kalt wie möglich verarbeitet. Zuerst gewaschen, dann in einer Mühle zermahlen und schließlich auf unserer kleinen Packpresse zwischen Tüchern auf ganz traditionelle Art gepresst. Wir arbeiten allerdings mit geringerem

Druck als üblich, um nur die besten Anteile des Saftes zu gewinnen – auch das ist wie beim Wein.«

Es gefallen Aroma, Frische, Ausgewogenheit und Leichtigkeit des Weines, der nur 6,5 Volumen-Prozent Alkohol enthält. Die Gärung erfolgt mit Reinzuchthefe in Plastiktanks – »leider«, fügt Moritz bedauernd hinzu, »den ersehnten Edelstahltank können wir uns noch nicht leisten…« Er erzählt, dass wir die heruntergefallenen Äpfel als Mostobst an die Genossenschaft verkaufen, wo sie von den großen Apfelsaft- und Apfelweinproduzenten abgeholt werden. Sie lieben die Äpfel unserer Region, eben weil sie gehaltvoll sind und relativ viel Alkohol bringen. 6,5 Vol.% sind für Apfelwein ja nicht wenig.

»Warum nehmen Sie Reinzuchthefe und vergären nicht mit den natürlich auf den Schalen sitzenden Hefen?« An den Fragen merken wir, dass unsere Gäste keine Laien sind.

»Weil die so genannten Apiculatus-Hefen, die auf den Äpfeln leben, nicht die Vorzüge mit sich bringen, wie sie im Weinbau mit den weinbergseigenen Hefen zu erzielen sind: Was dort den Geschmack des ›Terroirs‹ liefert, sorgt hier für Fehltöne. Deshalb geben wir lieber Reinzuchthefe hinzu, die sich so schnell entwickelt, dass die natürlich vorhandenen Hefen in Schach gehalten werden.«

Es entspinnt sich ein weitläufiges Gespräch über den Sinn von natürlich vorhandenen und den Einsatz von ganz speziellen, für differenzierte Geschmacksmuster sorgende Hefestämmen. Wir sprechen dabei über alle möglichen Weine und ihre unterschiedlichen Charaktere.

Moritz benutzt die Gelegenheit, noch einmal auf die Ähnlichkeiten zwischen Wein- und Apfelanbau hinzuweisen: »Grundlage sind immer die Böden. Bei uns sind sie schwer, lehmig und tiefgründig, sie erwärmen sich langsam. Das bringt erstens einen späteren Austrieb mit sich und damit verminderte Frostgefahr. Und zweitens halten sie gut die Feuchtigkeit, was bei den relativ geringen Niederschlagsmengen bei uns wichtig ist. Wir beregnen nicht, weil das am Hang ohnehin schwierig ist: Die Leitungen haben unterschiedlichen Druck, deshalb ist die Feineinstellung sehr kompliziert und bei unseren Höhenunterschieden, die bis zu 70 Meter betragen, nur mit hohem technischen (und finanziellen Aufwand) zu bewerkstelligen. Beregnet man über Laub, geht viel Wasser verloren. Außerdem steigt dadurch die Schorfgefahr, man müsste nach jedem Beregnen spritzen. Zudem macht die künstliche Bewässerung die Bäume träge, sie treiben ihre Wurzeln nicht in die Tiefe. In manchen Regionen wird zum Beispiel Obst auf Schotterfeldern mit einer nur dünnen Humusauflage angebaut. Dort müssen die Bäume im Sommer bei Trockenheit und heißem Wind alle zwei Tage oder sogar fortlaufend gewässert werden! Klar, dass auch entsprechend gedüngt werden muss. Und dann sehen die Äpfel zwar schön aus, sind jedoch wässrig aufgedunsen und wenig haltbar. Gute Qualität kann man nur erzeugen, wenn die Apfelbäume sich wie die Reben für guten Wein anstrengen müssen, also gezwungen werden, ihre Wurzeln in die Tiefe zu treiben, um sich dort mit den Mineralien zu versorgen. Viel Wasser macht die Früchte groß, ist es nur in gerade ausreichendem Maße vorhanden, bleiben sie zwar kleiner, bilden aber auch festere Zellen und mehr Geschmack.«

Unsere Besucher sind außerordentlich interessiert, es macht Spaß, ihre Fragen zu beantworten. Sie gehören der Vereinigung »Slow Food« an. Ungeachtet ihres Namens stammt diese Bewegung aus Italien. Gegründet wurde sie vom Piemonteser Carlo Petrini zu Beginn der achtziger Jahre, in der ländlich gemütlichen Stadt Bra, einige Kilometer westlich von Alba. Er und seine Freunde hatten genug von der aufdringlichen, jede Individualität verdrängenden amerikanischen Schnellküche, dem »Fast Food«. Sie riefen zur Gegenaktion auf: »slow« statt »fast«! Sie wandten sich gegen die schnell erzeugten, denaturierten Produkte einer industriell und weltumspannend gleichartig produzierenden Landwirtschaft, gegen Hochtechnologie, gegen Ersatz- und Konservierungsstoffe, Emulgatoren, künstliche Aromen und schließlich genmanipulierte Lebensmittel, setzten sich ein für langsam und sorgfältig, umweltschonend, nach alten Verfahren und im Einklang mit der Natur erzeugte, regionale Produkte: Spezialitäten mit Seele und wahrem Geschmack – dem, was der Franzose *terroir* nennt, ein Begriff, in dem die geographische Situation, Klima, Boden, Tradition, althergebrachte Arbeitsweise und Geschmacksmuster zusammengefasst sind. Ein großes Unterfangen!

Um den Begriff »Slow Food« zu veranschaulichen, wählte man die Schnecke als Symbol der Langsamkeit. Die Idee setzte sich durch und gewann in Italien rasch viele Anhänger: Gastronomen und deren Gäste, Liebhaber guter Produkte, vor allem Lebensmittelproduzenten handwerklicher, der Tradition verpflichteter Art – Winzer, Metzger und Wurstmacher, Milchbauern und Käser, Bäcker und Konditoren, Brauer und Safthersteller, Fischzüchter und Geflügelmäster, Getreide- und Obstbauern, Gemüsegärtner und Pilzsammler. Die Schnecke errang vor allem deshalb leicht die gesellschaftliche Anerkennung, weil sie sich nicht weltanschaulich grünen Ideologien und der Verteufelung des technischen Fortschritts verpflichtete, sondern im Gegenteil die Förderung des Genusses und das kulturelle Erbe in den Vordergrund stellte, also positive Identifikation anbot. Man setzt auf traditionelle Qualität, ermuntert aber ausdrücklich dazu, Erkenntnisse der Wissenschaft, moderne Hygiene und Tierhaltungsmethoden, technische Hilfsmittel und Verfahren zur Verbesserung der Qualität einzusetzen – im genussverständigen Italien hat man Gott sei Dank sonnigere Vorstellungen als im ideologisch vernebelten Norden. Dennoch: Schon bald gründeten sich in anderen Ländern ebenfalls Slow-Food-Vereine – auch in Deutschland.

Slow Food manifestiert sich in so genannten »Convivien«, den in vielen Orten gegründeten Zusammenschlüssen von Mitgliedern, die sich regelmäßig treffen, gemeinsame Essen, Verkostungen, Vorträge, Besuche bei Winzern, Bauern und anderen Produzenten arrangieren und für die Verbreitung des guten Essens sorgen. Wie schon bemerkt, rutschen sie manchmal ein wenig in die Bio-Ecke ab – aber das schadet nichts, solange die Qualität des Produktes im Vordergrund bleibt. Wir selbst betonen immer wieder, dass Feinschmecker und die Verfechter der biologisch-alternativen Landwirtschaft eigentlich an einem Strang ziehen müssten! Natürlich sind auch wir Mitglied von Slow Food, so ziemlich von Anfang an.

Im letzten Herbst hatten wir das Vergnügen, mehrere »Convivien« bei uns begrüßen zu dürfen, die unsere Philosophie kennen lernen und unsere Produkte probieren wollten. Erst kam Tübingen, dann Frankfurt, schließlich Stuttgart. Und jetzt ist das Convivium aus Frankfurt schon zum zweiten Mal bei uns zu Gast! Wir empfinden dies als eine ehrenvolle, höchst befriedigende Wertschätzung unserer Arbeit.

Nach dem POMME-SECCO folgt nun unser Apfelwein zur Probe. Martina bringt eine große Platte mit verschiedenen Würsten und Schinken, einen großen Korb voller Brot. Alle stürzen sich drauf, der Informationsfluss gerät dadurch ins Stocken, verzweigt sich, Grüppchen bilden sich, diskutieren Herkunft und Qualität. Und so muss Martina die Auswahl geduldig immer wieder von neuem erklären.

Moritz bespricht mit einer Gruppe, warum man aus Fallobst keinen guten Apfelwein herstellen kann: Beim Herunterfallen werden die Äpfel meist angeschlagen, bekommen starke Stoßflecken, in denen der Saft schnell oxidiert. Auch bilden sich an den Wunden rasch Bakterien, wachsen Hefen, beginnt die Fäulnis. Je länger die Äpfel liegen, desto größer die Gefahr, dass der Most beim Pressen verunreinigt und infiziert wird. Und selbst wenn man, wie in den großen Betrieben, die Äpfel unter Hochdruck von Schmutz und faulen Stellen säubert, lässt sich nicht die Reinheit erreichen, die absolut einwandfreie Früchte garantieren. Man braucht nur einmal bei den Annahmestellen zuzuschauen, wie die seit Tagen, manchmal mehr als eine Woche auf einem riesigen Haufen liegenden Äpfel per Schaufellader in Eisenbahnwaggons oder auf Lastzüge verfrachtet werden, dann mag man verstehen, warum Großfirmen ihre Produkte so spottbillig anbieten können.

Schließlich verschafft Moritz sich wieder Gehör: »Als wir im Frühjahr 2000 die Grundweine für die Cuvée unseres POMME-BRUT zusammenstellten, den wir nachher probieren wollen, waren wir von zwei Barriques besonders angetan, in denen sortenreine Säfte lagen – eines mit Boskoop und eines mit Berlepsch. Ich wollte schon lange einmal einen stillen Wein machen, hier konnte ich nicht widerstehen! Der 99er war besonders extraktreich, die Grundweine hatten sich in den zuvor schon dreimal belegten Fässern aus Allier-Eiche – mittelstark getoastet, also innen angebrannt, was die besonderen Aromen und Vanilletöne verleiht – großartig entwickelt. Die knapp fünfhundert Flaschen, die wir hatten, waren im Nu weg. Heute probieren wir den Zweitausender, der ein wenig leichter ausgefallen ist.«

»Also gibt's bei Äpfeln genau solche Unterschiede im Jahrgang wie beim Wein!?«

»Ja, natürlich. Es gibt Jahre, da machen wir gar keinen Wein – wenn die Säure fehlt, wie im Jahr 1995, dann hat das gar keinen Zweck. Der Apfelwein wirkt dann müde und flau.«

Unser Apfelwein ist mit 6,5 % Alkohol viel leichter als ein vergleichbarer Wein aus Trauben, aber er fällt keineswegs dagegen ab: seine feine, barriquegetönte, aber doch apfelfruchtige Nase, seine elegante, reife Säure sowie sein ausgeprägt mineralischer Abgang lassen ihn als Sommerwein geradezu ideal erscheinen. Sowohl als Durstlöscher, prima zum Vesper und zu Vorspeisen, zu leichten Fischgerichten – dann kommt seine an einen Chardonnay erinnernde Note besonders schön zum Ausdruck – und vor allem zu Matjes.

Wie aufs Stichwort erscheint Martina mit Matjeshappen. Einige zögern, die anderen geben ihrer Verzückung durch lang gezogene, fast ehrfurchtsvoll gehauchte »Aaahhhh's« Ausdruck: Es handelt sich um die zartesten aller Matjes, die unvergleichlichen »Primtjes«, die man leider nur so selten bekommt. Alle sind begeistert.

Die Diskussion wendet sich der Qualität von Apfelwein und Apfelsaft zu. Es ist ja leider nicht von der Hand zu weisen, dass die meisten Produkte in Deutschland eher mager ausfallen. Deshalb glauben viele, Apfelsaft müsse ein Billiggetränk sein und Apfelwein einen bäurischen Charakter haben. Ganz anders in Österreich, wo man gute Säfte und hervorragende Weine schätzt und auch bereit ist, für ein gutes Produkt das notwendige Geld auf den Tisch zu legen. So kosten in Wien die sensationellen sortenreinen Säfte von Reinhard Wetter aus Missingdorf zwischen Wein- und Waldviertel vier bis fünf Euro – und finden reißenden Absatz. Wir aber hören, wenn wir unseren schäumenden Apfelwein, den aufwendig auf klassische Art in Flaschengärung hergestellten POMME-BRUT für zehn Euro anbieten, sehr häufig die Frage: »Warum so teuer, es sind doch nur Äpfel drin?«

Tatsächlich entsteht der Preis ja weniger durch den Rohstoff, als vielmehr durch die Kosten der Verarbeitung und die Lagerhaltung. Für unseren POMME-BRUT pressen wir handgepflückte, ausgesuchte Äpfel entweder sortenrein oder stellen bereits vor dem Pressen sozusagen eine »Rohstoff-Cuvée« aus Boskoop, Glockenapfel, Cox Orange und Berlepsch zusammen. Die Säfte werden mit Reinzuchthefe in Holzfässern vergoren und ein halbes Jahr gereift, bis sie sich geklärt haben. Unsere Barriques sind teilweise aus Allier-, teilweise aus Schönbucheiche; sie werden mehrmals verwendet, wobei neue Fässer nur in Jahren hinzugekauft werden, in denen unser Saft besonders extraktreich ist und die starke Beeinflussung durch das neue Holz auch verkraftet. Boskoop entwickelt sich, so haben wir in mehreren Jahren herausgefunden, am besten in Schönbucheiche, während Berlepsch der Einfluss von Limousineiche hervorragend bekommt und Glockenäpfel sich in Alliereiche am harmonischsten entfalten. Erst im späten Frühjahr wird eine einzige, endgültige Cuvée zusammengestellt. Dabei werden die passenden Fässer für den Apfelwein ausgewählt und von der Sektkellerei Raumland (in Flörsheim-Dalsheim, die für die besten Winzer des Landes ihre Sekte produziert) nach der klassischen Methode ausgebaut: mit einer Gärdosage und speziellen Champagner-Hefen vermischt und in Flaschen gefüllt, wo sie eine zweite Gärung durchmacht. Nach inzwischen mindestens vierjährigem Hefelager wird der Schaumwein gerüttelt und von der Hefe getrennt, schließlich mit der so genannten Versanddosage im Geschmack abgerundet (wir geben nur zwei Gramm Zucker/ Liter zu − der POMME-BRUT ist also eigentlich *extra brut*). Klar, dass dieser Aufwand seinen Preis haben muss. Und der dürfte im Prinzip nicht weit entfernt von einem mit gleicher Sorgfalt behandelten Champagner liegen − das Ausgangsmaterial, also die Trauben, bestimmt den Preis ja nur geringfügig: Der Apfelsaft kommt uns fast so teuer wie die Champagner-Häuser der Wein für ihren Standardchampagner.

Martina bringt jetzt eine Käseplatte − Allgäuer Bergkäse, sehr alten Gouda, Parmigiano Reggiano, Gorgonzola, Fourme d'Ambert, Brie de Meaux und einen reifen, intensiv duftenden Münster. Wir trinken den POMME-BRUT mit dem Brie und dem Gruyère zu Ende − Harmonie, jeweils ein klarer Geschmack auf der Zunge.

»Unsere neueste Kreation«, Moritz nimmt die nächste Flasche in die Hand, »nun auch schon im vierten Jahr, ist ein spezieller Apfelsaft. Das Besondere daran: Er wurde nicht sterilisiert. Er wird hier bei uns aus ausgewählten Äpfeln gepresst, den besten, die wir überhaupt haben. Wir lassen den Saft über Nacht stehen, damit sich möglichst viele Trübstoffe absetzen, dann wird er so schnell wie möglich zur Sektkellerei Raumland nach Flörsheim-Dalsheim transportiert und dort weiterverarbeitet.«

»Wieso in eine Sektkellerei? Ich dachte, es ist Saft!«

»Ja«, bestätigt Moritz, »das klingt befremdlich. Aber nur eine Sektkellerei verfügt über die notwendige technische Ausrüstung für dieses Produkt. Sie wissen ja: Einem Sekt, der im Drucktank vollkommen durchgegoren wird, fügt man zum Schluss eine Dosage von etwas Zuckersirup zu, um den Geschmack abzurunden. Danach wird der Sekt in Flaschen abgefüllt – und der Sekt muss so steril sein, dass der zugefügte Zucker nicht in Gärung kommt. Man muss also sehr sauber und so steril wie möglich arbeiten. Für die Abfüllung unseres *POMME-PURE* gilt das Gleiche. Nur, dass er keinen Alkohol enthält, der ein zusätzlicher Stabilisator wäre.«

»Wenn in einem Getränk ausreichend Alkohol enthalten ist, stoppt er eine weitere Gärung – siehe Sherry oder Portwein«, weiß ein Gast.

»Genau!«, bestätigt Moritz und fährt fort: »Auch schon in geringerer Konzentration kann Alkohol eine Gärung unterbinden, wenn sehr wenig Hefepilze im Wein sind. Im Saft ist aber gar kein Alkohol und daher verlangt das Ganze noch mehr Sorgfalt und Sauberkeit.«

»Das klingt ja sehr nach High-Tech-Produkt!«, wirft einer der Gäste mit spöttischem Unterton ein.

»Gewiss, das ist es!«, antwortet Moritz in provozierender Knappheit. »Der Saft wird zunächst geklärt, blitzblank und steril gefiltert. Dann wird ihm im Drucktank Kohlensäure zugefügt wie bei einem Perlwein. Danach wird er auf einige Minusgrade heruntergekühlt (damit er beim Abfüllen nicht so stark aufschäumt) und unter Gegendruck (damit die Kohlensäure nicht entweicht) in Flaschen gefüllt. Probieren Sie das Ergebnis!«

Herr Fogel und Moritz haben inzwischen die mit Kronenkorken verschlossenen Sektflaschen aus klarem Glas geöffnet, in dem die goldene Farbe des Saftes wunderschön zur Geltung kommt. Es zischt, etwas Schaum steigt auf – wie bei Champagner. Im Bordeaux-Glas kommt die Aromafülle des Saftes voll zur Geltung. Wir kennen das schon. Sogleich hebt ein Raunen an: Die Gäste besprechen sich, sie wägen ab und ordnen das ungewohnte Geschmackserlebnis ein. Auf der Zunge prickelt der süße, aber überhaupt nicht pappige Saft wie Sekt, trotzdem hat man den Eindruck, in einen soeben gepflückten Apfel zu beißen. Er hat nichts von der oft karamelligen Schwere eines erhitzten Saftes. Keine Aromaspitze des frischen Apfels ist verloren gegangen oder zerstört worden.

Die Aromen sind deshalb so rein und klar, weil der Saft niemals so warm geworden ist wie der Apfel am Baum! Das ist das Geheimnis dieses Saftes, den wir gern den ›Dom Perignon unter den Apfelsäften‹ nennen…

In den ersten Jahren haben wir sogar vier Säfte sortenrein produziert, aus Elstar, Cox Orange, Gloster und Jonagold. Jede der Sorten hat ihre Liebhaber gefunden. Aber der technische Aufwand war immens hoch, der Verlust an Saft ebenso. Deshalb gibt es jetzt nur noch Cox Orange pur sowie eine Cuvée aus den übrigen Sorten. Zumindest so lange, wie unser Gut sich in der Umstellung auf andere Bäume und neue Sorten befindet.

Unsere Gäste probieren, wie wir ihnen empfehlen, den Saft zum Käse. Vor allem zu Blauschimmelkäse schmeckt der Pomme-Pure verführerisch, erinnert in der Vielfalt seiner Aromen und dem kulinarischen Zusammenklang mit dem Käse an Sauternes oder andere Dessertweine, die man ja gern zu Blauschimmel serviert. Eine Alternative für Leute, die keinen Alkohol trinken dürfen oder mögen…

»Er passt auch glänzend zur Gänsestopfleber!«, sagt Martina und empfiehlt, zu den Hartkäsen auch unsere Apfel-Gelees zu probieren: Pomme-Gelee vom hocharomatischen Gravensteiner, vom weinsäuerlichen Glockenapfel oder vom herbapfeligen Boskoop. Auch dies eine erstaunliche geschmackliche Variante. Und in Verbindung mit dem Pomme-Pure von perfekter Harmonie.

Anschließend werden noch die Brände und Liköre gekostet, die wir in den letzten Jahren entwickelt haben, und dann geht es hinaus auf die Terrasse. Moritz zeigt die verschiedenen Anlagen, den Obstschuppen, in dem sortiert wird, und das Kühlhaus, in dem die Äpfel bis in den Frühsommer gelagert werden können.

»Früher haben wir die Äpfel im Keller vom Obstschuppen gelagert, auf gestampftem Boden, in natürlicher Atmosphäre. Geschmacklich haben sie sich gut gehalten, aber das Aussehen ließ zu wünschen übrig – sie schrumpelten zum Teil ein, an den Stielen konnte sich Schimmel bilden, die Schale wurde stumpf. Sie sahen eben aus wie die Äpfel, die man zu Hause einlagert. So kann man sie natürlich heute nicht mehr verkaufen – der Kunde will das ganze Jahr über Ware, die wie frisch gepflückt aussieht. Deshalb war die Kühlhalle mit Luftbefeuchtung notwendig geworden.«

Was wir für uns ablehnen, ist die Lagerung in kontrollierter Atmosphäre (CA-Lager unter Ausschluss von Sauerstoff und Zugabe von Stickstoff) – zwar halten die Äpfel bis zur nächsten Ernte äußerlich tadellos, aber sie schmecken dann nicht mehr.

Moritz erklärt die Topographie unserer Anlagen und die daraus resultierenden, schon erwähnten Schwierigkeiten mit dem Apfelschorf, weil sie eine Behandlung mit Fungiziden nötig macht.

Herr Fogel geht auf die Bodenbearbeitung ein, die ebenfalls problematisch ist und uns eine Zulassung als Bio-Betrieb unmöglich macht: In dem lehmigen Boden wurzeln die Gräser und »Unkräuter« unter den Bäumen so fest, dass sie nur mit viel körperlichem Aufwand mechanisch zu entfernen sind – mit einer Hacke. Das Entfernen des Unkrauts mit einem speziellen, vom

Traktor betriebenen Gerät ist in einem in der Ebene gelegenen Obstgarten möglich, aber nicht an unseren Hängen. Die im Weinbau verwendeten Stockräumer beschädigen die empfindlichere Rinde der Apfelbäume, die dann an Kragenfäule dahinstürben. Die Forschungsanstalten bemühen sich in Verbindung mit den Geräteherstellern zwar intensiv um die ideale Lösung – aber die ist leider noch nicht gefunden. Und so können wir auf die Behandlung mit einem Herbizid zu unserem Leidwesen noch nicht verzichten.

Verändert haben sich freilich die Bäume – die riesigen Hochstämme von einst verlangten zu viel Zeit, vor allem bei der Ernte, dem Hauptfaktor bei den Lohnkosten: »Ich entsinne mich an meine erste Apfelernte«, erzählt Moritz, »1962, da rechnete man einen knappen Zentner pro Mann in der Stunde. Für die zweiunddreißig Zentner, die in der immensen Krone eines einzigen, siebzig Jahre alten Boskoop-Baumes hingen, brauchten sechs Leute auf bis zu zehn Meter langen Leitern mehr als einen halben Tag. Wir setzten dann auf Buschbäume, die eine drei- bis vierfache Pflückleistung erlaubten. Inzwischen sind auch wir auf Spindeln umgestiegen, die man noch wesentlich schneller abernten kann.«

»Damit ernten wir auch schönere Früchte«, fügt Herr Fogel hinzu, »sie wachsen in der richtigen Größe und gleichmäßig, weil ich den ganzen Sommer über an den Baumreihen vorbeigehen und kontrollieren kann und alles abzwicke, was nicht optimal ist. Das ist natürlich nur bei diesen neuen Anlagen möglich und kaum bei Buschbäumen, schon gar nicht bei Hochstämmen. Der Anteil von bester Ware ist viel höher, und beim Aussortieren haben wir nicht mehr so viel Verlust. Und so bekommen wir auch immer bessere Säfte und Weine!«

Anfangs hatten wir Bedenken, denn der Geschmack der Äpfel aus Spindelanlagen, die wir anderswo probierten, hatte uns wenig überzeugt. Vielleicht war in diesen Betrieben der schöne Schein wichtiger als die erzielte Qualität. Die Vergrößerung der Anlagen, die Industrialisierung der Erzeugung und die rigoros betriebene Massenproduktion haben die Herstellungskosten für Äpfel in den vergangenen Jahren immer weiter gesenkt, dabei aber der Produktqualität geschadet. Und deshalb seufzt Moritz mal wieder: »Der Kunde hat gar keine Vorstellung mehr, was gute Qualität dank strenger Ertragsbegrenzung wert ist und infolgedessen auch kosten müsste...«

Von der Terrasse aus kann man gut erkennen, wie steil die Hänge teilweise sind – so muss Herr Fogel an einigen Schrägen das Gras zu Fuß mit dem Balkenmäher oder gar per Hand mit dem Trimmer schneiden, weil es für das vollmechanische, das Gras gleich zerkleinernde Mulchgerät am Traktor zu steil ist – nicht einmal unser neuer, speziell für Steillagen gebauter italienischer Traktor bewältigt diese Steigungen, weshalb wir dort keine Äpfel mehr anbauen, sondern Sauerkirschen, Mirabellen, Zibärtle und Pflaumen für Brände gepflanzt haben: Früher erforderte das Spritzen drei Mann, heute schafft Herr Fogel das allein in dreiviertel der Zeit und braucht obendrein nur etwa die Hälfte an Spritzmitteln.

Gleiches trifft auch für Insektizide zu: Mit Hormonfallen wird die Größe der Population ermittelt, erst wenn eine bestimmte Schwelle überschritten ist, wird gespritzt. »Integriert-kontrollierter Anbau« heißt diese Bewirtschaftung, die mittels eines peinlich genau geführten Betriebshefts dokumentiert und ständig überwacht wird. Untersuchungen unserer Äpfel haben übrigens keinerlei Rückstände nachweisen können: Wir produzieren im Einklang mit der Natur!

Manchmal kann man schon nostalgisch werden: 170 Sorten wurden vor 75 Jahren auf dem Gut angebaut, stattliche 40 waren es noch vor einem halben Jahrhundert. Heute aber akzeptiert der Handel nur noch wenige Sorten – trotzdem sind wir stolz, noch immer 18 Sorten anbieten zu können.

»Und warum keine alten Sorten – wie auf den Streuobstwiesen?«, lautet die unvermeidliche Frage, »die schmecken doch viel apfeliger, viel intensiver!«

»Die meisten alten Apfelsorten schmecken den Leuten gar nicht mehr«, widerspricht Moritz. »Nicht nur dem ungeschulten, immer nach Süßem strebenden Verbraucher, auch den Alternativen nicht, die eigentlich gern die alten Sorten fördern würden. Wenigstens nicht, wenn sie unvoreingenommen, also blind probieren.«

»Ich habe aus den Abruzzen einen Apfel mitgebracht, ganz flach in der Form, der ganz wilde Aromen hat, intensiv, aber nicht parfümiert, der reine Apfel mit wunderbarer Säure!«, entgegnet Andreas Eggenwirth.

»Freilich«, bestätigt Moritz, »gibt es immer wieder Entdeckungen, die überzeugen. Aber der höhere Säure- und Gerbsäuregehalt und vor allem die Konsistenz der früheren Apfelsorten, die nämlich meist eher mürbe und gar nicht knackig sind, führen dazu, dass viele der alten Sorten bei der kritischen Verkostung nicht überzeugen.«

»Wir können nur noch zehn Prozent der Menge an Boskoop verkaufen, die mein Vorgänger vor dreißig Jahren losgeworden ist«, wirft Herr Fogel ein. »Und von der Sorte Ontario, die ja bekanntlich besonders viel Vitamin C enthält, haben wir vor dreißig Jahren fast hundert Zentner produziert und losgeschlagen, heute muss ich von den letzten Bäumen das meiste ins Mostobst geben, weil ich höchstens zwei Zentner davon verkaufen kann; und auch das nur, weil ich die Klasse I zum Preis von Klasse II der anderen Sorten anbiete ...«

»Trotzdem«, sagt Moritz, »möchte ich in Zukunft wieder mehr Sorten haben. Deshalb pflanzen wir immer wieder einige Bäume von selteneren Arten, damit die Kunden diese Äpfel probieren können. Zum Beispiel Gewürzluiken, Berner Rosenapfel, Danziger Kantapfel, Rheinischer Winterrambour, Bonapfel, Ananasreinette, Wintercalville, Brettacher, Kaiser Wilhelm, Landsberger Reinette. Und von Berlepsch, Boskoop und Goldparmäne – für die manche Leute bis vom Bodensee zu uns fahren! – werden wir ohnehin niemals lassen.«

Das war ziemlich viel Information. Nur die ganz Wissbegierigen haben uns bis zuletzt ihre volle Aufmerksamkeit geschenkt. Die anderen haben sich ein wenig im Park umgesehen und schwärmen rund ums Haus aus, fragen angelegentlich dies und das – und Martina ahnt, was alle jetzt noch dringend sehen wollen: die Fernsehküche! Also führen wir sie dort hinein. Sie bewundern die alten Küchenmaschinen zum Kurbeln, setzen sich über die Vor- und Nachteile alter und moderner Küchentechnik auseinander und finden, dass der Raum nicht so riesig ist, wie er im Fernsehen wirkt.

»Aber trotzdem ganz schön groß, so eine Küche möchte ich auch haben!«

Zum Abschluss noch ein Besuch in unserem Lädle, in dem Frau Pfendtner ausgeharrt hat. Mit Herrn Fogel stellt sie die gewünschten Partien zusammen, Martina und Moritz signieren Bücher. Großes Hallo und lange Verabschiedung. Im nächsten Jahr wollen die meisten wiederkommen. Aber bitte nur nach Anmeldung einige Monate im Voraus – wir müssen uns bei all unseren Tätigkeiten stets langfristig auf solchen Besuch einrichten …

## Scherz, Ironie und weniger Kalorien

Fast jeden Tag können wir uns über eine Menge Lob in der Post unserer Zuschauer oder Leser freuen. Das beweist uns ebenso wie die guten Einschaltquoten, dass wir mit unseren Ideen den Nerv vieler Hausfrauen und Hobbyköche treffen und unsere einfache, klare und haushaltstaugliche Küche ankommt. Ja, sogar wir selbst kommen gut an (klar sind wir eitel!) – allerdings gibt's da Einschränkungen.

Heute traf nämlich mal wieder eine kritische E-Mail ein (aus den Niederlanden, was uns sehr ermuntert, denn dort könnte unsere Sendung wohl mindestens genauso viel bewirken wie in deutschen Küchen): »Ich gucke unheimlich gern dieses Programm«, schreibt sie, »seit vielen Jahren schon. Kann man vielleicht mal Martina sagen, dass sie ihren Mann nicht so angiften soll, selbst meinem Gatten ist das aufgefallen. Er ist so ein lieber, er muss ein Fell wie ein Elefant haben. Bitte nicht in der Sendung ihn ständig als Idiot darstellen! Vielleicht hat noch keiner sich getraut das zu schreiben. Wir gucken trotzdem weiter.«

Natürlich antworten wir der Dame postwendend: Dass wir seit über 25 Jahren glücklich miteinander leben, Moritz zwar schon ein eher dickes Fell hat, Martina aber durchaus keine Bissgurn ist, und dass es bei uns privat durchaus anders als in der Sendung zugeht.

Immer wieder machen sich Leute Sorgen: Der arme Moritz, wie wird er kujoniert und rumgeschickt, nix darf er selber entscheiden, immer macht er 'was falsch. Einmal trat ein junger Mann schüchtern auf Martina zu, die im Foyer der Stuttgarter Oper auf Moritz wartete:

»Darf ich Sie mal was fragen?«

»Na klar, nur Mut, ich beiße nicht.«

»Ach«, er druckste erst ein wenig herum, dann brach es heraus: »Warum sind Sie in Ihrer Sendung immer so streng zu Ihrem Partner?«

Sie verkniff es sich, zu antworten: »Weil er's verdient«. Denn dem jungen Opernbesucher setzte das Problem sichtlich zu, und er hätte keinen Scherz verstanden. Aber er zog beruhigt wieder ab, als ihm das mittlerweile hinzugetretene Opfer versicherte, dass es sich um ein Spiel handelt, das all jene, die es durchschauen, sehr wohl amüsiert. Denn natürlich sind die Scherze und Frotzeleien,

Martinas Zurecht- und Anweisungen gewollt, beabsichtigt und kontrolliert: Sie ist der Chef in der Fernsehküche, und das sollen alle wissen! Und Moritz steht für jene, die sich ungeschickt anstellen, die Fehler machen, denen man etwas erklären muss. Damit sie sich nicht so alleine fühlen und Solidarität mit ihm entwickeln. Das klappt auch meistens, die einen amüsiert's, die anderen tröstet's.

Nicht gefallen hatte dieses Spiel jedoch einem früheren Abteilungsleiter beim WDR, der Moritz empfahl, sich doch energischer zur Wehr zu setzen. In der folgenden Sendung haben wir dann einfach mal die Rollen vertauscht, Moritz ließ diesmal Martina alle niederen Handreichungen verrichten und putzte sie, wo es ging, herunter. Und sie nahm die »hündisch winselnde Position« ein, die ein Zuschauer mal bei Moritz ausgemacht hatte. Das freute den Herrn Abteilungsleiter mächtig, er rief an, um Moritz zu gratulieren, und meinte, nun habe er es ihr endlich mal gegeben! Er war übrigens in der Redaktion, Abteilung Familie, zuständig für die Sparte Psychologie …

Mit solchen Missverständnissen können wir gut leben. Wer das Augenzwinkern bemerkt, hat Spaß dran, und die anderen halten eine Menge Mitgefühl für den armen unterdrückten Moritz bereit.

Manchmal allerdings haben wir den Eindruck, dass wir vielleicht unsere Absichten allzu zurückhaltend dartun. Wir hoffen immer, dass es genügt, die Dinge anzutippen oder auch nur beispielhaft vorzuleben, statt sie mit dem hocherhobenen Zeigefinger zu verkünden. Genauso wenig wie wir Lust haben, ein Plakat hochzuhalten »Achtung: Humor!«, wollen wir unentwegt darauf hinweisen, dass man gesundheitsbewusst essen, Kalorien sparen und die ökologischen Zusammenhänge achten sollte. Wir tun all dies aus Überzeugung und denken, dass man das unseren Ideen, unseren Rezepten und unserer Sendung ansieht, ohne dass wir jedes Mal das Etikett drauf kleben: Achtung »ökologisch!« oder »ve-

getarisch!« oder »für Kinder geeignet!«. Der ideologisch einge-
engte Tunnelblick misshagt uns. Wir glauben vielmehr, dass die
freie Sicht auf die Gaben der Schöpfung und der offene Umgang
mit ihnen uns ein gutes Essen ermöglichen, das gleichermaßen
fröhlich, glücklich und gesund sowie (zugegeben, wenn's immer
so gut schmeckt, nur mit Disziplin) schlank macht.

Aber wir stellen fest, dass viele Menschen das, was ungesagt
bleibt, offensichtlich nicht verstehen, weil sie nur die Oberfläche
der Bilder und der Sprache sehen, aber nicht dahinter blicken.
Zum Beispiel:»Seit Jahren bin ich begeisterte Zuschauerin und
eifrige Nachahmerin Ihrer Rezepte. Ich möchte mich jetzt einmal ganz herzlich bei Ihnen bedanken, weil Sie in Zeiten von
›Low-Fat‹ und ›Kalorien zählen‹ für eine Form der Ernährung
einstehen, die einfach nur sinnlich und genussreich ist. Sie scheren sich nicht im Mindesten um überflüssige Pfunde und deren
ebenso überflüssige Bekämpfung. Durch Ihre Rezepte und speziell Ihre interessanten Informationen ist unser Speiseplan viel reicher geworden und wir haben gelernt, die Qualität unserer Roh-
stoffe zur Nahrungsbereitung besser einzuschätzen und last but
not least uns auch einmal an Dinge wie Artischocken, Kürbis und
Fenchel heranzuwagen. Da ich Sie nicht langweilen möchte,
schließe ich nun mit einem herzlichen ›Dankeschön‹, Ihre…«

Wir freuen uns natürlich über das Lob, merken aber in unserer
Antwort an:»Durchaus interessiert uns, ob unsere Rezepte diäte-
tisch stimmen, nicht unsinnig viel Sahne oder Butter verbrauchen. Wir arbeiten viel lieber mit Olivenöl, weil es uns schmeckt
*und* weil es bekömmlicher ist. Wenn wir Rezepte lesen oder im
Fernsehen betrachten, verblüfft uns immer wieder, mit welch
ungebrochener Furchtlosigkeit da in das Butterfass oder in den
Sahnetopf gegriffen wird. Vor allem mit Fett gehen wir sehr bewusst und sparsam um, indem wir beispielsweise Garmethoden
wählen, die wenig davon brauchen (Dämpfen, Pfannenrühren, im
eigenen Saft Dünsten), machen uns die moderne Technik zunutze

und nehmen den Mixer oder Pürierstab, um eine Sauce zu emulgieren, und kommen mit einem Bruchteil der Menge an Butter oder Öl aus, die nötig wäre, wenn man sie mit dem Schneebesen schlägt. Und eine Bratensauce wird mit den pürierten Röstgemüsen nicht nur wunderbar sämig, ohne dass man Fett oder gar Mehl hinzufügen muss, sie ist auch konzentrierter und aromatischer. Wir lieben die Küchen Asiens nicht nur des Wohlgeschmacks, sondern auch ihrer Verträglichkeit wegen, weil sie statt tierischer Produkte wie Sahne die leichtere und bekömmlichere Kokosmilch verwenden, mehr Gemüse als Fisch und Fleisch verarbeiten und mit Kräutern und Gewürzen dem Körper zusätzlich Gutes tun. All dies ist bei uns ganz selbstverständliche, alltägliche Übung. Wir reden nicht drüber, wir tun es! Was wir wollen, ist sowohl auf gutes wie verträgliches Essen Lust zu machen …

Denn was da unter dem Motto ›schlank und gesund‹ alles an kalorienreduzierter Kost angeboten wird, finden wir schrecklich: Lauter Ersatzlösungen, die so dünn schmecken, wie sie angeblich machen. Da entwickeln wir lieber vollkommen neue Rezepte, mit aller Küchentechnik in schlanken Verfahren hergestellte Gerichte, deren Wohlgeschmack überzeugt. Über die so eingesparten Kalorien brauchen wir dann gar nicht mehr zu reden, weil das nur den Spaß an der Sache verderben würde. Lieber vorher überlegen, nicht erst beim Kochen oder gar Essen zählen …«

Noch einmal zu den Kindern: Immer wieder werden wir darum gebeten, spezielle Rezepte für Kinder zu entwickeln, weil die doch so mäkelig seien. Das lehnen wir ab! Wir finden, was auf den Tisch kommt, muss so appetitlich sein und anmachen, dass auch Kinder Lust darauf haben. In Italien oder in Frankreich kennt man dieses Problem auch nicht. Da sitzen die Kleinen am Tisch und rollen bereits im zarten Vorschulalter ihre Spaghetti um die Gabel (natürlich ohne Löffel!) oder verspeisen mit Vergnügen ein von der Mama liebevoll in kleine Bissen geschnittenes Seezungenfilet, und spätestens mit sechs wissen sie ihre Forelle selbst zierlich und sachgerecht zu zerlegen und das Filet von der Gräte zu heben. Und im Restaurant werden die kleinen Gäste nicht mit jenem unsäglichen Kinderteller abgespeist, auf dem unkenntliche Fischreste zu Stäbchen geformt und in einer bröseligen Panierung versteckt in Ketchup schwimmen. Sie essen dasselbe wie die Eltern, höchstens in einer kleineren Portion. Sogar Gänseleber oder Austern, die der Herr Papa dem Dreijährigen in seinem Kinderstühlchen in drei mundgerechte Bissen schneidet, damit sie in den Kindermund passen.

Hierzulande wollen Mütter gerne spezielle Rezepte für die Kinder, denn:»Meine Tochter isst keine Tomaten«, jammert die Mama und fügt gleich die Erklärung an:»Weil sie diese pieksenden Röllchen nicht mag.«

»Welche Röllchen?«

»Na die Haut!«

Dem Kind könnte mühelos geholfen werden. Wer mag schon piksende Tomatenhaut; sie ließe sich mühelos abziehen, wenn man die Frucht vorher kurz überbrüht. Uns scheint, dass die Kinder häufig mit Recht das Essen verweigern – wir an ihrer Stelle täten es vermutlich auch. Vielleicht sollte die Frau Mama an ihren Kochkünsten arbeiten…


## Pflegearbeiten

Wenn Frost und Regen weichen, beginnt Moritz' intensivste Zeit im Park. Jeden Tag ist er zwei, drei Stunden draußen und beschäftigt sich mit den Dingen, die man hinterher kaum sieht: Pflegearbeiten. Hinter diesem schnöden Begriff verbergen sich all jene unerlässlichen Arbeiten, die dafür sorgen, dass weiterhin alles im Gleichgewicht bleibt. Dass beispielsweise der Efeu nicht Mauer und Linden vor dem Haus vollkommen überwuchert, die langen Triebe des wilden Weins nicht in die Dachrinne wachsen, die Trauereschen nicht in die Höhe schießen und der Flieder nicht vergreist. Arbeiten, die den Status quo zu erhalten versuchen, ohne dass sie auffallen.

Am Anfang ärgerte sich Moritz immer ungemein, wenn Besucher meinten:»Herrlich, dieser Park, in dem alles so wachsen darf, wie es will!« Die Mühen von wohl 400 Stunden, die er bis Ende Juni draußen arbeitend verbrachte, wurden verkannt. Inzwischen weiß er, wie nötig sie sind und wie schade es wäre, wenn man sie bemerken würde: Daher kann er sich jetzt über eine solche Äußerung freuen.

Die scheinbare Wildnis täuscht darüber hinweg, dass alles in diesem Park streng geordnet ist! Manchmal muss man nachgeben können, etwas entfernen, opfern. Dann wieder muss man rigoros sein, einen aus der Form geratenen Busch radikal zusammenstutzen, damit er wieder neu austreiben und in alter Schönheit erblühen kann.

So muss der Cotoneaster an der Natursteintreppe unter der Terrasse nicht nur mehrmals im Jahr geschnitten werden, damit man den Weg findet, sondern er wird auch alle paar Jahre stark ausgedünnt.

Der Efeu, der Mauer und Linden vor dem Haus in sein immergrünes Laub hüllt, bedarf zweierlei Zähmung: Die langen Triebe werden jedes Jahr gestutzt, und er wird ausgelichtet. Und alle zwei Jahre werden einige der mit Buntsandsteinplatten abgedeckten Zinnen vollkommen freigeschnitten – wenn man gar nichts vom Mauerwerk mehr erkennen kann, verliert das Ganze ja seine Struktur.

In den Linden schneidet Moritz ebenfalls die langen, herabhängenden Triebe ab, aber er entfernt auch stets einen Teil der dicken, mit Beeren besetzten Büschel: Die schlanken Bäume würden sonst zu massiven, schwarzgrünen Efeuklötzen ohne jede Eleganz.

Um den Sitzplatz am Teich stehen in einem großen Bogen Apfel-Rosen, *Rosa rugosa*. Sie leiden des schweren Bodens wegen ein wenig an Chlorose, deshalb müssen sie immer wieder reichlich ausgedünnt und ausgeputzt werden.

Auch die Glyzinie vor dem Haus verträgt den hiesigen Boden schlecht – selbst reichliche Gaben von Eisen-Chelat verhindern leider nicht das Vergilben ihrer Blätter. Moritz kürzt die langen Triebe, damit die an ihrem unteren Ende sitzenden Blütenknospen besser versorgt werden. Gleiches wird dieses Jahr erstmals nötig bei den Glyzinien an der Terrasse: In Hausnähe und an einer der Stützen Richtung Rosenbeet hat er nämlich jeweils eine dieser Rankgewächse gesetzt, in der Hoffnung, dass sie sich um die Eschen schlingen. Er kam auf die Idee, als ein Besucher fragte, ob es sich bei den riesigen Bäumen um Glyzinien handelt. Leider nicht! Aber die Blätter der Glyzinie ähneln in der Tat den Eschenblättern, und so wäre es vielleicht ganz hübsch, wenn beide sich vermischen. Zumal die Eschen noch nicht ausgeschlagen haben, wenn die Glyzinien ihre Blütenpracht entfalten. Leider hat er die weiße Glyzinie vor die helle Hauswand, die blaue in die grüne Umgebung gesetzt.

Vor und hinter dem Haus sowie am Mohnshäusle rankt wilder Wein – bis zu acht, zehn Meter klettern seine Ranken jedes Jahr nach oben: Im Winter schneidet Moritz sie ab und zieht den wilden Wein herunter, damit er wieder neu austreiben kann. Auch aus dem Efeu neben dem Törchen müssen die sich hineinschlingenden Weinranken entfernt werden, die sonst alles andere ersticken.

Eine der undankbarsten Arbeiten ist das Auslichten der Parkrosen – das geht niemals ohne Kratzer ab. Deshalb darf Moritz hier nie in den letzten vier Wochen vor der nächsten Fernsehaufzeichnung tätig sein. Alte Äste und Brombeerranken aus den Fliederbüschen, den Hasel- und Pfeifensträuchern (Jasmin) sowie aus den japanischen Äpfeln zu entfernen, ist dagegen das reinste Kin-

derspiel. Insgesamt braucht Moritz für alle Rosen etwa fünf Tage
à drei Stunden – die Beetrosen hat in den letzten Jahren glücklicherweise Herr Fogel immer mehr übernommen, ebenso das
Spritzen. Er behandelt jetzt auch erstmals die Pfirsichbäume gegen die Kräuselkrankheit, ehe sie Ende Februar, Anfang März geschnitten werden.

Ganz fertig mit all den Arbeiten wird Moritz dieses Jahr nicht:
Wir reisen für ein paar Tage nach Lesbos, um die griechische Art
der Olivenkultur kennen zu lernen. Die EU will uns zeigen, welche Anstrengungen man unternimmt, um die Qualität des grie-
chischen Öls dem Standard des übrigen Europas anzupassen.

## Cedri

Gestern kam Eberhard aus Italien zurück und brachte uns eine
Kiste voller wunderbarer Cedri mit. Das sind die großen Zitronen, aus deren Schale man das aromatische Zitronat gewinnt, das
Christstollen und anderes Weihnachtsgebäck erst richtig duften
lässt. Die besten, für diese Verarbeitung besonders lohnenden, weil
sehr dickschaligen Zedratfrüchte wachsen auf Sizilien, auf Kreta,
Zypern und anderen Inseln des Mittelmeeres.

Auf dem italienischen Stiefel gedeiht vielerorts in Küstennähe
eine kleinere Variante, eben die Cedri-Zitrone. Ihre Schale ist aromatischer als die der normalen Zitronensorten, ihr Saft süßer. Der
reichlich quellende Saft vollkommen ausgereift geernteter Früchte
würzt Fisch, Fleisch und Gemüse köstlich – natürlich erst am Tisch
aus der Hälfte oder einem Viertel ganz frisch auf die Speisen geträufelt.

In Italien bereitet man aus den Schalen dieser Früchte auch den
Limoncino, einen aromatischen Zitronenlikör. Wenn wir mal kiloweise Früchte haben (etwa mitgebracht aus Ligurien oder von

der amalfitanischen Küste), setzen wir diesen für uns und unseren Laden ebenfalls an.

Im Prinzip ist das alles ganz einfach: Man nehme sieben Cedri und einen Liter fast reinen Alkohol (95 Vol. % Alkoholgehalt). Den bekommen Sie eventuell bei Ihrem Apotheker, wenn dieser Ihnen vertraut und ausreichend vorrätig hat. Allerdings müssen Sie dafür ziemlich tief in die Tasche greifen. Nur ein Viertel dieses Preises bezahlen Sie für die gleiche Menge in Italien – und Sie brauchen auch nicht zum Apotheker, sondern gehen einfach in den Supermarkt. Gemeinsamer Markt, unterschiedliche Sitten…

Zuerst muss man den Extrakt ansetzen: Die Cedri gründlich waschen. Die grünlich-türkisen Rückstände von Kupferspritzmitteln, die man manchmal in den schrumpeligen Vertiefungen der Schale findet, lassen sich einfach mit lauwarmem Wasser entfernen. Die Früchte werden alsdann hauchfein abgeschält, am besten mit einem Sparschäler, so dass die gelbe Schale ohne alles Weiße bleibt. Die Schalen sofort mit dem Alkohol übergießen und mindestens zwei Wochen zugedeckt ziehen lassen.

Die geschälten Zitronen halten sich natürlich nicht. Deshalb pressen wir sie sofort alle aus und frieren den Saft portionsweise ein – so bleibt er tadellos, und man hat immer einen Vorrat.

Hat der Alkohol sämtliche Farb- und Aromastoffe aus den Schalen gezogen und ist ganz gelb geworden, gießt man ihn durch ein Tuch ab und vermischt ihn mit dem abgekühlten Sirup, den man aus einem Kilogramm Zucker und einem Liter Wasser gekocht hat. Die Schalen wirft man weg, sie haben jetzt einen schmutzigen, blassen Ockerton und sind völlig ausgelaugt und rascheltrocken. Man nimmt vorzugsweise destilliertes Wasser, damit der Limoncino nicht zu trüb wird – ganz lässt sich die Trübung allerdings nicht vermeiden, denn die ätherischen Öle werden nicht vollkommen im verbleibenden Alkohol gelöst. Es kann sich daher oben sogar ein leichter, tiefgelber Ölrand absetzen, der sich aber beim Schütteln wieder auflöst. Der Alkoholgehalt liegt jetzt bei 36 bis 38 Prozent, was für einen Likör hoch ist, in diesem Fall aber beabsichtigt: Wir lieben diesen herrlich intensiven Drink ganz besonders auf Eiswürfeln, also richtig kalt und zupackend. Er ist dann sowohl ein guter Digestif als auch eine sensationelle Erfrischung an heißen Tagen.

Aber diesmal setzen wir keinen Likör an – wir verwerten alles sofort. Saft und Schalen werden eingefroren, man kann sie nämlich auch anderweitig nutzen. Aufbewahren lassen sich diese Früchte nicht. Sie sind ja unbehandelt, eben weil man die Schale unbedingt verwenden will, und so verderben sie ziemlich bald. Aus zwei, drei Früchten bereiten wir uns sofort den berühmten Zitronensalat zu, wie ihn die Griechen und die Sizilianer lieben und wie man ihn nur aus diesen milden, saftig-süßen Früchten machen kann. Dafür muss man sie zunächst vollkommen von der Schale befreien, also wie eine Orange mit einem Messer schälen, dabei jegliche weiße Haut entfernen. Die Zitrone dann quer in Scheiben schneiden, Kerne vorsichtig herauslösen und dann mit sehr viel glattblättriger Petersilie (nur grob gehackt), grob gemahlenem Pfeffer, Meersalz, sehr viel Knoblauch (der mit dem Salz zerdrückt wird) sowie einem erstklassigen, fruchtigen Olivenöl anmachen. Schmeckt hervorragend zu Fisch!

Freilich: Die kostbare Schale reiben wir vorher ab – eine kleine Menge wird mit Zucker vermischt. Der größere Rest wird mit *fleur de sel* versetzt. Jeweils locker in eine Plastikdose gefüllt, lässt sich so das herrliche Aroma im Tiefkühlfach konservieren. Bei Bedarf entnimmt man mit einem Löffel die benötigte Menge und verstaut die Dose sofort wieder in der Kälte. So hat man lange was davon.

Als süße Würze mischt man die Zitronenschale in Teige und streut sie über Cremes oder Eis; sie passt auch gut zu Schokoladenspeisen. Die salzige Variante würzt wunderbar Fisch, aber auch blutig gebratenes Steak (vom Chiana-Rind!) oder geschmortes Fleisch, etwa Osso buco, die Kalbshaxe Mailänder Art, dem die so genannte Gremolata, die zum Schluss darüber gegeben wird, ein so unnachahmliches Parfüm verleiht: ein Gemisch aus abgeriebener Zitronenschale, gehackter Petersilie, Knoblauch, Salz, Olivenöl und gerösteten Semmelbröseln.

## Richtig Schwein haben

Jetzt haben wir zum ersten Mal das Egelseer Waldschwein probiert, das wunderbare Schweinefleisch von »LandArt« am Attersee. Wirklich unglaublich, dieser volle Geschmack, das feste Fett, der kernige Biss! Das Fleisch braucht viel länger, um gar zu werden. Es hat offensichtlich mehr Hitze nötig, ehe es schön knusprig wird. »Man muss erst lernen, mit diesem Fleisch umzugehen«, stellt Martina fest, »man ist es gar nicht mehr gewöhnt, dass Fleisch Widerstand bietet.«

Sie hat eine knapp zweifingerdicke Scheibe vom Halsgrat abgeschnitten. Schon im rohen Zustand ist die Konsistenz ungewöhnlich: Das Stück fasst sich nicht weich an, sondern liegt ganz fest in der Hand. Das schneeweiße Fett ist so stabil wie luftgetrockneter Speck, aus dem alles Wasser verschwunden ist. Das Muskelfleisch selbst ist von einem appetitlichen, bräunlichen Rosa. Die erste Scheibe hatte Martina gebraten, wie sie es gewohnt ist, zuerst kurz auf beiden Seiten in starker Hitze, dann weit weg vom Feuer ganz sanft nachziehen lassen. Dabei hat das Fleisch nicht etwa an Volumen verloren, sondern sich regelrecht aufgeplustert. Beim Anschneiden läuft nichts aus, vielmehr bildet sich eine gewisse Wölbung, ähnlich dem »Häuberl«, das man von perfekten Weißwürsten kennt. Den Zähnen allerdings bietet der Bissen einen eher ungewohnten Widerstand, es ist fest, man muss richtig kauen.

Der Geschmack, der dabei frei wird, ist allerdings umwerfend, unglaublich vielschichtig, würzig, intensiv. Im Hirn wird die Erinnerung an die Kindheit abgerufen, als es noch Koteletts von mit Kartoffeln gemästeten Schweinen gab, mit diesem später nie mehr erlebten Aroma von Heuduft, Nüssen, Animalischem. Aber die Textur ist nicht so mürbe oder zart, wie man es sich wünschen würde. Lediglich dort, wo die Scheibe etwas flacher ist und deshalb von der starken Anbrathitze gründlicher durchdrungen wurde, ist die Spannung der Fasern aufgelöst, die an der dicken Seite das Fleisch fast ein bisschen zäh wirken lässt.

Die nächste Scheibe gelingt schon besser: Diesmal hat Martina die Schnitte so kräftig angebraten, dass die Oberfläche dunkelbraun glänzt, das Stück dann aber nicht neben dem Herd ziehen, sondern auf gelindem Feuer brutzeln lassen. Jetzt ist das Fleisch trotzdem innen rosa, sehr saftig und auch wunderbar zart. Die Hitze muss also, folgern wir, weniger heftig, dafür ausdauernder einwirken. Das gebratene Fett zeigt eine richtige braune Kruste und ist innen glasig, das Messer gleitet durch die zwei Zentimeter dicke Schicht wie durch Butter. Es schmeckt betörend.

Wie lange schon verzichten wir auf Schweinefleisch in unserer Küche! Was man bei uns kaufen kann, verdient ja nur selten Lob. Wir denken immer mit Sehnsucht an das großartige Schweinefleisch, das wir auf Mallorca vorgesetzt bekamen. So etwas vergisst man nicht! Es hatte ein paar Tage gedauert, bis wir begriffen hatten, dass man sich auf der Insel besser auf die Zubereitung von Fleisch als auf Fisch verstand, und vor allem, dass das Fleisch sowohl von ausgewachsenen Schweinen wie von jungen Spanferkeln hier einfach phantastisch schmeckt. Der Fisch stammte häufig aus der Zucht oder aus der Tiefkühltruhe und war trocken gebraten. Aber die Schweinekoteletts waren saftig, würzig und von kernigem Biss.

Nun fällt uns der Goder ein, von dem uns Karlo vorgeschwärmt hat und den wir zum ersten Mal bei Marc Meneau, dem eleganten Koch in Saint-Père-sous-Vézelay im Herzen Burgunds, gegessen haben, ein Stück für Liebhaber. Natürlich nur, wenn es von einem gesunden, glücklichen Schwein stammt. Der Goder, ein österreichischer Begriff, ist die Kehle (französisch *gorge*) vom Schwein, das Stück zwischen Kinn und Hals. Es ist flach, etwa vier bis höchstens sechs Zentimeter dick und oval geformt, es passt etwa in zwei nebeneinander gehaltene Handflächen; über der dünnen Schwarte ist die Fettschicht dicker als das Fleisch. Bei Marc Meneau stammt es vom Limousinschwein, das man an seinem schwarzen Hinterteil erkennt. Dessen Fett ist von einer sehr aromatischen, würzigen, kernigen Art. Meneau pochiert den Goder erst einmal vier Stunden lang in konzentrierter Brühe sanft, also unter dem Siedepunkt. Erst aus dem abgekühlten, wieder fest gewordenen Stück werden bissengroße Taler ausgestochen. Zum Servieren werden sie kurz in der Pfanne erwärmt und mit grobem Salz sowie geschrotetem Pfeffer bestreut. Heiße Milch, mit Rauchsalz gewürzt und mit dem Mixstab aufgeschlagen, ergibt einen duftigen Schaum, den er als dekorative Sauce drum herum kleckst. Dazu geröstetes Weißbrot – eine Vorspeise, die ebenso schön anzusehen wie köstlich auf der Zunge ist.

Der jüngste Koch des Jahres, Joachim Wissler vom Zwei-Sterne-Restaurant »Vendôme« in Schloss Bensberg bei Köln, verarbeitet den Goder auf eine nicht minder interessante Weise. Er nennt ihn nicht so, das Wort ist hier ja mangels Vorkommen eher unbekannt, sondern bietet ihn als Schweinefleisch an und macht Folgendes mit ihm: Er brät das Stück, allerdings ebenfalls bei gedrosselter Hitze, so lange, bis die Schwarte krachend knusprig ist. Die wird dann abgetrennt und im Mixer pulverisiert (mit einem Hauch Orangenschale parfümiert), schließlich als Boden in einer Form verteilt, auf den der gebratene Goder gebettet wird. Im Kühlschrank erstarrt alles dank der eigenenen Gelierkraft. Erkaltet lässt sich das Fleischstück in dünne Scheiben aufschneiden. Das Ergebnis zergeht auf der Zunge, hat eine wunderbare Konsistenz – aber natürlich auch nur bei einem Stück von einem glücklichen Schwein.

Den Goder kann man vermutlich bei keinem einzigen deutschen Metzger kaufen. Und jetzt kommt wieder der zuvor erwähnte Karlo ins Spiel. Karl Heinz Wolf ist der Herr der Egelseer Waldschweine. Er hat sie züchten lassen, als er mit »LandArt« begann, und er hat dieses Unternehmen gegründet, weil er anständige Produkte auf seinem Tisch haben wollte ...

So suchte er ein Schwein mit unterschiedlichen guten Eigenschaften: Es sollte kerniges Fett produzieren (also hat er eine ungarische Rasse genommen, die bekannt ist für ihren aromatischen Speck), wohlschmeckendes Fleisch haben (dafür kreuzte er eine österreichische Fleischrasse ein, deren herzhaftes Fleisch geschätzt wird), und es sollte von robuster Natur sein, denn diese neurotischen Tiere, die vor Schreck zusammenbrechen, wenn man sie nur anblickt, wie das in der Massenzucht der Fall ist, konnte er für seine Bedürfnisse nicht brauchen. Also ließ er eine halb wilde Rasse mitmischen, mit dunkler Haut und schwarzen Borsten, die nicht nur für Wohlgeschmack, sondern vor allem für Vitalität und gute Nerven stand. Ergebnis sind die von ihm Egelseer Waldschweine genannten, höchst munteren Gesellen, die man nunmehr auf dem Holzberggut beobachten kann, wo sie fröhlich grunzend durch Wald und Wiesen pflügen. Und deren Fleisch beziehungsweise die Schinken und Würste, die daraus hergestellt werden, man sich per Versand ins Haus bestellen kann. Wie auch das der Ochsen, deren Väter aus Schottland stammen, oder wie die Enten, Hühner und Täubchen, prallbrüstiges Geflügel, gezüchtet mit Rassen aus der Bresse und liebevoll gefüttert mit dem Quark, für den die hofeigenen Kühe die Milch liefern. Dieser Bauernhof am Westufer des Attersees in Oberösterreich produziert Lebensmittel der Extraklasse.

Und das alles nur, weil Karlo sich gute Produkte für seine Küche sichern wollte. Aber zum Spaß tut ein solcher Kraftmensch nichts. Was er anpackt, führt er, von einer gewaltigen Energie und immerfort sprudelnden Ideen angefeuert, mit einer beneidenswerten Regelmäßigkeit auch zum finanziellen Erfolg.

Er hatte schon mal kulinarische Pionierarbeit geleistet, im Bonn der siebziger Jahre. Damals war er ein pausbäckiger, schwarzgelockter Putto und jüngster Sternekoch Deutschlands. Nicht nur, weil er seinen Gästen etwas Besonderes bieten wollte, sondern weil Lebensmittel in der Qualität, wie sie ihm vorschwebte, zu jener Zeit in Deutschland einfach nicht aufzutreiben waren, flitzte er höchstpersönlich mehrmals in der Woche frühmorgens zum Großmarkt nach Paris. Es dauerte nicht lange, da hatte das Organisationsgenie ein ganzes Logistikimperium aufgebaut, den »Rungis-Express«, und ließ alsbald eine Armada von Lastwagen sämtliche aufstrebenden Gourmetrestaurants der Republik mit Delikatessen versorgen, die der deutsche Markt nicht bot.

Später kam die Importfirma »WeinArt« hinzu, natürlich wurden nur die absolut besten, erlesensten, teuersten Weine importiert, drunter macht es der Wolf nicht. Inzwischen ist er selber unter die Weinmacher gegangen: Im Burgenland hat er die Regie über ein riesiges Weingut übernommen, dessen Geschichte lange vor Maria Theresia beginnt. Und man kann sicher sein, er wird nicht ruhen, bis er auch diese Aufgabe perfekt gelöst hat.

Wir aber müssen befürchten, dass um dieser Mission willen das Holzberggut auf der Strecke bleibt. Zwischen Attersee und Burgenland liegen sechs Stunden Autofahrt. Und woher sollen wir dann in Zukunft unser Schweinefleisch bekommen? »Dann gibt's eben bei uns«, Moritz ist da ganz pragmatisch, »wie früher gar kein Schweinefleisch. Wir können ja auch«, fügt er nach einer Pause verschmitzt hinzu, »selber welche ziehen, wie es schon der Urgroßvater tat.« Worauf Martina schweigt. »Oder«, fährt Moritz fort, »wir suchen uns einen Bauern, der in seinem Stall unser eigenes Schwein mästet. Dem wir dann, wie ich als Kind mit meiner Mutter, jeden Tag unsere Küchenabfälle bringen …« Martina hat dafür nur ein müdes Lächeln übrig: »Und ansonsten bekommt es das Kraftfutter, das alle Schweine hier bekommen. Nein danke.« Das Thema dürfte erledigt sein.

## Von Originalrezepten und Werbelügen

Sengende Blicke unter dichtem Wimpernkranz, das Näschen zierlich gekraust, ein verheißungsvolles Lächeln … schwupps, verschwindet die Gebäckkugel zwischen verführerisch geschürzten Lippen. Ein sanft stöhnendes »Mhhhm«. Dann schwärmt eine weibliche Stimme: »Nach einem italienischen Originalrezept!« – Ahnt der Zuschauer, dass das wieder mal nicht stimmt? Hoffentlich! Warum sollte man auch derart verzückt das Rezept rühmen, nach welchem diese ominöse Kugel aus belangloser Waffelhülle mit aufdringlich nach künstlichem Vanillin riechender Cremefüllung fabriziert wurde? Was, bitte, kann daran ursprünglich sein? Vermutlich ist die Rezeptur ebenso wenig original wie jene Tiefkühlpizza nach einem »italienischen Originalrezept«, deren Boden, wie die Bilder dazu zeigen, eher einer Pressspanplatte gleicht als dem knusprigen, dünnen Brotteig, den man doch erhofft.

Überhaupt: Was soll eigentlich dieses ständige Sichberufen auf angebliche Originalrezepte? Die wahre, die ursprüngliche Pizza, wie sie einst in Neapel aus dem holzbefeuerten Ofen kam (natürlich auch heute noch kommt), hatte mit dem, was wir heute unter Pizza verstehen, ohnehin keine Ähnlichkeit. Noch vor fünfzig Jahren kannte man Pizza ausschließlich in und um Neapel. Sie war etwa handtellergroß, zweifingerdick und mit frischer Tomatensauce bestrichen, zwei, drei Scheiben Mozzarella drauf, etwas zerkrümelter Origano und eventuell noch ein paar winzige Fleckchen von gekochtem Schinken. Das war's, mehr nicht!

»Erfunden« wurde »unsere« heutige Pizza in Amerika. Von neapolitanischen Einwanderern, die das Grundprinzip ihrer geliebten Arme-Leute-Speise für ihre neuen Gäste weiterentwickelten; sie rollten den Teig dünner aus, machten einen größeren Fladen daraus und warfen jede Menge Belag drauf – vielerlei ganz unterschiedliche Zutaten, was die Kundschaft gerade wollte. Dann bemächtigte sich die Industrie dieses vielseitigen Rezepts. Seither denkt jeder, wenn er Pizza hört, an das Fertigprodukt mit sperrigem Keksboden und mit einem Belag aus Zutaten von meist mäßiger Qualität. Und die Bäcker in deutschen Pizzerien strengen sich an, diesem Vorbild zu entsprechen. Weiß der Teufel, wie sie es hinkriegen, dass aus ihrem fabelhaften holzbefeuerten Pizzaofen genau das gleiche ledrige Zeug kommt wie aus der Tiefkühltruhe, obwohl sie angeblich selbst hergestellten Teig verwenden.

»Ach bitte, machen Sie doch keine Umstände«, sagt ein Besucher, der sich bei uns anmeldet, »eine Pizza genügt!«. Da kann Martina nur lachen: Etwas Aufwendigeres als Pizza hätte er sich kaum wünschen können!

Dass Pizza viel Arbeit macht, aber eine Delikatesse sein kann, lernen unsere Kochschüler als Allererstes. Wir setzen den Teig natürlich selber an, mit so wenig Hefe wie nur möglich, nicht nur weil er dann besser schmeckt, sondern auch weil sich dann die Hefepilze langsamer vermehren, wodurch das Teiggerüst, das sie aufbauen, stabiler wird. Das macht den Boden innen krumiger und außen knuspriger. Allerdings lassen wir den Teig sehr lange gehen, und zwar über Nacht. Unser Bäckerfreund Hans-Günter Mack aus Westhausen sagt: »Ideal sind 24 Stunden Gärzeit, bei ganz normaler Zimmertemperatur. Dann hat der Teig beides, Geschmack und Struktur!« In der Backstube eines italienischen *pizzaiolo* kann man viele, viele Wannen zählen, in denen der Teig in den unterschiedlichen Stadien gärt.

Es versteht sich von selbst, dass für das Gelingen des Pizza-(Hefe- oder Brot-) teigs das Mehl wichtig ist. Es sollte hochwertig sein, aus allerbestem, eiweißreichem Weizen. Das zu überprüfen hat die Hausfrau keine Möglichkeiten. Ihr bleibt nur übrig, ein Markenprodukt zu wählen oder bei einer Mühle ihres Vertrauens zu kaufen. Dazu sagt unser Gewährsmann in Sachen Mehl, ein ehemaliger Manager einer großen Markenmühle: »Sie können davon ausgehen, dass in Namenlos-Mehl ein gewisser

Anteil von Futterweizen zum Einsatz kommt, was bei den Markenprodukten nicht der Fall ist.« Wenn das so ist, gibt man doch gern ein paar Cent mehr aus, Futterweizen wollte man ja eigentlich nicht verbacken. Seit neuestem gibt es sogar eigens ausgewiesenes »Auslesemehl«. Dazu unser Fachmann: »Nach meinen Informationen wird hierfür nur der beste E-Weizen mit hohen Protein-Werten und guten Fallzahlen (damit kein Auswuchs-Weizen zur Vermahlung kommt) verwendet. Weniger die Hausfrau, eher der Bäcker spürt die Vorteile des teureren Preises, denn durch eine höhere Wasseraufnahme des Teiges erzielt er eine höhere Teig-Ausbeute und außerdem ein größeres Volumen des Gebäcks.« Ich probiere das neue Auslesemehl aus, stelle aber fest, dass es an die Qualität des *farine de blé triple zéro*, das ich mir immer aus Frankreich mitbringe, nicht heranreicht. Diese Seidigkeit des Teigs, diese Elastizität bekomme ich mit dem »Auslesemehl« nicht hin. Es kommt also weniger auf die Originalität des Rezepts, als auf die Beschaffenheit der Zutaten an.

Und die Tiefkühlpizza? Die Konsistenz des Teigbodens hat mit welchem Original auch immer nichts zu tun. Er ist weder krumig, noch knusprig, und vom Belag schweigen wir am besten. Aber vermutlich verhält sich das Produkt während der Herstellung vorbildlich, übersteht schadlos die Backstraße, auch lange Wartezeiten in der Tiefkühltruhe, und wird obendrein billig sein. Wen interessiert denn da noch der Geschmack? Die Verbraucher ja offenbar nicht, die gern und in unglaublich wachsender Zahl zugreifen.

Wobei man zugeben muss: Da sind mitunter Bilder in der Fernsehwerbung zu sehen, denen kann man sich nicht entziehen, die machen an. Manches sieht so appetitlich und verlockend aus, dass man sofort zulangen möchte. (Nicht immer! Oft wirken die Saucen so unappetitlich zäh und mehlig, dass man sich fragt, wer sich davon angesprochen fühlen kann.) Bis der Packungsinhalt dann allerdings auf dem Teller liegt, hat er eine wundersame

Wandlung durchlaufen und keinerlei Ähnlichkeit mehr mit dem Photo auf der Packung.

Man könnte lange und ausführlich darüber sinnieren, was in der Werbung zulässig ist. Vielleicht sollte man sie als Satire betrachten, die bekanntlich alles erlaubt. Stellt sich die Frage, ob es nur Volksverdummung oder schon Betrug ist, wenn beispielsweise auf einer Schokoladentafel das verlockende Bild einer Milchkanne zu sehen ist, deren Inhalt sich in üppigem Schwall über die ganze Verpackung ergießt, und daneben zu lesen ist:»mit frischer Alpenmilch«, obwohl, wie die Zutatenliste verrät, kein einziger Tropfen davon verwendet wurde, sondern ausschließlich Milchpulver. Mit frischer Milch kann man gar keine Schokolade ansetzen, sagt der Hersteller, als wir uns erkundigen – das sei technisch unmöglich. Aber warum tut man dann so? Und warum ist diese Lüge erlaubt?

Aber zurück zu den Originalrezepten. Es finden sich ja unter dieser Überschrift immer wieder die sonderbarsten Ungereimtheiten. Da werden zum Beispiel Rezepte aus Großmutters geheimem Küchenschatz verraten, angeblich aus der in zittriger altdeutscher Schrift abgefassten Kladde einer einfachen Bäuerin in der Steiermark, aber darin kommen Zutaten vor wie Sojasauce oder Balsamessig, Spezereien, die die Oma im bäuerlichen Österreich garantiert weder gekannt noch verwendet hat. Das ist so widersinnig wie Casanova, der vergessen hat, vor den Dreharbeiten seine Rolex abzulegen.

Dass es mit der Originalität der Rezepte, nach denen Industrie- und Fertigkost produziert wird, nicht sehr weit her sein kann, verrät meist schon der Blick auf die Zutatenliste: Weder hat die Oma in ihre Konfitüre (die sie im Übrigen Marmelade nannte) Stabilisatoren oder Farbstoff eingerührt, noch standen ihr geschmacksidentische Aromen zur Verfügung, wenn sie Kuchen buk. Was soll dann also das Prunken mit dem Originalrezept auf dem Etikett? Wir können ja verstehen, dass der Hersteller seinem

Produkt das Flair vermitteln möchte, es sei mit der Liebe und der erfahrenen Hand einer selbstlos sich aufopfernden Großmama geschaffen, um seiner Ware Gesicht und Ausstrahlung zu verleihen. Aber dass er dabei den Verbraucher, seinen arglosen und gutgläubigen Kunden, hinters Licht führen und ihm ungestraft etwas vorgaukeln darf, was nicht der Wahrheit entspricht, das will uns nicht in den Sinn.

»Das sind doch sicher Originalrezepte?« Mit dieser Frage kann man uns ratlos machen. Sämtliche Rezepte in unseren Landschaftsbänden haben wir bei Köchen, Wirten, Hausfrauen, Winzern, Produzenten, also in jedem Fall in den jeweiligen Regionen kennen gelernt. Wir haben die Gerichte in den Restaurants oder bei den Familien photographiert, dann verzehrt, haben notiert, wie man es zubereitet, und zu Hause dann das Rezept geschrieben.

Für den Aufbau eines Rezepts gelten übrigens genaue Regeln. Jedenfalls werden sie bei uns in Deutschland dank einer geradezu gesetzmäßig gültigen Übereinkunft nach einem bestimmten Schema verfasst: Die Zutaten sollten in der Reihenfolge aufgeführt sein, wie sie im Zubereitungtext verwendet werden. Das hat den Vorteil, dass man während des Zubereitens nicht so leicht eine der Ingredienzen vergisst; für den Fall, dass sie im Haupttext aus Versehen gar nicht mehr vorkommt (kann passieren!), ist an der Position im Zutatenblock abzulesen, an welcher Stelle sie in den Topf gehört. Rezepte von Köchen, die es gewohnt sind, mit der wichtigsten Zutat zu beginnen, muss man für den Hausgebrauch daher immer erst bearbeiten.

In sehr seltenen Fällen haben wir auf den Reportagereisen für unsere Bücher als Unterlage ein vom Koch aufgeschriebenes Rezept bekommen. Aber meistens hat Martina in der Küche zugeschaut und notiert, was er wie machte. Häufig lässt sie sich die Zubereitung auch nur ganz genau beschreiben, wobei man dabei sehr genau aufpassen und bei jeder Ungenauigkeit nachfragen muss. Es liegt nämlich durchaus nicht daran, dass die Köche nicht ihr Geheimnis verraten wollten, wenn ein Gericht später völlig anders aussieht oder gar nicht erst gelingt. Meist haben sie im Eifer des Erzählens schlicht eine entscheidende Zutat oder einen wesentlichen Handgriff vergessen. Wenn man sich also beschreiben lässt, wie ein Gericht entsteht, muss man sozusagen im Geist mitkochen und sich vorstellen, was genau da im Topf passiert.

Martina fällt das leicht: Auch wenn sie sich ein Rezept ausdenkt, bereitet sie es Schritt für Schritt im Kopf zu und weiß ziemlich genau, was hinterher dabei herauskommt. Sie schmeckt das Gericht, riecht und sieht es sozusagen virtuell. Wenn sie es dann in der Küche nachvollzieht, erlebt sie keine ungewollten Überraschungen; manchmal muss sie nachwiegen, damit die Maße stimmen, oder die Garzeiten genau überprüfen. Aber im Prinzip steht das Rezept so, wie sie es im Geist gekocht hat. Wenn es sehr schwer ist, an ein bestimmtes Rezept heranzukommen, überlegt sie sich oftmals selbst, wie das, was sie da photographiert, wohl zubereitet werden könnte. Und später, wenn das Buch dann gedruckt ist, hört sie von den jeweiligen Köchen: »Wie ich ja schon in meinem Rezept gesagt habe …« Das häufigste (und uns liebste) Kompliment zu unseren Büchern lautet übrigens: »Die Rezepte stimmen alle. Man kann sie nachkochen!« Dass man das nicht von allen Anleitungen sagen kann, müssen wir immer wieder feststellen.

Was also ist ein Originalrezept? Einmal gab's in unserer Sendung Königsberger Klopse, eines von Martinas Lieblingsgerichten. Sie liebt diese delikaten Klößchen aus gehacktem Kalbs- und Schweinefleisch! Duftig und locker müssen sie sein, mit in Milch eingeweichter Semmel aufgelockert und mit gedünsteter Zwiebel sowie gehackter Petersilie und sehr fein gehackter Sardelle kräftig gewürzt, in einer sanft-cremigen, würzigen Sauce, die mit Eigelb gebunden wird, mit reichlich Kapern und dank Zitronensaft und -schale schön säuerlich. Aber wir sind immer wieder entsetzt, was einem unter diesem Namen alles an Scheußlichkeiten serviert werden kann: steinharte Fleischboller in bleicher Mehlpampe, vorwiegend von der geschmacksfreien Art. Milde Krankenkost. Auf unsere Sendung hin kamen empörte Zuschriften ostpreussischer Zuschauer. »Das darf Frau Meuth nicht Königsberger Klopse nennen!«, verlangte einer, ein anderer schickte sogar das »originale« Rezept mit, eine Kopie aus dem Kochbuch der Hauswirtschaftsmeisterinnen M. und E. Doennig, Leiterinnen der Kochschule in Königsberg, in der 23. Auflage bei Gräfe und Unzer zu Königsberg im Jahr 1934 erschienen. Hier werden die Klopse zwar auch halb aus Kalb und Schwein gemacht, aber ohne Sardelle (!), stattdessen mit »wenig geriebener Zwiebel und ½ TL pulverisiertem Gewürz«, was immer wir uns darunter vorzustellen haben. Und für die Sauce rühren die beiden Schwestern (?) aus 40 Gramm Mehl und 60 Gramm Butter eine ordentliche Mehlschwitze an. Dafür verzichten sie auf Kapern und »verfeinern« mit zwei Esslöffeln Weißwein (welche Ausschweifung!) und ebenso viel saurer Sahne. Na, ja …!

Wer indes in Kochbücher schaut, die etwa hundert Jahre älter sind, wird Anweisungen finden, die sich nicht an die durch Krieg, Inflation und Notzeiten verarmte Bevölkerung, sondern an die wohlhabenden, (groß)bürgerlichen Haushalte richten und eher unserem Rezept entsprechen. Da wird selbstverständlich keine Mehlpampe angerührt, sondern die Sauce mit Eigelb gebunden; es wird anständig und eindeutig gewürzt, mit Sardellen oder gesalzenem Hering, mit Muskat, und auch Kapern finden reichlich Verwendung. Daraus lässt sich lernen, dass viele Rezepte bereits zu Beginn der dreißiger Jahre des letzten Jahrhunderts umgearbeitet worden sind: zu importierende Gewürze (Muskat!, Kapern!, Zitrone!) setzte man besser gar nicht erst ein, und einer Sauce gab man lieber mit billigem Mehl als mit kostbaren Eiern Stand. Aber das ist natürlich keineswegs original, sondern eine der Not gehorchende Verfälschung!

Wann also ist eine behutsame Verbesserung an einem »Originalrezept« erlaubt, und wann beginnt die Fälschung? In der traditionellen Küche Italiens zum Beispiel – das erstaunt uns immer wieder – werden Kräuter nur sehr sparsam verwendet. Und nur in sehr genau definierten Zusammensetzungen.

»Um Gottes willen!«, rief Minuccio, unser toskanischer Freund, »Basilikum zu weißen Bohnen?«. Er blickte klagend zum Himmel, rang die Hände: »Madonna!« – so theatralisch niedergeschmettert kann nur ein Italiener sein. Weiße Bohnenkerne, diese wunderbare toskanische Spezialität – natürlich die schlanken Cannellini, die einen zart rötlichen Schimmer nach dem Kochen kriegen, oder die seltenen, eher grünlichen Zolfini aus dem Chianatal, die so schwierig anzubauen sind –, werden mit ein paar Salbeiblättern und Knoblauchzehen in Salzwasser gekocht, bis sie schmelzend weich sind, aber natürlich noch Form haben und nicht zerfallen. Und dann serviert man sie lauwarm, beträufelt mit *un filo*, einem Faden von Olivenöl. Basta! Grünzeug ist eine neumodische Sitte, allenfalls etwas Rucola kann man ihnen beigesellen, eventuell auch glatte Petersilie. Aber Basilikum? Niemals!

Das gleiche Gespräch in Ligurien: »Basilico e fagioli? Perché no?« Warum nicht? Dort sieht man das weniger streng. Natürlich gehört Olivenöl auf die weißen Bohnen, da sind sich Toskaner und Ligurer einig. Zitronensaft? »Unmöglich!«, ruft der Toskaner und hält schützend die Hand über seinen Teller. »Vielleicht ein paar Tropfen erlesenen, alten Balsamico« lässt er zu. In Ligurien, wo man die weißen Bohnenkerne am liebsten mit gekochten Kartoffeln und Stücken von lauwarmem Oktopus mischt, ist der Saft der milden Cedratzitronen die angesagte Würze und glatte Petersilie oder Basilikum ausdrücklich erwünscht.

Wir haben Minuccio einen Salat aus weißen Bohnenkernen serviert, mit gewürfelten Tomaten (natürlich entkernt und gehäutet, was er für überflüssig hält), grob gehacktem Knoblauch, zerzupften Basilikumblättern und Sardellen. Angerichtet auf den

Herzblättern von »Sucrine«, einer knackigen Romanavariante. Misstrauisch sitzt er vor seinem Teller, stochert lustlos mit der Gabel darin herum und beäugt argwöhnisch jede einzelne Zutat. »Jetzt iss schon, nur Mut!«, fordert Martina ihn auf. Er gabelt sehr zögerlich, aber schon nach ein paar Bissen schürzt er zustimmend den Mund. »Na ja, gar nicht so schlecht«, meint er und hat alsbald seinen Teller leer geputzt. Sogar die Marinade – Olivenöl, der Saft aus dem Tomatenfleisch und ein bisschen Zitrone – wischt er mit Weißbrot auf. »Hat dich der Zitronensaft gestört?« Da muss er doch grinsen, »vielleicht muss man das alles wirklich nicht so eng sehen?« Eben, wenn's dem Geschmackserlebnis dient.

Natürlich sind diese Bohnen jetzt streng genommen kein »Originalrezept« mehr. Aber der Salat hat weiterhin eindeutig italienischen Charakter. Er ist nicht mehr konkret der Toskana oder Ligurien zuzuordnen, aber es würde doch jeder beim ersten Bissen auf Italien tippen. Hätten wir statt des leicht bitteren, fruchtigen toskanischen Olivenöls oder eines milden, eleganten ligurischen Öls das wesentlich kräftigere aus der Provence verwendet, wäre seine Zuordnung in diese Region am Mittelmeer ebenfalls eindeutig gewesen. Und die Veränderung, da sind wir uns alle einig, hat dem Salat doch nur genützt, ihn interessanter, wohlschmeckender gemacht, dem Originalrezept überlegen.

Was lernen wir daraus? Dass die Qualität der Zutaten, ihre Herkunft, ihr Bodengeschmack wichtiger sind als ein vielleicht strikt eingehaltenes Rezept, mag es noch so original sein, für das man jedoch nur mittelmäßige, womöglich sogar unpassende, weil gesichtslose und langweilige Produkte verwendet hat…

# Wir bekommen einen »neuen« Teich

Seit Jahren sinkt, langsam aber stetig, der Wasserstand unseres Teiches. Dieser liegt mitten im Park unterhalb des Hauses, misst rund zwölf mal acht Meter, ist etwa einen Meter tief und wird durch einen Springbrunnen in der Mitte mit Wasser versorgt. Dessen Höhe richtet sich nach den Jahreszeiten und den Niederschlägen: Im Winter, wenn es viel regnet und die Natur wenig Wasser für sich beansprucht, kann er gewaltig sprudeln und zwei Meter hoch springen, im Sommer nach längerer Trockenheit und großer Hitze auch zu einem daumengroßen Rinnsal werden. Gespeist wird er durch unsere eigene Quelle, genauer: drei Quellen, die in einem Quellschacht zusammengeführt werden. Sie befinden sich im Wald auf der gegenüberliegenden Seite des Tals, von der das Wasser in einer Druckleitung in das Reservoir oberhalb des Hauses geführt wird. Von dort werden wir mit frischem, unglaublich wohlschmeckendem Wasser versorgt. Was wir nicht verbrauchen, das Überreich, wird durch eine andere Leitung in den Teich geführt. Wenn Wasch- und Spülmaschinen laufen und zusätzlich ein paar Gäste duschen, kommt unter Umständen nichts mehr. Und so können wir mit einem Blick auf den Springbrunnen stets bestens kontrollieren, wie es um unser Wasser steht...

Zunächst war der Wasserspiegel unter die Unterkante der flachen Trittsteine gesunken, die den Teichrand bilden und ihn von den Blumenrabatten trennen. Sie liegen auf der schräg abfallenden Wand des Teiches, dessen Bassin von einem mit Dachpappe ausgekleideten Betonbecken gebildet wird. Es ist also kein Naturteich, sondern eine gestaltete Wanne.

Einige Jahre verharrte der Wasserspiegel etwa fünf Zentimeter unter dem Soll. Man gewöhnte sich dran, zumal die Seerosen, die ursprünglich in sechs symmetrisch aufgestellte, quadratische Holzkisten gepflanzt waren und jeweils deutlich voneinander abgesetzte, kreisförmige Blätter- und Blütenflecken bildeten, sich immer weiter ausbreiteten und schließlich im Hochsommer die ganze Teichfläche bedeckten. Dann aber, seit etwa sechs Jahren, sank der Pegel vor allem im Sommer immer tiefer. Da die Dachpappe nicht mehr vom kühlenden Wasser geschützt wurde, schmolz sie in der Sommersonne zusammen und rutschte jedes Jahr ein wenig weiter ab. Hinter der Dachpappe konnte das Wasser ablaufen und in Löchern und Spalten versickern, die der Beton im Laufe der Jahrzehnte bekommen hatte.

Seit mehr als fünfzig Jahren war der Teich nicht mehr abgelassen und gesäubert worden, daher hatte sich am Boden eine dicke Schicht Schlamm abgesetzt: die von den Herbststürmen hineingewehten Blätter der verschiedenen Bäume, die darin verfault und verrottet waren. Die Seerosen und die in manchen Jahren reichlich gedeihenden Algen (warum sie manchmal dicke, kompakte und schleimige Kissen bildeten, in anderen Jahren dagegen gar nicht, haben wir nie herausgefunden) trugen zum Volumen dieser Schicht bei. Unsere Fische möglicherweise auch: ein paar kapitale Karpfen und bis zum letzten Jahr etwa 400 Goldfische, die ein übler Fischreiher innerhalb von nur drei Wochen allesamt herausgeholt hat.

Früher, Moritz kann sich noch daran erinnern, wurde der Teich, den man Ende 1948 das letzte Mal mit Dachpappe ausgeschlagen hatte, in jedem Frühjahr abgelassen und geputzt. Es gab einen so genannten Grundablass mit Siebkasten, in dem die Fische (und die hereingefallenen Blätter, Äste und Zweige) aufgefangen wurden. Aber dessen Schieber ließ sich schon Ende der fünfziger Jahre nur noch schwer bewegen und war undicht geworden, weshalb man ihn mit Lehm zustopfte. Und da dies alles so mühsam war, hat man sich dann eines Jahres das Reinigen gespart und nie wieder damit begonnen. Als Kinder hatten Moritz und seine Freunde übrigens größte Freude daran, mit dem Luftgewehr kaputte Glühbirnen in den Teich zu versenken.

Als dem Wasserspiegel schließlich fast 30 Zentimeter zur ursprünglichen Höhe fehlten, gab's Handlungsbedarf – fand Moritz. Martina schlug Teichfolie vor, die es doch überall in den Bau- und Gartenmärkten gebe. Moritz wollte eigentlich lieber die gute alte Dachpappe wiederhaben.

Welche Möglichkeiten der Abdichtung gibt es im Zeitalter der Plastikfolien? Erstaunliche! Folie muss vor Sonnenstrahlen geschützt werden, deren zerstörerischer Wirkung sie nicht standhält. Man kann entweder Sand oder Steine dafür nehmen. Sand eignet sich aber nur dann, wenn die Ufer flach sind. Für Steine hätte man die schrägen Wände mit Platten oder gar Steinblöcken verkleiden müssen – das hätte den Teich erheblich verkleinert. Und wie sähe das aus! Die Folie sollte doppelt liegen, würde an Ort und Stelle angepasst und verschweißt. Halbherzig erbitten wir ein Angebot. Nach einer Woche ist es da: rund 35 000 Mark, zuzüglich aller Unwägbarkeiten bei der Ausführung der Arbeiten.

Jetzt rufen wir doch einen Dachdecker. Natürlich könne man einen Teich mit Dachpappe dichten. Er kommt zusammen mit einem Unternehmer, der Wasser samt Schlamm und Sedimenten aus dem Teich absaugen würde. »Nur die Fisch', die müsset Sie vorher raus tun!« Zwei Wochen später haben wir einen Kostenvoranschlag: 14 000 Mark. Wir vereinbaren, die Arbeit so früh wie möglich im Winter anzugehen, damit die Pflanzen in den Rabatten rund um den Teich und vor allem die Seerosen nicht zu sehr leiden. In vier Tagen sollte alles zu erledigen sein.

Jetzt, Anfang Februar, haben wir herrliches Wetter, und es soll auch mindestens eine Woche so bleiben – trocken, sonnig, tagsüber zwischen 12 und 15 Grad, nachts kein Frost: Man könnte prima arbeiten. Aber die Herrschaften kommen nicht. Anruf: Sie haben anderswo zu tun. Nach fünf Tagen erneuter Anruf: Übermorgen. Übermorgen erfolgt aber nichts. Neuer Anruf: Leider habe es Schwierigkeiten gegeben, aber Anfang nächster Woche werde es losgehen.

Mittwoch sind sie endlich da. Der Himmel zieht sich langsam zu, für übermorgen ist Regen angesagt. Immerhin, das Abpumpen beginnt. Es stellt sich heraus, dass die vermeintliche Schlammschicht ein dicker Filz von Seerosenwurzeln ist, der sich keineswegs absaugen lässt. Aber das meiste Wasser ist weg, wenigstens das.

Herr Fogel sammelt die Karpfen aus dem Schlamm und entdeckt, dass darin auch jede Menge Kröten hocken. Die Karpfen kommen in die alte Badewanne (wir haben sie vor Jahren aus dem Mohnshäusle geschafft, weil der Badezimmerboden unter der Wanne trotz eingebauter Stützsäule nicht aufhörte sich zu senken. Seither steht sie grün lackiert auf dem Tennisplatz; wenn es mal sehr heiß ist, im Sommer, kann man darin duschen!), die Kröten in zwei große Eimer. Aus den vollkommen verrotteten und in sich zusammengefallenen Kisten rettet Herr Fogel jeweils ein paar schöne Seerosentriebe mit Wurzeln. Was abbricht, wird weggeworfen. Zum Einpflanzen haben wir aus dem Baumarkt große Gummikübel besorgt und Löcher hineingeschnitten – spezielle Seerosenkübel, die auch ein Vermögen kosten, finden wir hier in keinem Garten-Center. Alexander hat die Kübel mit sehr lehmiger Erde gefüllt, so dass die darin eingesetzten Wurzeln nicht austrocknen können. Außerdem werden sie nun in die Garage gekarrt, wo es einen Wasseranschluss gibt: zweimal täglich bekommen sie eine Dusche. Obenauf streuen wir Kies, der die Abschwemmung verhindert und später, wenn sie wieder im Wasser stehen, das Aufschwimmen der Wurzeln.

Jetzt kippen Herr Fogel und Alexander die Randsteine nach hinten auf die Rabatten und versuchen, das Bodensediment auf dem Teichgrund zu lösen. Schnell stellt sich heraus, dass man den Seerosenwurzeln händisch (wie die Österreicher so anschaulich für »von Hand« sagen) nicht beikommen kann: Sie sind ineinander zu einem dichten Gewebe verwachsen und so stark verholzt, dass ihnen weder mit Hacke noch mit Spaten beizukommen ist.

Selbst mit einer Axt lässt sich das Gespinst nicht in Stücke hauen, da es federnd nachgibt. Ein kleiner Bagger muss her, der nun mit ziemlich langem Arm das ganze Zeug herauslöst, zerteilt und auf einen Anhänger lädt: Acht Fuhren gibt es, die wir zum Aufschütten einer Schlucht in unserem Wald verwenden können.

Am nächsten Tag sind die Dachdecker dran und lösen die alte Dachpappe, schaben die Betonwanne sauber. Im Beton werden Risse erkennbar und in einer Ecke ein Riesenloch: Hier vor allem ist das Wasser ausgeflossen und versickert! Das Loch wird mit Schotter aufgefüllt und wieder zubetoniert.

Herr Fogel und Alexander legen unterdessen den Schieber frei und bauen ihn aus, unterstützt von dem Installateur, der Größe und Anschluss ausmisst und so schnell wie möglich einen neuen Schieber besorgen soll. Natürlich handelt es sich um ein heute nicht mehr übliches Format, aber unser Flaschner hat Verbindungen zu Spezialisten, die solche Sachen horten. Außerdem wird beschlossen, vor dem Schieber eine größere Wanne zu betonieren und dorthinein einen Gitterkasten zu setzen, der beim späteren Ablassen Laub und andere Rückstände sowie Fische auffängt. Den Korb kann man dann mit einem Haken herausangeln, so dass der Ablauf nicht womöglich noch verstopft wird.

Am Nachmittag beginnt es zu regnen, die Betonflächen werden mit Planen abgedeckt. Der Wetterbericht verheißt nichts Gutes.

Die Fische fühlen sich in der Wanne ganz wohl, sie bekommen auch ständig frisches Wasser aus der Leitung. Fressen wollen sie nichts. Aber Herr Fogel entdeckt, dass eine Schleie unter den neun Karpfen ist. In den 50er Jahren waren ein paar Karpfen in den Teich gesetzt worden, die sich schon einmal so gut vermehrt hatten, dass sich unter den Seerosenblättern ein ganzer Schwarm tummelte. Im eisigen Winter von 1962/63 aber fror alles zu, und die Fische verendeten mangels Sauerstoff oder froren im Eis ein. Nur zwei überlebten. Zehn Jahre lang geschah gar nichts, die beiden Karpfen schienen leider kein Pärchen zu sein. Dann schenkte uns Cousine Huberta ein paar Goldfische, und schon im Jahr darauf wimmelte es von winzigen Fischchen. Die meisten von ihnen blieben klein und wurden mit der Zeit golden, aber einige wuchsen sich zu richtigen Karpfen aus. Ein Wunder der Natur! Die Goldfische haben sich fleißig weiter vermehrt und manche eine stattliche Größe erreicht, bis sie, wie gesagt, der Fischreiher geholt hat, alle! Die allein zurückgebliebenen Karpfen pflanzten sich nicht weiter fort, vielleicht fehlte ihnen das Stimulans, gediehen aber wenigstens prächtig.

Allerdings hat sich vor einigen Jahren unser Freund Werner an einem schönen Sommernachmittag nicht enthalten können, seine beachtlichen Fangkünste mal nicht am Millstätter See, sondern an unserem Weiher zu demonstrieren. Nachdem die Tiere Brotwürfel und gekochte Kartoffeln, die er ihnen an seiner Angel hinhielt, wider Erwarten stundenlang verschmähten, hatte seine geduldige und verständnisvolle Frau Ilse auf des Fischers ebenso erbarmungsvoll wie energisch vorgetragene Bitten einen sahnigen Kartoffelteig hergestellt, in welchen die freilich vollkommen unzulänglichen Haken – wie könnte es auch anders sein, wo wir hier doch in unserer Glatt nur auf Forellen gehen! – gehüllt wurden. Schon nach einer weiteren Stunde entschlossen sich zwei der großmäuligen Tiere, die Knödel auf einen Happs herunterzuschlingen, was zu ihrer von indianischem Geheul begleiteten Ergreifung führte. Martina hat sie auf chinesische Art mit schwarzen Bohnen und Chilis zubereitet, sie haben ausgezeichnet geschmeckt. Der vormalige Besitzer war daraufhin fast genauso stolz wie der Fischer.

So weit die Karpfen. Aber wo kommt die Schleie her? Ein befreundeter Forellenzüchter klärt uns auf: Laich oder junge Fischchen können sich im Gefieder von Enten verfangen und so herumgetragen werden! Tatsächlich haben wir seit Jahren im Frühjahr Entenbesuch. Aber das ist eine andere Geschichte.

Das Wetter bleibt schlecht, jeden Tag etwas Regen. Dann auch noch Schnee. Wir müssen warten bis es ganz trocken wird und auch wenigstens für zwei Tage bleibt, denn nur auf trockenem Untergrund kann die Dachpappe mit verflüssigtem Teer angeklebt und so befestigt werden, dass alles dicht ist. Jeden Morgen geht Herr Fogel jetzt als Erstes zur Badewanne, denn neulich ist ein Karpfen herausgehüpft und kläglich verendet. Vielleicht ist es ihnen zu eng? Oder es packt sie der Übermut. Leider wird noch einer eingehen.

Wir warten zwölf lange Tage, um Seerosen und Karpfen bangend. Endlich klart es sich auf, und die Pappenverleger fangen an. Erst eine graue Schicht, dann plötzlich eine hellgrüne!

»Wieso das? Wir wollen doch keinen grünen Teich!«

»Gibt es nicht mehr anders, die grüne Farbe schützt gegen die Sonne, schwarz wird zu heiß.« Wir schwanken zwischen Ärger und Verzweiflung. Aber es bleibt uns ja gar nichts anderes übrig, als zu resignieren. Am nächsten Abend ist der ganze Teich grün ausgeschlagen. Mindestens einen Tag müssen wir alles trocknen lassen. Dass es empfindlich kalt geworden ist und die Nächte frostig, soll die Dichte nicht beeinträchtigen.

Zwei Tage später stellen Herr Fogel und Alexander die Seerosenkübel rein. Dann heißt es: Wasser marsch! Aus unserem Reservoir kommt jedoch, es hatte ja nie viel, sondern immer nur ein bisschen geregnet, ziemlich wenig. Also lassen wir das Wasser aus dem Gartenreservoir zulaufen, das mit einem Schlauch vom Tennisplatz heraufgeführt wird. Der Strahl kommt kräftig, aber es ist deprimierend, wie langsam der Spiegel steigt. Am Abend kippt Herr Fogel die Kröten hinein, die sich sofort unter den auf Latten gesetzten Seerosenkübeln verstecken. Auf der Ablaufseite steht das Wasser nun über zwanzig Zentimeter hoch, also dürfen endlich auch die Karpfen (und die Schleie) ihr neues Reich beziehen: Sie schwimmen sofort los, erkunden ihr gereinigtes Revier. Ihre Rückenflossen schauen noch aus dem Wasser, sowie sie sich ein wenig vom Ablauf entfernen. Und ihre Bäuche streifen auf der sandigen Dachpappe: Ob sie sich wirklich wohl fühlen werden in diesem plötzlich so sauberen Wasser, ohne Möglichkeit, im Schlamm zu wühlen?

Die Nacht kommt und mit ihr Frost: Noch schauen die Seerosenspitzen, die inzwischen leicht ausgetrieben haben, weit aus dem Wasser. Hoffentlich erfrieren sie nicht!

Am nächsten Morgen ist alles weiß von Reif. Unsere Sorge gilt den immer noch aus dem Wasser schauenden Seerosen – man kann nicht erkennen, ob der Frost ihnen etwas ausgemacht hat. Aber vielleicht genügte die Temperatur des einströmenden Wassers, sie vor dem Erfrieren zu schützen?

Nach zwei Tagen endlich ist der Teich voll gelaufen, und wir sind begeistert: Die Wasserfläche hat wieder den richtigen Stand. Herr Fogel hat mit Alexander die Randsteine aufgelegt, säuberlich in Sand gebettet und mit schöner Kante ausgerichtet. Die hatte man ja in den letzten Jahren gar nicht mehr richtig erkennen können, weil viele Steine in den Teich gerutscht waren – meistens mitsamt den unerfahrenen, sie unvorsichtig betretenden Gästen. Im Laufe der Jahre waren sie nämlich von den Wurzeln der umstehenden Bäume und beim Graben in den Rabatten weiter nach vorn gedrängt worden, so dass sie teilweise mehr als die Hälfte überstanden. So war auch Martina in ihrem ersten Jahr auf unserem Apfelgut mit einem großen Stein ins Wasser gesegelt und gab, in überhaupt nicht ophelischer Ruhe zwischen den Seerosen rudernd, ein ziemlich komisches Bild ab; blitzschnell hievte sie sich wieder raus, nur um zu entdecken, dass einer ihrer Schuhe im Schlamm stecken geblieben war. Unter Moritz' schadenfrohem Gelächter, er dachte gar nicht daran, chevaleresk zu Hilfe zu eilen, stieg sie wieder rein und barg das Stück. Auch unser Regisseur war einmal auf diese Weise baden gegangen – leider hat ihn niemand dabei beobachtet...

Herr Fogel hatte eine ganze Menge neuer Platten besorgen

müssen, weil einige der alten einfach zerbröselt waren. Gott sei Dank hatte man schon früher Steine aus der Umgebung verwendet, so dass man die fehlenden einfach durch Platten aus dem benachbarten Steinbruch ergänzen konnte. Nun rahmen sie das grün schimmernde Wasser ebenmäßig und in hellem Grau: Großzügig sieht es aus! Das Grün ist zwar noch immer gewöhnungsbedürftig, aber wir reden es uns schön. Zumal es jetzt wieder wärmer geworden ist und die Natur zu treiben beginnt: Das bläuliche Grün des Teichs könnte zu den gelblichen Grüntönen der jungen Blätter und Sprossen einen reizvollen Kontrast bilden.

Nach einer Woche haben sich unsere Bedenken zerstreut: Auch die Algen beginnen sich zu entwickeln, das Wasser verliert seine Klarheit, und das leuchtende Grün wird gelblich-grau gedämpft. Moritz gräbt am Dobelbach sich öffnende und dicke Knospen treibende Sumpfdotterblumen aus und setzt sie zwischen den Platten. Die Krokusse leuchten aus den eben noch vertrampelten Beeten, Narzissen und Tulpen spitzeln unverdrossen, die Taglilien entfalten treu und brav ihre gelblichen Blattspitzen und die ersten Primeln und Leberblümchen beginnen zu blühen.

Moritz hat *seinen* Teich wieder und beginnt, die Rabatten vollkommen neu zu ordnen: Nachdem »Lothars« Sturmböe die beiden so viel Schatten verursachenden Bäume gefällt hat, haben hier wieder ganz andere, sonnenhungrige Pflanzen eine Chance. Martina gibt zu, dass sich der Aufwand gelohnt hat.

Nach zwei Wochen entdecken wir, dass die Seerosenblätter sich regen. Langsam sieht es wieder aus wie früher. Wir allein wissen, wie viel schöner es jetzt ist als lange Jahre zuvor, und wir freuen uns daran, jeden Tag!

## Von der so genannten guten alten Zeit –
## Glück und Entfremdung

Im Mitteilungsblättchen der Gemeinde werden die Bürger heute aufgefordert, den Umweltschutz ernster zu nehmen, denn er sei »eine Aufgabe für uns alle!‹ Der Artikel führt aus, welch negative Auswirkungen die verschiedenen Arten der Umweltverschmutzung auf unsere Gesundheit haben. Die Schlussfolgerung ist so banal wie richtig:»Für eine intakte Natur und eine saubere Umwelt müssen wir gemeinsam vorgehen und umweltbewusst handeln.« Aber der erste Satz der ganzen Geschichte ist von verstörender Dummheit. Er bemüht ein abgegriffenes, aber scheinbar unausrottbares Klischee:»Die Zeiten, in denen die Menschen glücklich und gesund im Einklang mit der Natur lebten, gehören leider der Vergangenheit an.«

Wann, bitte, soll denn diese Idylle geherrscht haben? Als die alten Germanen hungernd durch die Lande streiften und unter verlustreichen Kämpfen die Römer über die Alpen zurückdrängten? Im Mittelalter, als die Menschen alle Abfälle einfach vor die Haustür kippten, so dass Krankheiten und Epidemien die Menschen zu Hauf dahinrafften und die mittlere Lebenserwartung dreißig Jahre betrug? Zu Zeiten der Bauernkriege, als die Landbevölkerung vom herrschenden Adel unterdrückt und ausgepresst wurde und die Leute vor Hunger entkräftet dahinsanken? Als man jahrhundertelang in den Städten aus keinem Brunnen, aus keinem Bach Wasser trinken konnte, ohne Gefahr zu laufen, sich mit ekelhaften Krankheiten anzustecken – die Insassen der Hospize bekamen daher enorme Weinrationen zugesprochen, weil nur der säurereiche und alkoholische Wein sowie das aus abgekochtem Wasser hergestellte Bier durstlöschende Mittel zum Überleben waren... Oder im 19. Jahrhundert, als das ländliche Arkadien in Europa nicht verhindern konnte, dass Millionen von hier so überaus glücklich lebenden Menschen in heller Verzückung auswanderten, um in den Vereinigten Statten von Amerika, in Südafrika und Australien, in Chile oder Argentinien ihr sicheres Unglück zu suchen? Oder lebten die Menschen etwa glücklich und gesund im Einklang mit der Natur zu Zeiten des guten alten Reichskanzlers Bismarck (vielleicht als Arbeiter bei Krupp oder als sündenfreier Senner auf König Ludwigs Bergen), während der Weltkriege, in der Weimarer Republik mit ihrer Inflation, im Dritten Reich mit Kanonen statt Butter?

Oder ist es nicht vielmehr so, dass die Zeit des Biedermeier, in der die politisch-gesellschaftliche Unfreiheit der Restauration nur den Ausweg in die bürgerlich-ländliche Idylle ließ, so verklärend, so verlogen und unauslöschlich in die Gehirne der Menschen eingedrungen ist, dass sie im unkritischen Bewusstsein der Zeitgenossen immer und immer wieder putzige Urständ à la Ludwig Richter feiert?

Nein und nochmals nein, in der guten alten Zeit lebte man keineswegs glücklich und gesund im Einklang mit der Natur. Der Ruf »Zurück zur Natur!« ist heute nicht richtiger als zu Rousseaus Zeiten. Er verführt zu glauben, dass die Natur des Menschen Freund ist. Ein Irrtum: Der Mensch ist ein Rädlein in der Natur, und in ihr ist Überleben immerwährender Kampf.

Dass wir es heute, dank Wissenschaft und Technik, besser haben als alle Generationen vor uns, sollte eigentlich jeder begreifen. Man stelle sich nur vor, wie hart das Leben der Bauern einst war: Schon mit 40 waren die Menschen verbraucht, ihre Hände schwielig, der Rücken krumm, die Schultern gebeugt. Wenn sie möglicherweise trotzdem glücklicher waren als die meisten Menschen heute, so lag das an ihrer Lebenseinstellung. Sie waren bescheidener, stellten weniger Ansprüche, mussten sich weniger durch Äußerlichkeiten beweisen. Und sie freuten sich ihres Lebens, wenn die Zeit dazu war: am Feierabend, an den Sonntagen und an den vielen Feiertagen, die die Kirche stiftete. Die damalige Gesellschaft sorgte im Zusammenspiel mit dem Glauben für die nötige Stille und Einkehr. Die heutige entzieht sie uns – im Bund mit einem gnadenlosen Konsumzwang, der obendrein alle jene Bereiche mit Freizeitstress belegt, die eigentlich angenehme Fluchtmöglichkeiten bieten sollten: Sport und Spiel, Fernsehen, Computer, Disco, Reisen… Alles ist bis in die letzten Winkel kommerzialisiert. Hier, im Unterschied der Lebensformen, liegt die Ursache der Sehnsüchte und der Verklärung der Vergangenheit. Die meisten Menschen sind heute unzufrieden unter einem ständigen Leistungsdruck und den hektischen Rhythmen des Alltags und sehnen sich nach der – trotz aller Härte des Lebens vorhandenen – Beschaulichkeit früherer Zeiten zurück.

Als wir beim Burda-Verlag ausschieden, uns selbständig machten und von München nach Neunthausen zogen, meinten die Kollegen, dass wir »uns aufs Land zurückziehen«. Das war natürlich mitnichten der Fall! Wir haben zwar unseren Lebensmittelpunkt aufs Land verlegt, aber von Rückzug konnte keine Rede sein. Richtig allerdings war, dass wir uns, indem wir uns selbständig machten, bewusst gegen die zunehmende Bürokratisierung der Zeitschriftenverlage und gegen den zunehmenden Einfluss des Controllings wehrten, und Gott sei Dank praktisch nichts mehr zu tun hatten mit der sich zunehmend breit machenden Mentalität, sich vor einer verantwortlichen Entscheidung zu drücken und stattdessen lieber alles in endlosen Konferenzen zu besprechen und zu zerreden.

Wir hatten das Glück, fast immer mit Redakteuren, Lektoren, Herstellern oder Produzenten zusammenzuarbeiten, die wussten, wie wichtig es ist, die Kreativen in Ruhe ihre konstruktive Arbeit tun zu lassen. Diese Ruhe fanden wir hier im Schwarzwald.

Unser Freund Mathias, erfolgreicher Designer von Möbeln und Wohnobjekten, der sich mehr als wir in die Firmen hineinbegibt, für die er arbeitet, hatte gleich bei seinem ersten Besuch bei uns gemeint: »Jetzt verstehe ich, warum eure Bücher so komplex sind: Weil ihr ganz aus der Erde, aus der Natur, aus der Stille raus schaffen könnt …«

Freilich: Wer hat die Möglichkeiten und das Potential, sich dem ständigen Druck zu entziehen? Wie vielen gelingt es, wenigstens für Momente auszusteigen?

Dass es uns gelungen ist, auf unserem Apfelgut für uns und unsere Gäste eine Art von Refugium zu schaffen, macht uns glücklich. Gut, wir haben die Möglichkeit dazu geerbt. Doch es gilt für uns wahrlich der Satz von Goethe aus dem *Faust*: »Was du ererbt von deinen Vätern hast, erwirb es, um es zu besitzen.« Was wir hier an Energie und Geld investiert haben, hätte uns auch anderswo ein gemietetes, gekauftes oder selbst gebautes Anwesen ermöglicht. Wie es unser Designer-Freund in Tübingen und auf Ibiza gemacht hat: Ganz auf ihn und seine Bedürfnisse zugeschnitten – anders hätte er nicht so erfolgreich sein können. Manchmal denken wir sogar, dass uns mit einem fremden Objekt vielleicht sogar vieles einfacher gefallen wäre, weil uns, unbelastet von der miterlebten oder traditionellen Familiengeschichte des Hauses, radikalere Lösungen offengestanden hätten.

Zu klagen gibt es jedoch wirklich nichts! Wir haben das teilweise vom Zahn der Zeit stark benagte Haus wieder flott bekommen, den Betrieb auf neue Methoden und Produkte umgestellt und den Park nach und nach wieder aufgearbeitet. Jetzt muss »nur« noch alles so gesichert werden, dass wir uns das Apfelgut auch im Alter noch leisten können.

Vieles haben wir durch unseren Umzug und das Leben auf dem Land gelernt: Träume und Realität klaffen weit auseinander und lassen sich nur in Einklang bringen, wenn man von seiner Idee überzeugt ist, an sie glaubt und bereit ist, viel Energie hineinzustecken. Die meisten Menschen verlässt vor der Verwirklichung ihrer Sehnsüchte der Mut – zu viele, zu harte Konsequenzen sind zu ziehen. Nur wenige sind bereit, sich tatsächlich einzuschränken und dennoch Mehrarbeit auf sich zu nehmen. Es gelingt auch nur, wenn man sich mit seiner Arbeit und seinem Tun voll identifizieren kann. Die von Karl Marx beschriebene Entfremdung von der Arbeit lässt diese ja nicht mehr als einen elementaren Teil unseres Daseins erleben, sondern als widerwillig geleistete Fron. Davon sind vor allem die Berufe betroffen, in denen der Mensch das Ergebnis seiner Arbeit nicht sieht, also auch nicht positiv erlebt, was er selbst geschaffen hat. Den meisten Menschen geht es heute so, ob sie nun in großen Firmen, Handel oder Industrie, Dienstleistungsunternehmen, Verwaltungen oder Behörden beschäftigt sind. Doch die Entfremdung von der Arbeit allein ist es nicht! Die Gewerkschaften müssen sich den Vorwurf gefallen lassen, die Hauptschuld daran zu tragen, dass für viele Menschen Arbeit etwa Negatives ist, ein unangenehmer Zwang, dem man sich unterordnen muss, um sich das Positive, nämlich die Freizeit, leisten zu können. Noch schlimmer schallt es aus dem Radio – die Rundfunkanstalten scheinen darum zu wetteifern, wer wen am frühesten von der ungeliebten Arbeit ins ersehnte (und trotz der Negation der Arbeit:»verdiente«!) Wochenende begleiten kann.

Wenn über Jahre hinweg immer mehr Menschen ihre Arbeit ohne Interesse am Ergebnis verrichten, nur um möglichst viel Geld zur Gestaltung ihrer Freizeit zu verdienen, sie sich also nicht mehr mit dem identifizieren wollen (oder können), was einen großen Teil ihres Daseins, ihres gesellschaftlichen Wertes ausmacht, dann beraubt man sie ihres eigenen Wertgefühls. Zu Zeiten, da ein Arbeitsplatz wieder mehr gilt, weil er bedroht ist, kehrt vielleicht eine andere Einstellung zurück, und die Menschen erleben wieder intensiver das Glück der Befriedigung, sich auch über ihre Arbeit definieren zu können.

Dies war uns immer gelungen, denn wir konnten von Beginn unserer Selbständigkeit an das tun, was wir richtig und wichtig fanden! Die Verlage, mit denen wir arbeiteten, hatten Vertrauen zu unseren Fähigkeiten und ließen uns freie Hand bei der Planung und Durchführung unserer Bücher. Das Fernsehen war mit unseren Vorschlägen im Großen und Ganzen einverstanden, und wir mussten höchstens einmal Kleinigkeiten ändern. Mit den Redaktionen, die uns beauftragten, gab es vielleicht mal Reibereien. Aber wenn die Zusammenarbeit mit der einen nicht mehr recht gedeihen wollte, kam eine neue mit einer anderen Redaktion zustande.

Wir leben auf dem Lande und arbeiten mit Unternehmen, die in Städten angesiedelt sind. Wir sind viel unterwegs und haben viel Besuch, und wir arbeiten viel, aber unsere Arbeit macht uns Spaß – auch, weil sie so abwechslungsreich ist.

Natürlich geht das nur, wenn man sich aufeinander verlassen kann. Und wenn man genügend Freiraum hat. Jeder sein eigenes Arbeitszimmer. Und: In unserem großen Haus, Garten und Park findet sich zu jeder Jahres- und Tageszeit immer ein Platz, an den man sich in Ruhe zurückziehen kann. Je größer und anhaltender die Belastung, desto wichtiger die Möglichkeit, sich abseits allen Trubels entspannen zu können. Da sind wir zweifelsohne privilegiert.

Manchmal arbeiten wir zehn, zwölf Stunden an einem Stück, und dann ist es für uns ganz wichtig, dass wir uns nicht aneinander aufreiben: Zu genau kennen wir die der Kreativität hinderlichen, andauernden Störungen in den Redaktionen. Wir haben uns dort zwar ein dickes Fell zugelegt, so dass uns nicht jede kleine Unterbrechung aus der Konzentration bringt. Aber es ist gut, dass unsere hilfreichen Geister meist nur vormittags im Hause sind und wir dann bis in den Abend hinein ungestört schreiben können.

Dann liest jeder das, was der andere geschrieben hat. Eine kritische Phase. Denn jeder kennt ja oder ahnt, eingestanden oder nicht, immer schon die Schwachstellen seines Textes. Und die deckt der andere natürlich gnadenlos auf. Da können schon mal die Türen knallen… Aber im Allgemeinen sind wir doch einsichtig und nicht nachtragend.

Zu anderen Zeiten, vor allem in der Planungsphase von Projekten, bei der Konzeption der Sendungen und bei der Vorbereitung der Kochkurse wird viel miteinander gesprochen. Im Sommer gehen wir dann gern raus und lassen uns anregen von den Düften des Gartens, vom Wetter, von der Natur – dort fällt einem mehr ein! Dies wissen auch unsere Arbeitspartner und kommen deswegen für Besprechungen gern zu uns. Zumal es dann ja auch immer etwas zu probieren gibt.

Gartenarbeit kann unendlich viel zur Klärung von Problemen beitragen, obwohl oder gerade weil man sich mit ihnen dann nur beiläufig und nebenher befasst. Vor allem Moritz inspiriert sie zu den besten Lösungen. Martina hingegen durchstreift lieber Wald und Wiese oder richtet wunderschöne Sträuße – dabei ruckeln sich vorher widerstreitende Ideen wie von allein zurecht.

Wir stehen nicht sehr früh auf, gehen dafür aber spät ins Bett. Das ist ein eher städtischer Rhythmus, aber den bekommen wir nicht aus uns heraus. Vielleicht ist das gegen die Natur. Aber abends sind wir stets mit ihr in Einklang: Dann setzen wir uns raus, lesen Zeitung, trinken ein Gläschen Wein oder einen kleinen Apéro und erzählen uns, was wichtig ist. Dies ist ein Ritual, auf das wir nur in allergrößter Not verzichten. An unserem Lieblingssitzplatz mit den bequemen Liegestühlen haben wir deshalb eine Leselampe installiert, damit wir nicht an milden Abenden von der Dunkelheit ins Haus gescheucht werden.

Im Laufe der Jahre haben wir dennoch gemerkt, dass unsere Lebensweise sich dem Lande angleicht und wir uns von der Erlebniswelt unserer in der Stadt gebliebenen Freunde entfernen. Das hat zum einen damit zu tun, dass wir nicht spontan mal eben ins Konzert, Theater oder Kino gehen können, nicht einmal, wie in der Stadt selbstverständlich, ins Restaurant, wenn wir mal keine Lust haben zu kochen. Ab neun Uhr abends kann man hier weit und breit nirgends mehr etwas zu essen kriegen; den guten kleinen Italiener, einen Chinesen, Japaner oder gar Thailänder gibt's hier nicht – noch nicht einmal einen Türken mit gutem Döner. Und wir haben gelernt, dass man seine Freundschaften pflegen und Besuch planen muss. Auf die sich ohnehin und zufällig ergebenden Begegnungen allein können wir uns nicht verlassen.

Die Nähe zur Natur hat uns sicherlich verändert. Den Wechsel zwischen Anspannung und Loslassen: Sonne und Wolken, Sternenhimmel und Mondschein, Platzregen und Gewittersturm erleben wir so unmittelbar, dass wir immer wieder darüber staunen können. Für die Gliederung der Zeit bleibt nicht die Vernissage einer sensationellen Ausstellung im Gedächtnis, sondern der Hagel, der die halbe Ernte zerstört hat. Das Entzücken über die unglaublich frühe erste Osterglocke an der Hauswand hat uns vorgestern so beschwingt, dass die Arbeit gleich viel leichter von der Hand ging.

Wir beobachten diesen Optimismus, der aus dieser Nähe zur Natur wächst, bei vielen Menschen in unserer ländlichen Umgebung – Bauern, Händlern, Handwerkern, Werkstättenbesitzern, Kleinunternehmern –, die von frühmorgens bis spätabends am Werkeln sind und dabei trotzdem immer freundlich und fröhlich: weil ihnen ihre Arbeit Spaß macht und sie den Erfolg alltäglich erleben. Natürlich gibt es das in der Stadt auch, wird aber in der Hektik des Alltags vielleicht nicht immer wahrgenommen?

Sie haben eine andere Sicht der Dinge, die Menschen, die nach ihrer normalen Arbeitszeit im Vereinsleben der kleinen Gemeinde aufgehen und sich für dieses oder jenes engagieren, was sonst der Staat übernehmen müsste oder was ungelöst bliebe. Oder andere, die in ihrer Freizeit das begehrte Haus trotz geringer Mittel in Eigenarbeit (und mit Nachbarschaftshilfe) über Jahre hinweg zu erstaunlicher Vollkommenheit ausbauen, die dafür aber auch darauf verzichten, bequem mit Öl zu heizen – und sich ihr Brennholz mit viel Mühe, aber auch mit Freude im Wald selbst machen. Die mit viel Zeitaufwand, Liebe und Arbeit ihren obendrein einträglichen Hobbies nachgehen, wie der Imkerei oder der Zucht von Stallhasen (Kaninchen), die Hühner halten oder auch noch ein oder zwei Schweine, Lämmer oder Ziegen, die ihren Gemüsegarten und Kartoffelacker bestellen wie eh und je. Es sind Aufgaben, die Beschäftigung und Befriedigung zugleich bringen. Vielleicht ist es so, dass Werte ehren nur kann, wer Werte schafft, und seien sie noch so klein. Dafür gibt es auf dem Lande natürlich mehr Gelegenheit als in der Stadt. Man lebt hier tatsächlich mit der Natur in engerer Verbundenheit – aber längst nicht unbedingt und schon gar nicht zwangsläufig im Einklang.

*Frühling*

## Von Singvögeln und Wühlmäusen

Wir haben mal wieder vorwurfsvolle Post bekommen, und wie es sich gehört, antworten wir sofort:

»Sie schreiben uns wegen der ›Drosseln am Spieß‹ in unserem Toskana-Buch. Was Sie stört: ›Dass Vögel, die erschöpft rasten wollen, in Netzen gefangen werden und elend sterben, nur weil Menschen, die genug zu essen haben, *genießen* wollen. Ein gebildeter Europäer darf dies nicht!‹ Das stört uns auch; das Fangen der Vögel mit Netzen verurteilen wir scharf! Die Vögel, die wir in der ›Trattoria del Montagliari‹ fotografiert und gegessen haben, wurden von Jägern geschossen. Genauso wie jedes andere Wild. Dass es kleine und nicht große Vögel sind, wie etwa Enten oder Fasane, ist ja wohl keine Frage der Moral.

In Netzen werden im Herbst die Vögel gefangen, die aus dem Norden über Italien hinweg nach Afrika ins Winterquartier ziehen, dort zwischenlanden. Die im Winter geschossenen Vögel hingegen gehören zur toskanischen Natur, sie leben dort – und zwar in einer Vielzahl, die wir uns in Deutschland gar nicht mehr vorstellen können.

Wir wissen, dass es immer weniger Zugvögel gibt. Dies liegt aber nicht etwa daran, dass sie in großer (Gott sei Dank abnehmender) Zahl in Italien, Frankreich, Spanien, Nordafrika mit Netzen gefangen werden, sondern daran, dass ihnen in Mittel- und Nordeuropa die Lebensbedingungen genommen werden. In unserem Land hat man die Hecken zwischen den Weiden und Feldern der Flurbereinigung und dem radikalen Ausweiten der landwirtschaftlichen Nutzflächen geopfert. Bei uns sprüht man die Insekten mit Gift nieder und rottet die Samen tragenden ›Unkräuter‹ mit Herbiziden aus, so dass den Vögeln keine Nahrung mehr bleibt. Reist man durch Italien oder Frankreich, trillert und trällert es viel lauter und vielfältiger in der wesentlich naturbelasseneren Landschaft als bei uns (nehmen wir einmal die ebenfalls teilweise nicht bereinigten Landschaften der neuen Bundesländer aus)!

Das alles ist keine Entschuldigung für die in Netzen zu Tode gequälten Vögel, aber es verdeutlicht das ungebrochenere Verhältnis der Italiener (die ja auch Europäer sind!) zur Jagd auf ihr Federwild. Dass man das, was man jagt, anschließend auch aufisst und nicht als Trophäe ausstopft oder gar wegwirft (wie das deutsche Sportangler teilweise tun!), gehört wiederum zur christlichen Moral. Im Übrigen finden wir: Verspeist man etwas mit Genuss, so ehrt man damit die von der Natur geschaffene Qualität – ernährt man sich hingegen mit billig und unter nicht artgerechten Bedingungen erzeugten Produkten, so vergeht man sich am Kreislauf der Schöpfung. Dies zu bekämpfen scheint uns nicht nur näher liegend, sondern auch wichtiger und sinnvoller, als sich mit jahrhundertealten Sitten in anderen Ländern zu beschäftigen.«

Zum Thema »Singvögel in der Pfanne« lohnt auch ein Blick in alte Kochbücher. Umfassende Auskunft gibt vor allem das *Meisterwerk der Speisen und Getränke* von Blüher-Petermann, erschienen in Leipzig 1893, in dem Hunderte von Singvogelarten aufgezählt sind, die vor hundert Jahren die Tafeln bereicherten. Es gab praktisch keine Spezies, die nicht verspeist wurde. Vom Jungadler (den Generalfeldmarschall Hellmuth Graf von Moltke genoss) über Trompetenvogel, Kiebitz, Eisvogel, Albatros, Moorschneehuhn, Haubenlerche, Amazonen-Papagei (»sein Fleisch ist schmeckhaft«), Feigendrossel (»auf jedem Markte sieht man während der Zugzeit in Italien Hunderte dieser Vögel; Zubereitung wie Gartenammer«), Hochlandwasserläufer (»da seine Nahrung zumeist aus Kerntieren besteht, hat sein Fleisch einen vorzüglichen Geschmack. Aus diesem Grunde wird der Vogel allherbstlich zu Tausenden erlegt«), Blaurake/Mandelkrähe (»das Fleisch von jungen fetten Tieren ist schmackhaft und wird nach Art der Rebhühner zubereitet«), Singschwan (»...jagt man die Schwäne des schmackhaften Fleisches halber und erschlägt sie während der Mauser mit Stöcken«), Bachstelze (»das Fleisch ist wohlschmeckend und wird nach Art der Krammetsvögel zubereitet«), Brachschwalbe, Wacholderdrossel, Turmsegler, Schneeeule, Lerche, Regenpfeifer, Goldammerchen (»das Fleisch dieser kleinen Sänger gilt bei Feinschmeckern als Leckerbissen«), Rotschwänzchen (»sein Fleisch bereitet man nach Art der Krammetsvögel«)...

Soweit einige wenige Beispiele aus fünfzig eng bedruckten Seiten. Schätzungsweise über 500 Vogelarten sind in dem genannten Werk als essbar verzeichnet. Es herrschte also ein immenser Reichtum, der ganz gewiss nicht durch kulinarische Passionen so dramatisch zurückgegangen ist, dass wir heute nur noch wenige Arten in größerer Zahl bei uns herumfliegen haben.

Wir selbst unternehmen einiges, damit sich »unsere gefiederten Freunde« auf dem Apfelgut wohl fühlen. Natürlich wird im Winter gefüttert – aber nur, wenn viel Schnee liegt oder es sehr kalt ist. Das hat dazu geführt, dass wir im Winter längst nicht mehr so viele Vögel bei uns sehen wie früher, als von Mitte Oktober oder Anfang November bis weit in den März hinein durchgehend gefüttert wurde. Vor zwanzig Jahren verbrauchten wir noch zwei Zentner (100 kg) Sonnenblumenkerne und Hanfsamen pro Winter. Dann hörten wir, wie die Tierschutzverbände davor warnten, so ungezielt und lange zu füttern, weil die Vögel so verlernen, sich selbst zu versorgen. Auch bleiben auf diese Weise die eigentlich zu schwachen Tiere am Leben, vermehren sich und vererben die negativen Eigenschaften weiter. Aber offenbar folgen nicht alle diesen Warnungen. Wenn wir erst im Januar die Vogelhäuschen aufhängen und Kerne hineinfüllen, passiert zunächst einmal überhaupt nichts: Die Vögel treiben sich an den anderen, schon früher in Betrieb gesetzten Futterstellen im Dorf herum.

Nach einigen Tagen aber merken sie es, und bald herrscht Hochbetrieb: Kohl- und Tannenmeisen sowie Kleiber sind schnell da. Blau- und Haubenmeisen erscheinen erst bei anhaltendem Frost. Und nur in sehr kalten Wintern kommen Dompfaffen, einmal hatten wir sogar Seidenschwänze.

Der Park mit seinen vielen Sträuchern und Bäumen und die Hecken um Gühringsacker und Vorderen Park bieten ideale Nistplätze. Allenthalben tirilieren und pfeifen Amseln und Drosseln, Grün- und Buchfinken. An der Tuffsteinmauer vor dem Haus versorgen sich im Frühjahr viele Vögel mit Kalk für die Bildung der Eierschalen. Dort nisten im Efeu auch mehrere Paare der niedlichen Zaunkönige – in den Abendstunden herrscht hier ein betriebsames Gewusel und Gehusche.

Weitgehende Öde hingegen herrscht eine Etage höher, in den Starenkästen in den Linden. Früher hatten wir hier sechs bis acht Pärchen, die uns viel Vergnügen bereiteten, fröhlich oder verschmitzt pfiffen und allerhand akustische Kunststückchen veranstalteten. In manchen Jahren hatten vor den Staren schon Meisen, die gar nicht erst in den Süden gezogen, sondern hier geblieben waren, ein oder zwei Kästen in Beschlag genommen. Besonders niedlich waren stets die eben flügge gewordenen Jungen, wenn sie sich, scheinbar riesengroß in ihrem vor Angst aufgeplusterten Federkleid, bänglich piepsend eng aneindergedrängt um die Mutter scharen, die sie unermüdlich schubst, damit sie endlich das Fliegen lernen.

Vor drei Jahren aber waren unsere alten Holzkästen verrottet. Den Schreiner, der sie uns angefertigt hatte, gab's nicht mehr. Wir mussten uns nach Ersatz umschauen. Starenkästen gehören offensichtlich nicht zum Programm von Garten-Centern und Baumärkten. Wir entschlossen uns, die Nistkästen des NABU (Naturschutzbund Deutschland) zu nehmen – da, meinten wir, sind Experten am Werk, die wissen, was Vögel wünschen. In jede der sieben Linden kam also ein neuer Kasten. Die neuen Kästen waren nicht mehr eckig und aus grün lackiertem Holz mit flachem Dach, sondern abgerundet und aus einem speziellen, für Vögel angeblich besonders geeigneten, aus Naturprodukten gefertigten Verbundmaterial in einem abscheulichen Braungrau. Sie aufzuhängen war nicht ganz einfach, aber Anfang März waren die Kästen bezugsfertig, das Einflugloch gen Osten gerichtet, wie es die Stare mögen.

Mitte März kamen sie. Sie flogen den ganzen Tag in der Gegend herum, sangen und pfiffen. Doch genauso plötzlich wie sie gekommen waren, verschwanden sie auch wieder. Wir rätselten, warum, fanden aber keine Erklärung. Zwar schien Moritz die Öffnung zum Hineinschlüpfen deutlich kleiner als bei unseren alten Holzkästen, aber wir hatten uns darüber keine Sorgen gemacht, dem Naturschutzbund vertraut. Jetzt kam uns der Verdacht, dass es möglicherweise doch an der kleineren Öffnung liegen könnte. Die Stare kehrten in diesem Jahr auch nicht mehr zurück.

Im Jahr drauf war es ähnlich – allerdings kamen nur noch drei Pärchen. Einige Tage umschwirrten sie uns, dann verschwanden sie wieder. In diesem Winter werden diese Kästen abmontiert und wieder nach dem alten Vorbild gearbeitete angebracht. Rudolf, unser handwerklich geschickter Freund, baut sie gerade.

Einige Kästen des Naturschutzbundes sind jedoch bezogen worden: Meisen haben sich darin eingenistet. Sie haben das Loch mit einer Art leimigem Lehm verkleinert. Wir werden diese Kästen also in anderen Bäumen und Büschen aufhängen, mal sehen, was draus wird. Dass die Stare nach den Enttäuschungen der letzten Jahre noch den Weg zu uns finden werden, können wir nur hoffen.

Am Balkon hinter dem Haus nistet jedes Jahr ein Rotschwänz-chenpaar. Moritz' Mutter meinte herausgefunden zu haben, dass es an der Westseite nistet, wenn es ein trockener Sommer, dage-gen im Osten, wenn es ein nasser Sommer wird. Tatsächlich kommt ja der regenträchtige Wind immer von Westen. Treibt ein Tief nach dem anderen seine nasse Fracht unter das Gebälk, wird es auf der Westseite unseres Hauses ungemütlich. Wir fanden diese Beobachtung in all den Jahren im Großen und Ganzen be-stätigt, wobei es vorkam, dass die Rotschwänzchen auch irgendwo in der Mitte nisteten, mal über einem der den Dachvorsprung tra-genden Balken, mal auf dem sie verbindenden Gesims. Hundert-prozentigen Verlass gab es nicht: In einigen Jahren hatten sich die scheuen Tiere deutlich geirrt! Zumindest, was den Verlauf des Sommers anging – der konnte trotz westlichen Nistens auch schon mal total ins Wasser fallen!

Recht hatten die Vögel allerdings fast immer, was das Wohler-gehen ihrer Brut betraf. Denn erstaunlicherweise stimmte die Voraussage immer für die Zeit, zu der die Jungen aus dem Ei schlüpften und noch sehr klein waren. Also bei der ersten Brut für ein bis zwei Wochen Ende April/Anfang Mai, bei der zweiten für einen entsprechenden Zeitraum Ende Juni/Anfang Juli. Dabei bauten die Rotschwänzchen keineswegs beide Nester an der sel-ben Seite. Einmal begannen sie mit den ersten Bauarbeiten am Nest im Osten, um im Westen an zwei verschiedenen Stellen wei-terzumachen, schließlich aber doch im Osten zu nisten.

In diesem Jahr fiel der Entschluss offensichtlich besonders schwer: Sie begannen mehrere Nester, so dass wir schließlich gar nicht erkennen konnten, wo das endgültige Nest sitzen würde. Das weiß man erst, wenn die Kleinen piepsig-schrill nach Futter kreischen!

Es ist sehr schwer, die Rotschwänzchen beim Füttern zu be-obachten. Die Alten fliegen gar nicht erst in die Nähe des Nestes, wenn sie bemerken, dass sie beobachtet werden. Und selbst wenn wir im Bad oder Schlafzimmer hinter dem Fenster stehen, erkennen sie ungewohnte Reflexe in den Scheiben und umflattern nur das Nest, ohne zu landen. Wir müssen schon zwei Meter weiter hinten im Zimmer bleiben, damit sie ihre Beute den hungrigen Schnäbeln übergeben – tatsächlich ist das ganze Nest ein Schnabelmeer, die Stärkeren drücken sich hoch und drängen die Schwächeren rücksichtslos nach unten und zur Seite, scheinen deshalb mehr zu bekommen. Wenn man aber eine Weile zuschaut, erkennt man, dass letztlich doch alle ihren Anteil erhalten: Die gerade mit Beute versehenen Schreihälse sind nämlich irgendwann zufrieden, mit der Verdauung beschäftigt und daher leicht müde, während die zu kurz Gekommenen noch einmal alle Kräfte mobilisieren, um auf sich aufmerksam zu machen. So kommt es zum gerechten Ausgleich.

Oberhalb des Fensters im Badezimmer des zweiten Stocks nisten Bachstelzen, nur zwei bis drei Meter oberhalb der Rotschwänzchen. Sie polstern sich ihr Domizil mit reichlich Moos von der Wiese hinterm Haus. Es ist zu komisch, wie sie mit wippendem Sterz durch die Wiese hüpfen, einen Bausch aus dem absterbenden Moospolster herausreißen und sich dann mit ihrer schweren Ladung mühsam nach oben schwingen. Die Rotschwänzchen machen es geschickter, nehmen kleinere Moosportionen, die sie mit vertrockneten Grashalmen zu einem halbwegs haltbaren Nest zusammenstecken, ehe sie mit weichen Gras- und Laubresten sowie ihren eigenen Federn eine warme und flaumigweiche Polsterung einbauen. Die beiden Vogelpaare scheinen sich gut zu vertragen, stören sich nicht an ihren Nachbarn, nachdem sie jahrelang dieselben Stammplätze bezogen haben.

Nur manchmal gibt es Ärger: Wenn Fliegen hinter die Glasscheiben des Balkons geflogen sind und nicht mehr herausfinden, flattern Rotschwanz und Bachstelze wild umeinander und streiten sich lautstark um die Beute, bis eins der beiden Tiere sich diese geschnappt hat und das andere verdrossen davonfliegt, um anderswo zu jagen. Meistens ist das Rotschwänzchen schneller, und die Bachstelze kehrt auf die Wiese zurück, wo in den vielen inzwischen blühenden Gräsern und Blumen – gelber Hahnenfuß, Gänseblümchen, Wiesenschaumkraut, Löwenzahn, Margeriten, Wegerich, Glockenblumen, Wiesensalbei, Klee – offensichtlich gute Beute zu machen ist.

Vor dem Haus nistet im wilden Wein oder in der üppig rankenden »Nelly-Moser«-Clematis der Halsbandfliegenschäpper, der flink und schemenhaft ums Haus flitzt. In den Eiben und Buchsbüschen am Teich tummeln sich Amseln und Singdrosseln, Finken und Meisen; ein Pärchen begann letztes Jahr sogar in einem der beiden Lorbeerbäume vor dem Haus zu nisten – es wurde ihm dann aber wohl doch zu betriebsam, und wir haben keine Eier im Nest gefunden. Buchfink, Stieglitz, Erlenzeisig, Wintergoldhähnchen, Fitislaubsänger, Mönchs- und Gartengrasmücke nisten in Flieder und Jasmin (Pfeifenstrauch), in den Rosen- und Buchsbüschen unter der Terrasse und im Park sowie in den Hecken. In der beuteträchtigen Borke der Kiefer neben dem Teich sowie in der Rinde unserer beiden Trauereschen auf der Terrasse entdecken wir den Kleiber; manchmal bekommt er Konkurrenz vom Grünspecht, auch der Buntspecht lässt sich ab und zu sehen, öfters jedoch hören wir das Gehämmer der Spechte aus dem Wald oberhalb vom Haus.

Im Efeu des Ostgiebels unseres Hauses vergnügte sich früher eine ganze Spatzenkolonie, heute sind es nur noch zwei oder drei Pärchen. Warum sie so viel weniger geworden sind, wissen wir nicht – aber wohl nicht umsonst wurde der gemeine Haussspatz kürzlich Vogel des Jahres. Auch von den Mauerseglern, die früher scharenweise in den Kästen am Ostgiebel des Verwalterhauses nisteten, sind nur noch vereinzelte Paare übrig.

Der Waldkauz, den man sonst das ganze Jahr über nur hören kann, bezieht in jedem Frühjahr einen neuen Lieblingsplatz: Er sitzt bei uns oder im Verwalterhaus in einem der nicht mehr benutzten Kamine hoch über dem Dach und sorgt für Unruhe. Denn sein Erscheinen wird von ganzen Schwärmen von Vögeln kommentiert, die ihn wild umflattern und ein unglaubliches Geschrei veranstalten. Wie der arme Kerl das in stoischer Ruhe aushält – und was ihn dazu treibt, sich auch tagsüber in den Kaminlöchern zur Schau zu stellen und Aufmerksamkeit zu erregen –, wissen wir nicht. Wenn er schließlich wegfliegt, wird er von den Vögeln begleitet, die ständig im Sturzflug auf ihn stechen und ihn gehörig piesacken.

Gleiches widerfährt übrigens dem Bussard, wenn er sich in unseren Park begibt. Dort locken ihn zwar die Mäuse, aber die Singvögel belästigen ihn, weshalb er meist schnell wieder verschwindet. Leider haben unsere Vogelfreunde nichts gegen den hässlich krächzenden Fischreiher, der sich an unseren Goldfischen im Teich gütlich zu tun beliebt. Wir haben deshalb einen Fischreiher aus Plastik aufgestellt, der laut »Gärtner Pötschke« (Fachversand für Gartenfreunde) »als ›Platzhirsch‹ echte Fischreiher auf ihren Raubzügen vertreiben« soll. Er erfüllt aber seinen Zweck ganz und gar nicht, es fliegen im Gegenteil laufend Reiher ein, offenbar, um ihm Gesellschaft zu leisten. Gestern waren es sogar zwei, weshalb wir den Erfahrungsschatz des auf seinem Katalog so vertrauenswürdig blinzelnden alten Gärtners Pötschke inzwischen stark anzweifeln.

Seit einigen Jahren haben wir mehrere Bussard-Paare im Wald oberhalb unseres Hauses. Ihr Lieblingsrevier sind die Obstanlagen, in denen wir ihnen Sitzstangen eingerichtet haben, so dass sie von dort aus auf Mäusejagd gehen können. Die recht gut einsehbaren Streifen zwischen den Baumreihen liefern reiche Beute – sehr zu unserem Leidwesen, denn die Mäuse stellen im Winter eine große Gefahr für die Bäume dar. Die Wühlmäuse, weil sie die Wurzeln annagen, und die Feldmäuse, weil sie bei jungen Bäumen an die zarte Rinde gehen. Ganz schlimm wird es, wenn viel Schnee liegt und sie sich über die Knospen hermachen.

An den Felsen weiter oben nistet der Milan (Gabelweihe), der sich manchmal erstaunlich nahe ans Haus wagt und zum Entzücken unserer Gäste höchst elegant an der Terrasse vorbeistreicht, ehe er sich steil nach unten fallen lässt, um eine Maus zu schlagen.

Sperber und Habicht schweben auch ab und zu vorüber – vielleicht, weil eine Menge Tauben in unseren Parkbäumen und Wäldern herumflattern. Dabei erschrecken sie natürlich auch die Hühner ganz gehörig, die sofort wild gackernd unter Büsche oder Bäume verschwinden. Wir gehören jedoch wohl nur zum erweiterten, nicht regelmäßig besuchten Revier. Anders verhält es sich mit dem Wanderfalken: Nicht selten finden wir die Reste gerupfter Tauben, deren graue Federn wir dann einsammeln können. Und er schlägt auch alle Jahre wieder – vor allem im späten Winter, wenn die Singvögel, seine leichtere Beute, noch nicht zurückgekommen sind – ein paar unserer Hühner, die seinem pfeilschnellen, lautlosen Angriff nicht entkommen können. Wir ertragen es mit Gleichmut, denn ein solch seltener, edler Gast darf sich schon mal an fremden Tischen gütlich tun.

Das Gartenhaus und der Obstschuppen gehören den Rotkehlchen, von denen sich hier mehrere Paare eingerichtet haben. Leider gab es nie Schwalben unter dem Dach des Obstschuppens, selbst früher nicht, als im Dorf noch Hunderte von Nestern an den Häusern klebten. Heute haben die armen Tiere ja Schwierigkeiten, Baumaterial zu finden, nachdem alle Höfe und Wege gepflastert oder geteert sind und sie nicht mehr den benötigten Staub zum Mörteln ihrer Nester einsammeln können. Und es fehlen auch die Lieblingsjagdreviere der Schwalben, die Kuhställe, in deren Eingängen sie früher ihre Nester in ganzen Kolonien hatten. So nisten auch hier auf dem Lande die Schwalben heute meist in fertig gekauften und unter dem Dachvorsprung angebrachten Nestern. Aber immerhin gehören sie weiterhin zum Sommer und zeigen uns zuverlässig an, wie das Wetter wird: Fliegen sie hoch, bleibt es schön, streichen sie flach über die Wiesen, gibt's Regen.

Der Kuckuck ruft längst nicht mehr – es ist ihm wohl zu unruhig geworden mit all den Rasenmähern und Heckenscheren sowie den Motorsägen im Wald. Gleiches gilt für die scheue Braunelle, die in den Brombeeren wohnte. Den einst häufig trillernden Lerchen fehlen heute die Hecken und Feldraine, in denen sie ihre Nisthöhlen bauen können, und der von Moritz in seiner Kindheit gern beobachtete und bewunderte Neuntöter vermisst die Spitzen des Weißdorns, auf denen er seine Beute aufspießen könnte. Ein Wendehals ist vor 18 Jahren das letzte Mal gesehen worden, im letzten Jahr haben wir dafür spätabends einen Ziegenmelker gehört. Ein Onkel von Moritz erzählt uns von einst im Park flötenden Nachtigallen– leider haben wir ihren Gesang noch nie vernommen, geben aber die Hoffnung nicht auf.

## Asien in unserer Küche

Zwölf Frauen und Männer, alle mit Schürzen, auf deren Latz gestickt ist »Kochen mit Martina Meuth & Bernd Neuner-Duttenhofer«, umringen Martina in der Küche. Kochkurs, Thema heute: Asienküche. Alle drängen sich um die zentrale Arbeitsfläche. Der alte Holzherd wäre noch nutzbar, hätten wir ihn nicht mit einer massiven Granitplatte abgedeckt. Jetzt ist in der Stirnseite ein Kochfeld aus Glaskeramik eingelassen. Schließlich sind die goldenen Zeiten von Moritz' Großeltern vorbei, wir müssen ohne deren hilfreiches Personal auskommen, elektrisch zu kochen ist praktischer. Wer mal Gelegenheit hatte, in der Toskana beispielsweise, auf Holzfeuer Zubereitetes zu essen, schmeckt allerdings auch den Unterschied …

Die Arbeitsfläche ist mit großen Arbeitsbrettern bedeckt. Messer liegen bereit sowie die entsprechenden Zutaten für ein erstes Gericht: Pfannengerührte Hähnchenbrust mit Bambus und buntem Paprika.

Alle Kursteilnehmer sollen mitanpacken; sie suchen sich ein Messer aus – die Vorsichtigen eines der kleinen, handlichen Officemesser, die Geübten eines der größeren Gemüsemesser. An die Messer mit den langen breiten Klingen und die diversen Küchenbeile, wie man sie in China und Thailand benutzt, traut sich vorerst niemand.

»Das Langwierigste in der chinesischen Küche«, beginne ich, »sind die Vorbereitungen. Erst wenn alle Zutaten zusammengetragen und zurechtgeschnitten sind, wird der Herd angeworfen. Das Kochen selbst geht dann blitzschnell.«

Basisgewürze sind Ingwer und Knoblauch. Beides soll geschält und klein geschnitten werden, »so fein wie nur möglich«, bitte ich, »damit die Aromen frei werden und sich entfalten können. Und bitte ganz akkurat!« Es zeigt sich, dass man zu den Begriffen »klein« und »akkurat« höchst unterschiedliche Vorstellungen haben kann. Würfel mit bis zu drei bis vier Millimetern Kantenlänge werden hier produziert. Ganz Eifrige teilen erst einmal alles grob in Stücke und beginnen dann wild zu hacken. »Um Gottes willen, bitte nicht!«, rufe ich, »So werden die ätherischen Öle gewaltsam ins Arbeitsbrett gedrückt und aller Geschmack verduftet.«

Wir fangen also am besten ganz von vorn an. Zuerst die knorrig verzweigte Ingwerwurzel – da ist natürlich gleich eine Warenkunde fällig: Bei diesem dickknorrigen Ingwer mit seiner milchkaffeebraunen, dünnen Haut – die übrigens seidig schimmern sollte und glatt, auf keinen Fall schrumpelig wirken darf – handelt es sich um die ausgereifte Wurzel, botanisch Rhizom, im Gegensatz zum jungen Ingwer, durch dessen transparente Haut man das helle, saftige Fleisch sieht und dessen rosa Sprossen so hübsch sind. Dieser Babyingwer ist wunderbar mild, schmeckt geradezu fruchtig, ganz sanft würzig und kann verschwenderisch, fast wie Gemüse verwendet werden…

Vom Ingwer also das benötigte Stück abschneiden, etwa von der Größe einer Walnuss, und dünn schälen. Jetzt ein größeres Messer nehmen – in Asien liebt man als Allzweckwaffe das Küchenbeil, das vielleicht anfangs etwas ungeschlacht in der Hand liegt, mit seiner rechteckigen, bis zu acht Zentimeter breiten und mindestens 15 Zentimeter langen Klinge, an das man sich jedoch bald gewöhnt und das man dann nicht mehr missen will, weil es so vielseitig einsetzbar ist. Das Ingwerstück damit zunächst in feine Scheiben schneiden.

In diesem Augenblick erweist sich, ob man richtig eingekauft hat: Wenn störrische Fasern spür- und sichtbar werden, ist der Ingwer alt und ausgetrocknet, dann taugt er nur noch, um ausgekocht zu werden für Suppen oder um Tee damit anzusetzen (schmeckt übrigens wunderbar: Ingwer fein hacken oder sogar reiben, mit etwas Zucker mischen und mit kochendem Wasser überbrühen). Frischer Ingwer ist saftig, völlig faserlos, sein leuchtend gelbes, je jünger desto blasseres Fleisch lässt sich widerstandslos zerkleinern: die Scheiben erst in Streifen, diese dann in winzige Würfel schneiden.

Etwa ebenso viel wie vom Ingwer braucht man auch vom Knoblauch, etwa einen Esslöffel feiner Würfelchen für ein Gericht. Da sind manche entsetzt – aber hinterher sind alle ganz verblüfft, dass der Knoblauch weder vorschmeckt, noch den üblichen Duft hinterlässt oder sonst welche der bekannten Misslichkeiten bewirkt. Vermutlich dank des Ingwers, der ja mit seiner aseptischen Wirkung noch sehr viel mehr kann: empfindliches Eiweiß schützen, Fäulnis verhindern, konservieren und frisch halten.

Für unser Gericht werden noch Chilis fein gewürfelt, Frühlingszwiebeln in Ringe geschnitten, das Weiße halbzentimeterschmal, das Grün doppelt so breit. Außerdem brauchen wir Paprika; damit es schön bunt wird, nehmen wir gelbe, rote und grüne;

zuvor mit dem Sparschäler gehäutet, (so schmeckt's besser, außerdem ist die Haut ohnehin unbekömmlich) und daumennagelgroß gewürfelt, jeweils eine Tasse voll. Und schließlich ebenso viel in dünne Scheiben geschnittener Bambus.

»Bambus sollten Sie nie in Dosen kaufen«, empfiehlt Martina und holt das große Einmachglas mit den schlanken Bambussprossen in Salzlake aus dem Kühlschrank, »vor allem nicht, wenn drauf steht: ›geschnitten‹. Das bedeutet nämlich nichts anderes als Bambusfetzen. In jedem Asienladen bekommt man ganze Bambusspitzen, bis zu 20 Zentimeter lang, lose in Plastikbeutel abgefüllt. Man bezieht sie nämlich dort im Großverbrauchergebinde in wesentlich besserer Qualität. Zu Hause packt man sie in ein Glas, sorgt dafür, dass sie stets von Salzlake bedeckt sind, so halten sie ewig.«

Die Bambussprossen werden auf Paprikawürfelgröße zugeschnitten. Die Chinesen lieben es, wenn die Zutaten in einem Gericht zwar unterschiedliche Textur und Struktur, dafür gleiche Größe haben.

Das Hähnchenfleisch wird zentimetergroß gewürfelt. Und es kommt der chinesische Supertrick zum Einsatz: Ein Hauch von Speisestärke wird über das Fleisch gepudert und einmassiert, bis alle Würfel voneinander getrennt und mit einem feinen weißen Film überzogen sind. Beim Braten wird sich diese Stärke mit dem Fleischeiweiß zu einem schützenden Film verbinden, der das Fleisch unnachahmlich saftig hält. Ein Kniff, der sich bei allem Geschnetzelten empfiehlt, selbst für das auf Zürcher Art (das ja »gern zäh wird«) und der auch Fischwürfeln oder Garnelen gut tut.

Als Letztes werden die Würzflüssigkeiten bereitgestellt. Neutrales Öl zum Braten – Erdnuss-, Sonnenblumen- oder Sojaöl – und Sesamöl zum Würzen: das chinesische, das aus gerösteter Sesamsaat gepresst wurde und diesen betörend nussigen Geschmack liefert, der typisch für die chinesische Küche ist. Dann Sojasauce, Reiswein oder Sherry (es kann ruhig ein süßlicher Amontillado oder Oloroso sein) und etwas Hühnerbrühe. Endlich kann's losgehen.

Martina setzt den Wok auf die Herdplatte und gibt volle Power.

»Bei mir«, beklagt sich Annemarie, »klebt das Fleisch jedes Mal am Pfannenboden an, und ich muss es richtig loskratzen.«

»Dann war der Wok nicht heiß genug!«, erkläre ich, »zuerst muss der Wok so stark erhitzt werden, dass man es spürt, wenn man die Handfläche darüber hält, und zwar leer, ohne jedes Fett.«

»Los, halten Sie mal Ihre Hand hierher.« Tatsächlich, das ist schon ganz schön heiß.

»Erst jetzt darf man das Öl hineingießen, es muss sofort rauchen! Und nun fasst man den Wok an den beiden Griffen und schwenkt ihn, bis das Öl die gesamten Wände bis zum Rand überzieht. In der richtigen Hitze schließt sich, sobald die Fleischwürfel damit in Kontakt kommen, sofort ihre Oberfläche, und weil man sofort mit der Bratschaufel rührt, die Würfel also ständig umhergewirbelt werden, sind sie ganz schnell rundum versiegelt. Sie schweben dann geradezu auf dem Ölfilm und können gar nicht festbacken. Voraussetzung allerdings, sie müssen genügend Platz haben, man darf deshalb niemals zu viel in den Wok geben!«

Zwölf neugierige Augenpaare verfolgen gebannt, was sich jetzt tut. Es sind übrigens kaum 300 Gramm Hähnchenbrustwürfel, die soeben zischend im Wok landen. Mit der rechten Hand schaufelt sie die Fleischwürfel umeinander, mit der linken werden Salz, dann die vorbereiteten Würzzutaten – Ingwer, Knoblauch, Chili – darübergestreut. Eine nach der anderen, es dauert keine Minute, bis kaum mehr die rohe Fleischfarbe zu sehen ist – von außen wirken die Würfel bereits gar. Sie sind es natürlich noch nicht. Nun folgt die entscheidende Phase des schonenden Garziehens auf der weniger heißen Randwölbung des Woks. Unter ständigem Herumschaufeln werden nacheinander die vorbereiteten Gemüse in den Wok gestreut, immer in das zuvor frei geräumte Zentrum des Topfbodens. In der Reihenfolge ihrer Garzeit, in rascher Folge, wird alles unermüdlich geschaufelt und gewirbelt. Nach ungefähr 90 Sekunden bestreut Martina den Inhalt des Woks mit einem halben Teelöffel Zucker – er karamellisiert sofort.

»Diese Süße ist das Gegengewicht zur salzigen Sojasauce, diese Balance ist in der chinesischen Küche noch wichtiger als in unseren Süßspeisen die berühmte Prise Salz!«, erklärt sie und gießt zügig die Flüssigkeiten an, erst Sojasauce, dann Reiswein (könnte auch Sherry sein), schließlich Hühnerbrühe – je etwa zwei Esslöffel, ein guter Schuss. »Immer vom Rand her angießen«, fügt sie hinzu, »so dass die Flüssigkeit herunterwäscht, was dort hängengeblieben ist, und in der Hitze des Bodens angelangt wieder heftig hochkochend alles mit ihren Aromen durchdringen kann. Und«, warnt sie, »niemals alles auf einmal hineinkippen, das senkt die Hitze im Wok, die Sauce kann nicht rasch genug reduzieren.« Fertig! Zerzupftes Koriandergrün darüberstreuen und servieren.

Es sind keine drei Minuten vergangen. Jeder bekommt ein Schälchen in die Hand, etwas Reis als Unterlage und obenauf ein Löffel von diesem herrlich bunten Gericht, das verführerisch duftet. Aus 300 Gramm Fleisch mit drei Tassen Gemüse ein Leckerbissen für dreizehn Personen! Eine Weile hört man nur noch das Klappern von Stäbchen, am Ende vielstimmiges Seufzen: »Mhhhm, ist das gut!« »Und so einfach!« Schließlich die Frage: »Und warum gibt's so was nicht im Chinarestaurant?«

Darauf weiß sie auch keine Antwort. Diese merkwürdige China-Kost, die man hierzulande meist bekommt, Kleingeschnibbeltes, oft Undefinierbares, weil zu lang Gekochtes, in einer bräunlichen Sauce ertrinkend, die immer gleich und ziemlich langweilig schmeckt, ohne den Duft von Ingwer oder anderer chinesischer Gewürze, ohne frische Zutaten, schon gar keine Kräuter, die vor allem nach Maggis Einheitssoße riecht, das hat ja wahrlich nichts mit den umwerfend köstlichen und appetitlich aussehenden Gerichten zu tun, die für die asiatischen Küchen typisch sind.

»Aber bei mir sieht das Gemüse auch nie so leuchtend und knackig aus!«, meint Annemarie, die schon mehrere Kurse bei uns hinter sich hat und eine ebenso fabelhafte wie begeisterte Köchin ist. »Aber ich tu' auch immer mehr hinein!«, gibt sie zu. Womit sie selbst eigentlich schon ihre Frage beantwortet hat. Entscheidend ist nämlich fürs Pfannenrühren, dass niemals zu viel im Wok sein darf. Obwohl er ja doch eigentlich mit seiner weit geschwungenen Form viel Platz bietet. Nur wenn die Zutaten an den Topfboden gelangen, in dessen Zentrum die stärkste Hitze herrscht, bekommen sie den Initialschock, der ihre Oberfläche verschließt, bevor sie mit der Schaufel in die Luft und auf den Rand befördert werden, wo sie langsam nachziehen können.

Deshalb darf nie, wer für viele Leute kocht, einfach die doppelte Menge an Zutaten hineinwerfen. Wenn das Essen für mehr reichen soll, in Partien arbeiten oder, besser, einfach ein weiteres Gericht dazunehmen. Denn genau das ist es doch, was in der asiatischen Küche so viel Spaß macht: Es stehen so viele verschiedene Gerichte auf dem Tisch, wie Gäste um ihn herumsitzen, und jeder darf sich von allem nehmen. »Dann merkt keiner«, pflegt Vit, unser thailändischer Freund, zu sagen, der natürlich »aus der Mitte heraus zu essen« (wie man das in Thailand nennt) für selbstverständlich hält, »wenn einer was nicht mag.« Dass er jegliche Gemüsegerichte verschmäht (sie sind ihm zu gesund), könnte als Affront dem Gastgeber gegenüber betrachtet werden. Dass Eva, seine deutsche Frau, keine Meeresfrüchte mag, ist den Tischgenossen nur recht, sie teilen sich gern ihre Portion.

Asiatische Gastronomen, gleich ob Chinesen, Thai, Indonesier oder Inder, verzweifeln jedoch meist an ihren deutschen Gästen, die sich jeder ein Gericht für sich allein bestellen und nicht mit den anderen teilen wollen. Gipfel der Absurdität, wenn mehrere Gäste am Tisch sich auch noch das gleiche Gericht bestellen und dann zur Vorspeise vier Portionen Frühlingsrollen auf dem Tisch stehen und anschließend ebenso viele Platten mit Nasi Goreng. Da schütteln sie fassungslos den Kopf. Inzwischen haben sich allerdings viele Asiaten auf dieses Verhalten umgestellt und die deutschen Essgewohnheiten schon so verinnerlicht, dass sie sich wundern, wenn wir »Langnasen«, wie in ihrer Heimat üblich, lauter verschiedene Gerichte bestellen.

Das nächste Gericht: Garnelen mit Stangensellerie und chinesischen Morcheln. Martina holt die Tüte mit den tiefgefrorenen Garnelen aus der Truhe. Deren empfindliches Fleisch übersteht anders keine langen Transporte. Leider wurde und wird mit der Garnelenzucht Schindluder getrieben. Jahrelang hat man in den Ländern der Dritten Welt kilometerweit Mangrovenwälder für Zuchtbecken abgeholzt. Die übliche Massenhaltung verlangt obendrein den Einsatz von Pestiziden. Diese Zerstörung der Umwelt und diese Belastung des Produkts konnten freilich auf Dauer keine Lösung sein. Erst strikte Kontrollen an den Grenzen der Einfuhrländer haben Linderung gebracht. Trotzdem ist der Verbraucher gefordert, dazu beizutragen, dass vermehrt ökologisch sinnvoll gearbeitet wird, indem er beim Einkauf auf das Bio- oder Ökosiegel achtet. Es gibt sogar so genannten Wildfang, Garnelen aus dem offenen Meer; das wird dann eigens auf der Ware vermerkt. Der Einkauf jedenfalls ist nicht einfach. Es sollten stets rohe Garnelen sein, ob mit oder ohne Schale ist Geschmackssache. Aus der Schale lässt sich ein aromatischer Fond ziehen, auf den man sonst verzichten muss.

Dann kommt der fabelhafte Trick, den Moritz' Tante Bertie aus Amerika mitgebracht hat: Die gefrorenen Garnelen in einer Schüssel mit kochendem Wasser bedecken, nach einer halben Minute abgießen und in einem Sieb gründlich kalt abbrausen. Das brühheiße Wasser hat eventuell vorhandene Bakterien getötet und Verunreinigungen gelöst, die Garnelen sind alsbald aufgetaut und küchenfertig. Ungeschälte Garnelen werden jetzt aus ihrem Panzer gebrochen, hübsch sieht es aus, wenn man das Schwanzende dran lässt. Meist müssen die Garnelen entdarmt werden: mit einem Messer den Rücken entlang aufschlitzen, dann lässt sich der freigelegte, schwärzliche Darm herausziehen. Sollten die Meeresfrüchte zu dick oder zu groß sein, halbiert man sie lieber längs als quer. Dann durchdringt die Brathitze sie schneller und gleichmäßiger, außerdem sieht es sehr dekorativ aus, wenn sich die Hälften wie Locken kringeln.

»Aber die muss man doch jetzt erst mal fünf Minuten kochen«, weiß Erwin, der jedes Kochrezept begierig aufsaugt, das er nur irgend finden kann, und jederzeit informiert ist, was in der Welt der großen Köche gerade angesagt ist, »das ist das Geheimnis der besten Gambas, hat im letzten Wochenendrezept im SZ-Magazin gestanden!«

»Schau'n mer mal…« Martina geht nicht näher darauf ein, sondern bereitet ungerührt die weiteren Zutaten vor: Chinesische Morcheln müssen eingeweicht werden. »Die etwas teureren Muerr, die wie durch und durch schwarze Krümel aussehen, schmecken besser und haben eine angenehmere Konsistenz als jene mit hellgrauer Unterseite«, empfiehlt sie. Die Chinesen lieben sie wegen der knorpeligen Knurpseligkeit. Nach dem Einweichen in heißem Wasser vervielfachen die Morcheln ihr Volumen, große Exemplare werden grob gehackt oder, einfacher noch, in trockenem Zustand einfach zerbröselt.

Wir brauchen weiterhin reichlich Frühlingszwiebeln, das Weiße schmaler als das Grün geschnitten, beides wird getrennt verarbeitet. Bleichsellerie: die Stangen fädeln, quer in einen halben Zentimeter feine Scheibchen schneiden, die Blätter grob zerkleinern und zum Grün der Frühlingszwiebeln legen. Vom Ingwer und Knoblauch haben wir in der Zwischenzeit eine größere Menge fein gewürfelt und jeweils in einem Schälchen bereitgestellt, auf Vorrat für weitere Gerichte. Mit etwas Öl vermischt sind sie vor Luft geschützt, können also nicht oxydieren, und alles bleibt frisch. Ganz zum Schluss werden noch die Garnelen mit einem Hauch Stärke überpudert.

Jetzt steht alles parat, und wieder kann's losgehen. Den Wok aufs Feuer, ordentlich erhitzen, dann im Takt eines auf Allegro eingestellten Metronoms: einen Schuss neutrales Öl, einen Löffel Sesamöl, je einen Esslöffel Ingwer und Knoblauch hineingeben, die Selleriescheiben – sofort mit etwas Salz bestreuen, das erhält die leuchtende Farbe – das Weiße der Frühlingszwiebeln hinzu, die abgetropften chinesischen Morcheln. Jetzt die Garnelen, auch sie salzen. Alles pfeffern und mit einem kleinen Löffel Zucker würzen. Sojasauce, Reiswein oder Sherry, Hühnerbrühe zugießen. Aufkochen, das Frühlingszwiebelgrün und die Sellerieblätter dazu, eventuell ein paar Tropfen Zitronensaft – fertig! Sieht sensationell aus, schmeckt super und ist wirklich keine Hexerei. Die Garnelen sind saftig, zart, sie zergehen auf der Zunge, die Selleriescheibchen sind knackig, alles hat eine frische leuchtende Farbe, duftet…

»Nein, wirklich«, staunt Erwin, »so zart habe ich Garnelen ja noch nie gegessen!«

## Endlich Frühling!

Der ausgehende März beglückt uns mit schönen, überraschend warmen Tagen: Gestern schon 18, heute 21 Grad, die Luft sanft wie Seide, leicht diesig – wie um diese Jahreszeit in der Toskana! –, die Sonne also mild und die Vögel zwitschern. Es soll noch länger schön bleiben, fürs kommende Wochenende, über Ostern, prophezeit der Wetterbericht sogar noch wärmere Temperaturen. Und schon vergisst man, dass man nördlich der Alpen wohnt, und träumt von dauerhaft südlichem Klima. In solchen Momenten kann einem der Gedanke an die stets unter Befürchtungen vorausgesagte Klimaveränderung durchaus lieb werden…

Jetzt ist Pflanzzeit! Stiefmütterchen hier, Maßliebchen dort, Primeln in die geschützten Fensterlaibungen des Tiefgeschosses, denn dort überstehen sie unbeschadet die Nachtfröste, derer wir natürlich bis zu den Eisheiligen gewärtig sein müssen.

Außerdem räumen wir die Lorbeerbäume und den Oleander raus, denn die werden von einigen wenigen Minusgraden nicht mehr geschreckt. Und sie mögen den Dunst, der die harte Sonnenstrahlung filtert – die in unseren nach Norden gewandten Orangerien monatelang keiner direkten Sonne ausgesetzten Blätter würden schon an einem einzigen wirklich klaren Tag verbrennen. Sie werden gleich, wie in den nächsten Tagen jeden Morgen, mit Wasser überbraust, und man kann ihnen ansehen, wie sie sich entwickeln: Die Blätter werden grüner, verlieren ihr winterliches Grau, die Knospen schwellen, die hier und dort verbliebenen Wachstäfelchen der Schildläuse werden abgespült und die Spinnmilben scheinen sich aufzulösen.

Nur gegen den an einigen Stellen vermehrten Sternrußtau kommt das Wasser nicht an: Hier hilft nichts als ein Eimer lauwarmes Wasser und ein zartes Wischtuch sowie ein paar Stunden Geduld, bis alle Blätter wieder strahlen. Und weil das Wetter so schön ist und die Nächte mild, nimmt sich Moritz auch gleich noch die Kumquats, Limes, Orangen und Kaffirzitronen vor, denen ebenfalls die allwinterliche Schwärze dieser Plage abgerieben werden muss – unter den blühenden und trotz aller Vorsicht immer wieder von Läusen befallenen Daturen bildet sich auf den von Läuseseim betropften Blättern unweigerlich dieser so schön klingende, aber ekelhafte Sternrußtau. Und da man in der Enge der Winterquartiere ihm nicht gleich zu Leibe rücken kann, breitet er sich rasend aus, jedes Frühjahr muss reichlich Mühe aufgewendet werden, ehe der Blick wieder mit Gärtnerstolz auf den mediterranen Schützlingen ruhen kann. In diesen Momenten wird die Sehnsucht nach einem geräumigen, lichten Gewächshaus fast so groß wie im Herbst.

# Das Ostermenü

Dann ist auch schon Ostern, und mit den Festtagen kommen Freunde zu Besuch. Wir genießen die warmen Tage, frühstücken draußen, tafeln üppig, und zur Erfrischung gibt's auch schon mal ein Fläschchen Pomme-Brut. Nachmittags gehen alle spazieren, natürlich ins stille Dobeltal. Moritz hat eine Plastiktüte dabei und sammelt wilden Feldsalat und Bachkresse, die in einer sauberen Seitenquelle des Dobelbachs bisher üppig wuchs. Aber letztes Jahr hatte der Bauer die Zäune viel weiter um die Weide gelegt, so dass die Kühe Zutritt zur Quelle und dem etwa zwanzig Meter langen Bachbett hatten: Das ganze Ufer ist niedergetrampelt, die Steine verschoben und nur wenig Kresse konnte sich halten. Damit die Tüte voll wird, nimmt Moritz noch ein paar schöne Taubnesseln, ein Büschel wilden Schnittlauch, Wiesenknopf (Pimpinelle) und etwas wilden Kerbel mit.

Am sonnigen Waldsaum gibt es in feuchtem Grund sogar den ersten Bärlauch. Aber für die heiß geliebten Morcheln war es leider dieses Jahr zunächst zu kalt und jetzt zu trocken – deshalb muss die Sauce zum Spinatpudding, unserem traditionellen Karfreitagsessen, mit getrockneten Morcheln angesetzt werden. Sie schmeckt trotzdem großartig, was auch dem Trick zu verdanken ist, den uns vor vielen Jahren mal ein französischer Küchenchef verraten hat: Die Morcheln werden nicht in Wasser, sondern in heißer Milch eingeweicht. Durch deren Fettgehalt werden sie geschmeidiger in der Konsistenz, im Geschmack dichter. Natürlich wird der durch ein feines Sieb gefilterte (wegen des vielen Sands, der sich in den Morchelfalten versteckt) Einweichsaft als Saucenbasis genommen.

Unser Ostersonntagsmenü beginnt immer mit einem Löwenzahnsalat. Die Pflänzchen müssen mit einem spitzklingigen Messer tief ausgestochen werden. Denn am besten schmecken die von der Erde verborgenen und deshalb noch hellen Blattenden. Sie werden gründlich in mehrfach gewechseltem Wasser gewaschen und mit einer Vinaigrette aus Apfelessig, wenig Salz (Speck bringt später noch genügend davon!) und wenig Olivenöl angemacht, dafür großzügig mit fein gewürfeltem, knusprig geröstetem Speck überhäuft, wodurch die Blätter geschmeidiger werden. Und weil Ostern ist, werden auch gewürfelte Ostereier darüber gestreut. Natürlich darf das alles erst vermischt und auf Vorspeisentellern angerichtet werden, wenn die Gäste bereits erwartungsvoll am Tisch sitzen. Der Löwenzahn fällt unter der Last der heißen Speckwürfel schnell zusammen, dann ist es mit dem appetitlichen, frühlingsfrischen Anblick vorbei.

Erstes Zwischengericht: Zickleinleber auf Wildkräutern. Um diese Jahreszeit kann man nicht genug vom ersten frischen Grün kriegen. Deshalb gleich noch ein Gericht mit Kräutern. Damit die Wildkräuter vom Spaziergang auch richtig zur Geltung kommen, wird die Zickleinleber zurückhaltend gewürzt. Sie wird zuvor gehäutet, von Röhren und Sehnen befreit und in dünne Scheiben geschnitten. Zuerst allerdings werden Schalotten in feine Ringe gehobelt und im Wok im heißen Öl unter Rühren angeröstet, dann erst kommt die Zickleinleber hinzu und wird kurz mitgewirbelt. Wirklich nicht mehr als eine halbe Minute auf höchster Flamme! Die Scheibchen sollen gerade eben ihre rote, blutige Farbe verlieren und im Innern noch saftig bleiben. Schließlich wird mit einem Spritzer Weißwein und ein paar Tropfen Apfelbalsamico abgelöscht und dann erst gesalzen und gepfeffert. Serviert wird die Zickleinleber auf einem Bett der Wildkräuter, die unmittelbar zuvor in einer Vinaigrette aus Apfelessig, Salz, Pfeffer und etwas Olivenöl gewendet wurden.

Als zweites Zwischengericht gibt es Bärlauchrisotto. Für uns der Inbegriff von Frühling, so leuchtend grün und verführerisch duftend. Zunächst wird ein ganz normaler Risotto angesetzt: Den

Reis (am besten schmeckt und verhält sich beim Kochen Carnaroli, der Spitzenreiter unter den Risottoreissorten!) in heißer Butter andünsten, mit Weißwein ablöschen und leise köcheln, bis kaum mehr Flüssigkeit zu sehen ist. Die Brühe in einem zweiten Topf kochend heiß halten und schöpfkellenweise in den Reistopf gießen. Der Reis soll die ganze Zeit leise brodeln, und das in so viel Flüssigkeit, dass die Oberfläche des Reises immer gerade noch bedeckt ist. Dadurch wird die Stärke behutsam aus dem Reis gelöst, und es entsteht eine cremige Verbindung. Ständig durch Rühren in Bewegung halten, nach 20 Minuten probieren, ob die Reiskörner gar sind und dennoch den erwünschten Biss haben. Jetzt braucht man Bärlauchbutter – von der man übrigens stets mehr als benötigt zubereiten sollte! Sie lässt sich wunderbar einfrieren, und so hat man sein Aroma auch in der schrecklichen bärlauchlosen Zeit immer in perfekter Form zur Verfügung: Dafür zimmerwarme, weiche Butter mit grob zerschnittenen Bärlauchblättern (auf 100 Gramm Butter zwei gute Handvoll Bärlauchblätter rechnen) im Mixer pürieren, dabei salzen und pfeffern. Zu einer Rolle formen und in Alufolie wickeln und kalt stellen oder einfrieren.

Stückchenweise die Bärlauchbutter unter den Risotto rühren, dabei auch eine gute Tasse voll frisch geriebenen Parmesan untermischen. Falls der Risotto zu trocken zu werden droht, mit heißer Brühe entsprechend verdünnen. Er sollte ganz cremig wirken, wenn man den Topf schwenkt, regelrecht darin wallen, *all'onda* nennt man das in Venetien, wo man sich auf Risotti besonders gut versteht: Eine Welle soll geradezu schwappen, wenn man einen Löffel auf den Teller schöpft.

Als Hauptgericht gibt es zwei Zickleinschultern, die auf einem Bett von Kartoffelwürfeln im Backofen kross gebraten werden. Dafür die Kartoffeln schälen und vierteln, wie die mit Zitronensaft eingeriebenen Schultern salzen, pfeffern und mit Olivenöl beträufeln. Alles in einer Bratenreine ausbreiten, Rosmarin- und

Thymianzweige dazwischen verteilen. In den 250 Grad heißen Ofen schieben. Beides soll richtig bräunen, deshalb wird – anders als sonst bei unseren Bratenrezepten – erst nach einer Dreiviertelstunde die Hitze gedrosselt, und zwar auf 150 Grad. In der langsam nachlassenden Hitze die Zickleinschultern mitsamt den Kartoffeln noch weitere 50 Minuten bräteln. Das Fleisch vom jungen Zicklein ist nämlich keineswegs zart, es bedarf einer kräftigen Hitze, damit das Kollagen der Fleischfasern aufgeschlossen wird. Rosa gebraten bleibt es zäh und ist kein Vergnügen. Es wird übrigens keine Brühe und kein Wein angegossen, so dass keine Sauce entsteht. Die kommt vielmehr mit dem Gemüse auf den Tisch:

Blumenkohl in seiner Sauce. Diese besteht aus den in wenig Wasser absolut weich gekochten Strünken (ein Schuss Zitronensaft im Kochwasser macht sie schön weiß!), zum glatten Püree gemixt und mit so viel Sahne verdünnt, bis es eine angenehm cremige Saucenkonsistenz hat. Sie wird mit Muskat, Cayennepfeffer, Worcestersauce und Zitronensaft und -schale sehr herzhaft abgeschmeckt. Die bissfest gekochten Blumenkohlröschen dürfen in dieser Sauce noch einen Moment ziehen, bis sich alles gut verbunden hat. Reichlich Schnittlauch unterrühren, das gibt dem Gemüse Frühlingsfrische.

Zum Dessert gibt es Joghurteis mit dreierlei Fruchtsaucen. Diese stammen natürlich aus unseren Tiefkühlvorräten: Erdbeeren (unsere werden erst in zwei Monaten reif sein, und wir weigern uns, vorher Erdbeeren zu kaufen!), Brombeeren und Mango. Das Obst wird jeweils zur Erntezeit püriert, nach Geschmack gesüßt, wenn nötig (bei der Mango, zum Beispiel) mit Zitronensaft gewürzt und in Viertelliterboxen eingefroren. Man muss dann nur noch daran denken, sie rechtzeitig zum Auftauen aus der Kälte zu holen… Und für das sahnig-cremige Joghurteis wird ein guter Naturjoghurt mit einem Sirup aus Zitronensaft und Zucker vermischt und in der Eismaschine gefroren. Wirklich kinderleicht! Zum Servieren die Fruchtsaucen zuerst als Spiegel auf Dessertteller verteilen und mit einer Gabel zwischen den Pürees Schlieren ziehen. Mit einem Portionierer Kugeln ausstechen und darauf anrichten. Ein erstes, frühes Minze- oder Melissenblättchen ist hübsch als Dekoration.

## Ein neues Esszimmer und ein neuer Brunnen

Ostermontag gibt's, wie immer bei solchen Gelegenheiten, einen großen Brunch. Gegen zwei Uhr mittags reisen die Gäste ab, nur Willy und Rudolf bleiben noch da. Das Wetter ist unverschämt prachtvoll, und wir sitzen alle draußen – jeder allein in einem anderen Eckchen, müde all der Gespräche, begierig, sich dem Lesen hinzugeben oder eigenen Gedanken nachzuhängen. Gelassenheit allenthalben. Aber es ist die Ruhe vor dem Sturm: Noch heute soll das Esszimmer vollständig ausgeräumt werden, damit in dieser Woche, wie im letzten Jahr geplant und im Januar noch mal besprochen, der Boden herausgenommen, darunter eine Isolierung angebracht und die Bretter neu verlegt werden können.

Als wir vor fünfzehn Jahren hierher gezogen waren, hatten wir auf die zwar schönen, aber knarzenden, zur Raummitte hin eingesunkenen und vor allem durch weite Ritzen getrennten Dielen einfach eine Unterlage breiten und mit grauem Wollteppich auslegen lassen. Wie sich zeigte, zwar schön, aber für ein Esszimmer nicht unbedingt praktisch: Man sieht auf der schwer zu pflegenden, hellgrauen Wolle eben jeden Fleck, und Rotwein ganz besonders…

Bereits während des ersten kalten Winters stellte sich heraus, dass ausgerechnet das Esszimmer rasch zum kältesten Raum des beheizten Teils unseres Hauses wird: begünstigt nicht nur durch zwei Außenwände mit drei Fenstern, sondern vor allem durch den Boden, durch den spürbar Kälte eindringt. Unter ihm liegt der Weinkeller, und wir vermuten einen beträchtlichen Hohl-

146

raum zwischen den Bodenbrettern und dem Kellergewölbe, welcher durch Spalten zwischen den großen Buntsandsteinblöcken des Haussockels mit der Außenwelt in Verbindung stehen dürfte.

Rudolf, gelernter Filmproduzent und Regisseur, hatte in den letzten Jahren immer mehr Gefallen an der Auseinandersetzung mit den bewohnbaren Zeugen unserer Geschichte gefunden, hatte sich auf das sorgfältige und sensible Restaurieren von alten, lohnenswerten Häusern verlegt und einen Handel mit historischen Baustoffen begonnen. Was nach der Wende in der ehemaligen DDR bundesrepublikanischem Standard weichen musste, kaufte er (und kauft noch) auf, entsorgte es kostenlos oder hortete es für bessere Zeiten. Die sind nun da. Die Menschen besinnen sich mehr und mehr auf die Schönheit einzigartiger und unverwechselbarer Teile, die einst von Handwerkern angefertigt worden waren, die sich auf ihre Arbeit verstanden, und die mehr sind, als nur das, was im Zeitalter der industriellen Fertigung zwar perfekt, aber seelenlos ist: ein Brett, eine Diele, ein Backstein, eine Fliese, ein Ziegel. Indem sie ihre alten Bezeichnungen behalten, lassen die heutigen Erzeugnisse uns vermuten, sie seien noch das, was sie einmal waren. Aber eine von einer Maschine gepresste, gestempelte, im Schnellverfahren getrocknete und auf dem Band in einem Arbeitsgang gebrannte, glasierte und erneut gebrannte Fliese ist etwas anderes als eine von einem Handwerker geschöpfte und gekonnt gestrichene, mit dem Meisterzeichen geschlagene, langsam getrocknete, sorgsam in den Brennofen geschichtete und mit dem in langer Erfahrung erprobten Holzfeuer gebrannte, Stück für Stück mit einer Glasur versehene und wieder gebrannte Fliese aus dem letzten Jahrhundert. Das Individuelle, das Wesen, die Tradition und das Gewachsene, das Gekonnte, all das fehlt dem Neuen. Der bewusste und wertschätzende, der liebevolle und sinnreiche Umgang mit diesen Unterschieden, ist zur Lebens- und Arbeitsfreude von Rudolf und seinem Mitarbeiter Ingo aus Thüringen geworden.

Gegen vier Uhr wird Moritz unruhig und holt schon mal ein

paar leere Kartons, in die das Geschirr gepackt werden kann. Gott sei Dank gibt es jede Menge davon, in handlicher Größe: Wir bekommen ja unseren Apfelsaft in einfachen Sechserkartons geliefert, aus denen sie zum Verkauf oder Versand in stabilere (und teurere) umgepackt werden. Ich lasse sie noch im Auto, traue mich bei diesem Kaiserwetter einfach nicht, die anderen zu scheuchen.

Ingo trifft ein, der Helfer aus Thüringen, der sich der Erneuerungswut seiner Landsleute nicht angeschlossen hat. Ein Individualist mit schütterem Künstlerpferdeschwanz und verquer wirkendem Gang, wie ausweichend dem Druck der schnöden Welt. Nicht auftrumpfend, aber eigenwillig in seiner Art und seiner Sichtweise; gegen den Strich wie eine sanft gebürstete Terrakotta. Einer, der wie Rudolf das Handwerk liebt mit seinen immer neuen Herausforderungen, mit all seinen Facetten des Schwierigen und des Schlichten, aber Schönen. Wir vespern zunächst einmal und trinken ein frisches Pils.


Schließlich wird es doch Zeit, sich der Arbeit zuzuwenden: Martina nimmt die Vorhänge ab, Moritz setzt das ererbte und erworbene Geschirr verschiedenster Manufakturen und Provenienzen in die durch die Flaschenteiler günstig gegliederten Kartons – da die Sachen nur in den Nachbarraum gebracht werden, müssen wir nichts stoßfest verstauen. Der hohe, schmale Gläserschrank wird ausgeräumt. Alles geht rasch, bis die größeren Teile an der Reihe sind: Nichts passt so richtig nebeneinander. Wir atmen auf, als endlich alles rausgeräumt ist.

Kommode und Sekretär, Tische, Stühle, Sessel und die Eckbank werden in der Halle dicht aneinandergestellt und übereinander geschichtet, die Bilder werden abgehängt, die Lampen abmontiert (ob Moritz unsere wunderbare, in Jahren immer feiner ausgestaltete Installation von Ingo Maurers JaJaHo je wieder genau so anbringen wird?), die Blenden von Lichtschaltern und Steckdosen ausgebaut. Und dann verbreitet der Raum mit dröhnender Akustik, dunklen Bildschatten auf den lichtgrauen Wänden und mit den schwarzen Löchern der Stromversorgung eine deprimierend triste Leere.

Wir nehmen die Vorfenster raus, denn die zu entfernenden Baumaterialien müssen ohnehin durch die Fenster entsorgt werden: Der Raum wird gleich viel heller und transparenter. Im warmen Licht der untergehenden Sonne bewundern wir sein Ebenmaß, die harmonische Gliederung der Fenster und deren schöne Rahmen. Vielleicht werden wir gar keine Vorhänge mehr anbringen? Schön wäre das schon. Aber ob der Raum nicht hallig klingt, wenn er weder Teppichboden noch Vorhänge hat?

Rudolf und Ingo setzen sich raus und trinken vor dem Abendessen noch zwei kleine Pils.

Am Dienstagvormittag geht's los, nachdem der Durchgang zum benachbarten Wohnzimmer abgeklebt und der Hausflur mit schwarzem Moltontuch ausgelegt ist (das wir auch immer auslegen, wenn die Fernsehleute ins Haus kommen). Zunächst wird der Teppich entfernt. Eine staubige Angelegenheit, denn die Gummibeschichtung ist unter dem Einfluss der Ausdünstungen des jahrzehntelang gewachsenen Holzes total zerbröselt. Auslegeware ist wohl so konzipiert, dass sie nur in Neubauten ohne Schwierigkeiten verlegt werden kann – an die Problematik, die durch die verschiedenen Substanzen entsteht, die in alten Häusern schon drin sind, hat offensichtlich niemand gedacht. Auch beim Abziehen der Klebstoffbänder längs der Wände wird jede Menge Staub freigesetzt. Jedenfalls kommen unsere beiden Werker hustend und prustend und vollkommen verdreckt aus dem vor lauter Staub undurchsichtigen Raum. Alle Fenster sind offen, wir lassen den Staub sich setzen oder hinausziehen, ehe ihm mit dem Sauger zu Leibe gerückt wird.

Dann aber zeigt sich der alte Boden bereits in erstaunlicher Intensität: warme, rötlich braune Lärche. Alle sind begeistert.

Das Herausnehmen der fast sechs Meter langen Dielenbretter gestaltet sich viel schwieriger, als gedacht: Sie sind durch die Feder hindurch an die darunter liegenden Querbalken genagelt, mit gewaltigen, handspannenlangen und zwei Millimeter starken Nägeln, die – drunter ist schließlich ein Keller! – vollkommen verrostet und infolgedessen fest im Holz verankert sind. Mit dem Stemmeisen und viel Druck müssen sie gelöst werden, wobei die Federn natürlich nicht absplittern sollen; was sich manchmal allerdings nicht vermeiden lässt.

Jedes der Bretter trägt auf der Unterseite die Adresse des Gutes, Auslieferung über die Bahnstation Neckarhausen/Hohenzollern – das ist tatsächlich der nächste kleine Bahnhof, zu dem Moritz in seiner Jugend die sechs Kilometer mit dem Rad gefahren ist, um dann mit dem Zug weitere zehn Kilometer ins Gymnasium nach Horb am Neckar zu gelangen. Auf dem Lande zu wohnen war vor vierzig Jahren eben noch ziemlich beschwerlich… Sogar das Lieferdatum ist mit grüner Tinte vermerkt: August 1904. Dass in jenem Jahr Moritz' Urgroßmutter offenbar dieses Zimmer umgestaltet hatte, wusste niemand mehr – auch seine Mutter war immer davon ausgegangen, dass dieser Raum, früher als Damenzimmer bezeichnet oder wegen der einstmals grünen Tapete »grünes Zimmer« genannt, 1897 beim Umbau des Hauses durch den Urgroßvater so eingerichtet worden war. Erst danach kann auch der runde Kachelofen in der Ecke aufgestellt worden sein, denn zu unserer Verwunderung steht der Ofen (der vom Flur her geheizt wird) nicht auf einem gemauerten Sockel, sondern direkt auf den Dielen. Der Versuch, ihn etwas anzuheben und die Dielen herauszuziehen, scheitert; einige Kacheln splittern. Man kann die Teile aber wieder ankleben, so dass kein sichtbarer Schaden zurückbleibt. Aber nun müssen die Dielen entlang der Rundung des Kachelofens ausgesägt werden.

Als alle Dielen draußen sind, sehen wir unsere Vermutungen bestätigt: Zwischen den gewaltigen Steinblöcken des Sockels klaf-

fen Spalten, wahrscheinlich ist der Fugenzement im Laufe der
Zeit herausgebröselt, haben sich die Fugen auch durch Bewegungen des Fundamentes vergrößert. Angeknabberte Lindenkap-
seln und Haselnüsse beweisen, dass dieser Zwischenraum ein bei
Mäusen beliebtes Versteck war (tatsächlich finden wir jetzt noch
draußen an den Mauerspalten immer wieder Haufen von ausge-
leerten Samenkapseln der Linde, die wir bereits vor Jahren haben
fällen lassen). Die den Fußboden tragenden Balken liegen zu unserer Verblüffung einfach auf dem darunterliegenden Bauschutt,
sind nirgends mit der Wand verbunden und ruhen auch nicht auf
dem Sockel. Es ist ein doppeltes Gerüst, unten Längs-, darauf
Querbalken, auf denen wiederum die Dielen lagen. Bei genaue-
rer Inspizierung zeigt sich, was passiert ist: Die unteren Balken
sind morsch, vermutlich haben sie früher unter der aus dem Keller heraufgestiegenen Feuchtigkeit gelitten (wahrscheinlich zu jener Zeit, als das Haus im Winter ungeheizt leer stand, also schon
vor dem Zweiten Weltkrieg). Sie sind an den Enden durch die
Schwingungen des Bodens so zerfallen, dass sie nicht mehr aufliegen, sondern auf der Innenseite immer tiefer gerutscht sind. An
den Außenwänden allerdings ragen die Sockelsteine so weit in
den Raum, dass auf ihnen die Dielen selbst ruhten. So erklärt sich,
dass der Boden von den Außenwänden zur Zimmermitte sich um
bis zu fünf Zentimeter neigte! Auch die Querbalken waren in
Mitleidenschaft gezogen – zumal man damals keine neuen Balken
genommen hatte, sondern in schwäbischer Sparsamkeit alte
Dachbalken, die vom Holzwurm befallen waren. Den Holzwurm
hatte man zwar erfolgreich bekämpft und vertrieben, aber die
Stabilität der Balken war dennoch nicht mehr ausreichend, sie
hatten sich gekrümmt, waren abgesunken und nun nicht mehr gerade zu richten.

Das bedeutet unvorhergesehene Mehrarbeit: Das Traggerüst
muss vollkommen neu eingerichtet werden. Alle Balken raus,
dann wenigstens zwanzig Zentimeter des Bauschuttes auch raus,

damit eine ordentliche Isolierung zum Keller installiert werden kann. Im Schutt finden sich in leuchtendem Dunkelgrün glasierte Kacheln, wahrscheinlich von einem alten Ofen, auch Scherben von bäuerlichem Tongeschirr. Da dies der alte Teil des Hauses ist, vielleicht aus dem 16. oder 17. Jahrhundert. Wir heben die Stücke auf.

Der erste Tag ist vergangen.

Am Mittwoch besorgt Rudolf zunächst das benötigte Material, überprüft mehrere Baumärkte in der Nachbarschaft dabei auf Angebot, Qualität und Preis. Ingo dichtet die Fugen im Mauerwerk, so weit das möglich ist. Nachmittags wird eine die Feuchtigkeit abhaltende Plane verlegt, die an den Seiten hochgezogen wird, so dass die Balken später auf ihr aufliegen und nicht direkt auf den Steinen. Hierauf kommt als isolierende Schicht Steinwolle, dann beginnen die beiden das Gebälk zu zimmern. Zum Sonnenuntergang gibt's das erste Bier.

Rudolf und Ingo arbeiten anders als »normale« Handwerker: Sie fangen, das kommt uns sehr entgegen, erst relativ spät an – Frühstück um halb neun, ab neun wird angepackt. Gegen zwei Uhr stellen wir ihnen ein paar belegte Brote hin, was ihnen zusammen mit Wasser und Apfelsaft, immer mal wieder Kaffee, vollkommen genügt. Pause gibt's nicht. Erst abends, kurz vor Sonnenuntergang, setzen sie sich auf die Terrasse und trinken drei, vier Gläser Bier. Wenn's dann fast dunkel ist, kommen sie rein, duschen und ziehen sich um und vertilgen mit größtem Vergnügen, was Martina auftischt: Rudolf ist besonders mit italienischen Gerichten zu begeistern, Ingo steht mehr auf thailändisch. Aber beide essen eigentlich alles, was gut ist, und es macht Spaß, durch sie die eigenen Gerichte neu zu entdecken. Zum Essen gibt es übrigens meist Wein, denn auch den trinken sie gern – mit erstaunlicher Kennerschaft und (trotz der vorher genossenen Biere) mit großem Durst.

Freitags wird zunächst das Gebälk fertiggestellt, dann werden die Dielenbretter behandelt: abgeschmirgelt, von Spreißeln und jenen Federn befreit, die so stark zersplittert sind, dass die Nut später nicht mehr aufzuschieben wäre. Nach und nach werden die Dielen neu verlegt: jetzt dicht an dicht, ohne die unschönen Spalten. Wo die Federn abgebrochen sind oder entfernt wurden, müssen die Bretter jetzt leider angenagelt werden, damit sie unverrückbar auf den Balken liegen bleiben. Bis zum Abend sind alle Dielen gelegt – es bleibt jedoch eine fast fünf Zentimeter breite Lücke an der Außenwand: die Summe der verschwundenen Spalten. Wir werden sie mit einer breiteren Putzleiste füllen, statt nach passenden Lärchenholzdielen zu suchen. Auch um den Ofen herum, der jetzt zwar an den Wandanschlüssen auf dem Niveau des neu verlegten Bodens steht, an seinem am weitesten in das Zimmer ragenden Bogen, aber fast drei Zentimeter tiefer, muss natürlich später eine aufwendig gearbeitete Holzleiste den Spalt verbergen (übrigens scheint der Ofen nicht schräg zu stehen, was darauf hindeutet, dass er doch erst einige Jahre nach dem Einbau des Bodens aufgebaut wurde, als dieser nämlich schon abgesunken war!).

Samstag ist normaler Arbeitstag: Ingo schleift in hingebungsvoller Kniearbeit den Boden ab, was ungeheuer viel Staub macht, der trotz Absaugvorrichtung durch sämtliche Ritzen dringt und das ganze Haus mit einer feinen Puderschicht zeichnet. Rudolf bereitet die Bretter für die Lambrien vor, denn wir hatten bereits beim Ausbau dieser die Wände den Boden entlang abschirmenden Holzbretter feststellen müssen, dass der größte Teil von ihnen ebenfalls morsch war, und sie gleich entsorgt. Nachdem Ingo fertig ist und zum x-ten Mal gründlich gesaugt wurde, können die Wandanschlüsse mit Schaum gedichtet und mit dem Einbau der Lambrien begonnen werden.

Am Samstagnachmittag nehmen wir uns aber Zeit für einen Spaziergang: Wir wollen im Wiesenbächle noch mal Kresse suchen und auf dem Sommerberg Löwenzahn stechen. Auf dem Rückweg treffen wir vor Annie's Jausenstation an der Glatt die umtriebige Wirtin, eine gebürtige Linzerin, die sich ebenfalls um ihren Blumenschmuck kümmert. Wir schwatzen ein wenig über die alten Fotos, die sie seit einigen Monaten als Wandschmuck für ihre kleine Stube zusammengetragen hat und zu dem wir auch ein paar Bilder beigesteuert haben. Da dreht sie sich plötzlich um und zeigt auf einen runden, ziemlich rostigen, aber wunderschönen Brunnentrog aus Gusseisen: »Wollen's den ham? Den schenk i eahna!« Wir sind betroffen – so etwas Außergewöhnliches einfach im Vorübergehen geschenkt zu bekommen … können wir das annehmen? »Den ham's vor zwei Joahr drüben aus dem G'meindeschopf g'holt, der soll früher am Friedhof gstanden haben, hot oana gsagt.« Moritz kann sich nicht daran erinnern. Annie aber lässt nicht locker – »eigentlich wollt i Blumen reinsetzen, aber dann hat mein Mann gsagt, der soit wieder als Brunnen funktioniern, und jetzt is er mir eh' zu schwer und eahnna gefallt er doch sicher! Der passt zu eahna!« – wir geben unserer Freude nach und sagen endlich: »Danke, großartig, nur zu gern!«

Moritz breitet sofort auf der Ladefläche unseres T-Modells eine alte Decke aus, nimmt zwei Bretter mit, fährt runter, zurück ins Dorf: Mit vereinten Kräften hieven Annie und Moritz das gusseiserne Teil über die Bretter-Rampe hinein. Uff! Das Ausladen ist viel leichter, weil Rudolf und Ingo beherzt anpacken.

Moritz ist ganz ungeduldig, will sofort einen Platz für den Brunnen finden. Klar, vor dem Haus soll er stehen! Dort wäre auch ein Wasserhahn zum Anschließen, und das Wasser könnte in den alten Gulli abgeleitet werden, den wir nur unter den Steinplatten des Weges wiederfinden müssen. Die Sackkarre, mit der die schweren Kübelpflanzen transportiert werden, tut auch hier ihren Dienst – sie wird einfach unter den leicht gekippten Brunnen geschoben, dann wird er mit vereinten Kräften die Treppe hoch geschafft, halb gezogen, halb gehoben.

Zunächst stellen wir ihn genau zwischen die beiden Rasen-
flächen vor die Treppe zum ehemaligen Eingangstor. Dieses ist
schon von Efeu überwachsen und wird seit Jahrzehnten nicht
mehr geöffnet, weil unmittelbar vor der Mauer die viel befahrene
Straße vorbeiführt. Zwei kleine vergitterte Fensterchen und die
Türklinke dazwischen lassen es wie ein Gesicht erscheinen, und
die meisten Gäste schauen es verträumt an und seufzen: »Wie ver-
wunschen!« Allerdings mussten schon stabilisierende Eisenträger
angebracht werden, und jedes Mal, wenn ein Auto vorbeibraust,
bebt das Tor im Luftzug, so dass wir immer Angst haben, es könnte
einfach aus der Mauer herausfallen.

Der Standort ist nicht schlecht, aber auch nicht ideal. Der
Brunnen steht vor der Treppe zum Tor wie verloren da. Im Laufe
der nächsten Stunde fährt das gusseiserne Teil hierhin und dorthin, auf den Rasen, schließlich auf die Terrasse, sogar zwischen die
Rosen. Alles nichts! Dann platziert Moritz den Brunnen neben
die kleine Treppe, die zwischen Erker und Haustür die Wand entlang zur Halle führt, aber nicht benutzt wird, sondern im Sommer als Podest für Kumquat, Kaffirzitrone und Granatapfel dient:
der am besten geschützte Platz, den wir haben! Ihre Brüstung aus
Buntsandstein schwingt unten nach außen aus, die unterste Stufe
läuft wie eine Schnecke darum herum. Sieht schon ganz gut aus
– aber es dauert noch eine weitere Viertelstunde, bis die Abstände
stimmen, bis der Brunnen so steht, dass alles harmonisch aussieht.
Moritz ruft uns zusammen, und siehe da: Alle sind begeistert, sogar Willy, der die ganzen Tage am Computer verbrachte, um mit
dem Rechnungsprogramm voranzukommen, und die Ankunft
des Brunnens zwar begeistert, seine Aufstellung aber skeptisch beobachtet hat.

Wir überlegen, wie die Anschlüsse gesetzt werden müssen. Einfach wird es nicht werden, denn schließlich besteht dieser Brunnen bis jetzt nur aus einem Trog – so dass es nur einen Ablauf gibt:
Aus dem Boden führt nach einer Lochplatte ein Zollrohr gerade

nach unten weg. Der Zulauf erfolgte früher wohl über eine Brunnensäule. Und während Moritz den Brunnen versonnen betrachtet, steigen nun doch alte Erinnerungen auf: Ja, genau! Dieser Brunnen stand früher an der Böschung rechts vor dem Friedhof. Aus einem dicken Rohr, das an einem Holzstamm hochgeführt wurde, schoss in regenreichen Zeiten das Wasser hinein, auf den beiden das Becken überspannenden Streben konnte man die Kanne abstellen und Wasser für die Blumen auf den Gräbern holen. Im Frühjahr half Moritz öfter beim Bepflanzen auf dem Friedhof. Und wenn er die Kanne hochstellte und der Strahl nicht gleich die Öffnung fand, sondern auf die vordere Abdeckung der Kanne traf, ergoss sich ein gewaltiger Wasserschwall über ihn. Die Ermahnung folgte auf dem Fuße: »Kind, du bekommst ja einen Schnupfen, wenn du dich so nass spritzt!« Ausgerechnet im Sommer, wenn das Wasser am dringendsten nötig war, wurde der Strahl immer dünner oder versiegte gar: Der Brunnen wurde gespeist vom Überreich des Reservoirs, aus dem auch unser Garten sein Wasser bekommt. Und wenn die Verwalterin viel goss, gab's nichts mehr für die Gräber... Ein ewiges Ärgernis, wie Moritz jetzt wieder einfällt. Weshalb dieser ständig leer laufende Trog durch ein Becken aus Buntsandstein (oder Zement?) mit Überlauf ersetzt wurde, so dass man immer aus dem Vollen schöpfen konnte, auch wenn nur ein Rinnsal für Zufluss sorgte.

Aber jetzt ist erst einmal Zeit für ein paar frische Alpirsbacher Pils, denn die Sonne eilt schon zielstrebig dem Horizont zu.


Am Sonntag kehrt Ruhe ein: Willy reist nach Berlin zurück, Ingo zieht es an den Bodensee zu einer ehemaligen Freundin, Rudolf verbringt den Sonntag lesend und wir fahren – wie jedes Jahr am Sonntag nach Ostern – zur »Mitteltaler Tafelrunde«. Zu dieser für Gastronomen und Presse in Deutschland einzigartigen Veranstaltung lädt seit 1984 der ebenso großzügige wie leidenschaftliche Hermann Bareiss in sein Hotel nach Baiersbronn-Mitteltal ein.

Da wird jedes Mal ein bestimmtes Thema diskutiert, anschließend auf einer Küchen-Party geschmaust und gezecht, dass es nur so seine Art hat. Erst kurz vor Mitternacht hören die eingeladenen Köche auf zu arbeiten und mischen sich unter die Gäste, die nun das Tanzbein schwingen oder in der Dorfstube weiter diskutieren, ehe sie schließlich ins Bett fallen – meist erst, wenn der Morgen dämmert.

Montagmittag eilen wir nach Hause, um zu sehen, was im Esszimmer passiert: Ingo ist schon vom Bodensee zurückgekehrt und hat die zu lackierenden Rahmen von Fenstern und Türen angeschliffen und gespachtelt, streicht die herausgenommenen Fenster; Rudolf hat inzwischen die Putzleisten angebracht und schleift nun die Fensterbretter ab: Er hatte die glorreiche Idee, sie nicht wieder weiß zu streichen, sondern sie im natürlichen Holzton zu lassen, korrespondierend zur Farbe des Fußbodens. Dann kann auch keine Farbe mehr abblättern, wenn beim Gießen der Blumentöpfe Wasser daneben geht, und auch nichts mehr verkratzen, wenn Vasen darauf verschoben werden.

Die Decke ist inzwischen weiß gestrichen, jetzt sollen die Wände wieder ein zartes Grün bekommen, das zu dem Grün der Bezüge von Stühlen und Sofa, den höchst unterschiedlichen Grüntönen der Bilder und natürlich dem Grün der auf den Fensterbrettern stehenden Pflanzen passen soll. Wir lassen zwei Mischungen zusammenstellen, Ingo streicht jeweils einen Quadratmeter damit aus – die Farben sind viel zu intensiv geraten: Die eine ist lindgrün und eher aufdringlich, die andere wirkt eher blau. Wir besorgen eine neue Farbnote, neutraler. Aber auch die gefällt uns überhaupt nicht, denn das Grün wirkt durch zu hohe Weißanteile stumpf. Wir beschließen kurzerhand, die drei Farben zusammenzuschütten – und, oh Wunder: Das Ergebnis befriedigt sehr!

Danach bekommen die stuckierten Zierleisten in den Zimmerecken und um die Fenster ihr strahlendes Weiß und teilen die grünen Felder auf biedermeierliche Art. Die Fenster- und Türrahmen streicht Rudolf mit glänzendem Lack. Alles riecht intensiv nach Farbe – und stört die Konzentration, die wir schon seit einer Woche nur mühsam wahren: Es ist schwer, bei dieser Unruhe im Haus kontinuierlich am Schreibtisch zu arbeiten, und so haben wir aus der Not eine Tugend gemacht. Martina schreibt anhand der Aufzeichnungen, die wir während der Reportagen gemacht haben, die genauen Rezepte für das Thailand-Buch auf und benutzt unsere Handwerker als Versuchskaninchen, denn natürlich werden die Rezepte auch in der Küche überprüft. Mit Gästen im Haus kann sie viel mehr Gerichte kochen, und alles geht viel schneller, als wenn wir nur zu zweit die ganzen Rezepte »aufarbeiten«. Moritz systematisiert die Etiketten unserer Gutsprodukte und widmet sich dem Aufbau der Weinkarte eines großen Wellness-Hotels, die vollkommen neu zu gestalten ist. Und natürlich kann man in solchen Phasen auch sehr gut lang aufgeschobene Korrespondenz erledigen, sich mit all den sonstigen Problemen befassen, die immer liegen bleiben, wenn man ganz konzentriert arbeitet und sich von nichts ablenken lässt.

Heute hat sich Moritz mit dem Brunnen abgeplagt und weiter überlegt, wie die Installation bewerkstelligt werden könnte. Die zündende Idee will und will sich nicht einstellen. Dann nimmt Ingo sich das alte Stück vor: Erst wird mit der Maschine der Rost abgeschmirgelt, dann per Stahlbürste in den Rillen der reichen Blattwerkverzierung nachgearbeitet. Es wird ein Rostschutz aufgetragen, schließlich ein erster Anstrich mit dem Grün unserer Gartenmöbel. Wolken ziehen auf. Hoffentlich trocknet die Farbe noch, bevor es zu regnen beginnt.

Endlich ist im Esszimmer alles gestrichen, und der Fußboden wird ein erstes Mal mit verdünntem Leinöl eingelassen. Unglaublich, wie sehr sich die Farbe intensiviert, ein herrlich warmes Rotbraun mit einer erst jetzt so richtig zur Geltung kommenden, geradezu flammenden Maserung der Lärchendielen. Aber der gewünschte seidige Glanz entsteht noch nicht.

Obwohl die Sonne längst hinter dicken Wolken verschwunden ist und heute nicht malerisch untergeht, sitzen Ingo und Rudolf noch fast eine Stunde mit Bier und Zigarette auf der Terrasse, ehe sie sich frisch machen und zu Tisch begeben – zum letzten Mal. Deshalb gibt's ein großes Menü mit sechs feurigen thailändischen Gerichten, begleitet von einem frischen, eleganten und aromatischen Wein, einem Gelben Muskateller aus der Steiermark von Tement: komplette Harmonie und ein sich mit Ingwer, Chili, Kokossahne, Thai-Basilikum und Koriander gegenseitig steigernder Genuss!

Mittwoch regnet es. Türen und Fenster bekommen den zweiten Anstrich. Steckdosen und Lichtschalter werden wieder angebracht, die Möbel an Ort und Stelle geschafft, die Schränke eingeräumt, die Bilder aufgehängt. Abends um acht fahren Rudolf und Ingo ab.

Plötzlich eine nicht mehr gekannte Ruhe im Haus. Wir schauen unser neues Esszimmer an und freuen uns. Die Vorhänge fehlen uns nicht – im Gegenteil: Der Raum wirkt größer, klarer, freundlicher, das Biedermeierliche kommt noch stärker zum Ausdruck; es hallt auch nicht. Erschöpft setzen wir uns im heimeligen Licht einiger Kerzen in unser neues Zimmer und sind glücklich. Es gibt belegte Brote und ein Fläschchen Champagner.

Am nächsten Morgen – es ist zwar leicht bedeckt, aber hell und regnet nicht – betrachten wir das Werk. Frau Mönch, die jeden Tag als Erstes geprüft hat, wie weit die Arbeit vorangeschritten war und diese mit kritischen Kommentaren begleitete, sagt kurz und bündig: »Mir gefällt's.« Uns auch! Das linde, bläuliche Grün harmoniert perfekt mit dem Rotbraun des Bodens, den Möbeln und den tausenderlei Grüntönen von draußen! Und wir sind fasziniert, wie neu die alten Bilder wirken, wie sehr das Blaugrün in ihnen durch die Wandfarbe hervorgehoben wird.

Die nächsten Tage ist gründlicher Hausputz angesagt. Frau Mönch tobt mit Staubsauger und Wischtuch durchs Haus. Sie scheint der Ansicht zu sein, dass man Arbeit auch deutlich hören müsse. Heute macht sie gewaltigen Lärm – und alles wird sauber! Die Ingo-Maurer-Lampe wird installiert, die Gläservitrine eingeräumt, der Kachelofen gereinigt –, irgendwann in den kommenden Monaten soll er noch eine neu zu gestaltende Fußleiste erhalten, die den tiefen Spalt zwischen Boden und Kacheln überdeckt. Es kommt uns schon vor, als ob der Raum wärmer wäre.

Aber Moritz ist irritiert: Jedes Mal wenn er den Raum betritt, fühlt er sich sonderbar unsicher. Erst nach zwei Stunden kommt er darauf, was los ist: Seit seiner Jugend ist er gewöhnt, dass der Fußboden zur Zimmermitte absinkt. Sein ganzer Körper hat sich im Laufe der Jahre auf die leichte, von anderen Menschen vielleicht noch nicht einmal wahrgenommene Abwärtsbewegung eingestellt. Aber jetzt ist der Boden gerade. Auch die Perspektive beim Blick aus dem Fenster ist nicht mehr deckungsgleich mit den gespeicherten Bildern: Für Bruchteile einer Sekunde entsteht eine irritierende Unschärfe der Wahrnehmung. Erst nach Wochen wird sich das geben.

## Draußen Essen!

An diesen schönen Tagen frühstücken wir natürlich draußen vor dem Haus. Dort steht ein ovaler Tisch mit einer Bank für drei Personen und vier Stühlen. Schon ab acht Uhr scheint hier die Sonne, und die Buntsandsteinplatten speichern gut die Wärme. Daher kann man hier schon angenehm sitzen, wenn das noch an keinem der anderen Plätze rund ums Haus möglich ist. Erst spät am Nachmittag verschwindet die Sonne hinter dem Hauseck, etwa um 18 Uhr, seit wir die große Linde vor dem Haus in Richtung Südsüdwest entfernen ließen: Sie hatte diesem Platz – wie auch den Rosen und dem Haus selbst – jeden Tag gute vier Stunden lang die Sonne genommen.

Um diesen prachtvollen Baum hat es uns sehr Leid getan. Er war, im Gegensatz zu den anderen Linden vor dem Haus entlang der Mauer, niemals gestutzt worden und mit der Zeit viel höher als das Haus geworden. Er breitete sich mächtig über Wiese, Straße und Eiben und Buchsbüsche aus, die hinter der auch die Terrasse umfassenden Mauer etwas unterhalb im Vorderen Park stehen. Sie waren schon ganz schütter vor lauter Lichtmangel und werden im Winter vom Schnee fast platt gedrückt. Mit ihren intensiv duftenden Blüten zog diese Prachtlinde im Juni die Bienen mächtig an – es herrschte stets ein ungeheures Gesumme! Darunter standen zwei weiß gestrichene Korbsessel mit einem Tischchen in der Wiese, ein hübscher Anblick und ein schönes Sommerplätzchen. Außerdem hielt der Baum die aus Südwesten oder von Süden aus dem Dobeltal heranbrausenden Gewitterstürme ab und dämpfte den Schall von der Straße – wie wirkungsvoll, stellten wir erst fest, als er nicht mehr da war. Aber die Rosen (und wir!) litten empfindlich unter dem Mangel an Licht, zudem wurde es im Haus selbst bei schönem Wetter weniger warm, was sich vor allem im Herbst bemerkbar machte.

Eine Genehmigung zum Fällen war nicht nötig, und so wurde er eines schönen Tages Stück für Stück heruntergesägt. Die Leere war ungewohnt, wir fühlten uns schutzlos der Welt preisgegeben. Doch nach ein paar Tagen legte sich dieses Gefühl, und wir genossen die neue Helligkeit in den Räumen, erlebten das Aufatmen und ein ungeahntes Wachstum der Rosen, konnten wieder viel früher und bei geringeren Temperaturen draußen sitzen.

An Stelle der Linde steht inzwischen ein großer Kübel, im Sommer bepflanzt mit Geranien und Cosmea, unter einer Ro-

senlaube, an der sich zwei Rosen, die rosa Centifolia »Fantin
Latour« und die weiße »Winchester Cathedral«, mit den dunkelroten Blüten der Clematis »Rouge Cardinal« vermischen. Und
zwischen den Eiben und Büchsen erscheint, vier Meter vom
alten Stamm entfernt, ein neuer Lindentrieb, den wir zu einem
uns wieder etwas beschützenden Bäumchen wachsen lassen wollen…

Mittags essen wir gern am fest auf Sandsteinplatten installierten
Granittisch auf der Terrasse unter den Trauereschen. Jetzt im
Frühjahr, bevor die Eschen ausgetrieben haben, sitzt man hier im
Viertelschatten der kahlen Äste höchst angenehm. Dieser Tisch ist
natürlich auch der bevorzugte Platz im Sommer, wenn vor dem
Haus die Sonne sticht, während hier milder Schatten herrscht und
immer ein leises, erfrischendes Lüftchen geht. Acht Personen
können bequem an diesem Tisch Platz finden.

Die Terrasse, die vor der Westseite des Hauses über das abfal-
lende Gelände hinaus angelegt wurde, misst etwa zehn mal zwölf
Meter und wird zu den Talseiten hin, also nach Norden und
Westen, von einer mit Buntsandsteinplatten abgedeckten Tuffsteinmauer begrenzt. Vor einigen Jahren hatte sie, brüchig geworden, vollständig neu aufgesetzt werden müssen.

Die ganze Fläche wird überspannt von dem grün gestrichenen
Eisengerüst einer Pergola, auf der die dicken Äste der beiden
Trauereschen ruhen, die dicht am Haus stehen. Zwischen diesen
beiden Bäumen führt eine Holztreppe aus dem Wohnzimmer
herab – die haben erst wir eingebaut, denn zu Zeiten der Ahnen
schätzte man den direkten Zugang vom Haus nach draußen ja
nicht so sehr. An manchen Stellen sind die Eisenträger richtig in
den Baum eingewachsen, so dass unsere Gäste immer fragen, ob
die Bäume das Gerüst stützen oder das Gerüst die Bäume. Wir
wissen genau, dass das Gerüst das tragende Element ist: Alle Stützen mussten, weil sie fast vollkommen durchgerostet waren, vor

kurzem ersetzt werden, die Träger teilweise verstärkt und vor allem die Winkel ausgesteift, denn die Last der Äste und vor allem die bei Sturm auftretenden Schwerkräfte waren immer größer geworden, so dass das ganze Gerüst bedenklich schwankte. Jetzt steht es wieder stabil und hat sogar »Lothar« getrotzt.

Den Bäumen allerdings hat der Orkan stark zugesetzt. »Yggdrasill« nennen wir unser Eschenpaar nach der Weltesche in der Edda, weil sie ihre Äste beschützend so weit ausbreiten. Man hatte nämlich die Bäume früher nicht nach oben streben lassen, sondern die herabhängenden Zweige immer wieder so auf das Gerüst gelegt, dass sich die Äste fast waagerecht über die gesamte Fläche entfalteten. Hochsteigende Äste hingegen wurden immer wieder gestutzt, so dass sich ein flaches Laubdach bildete. Im Krieg allerdings, als die Männer im Feld und für diese Arbeit nicht zur Verfügung standen, schossen die Bäume nach oben, so dass sie jetzt auch die Aussicht von den Fenstern im ersten Stock verdecken. Seit 40 Jahren bemüht sich Moritz, diese Höhe wenigstens zu halten: In jedem Winter kraxelt er, bewaffnet mit Säge und Baumschere, auf der ausschiebbaren Leiter in den Wipfeln herum, um die hochstrebenden Zweige zu kappen. Auch die an den Seiten nachwachsenden, nach unten hängenden Zweige müssen regelmäßig ausgelichtet und gekürzt werden, damit man überhaupt noch einen Ausblick hat – die pro Jahr bis über einen Meter wachsenden Triebe würden sonst auf allen Seiten bis zum Boden hängen…

Tatsächlich bekommen Eschen ihre Blätter ja sehr spät, als letzte der hiesigen Baumarten! Jetzt fürchtet Moritz, im vergangenen Winter könnte es die von »Lothar« stark gebeutelten Bäume doch erwischt und der Frost sie vernichtet haben. Eschen sind an sich in unseren Breiten nicht gefährdet, doch der Orkan hatte die Äste so wild hin und her geworfen, dass einige sich durch die Verdrehungen der Länge nach regelrecht aufgespalten haben. Im Laufe der Zeit ist in die Risse Wasser eingedrungen; der Kern der Äste hat zu faulen begonnen, während die Rinde selbst ihre Verwundungen mit einem Wulst verschlossen hat: Ein wunderbares Reservat für alles mögliche Kleingetier, dem der Kleiber allmorgendlich kräftig hämmernd nachspürt, ohne Rücksicht auf unser um diese Tageszeit noch stark vorhandenes Ruhebedürfnis. Im Übrigen sind die Äste dick bemoost, und vor allem im Frühjahr, wenn die Larven schlüpfen, tummeln sich hier die Vögel und stöbern im Moos herum, dieses großflächig auf der ganzen Terrasse und die Tische verteilend.

Einer der Äste war durch eine Böe hochgehoben und um einen Meter verschoben worden, so dass er nun nicht mehr an der alten Stelle auflag, sondern etwa einen halben Meter tiefer rutschte. Dabei war er halb abgebrochen, wird jetzt nur noch durch die untere Hälfte der Rinde mit Saft versorgt. Das in bösen Zacken abgebrochene Kernholz rottet langsam weg. Wir haben einen Baumdoktor befragt, aber der machte einen eher ratlosen Eindruck: Natürlich könne man die Äste sanieren, aber absolute Sicherheit habe man nicht, dass sie das überleben. Da haben wir beschlossen, auf die Heilkräfte der Natur zu bauen: Entweder die Bäume werfen den einen oder anderen Ast ab, oder sie erhalten sie durch eigene Kraft. Letzteres scheint Gott sei Dank zu klappen.

Vorne in der Rundung der Terrasse steht meist die große Tafel, die wir für unsere Kochkurse brauchen. Auch dieser Platz hat durch »Lothar« eine starke Veränderung erfahren. Früher stand unterhalb der Terrasse Richtung Südwesten ein gewaltiger Lebensbaum, der im Laufe der Jahre den Blick immer mehr eingeschränkt und für tiefen, feuchten Schatten gesorgt hatte. In den letzten beiden Jahrzehnten waren die Äste so weit in die Terrasse vorgedrungen, dass wir sie absägen mussten, was zur Folge hatte, dass man nun in das dunkle Innere des Baumes blickte. Nicht sehr harmonisch, aber der Baum schützte das Haus vor neugierigen Blicken. In seinem Schatten fühlten wir uns geborgen.

Dann war der Orkan über uns hinweggebraust. Zwar hatte er nicht den ganzen Baum umgeworfen, aber oben doch stark ausgelichtet, oberschenkelstarke Äste teils abgebrochen, teils sogar aus dem Stamm gerissen. Der untere Teil blieb verschont. Trotzdem kamen wir überhaupt nicht auf den Gedanken, in dem stark gezausten Baum etwas anderes als unseren Beschützer zu sehen. Bis im Sommer Belinda, eine unserer Seminaristinnen, fragte: »Warum legen Sie diesen räudigen Besen eigentlich nicht einfach um?«

Im Herbst musste eine Entscheidung getroffen werden: Entweder den Baum jetzt fällen, ehe die neuen Apfelbäume gepflanzt werden – oder nie, denn die neu gepflanzten Bäumchen würde man ja nicht opfern wollen, und in eine andere Richtung kann man ihn nicht werfen. Also fällen. Wir fuhren weg auf Reportagereise.

Bei unserer Rückkehr trauten wir unseren Augen nicht: Blank und trutzig ragte die Stützmauer der Terrasse jetzt über den Vorderen Park empor – söllerartiger denn je! –, das Haus weithin sichtbar, wie auf einem Präsentiertablett. Im Laufe der Zeit haben wir dann bemerkt, was wir gewonnen haben: Sonne bescheint den vorderen Teil der Terrasse, sie ist viel wärmer geworden. Inzwischen haben wir hier bereits an einem 31. März und einem 31. Oktober gespeist – früher undenkbar. Dankbar stellen wir fest, dass auch Katastrophen angenehme Folgen haben können.

Kommen viele Gäste, so können wir den Granittisch vergrößern, denn seine Platte ist gleich lang wie ein fast weißer Marmortisch, der normalerweise als »Anrichte« am Haus steht. Ihn schmücken dann dekorative Keramiken – eine große, grün-weiße Schüssel, eine bunte Wasserkanne und drei bemalte Fliesen aus Sizilien schaffen südliches Flair. Für zwölf oder maximal vierzehn Personen können wir diese Platte auf ihrem eisernen Untergestell an den Granittisch stellen.

So haben wir uns beholfen, wenn wir mal in größerer Runde waren. Doch dann kamen die Kochkurse, und es wurde immer schwieriger, alle Leute unterzubringen, zumal ja manche Seminaristen ihre Ehegesponse oder Lebensabschnittsgefährten mitbrachten. In diesen Fällen fehlte dann, so haben wir bemerkt, eben wieder die Anrichte. Bei noch mehr Personen musste ohnehin noch ein runder Tisch dazu gestellt werden. Und wenn wir mit unseren Kochschülern am Pizzaofen waren, schleppten wir dorthin die nötige Zahl von Tischen und Stühlen. Mühsam – und das Ergebnis wirkte doch immer nur improvisiert. Moritz sann auf Abhilfe.

Eines schönen Sommertages hörte sich der Seminarist Bernd, Architekt von Beruf, Moritz' Vorstellungen an, nämlich mit einer langen Platte zwei unserer gleich großen runden Tische zu verbinden, indem man sie mit Falzen versieht, in die man die Tische einschieben kann. Bernd machte sich eine Zeichnung und versprach darüber nachzudenken. Schon zwei Wochen später traf ein perfekt nach Architektenart ausgearbeiteter Plan ein, nebst dem Angebot des mit dem Architekten befreundeten Metallverarbeiters Jürgen, zum Materialpreis sowie einem Abendessen bei uns eine Tischplatte aus Aluminium zu fertigen, im Duttenhofergrün lackiert und frei Haus geliefert. Die Platte wäre, weil aus leichtem Aluminium, trotz ihrer Länge von sechs Metern einfach zu transportieren, bekäme einen stabilisierenden, etwa drei Zentimeter hohen Rand, würde auf der Unterseite gut versteift und böte dann sechzehn Personen Platz – zur Not sogar zwanzig.

So wurde es gemacht: Im Frühjahr darauf besuchten uns Architekt und Metallkünstler mit ihren Frauen, und wir erprobten in strömendem Regen die Installation – genial. Das achtgängige Abendmenü freilich mussten wir im Saal einnehmen. Doch das wunderbare Stück hat inzwischen viele Bewährungsproben bestanden. Meist steht die Tafel auf der Terrasse und begeistert alle Gäste. Es ist ein gewaltiger Unterschied, ob man an verschiedenen zusammengestellten Tischen sitzt, oder an einer einzigen Fläche tafelt: Welch Riesenspaß, in großer Runde zu schmausen.

## Gäste aus Sizilien

Telephon. »Martina!«, donnert es aus dem Apparat. So pathetisch kann nur einer aus dem tiefen Süden Italiens das »r« rollen. *»Finalmente sei a casa!«*, ruft Pippo, unser uralter Freund aus Sizilien, *» Ti devo fare vedere qualche cosa, quando posso venire?«* Erleichtert, dass endlich jemand zu Hause ist, kommt er ohne Umschweife auf den Punkt: Er muss uns unbedingt was zeigen. Als ob er um die Ecke wohnen würde und nicht zweitausend Kilometer entfernt.

Die Tage zuvor hatte er schon zweimal versucht, uns zu erreichen, und jedes Mal endlos auf das Band gesprochen, wie ein Maschinengewehr ratternd, so dass man nur die Hälfte verstehen konnte. Er hatte keine Nummer angegeben, unter der wir mit ihm hätten in Verbindung treten können. Er war gerade in München und dachte, wir wohnten in der Nähe. Leider sind wir jedoch auf dem Sprung nach Berlin, aber Sonntagabend werden wir zurückkommen, dann sind er und seine Frau uns herzlich willkommen. »Allerdings sind es etwa zweieinhalb bis drei Stunden Autofahrt«, warnt Martina. Kein Problem, Sonntag um acht will er mit Ehefrau Alessandra da sein.

Unser Flugzeug landete pünktlich, kurz vor 18 Uhr sind wir zu Hause. Jetzt rasch an die Arbeit, damit in zwei Stunden alles fertig ist. Es soll verschiedene Vorspeisen geben:

Avocado mit Forellenkaviar. Die Avocados haben während unserer Zeit in Berlin wunderbar reifen können, geben jetzt auf Fingerdruck nach wie Butter, befinden sich also auf ihrem Höhepunkt. Sie werden geschält, halbiert, die Hälften quer in dünne Scheiben geschnitten und Schnittfläche nach unten auf dem Teller etwas flach gedrückt. Mit Zitronensaft übergossen, der für den erfrischenden Geschmack sorgt und das schöne Grün erhält. Gewürzt wird mit einer im Mörser geschroteten Mischung aus grobem Meersalz, Pfeffer- und Pimentkörnern und schließlich wird alles großzügig mit den orangefarbenen Kaviarperlen bestreut – sieht hinreißend aus und schmeckt auch so.

Dann gekochter Fenchel mit Olivenöl. Die Fenchelknollen haben sich die drei Tage, die wir unterwegs waren, im Keller gut gehalten. Sie werden geviertelt, in Salzwasser weich gekocht, noch warm auf einer Platte angerichtet und mit grobem Pfeffer gewürzt, mit Olivenöl beträufelt und zum Schluss noch mit dem fein gehackten, zarten Fenchelgrün bestreut.

Und schließlich gibt es gefüllten Kaninchenrücken. Der stammt aus unserem Tiefkühlvorrat und wird als Allererstes aus der Kälte genommen, damit er schon mal ein wenig auftaut. Dann braucht man ihn vor dem Servieren nur noch auf der Aufschnittmaschine in dünne Scheiben zu schneiden, sie dekorativ auf einer Platte dachziegelartig anzurichten und mit einer Kräutervinaigrette zu überziehen. Gefüllt ist der völlig entbeinte Rücken mit einem Kräuterrührei, das gelb und grün gesprenkelt aus der Mitte des aufgerollten, hellen Kaninchenfleisches leuchtet. Martina bereitet Kaninchen immer lieber in seinen Einzelteilen zu. Den Rücken mit seinem extrem hitzeempfindlichen Fleisch lieber ganz separat. Denn es ist keineswegs naturgegeben, wie man oft hört: »Der Rücken wird gern trocken!« Er missrät nur, wenn man ihn zu lange zu starker Hitze aussetzt. Und die Keulen und Vorderläufe schmecken am besten geschmort, im Ragout auf mediterrane Art, mit Olivenöl, Rosmarin, Knoblauch, Zwiebeln, Oliven und Tomaten, oder auch als Thaicurry in einer scharfen Kokossauce.

Es klingt übrigens aufwendiger als es ist, einen Kaninchenrücken zu entbeinen: Den von Keulen und Vorderläufen befreiten Rücken mit der Bauchseite nach oben auf die Arbeitsfläche legen, die Bauchlappen ausbreiten. Jetzt mit einem spitzklingigen Messer das Fleisch von den Rippen schälen, dabei auf einer Seite beginnen, um jede Rippe einzeln herumschneiden und sich dann über den Rücken und sein Rückgrat hinweg bis zur anderen Seite vorarbeiten. Wenn das fleischige Rechteck auf der Arbeitsfläche liegt – mit den beiden Rückenfilets in der Mitte, gesäumt von den dünnen Bauchlappen –, kann man das Ganze einfach würzen und zu einem kleinen Rollbraten aufwickeln. Hübscher und pfiffiger wird dieser Rollbraten durch eine Füllung: Das können bissfest gekochte, dünne grüne Bohnen sein, die mit angedünsteten winzigen Speckwürfelchen vermischt werden, ein anderes farblich kontrastierendes Gemüse oder eben ein Kräuterrührei.

Zunächst jedoch würzt Martina den entbeinten Kaninchenrücken mit Salz, Muskatblüte und Pfeffer. Das Rührei darf auf keinen Fall richtig fest werden. Die Eier mit fein gehackten Kräutern, Muskat, Salz und Pfeffer verkleppern, in einer beschichteten Pfanne sehr behutsam garen. Die Butter soll gerade eben zerschleichen, wenn Sie das Ei hineingießen. Dann langsam mit einem Holzspatel oder einem hitzebeständigen Gummischaber vom Boden schaben, immer wieder, bis alles cremig gestockt ist. Etwas abgekühlt in der Mitte längs der beiden Rückenfilets verteilen, von der Seite vorsichtig und nicht zu stramm aufrollen und mit Küchenzwirn zu einem kleinen Rollbraten verschnüren. Diesen in einer Pfanne im heißen Olivenöl rundum anbraten. Dabei den Braten nunmehr auch von außen mit Salz, Muskatblüte und Pfeffer würzen. Sobald er rundum sanfte Bratspuren zeigt, das Stück in Alufolie wickeln und im 80 Grad warmen Ofen 20 Minuten nachziehen lassen. Man kann den gefüllten Kaninchenrücken natürlich frisch essen; als Sauce den mit etwas Weißwein losgekochten Bratenfond mit Butter cremig aufschlagen und mit einem Hauch Orangenschale würzen. Wir mögen diesen gefüllten Kaninchenrücken jedoch am liebsten kalt, dann lässt er sich auch besser in dünne Scheiben aufschneiden und schmeckt mit einer erfrischenden Kräutervinaigrette als Vorspeise.

Als zweiten Zwischengang soll es natürlich Pasta geben – wir wissen: Italiener können noch so kosmopolitisch und weltoffen sein, eine Mahlzeit ohne Pasta ist für sie nicht komplett. Damit Pippo und Alessandra aber dennoch etwas Neues vorgesetzt bekommen, gibt's keine Spaghetti, sondern Reiskornnudeln aus Griechenland. Die haben wir von unserer Lesbosreise im Januar mitgebracht: handgerollt und wirklich so klein wie Reiskörner. Sie werden gekocht und mit Artischockenscheibchen vermischt, die in heißem Olivenöl mit in feine Ringe gehobelten Schalotten und gehacktem Knoblauch sanft golden gebraten sind. Winzige Chiliwürfelchen und schließlich die fein gehackte Petersilie geben Biss und Farbe. Unmittelbar vor dem Servieren wird die frisch abgegossene Pasta zusammen mit einem Händchen voll frisch geriebenem Parmesan untergemischt und in vorgewärmten Tellern, mit einem Schuss rohem Olivenöl beträufelt, zu Tisch gebracht.

Als Hauptgericht soll es Fisch geben. Die je gut drei Zentimeter dicken Stücke aus dem Rückenfilet vom Kabeljau haben ebenfalls im Tiefkühler auf ihren Auftritt gewartet und liegen längst neben dem Kaninchenrücken zum Auftauen bereit. Sie werden nachher einfach gedämpft und auf einem Bett von Gartenkresse serviert. Um diese Jahreszeit, Ende April, ist die Auswahl der Kräuter im Garten ja bereits erfreulich groß. Dass stets genügend Kresse im Frühbeet schnittreif ist, darauf achtet Frau Fogel besonders. Und Moritz hat gleich nach unserer Ankunft vom Flughafen alles nötige Grünzeug im Garten geholt.

Kurz vor halb acht das Telephon: Pippo und Alessandra sind weit vor Stuttgart von der Autobahn abgefahren, weil sie ein Schild mit einem Namen gesehen hatten, das so klang wie unsere Abfahrt, Sulzbach oder so ähnlich. Also nochmal genau erklären: zurück zur Autobahn, welche Richtung, ungefähre Zeitangaben.

Eine halbe Stunde später erneutes Telephonläuten. Jetzt sind die beiden, statt am Kreuz Stuttgart auf die Autobahn nach Süden abzubiegen, weiter geradeaus gefahren. Leider schwante ihnen erst nach einer Weile, dass sie wieder auf dem Holzweg sind.

Nochmal umkehren, die richtige Abfahrt nehmen, dann ist es noch eine gute halbe Stunde. Nach Ablauf derselben klingelt abermals das Telephon: Leider sind sie wieder am richtigen Kreuz vorbeigefahren und haben die Ausfahrt zum Flughafen genommen. Meine Güte!

»Habt ihr denn keine Straßenkarte?«, fragt Martina verzweifelt, denn ohne jede Deutschkenntnisse können die beiden ja niemanden fragen. Welcher Tankwart spricht schon Italienisch?

»Doch, haben wir. Wie heißt denn der nächste größere Ort in eurer Richtung?«

Aber mit unseren Vorschlägen können sie nichts anfangen, sie finden die Orte auf ihrer Karte nicht. »Einfach mit dem Finger auf der Karte von Stuttgart nach Süden fahren!«, empfiehlt Moritz.

Als sie sich endlich ein letztes Mal melden und bestätigen, dass sie nunmehr die richtige Ausfahrt genommen haben, ist es schon zehn Uhr vorbei, und draußen ist es stockdunkel. Jetzt kann ja kaum noch etwas schief gehen.

»Ich werde mich an den Straßenrand stellen«, verspricht Moritz, »nach der zweiten Haarnadelkurve langsam fahren, dort stehe ich und winke!« Es dauert vier Minuten, dann donnert mit schärfster Geschwindigkeit ein Alfa vorbei. Pippo muss nach der zweiten Kurve, statt auf die Bremse aufs Gaspedal gedrückt haben, bis zum Anschlag. Moritz springt zur Seite, tanzt, winkt hinterher – bis endlich vor der dritten Kehre die Bremslichter leuchten… Es ist fast elf, als die Drei das Haus betreten.

Bei der Straßenkarte, auf der wir ihnen anderntags die weitere Route zeigen wollen, handelt es sich übrigens um eine Europakarte, sie zeigt Deutschland etwa in Handtellergröße – kein Wunder, dass sie die von uns vorgeschlagenen größeren Orte in unsere Richtung nicht haben aufspüren können… Oh, diese Sizilianer! Aber über uns lachen, dass wir einen ganzen Koffer von Straßenkarten allein für ihre Insel dabei haben…

Pippo hatte vor langer Zeit, vor mehr als 30 Jahren, zusammen mit Angelika, seiner deutschen Frau, in München ein Lokal: winzig, ein schmaler Schlauch, acht Tische, die Küche im Keller. Dort kochte er, der Rechtsanwalt aus Catania, Angelika servierte. Es gab immer eine kleine Auswahl von Antipasti zum Selbernehmen vom Buffet, zwei, drei verschiedene Paste, zwei Fisch-, ein bis zwei Fleischgerichte und höchstens zwei Desserts. Alles sehr einfach – klare, ungestelzte, sizilianische Hausfrauenküche. Der Wein kam in der Karaffe auf den Tisch und wurde nach Verbrauch über den Daumen abgerechnet. Benjamino Gigli schmetterte vom Band Arien von Vincenzo Bellini, dem Stolz von Catania, Pippos Heimatstadt, dass die Wände wackelten, die bis zur Decke hoch mit Kunst gepflastert waren. Und wenn man am Ende des Abends um die Rechnung bat, erschien Pippo aus seiner Küche mit dem Block in der Hand, nahm den Stift, den er hinterm Ohr trug, dachte kurz nach und schrieb mit schwungvoller Hand eine Summe auf: »*Ecco!*«, warf er lässig den Zettel über den Tisch. Ein Pauschalpreis, meist war's zu wenig, mitunter auch zu viel, aber was soll's – erst wenn man auf die Straße trat, merkte man wieder, dass man sich im winterlichen oder regennassen München und nicht im sonnendurchglühten Sizilien befand.

Pippo und Angelika trennten sich irgendwann, Pippo kehrte zurück nach Hause, wo er als Spross einer der ältesten Familien des Landes einen wunderschönen Landsitz besaß, über Terrassen hinweg in einem verwunschenen Park am Hang des Ätna gelegen, hoch über Catania, mit traumhaftem Blick weit übers Meer. Ein Paradies voll duftender Orangen- und Zitronenbäume, mit üppigem Oleander, riesigen Feigenkakteen, plätschernden Brunnen und Kaskaden von Hibiskus – ein einziger Traum! Seinen Beruf als Anwalt konnte beziehungsweise wollte er nicht ausüben, »*non è possibile*«, hatte er immer geraunt, wenn man ihn fragte, und nur ungern erläutert, warum: »*la mafia*…« Und dann mit dem Kinn jene unnachahmliche Geste gemacht, zu der man noch beide Hände bittend zum Himmel heben und die Schultern hochziehen muss und dann sagt sie »*È così.*« Schicksal!

Nach seiner Rückkehr hatte er in einem Trakt seines Anwesens ein Restaurant eingerichtet, allerdings als geschlossenen Club, nur für Mitglieder und deren Gäste, Zutritt nach Gesichtskontrolle und mit Codewort über eine Videokamera am riesigen Eisentor. Wieder war, als wir nach dem Grund fragten, die Antwort jene vielsagende Geste und: »*la mafia*…«

Vor kurzem jedoch hat sich Pippo aufs Altenteil zurückgezogen und den Betrieb Giovanni, seinem Sohn, übergeben. Er kann sich seinen Liebhabereien widmen und reisen. Und nun ist er nicht mehr Gastgeber, sondern der verwöhnte Gast, der sich mit der Nachsicht des Weisen an einen fremden Tisch setzt und erst einmal nicht allzu viel erwartet, vielmehr jene höfliche aber misstrauische Zurückhaltung an den Tag legt wie etwa ein Papagei in seinem Käfig, dem sich ein Fremder mit einer Banane nähert.

Wir servieren ihm gedämpftes Kabeljaufilet auf Gartenkresse. Dafür sollte man beim Fischhändler so genannte Kabeljau-Loins verlangen. Sie werden aus dem Rückenteil des Filets geschnitten, sind durchgehend gleichmäßig dick – so können sie absolut gleichmäßig garen und dann schmeckt's einfach besser! Ein Händchen voll getrockneter Tomaten, die man zunächst, in einem Schälchen mit kochendem Wasser bedeckt, eine halbe Stunde lang einweicht; danach werden sie fein gewürfelt und mit zwei Esslöffeln Olivenöl mariniert. Die Kabeljaustücke werden lediglich auf beiden Seiten mit Pfeffer bestreut, nebeneinander auf einen mit Öl eingepinselten Teller gebettet, der in einen Dämpftopf passen sollte. (Am besten ist fürs Dämpfen übrigens der Wok geeignet. Die Platte auf einem Untersatz hineinstellen, einer umgestülpten Tasse etwa oder einem passenden Rost.) Darauf dann die gewürfelten Tomaten verteilen, gesalzen werden die Fischstücke erst unmittelbar vor dem Dämpfen.

Nach drei bis vier Minuten im heißen Dampf sind die Fischstücke gar. Man merkt das, wenn sie auf Fingerdruck nicht mehr elastisch nachgeben, sondern Widerstand bieten; sie sehen dann auch nicht mehr glasig aus, sondern sind schön weiß. Jetzt werden sie auf vier Tellern angerichtet, auf einem Bett von gewaschener Gartenkresse. Für die Sauce füllt man den Saft, der sich auf dem Teller gesammelt hat, mit drei Esslöffeln Olivenöl und etwas Zitronensaft in einen hohen Becher und schlägt sie mit dem Mixstab cremig auf. Mit Salz abschmecken und über die Fischstücke gießen, außerdem einige Tropfen frischen Öls darüber träufeln, die dann als goldene Kleckse in der Sauce schwimmen. Sofort servieren – als Begleitung genügt krumiges Weißbrot, mit dem sich nachher die erfrischende Olivenölemulsion aufwischen lässt.

Pippo lehnt sich zurück, nachdem er seinen Teller mit geradezu unitalienischer Gründlichkeit sauber geputzt hat. »*Favoloso!*«, lobt er den Fisch. Er hätte nicht geglaubt, dass es bei uns, so weit vom Meer entfernt, so anständigen Fisch gibt! Und irgendwie denken sie im Süden, der Wiege der abendländischen Kultur, ja immer noch, dass wir Nordlichter uns hauptsächlich von Kraut und Rüben ernähren, und wundern sich, wenn wir überhaupt Genießbares zustande bringen …

Auch die Weine, die wir dazu servieren, finden seine Anerkennung, dabei haben wir absichtlich nur Rieslinge ausgewählt, freilich sehr reife – von Fürst (aus Bürgstadt in Franken) und Hirtzberger (Spitz in der Wachau), um seinen nicht an Säure gewöhnten Weingaumen nicht allzu sehr zu strapazieren.

Erst nach dem Dessert, Himbeereis mit Cassissauce, werden wir über Pippos Anliegen sprechen können. Das Eis entsteht unmittelbar vor dem Servieren im Paco Jet, einem phantastischen Gerät, das in der Profi-Version in keinem guten Restaurant fehlt, weil es so unendlich vielseitig einzusetzen ist: Ein Hochgeschwindigkeitsmixer, der aus gefrorenen Zutaten im Handumdrehen zarte Pürees und Cremes von einer unnachahmlichen Konsistenz zaubert. Es werden also gefrorene, gezuckerte Himbeeren eingefüllt, das Gerät mixt sie zu einem cremigen, seidig glatten, fruchtigen Eis. Das Profimodell ist so groß wie ein Laserdrucker und sehr,

sehr teuer. Eine Zeit lang gab es auch ein kleineres, billigeres (wenn dieses Wort für die stolze Summe erlaubt ist, die es immer noch kostete) Gerät für den Haushalt. Leider hat man es vom Markt genommen, keine Ahnung, aus welchem Grund. Und unsere Gäste, die einmal ein damit zubereitetes Eis oder eine Creme daraus bei uns gegessen haben, sind untröstlich. Natürlich will jeder ein solches Ding haben!

Endlich sind wir ans Ende unseres Menüs gelangt. Es ist zwei Uhr vorbei, Schlafenszeit, als Pippo zu guter Letzt damit herausrückt, was er uns präsentieren will. Er holt einen Packen von Papier aus seiner Aktentasche, etwa fünfhundert eng betippte Manuskriptseiten. Sein Buch! Er glüht vor Begeisterung, als er erzählt, worum es sich dreht: Geschichten aus seiner Familie, aus der Kindheit, seinem Leben, die – wie kann es bei einem Sizilianer anders sein? – allesamt und immer wieder ums Essen und Trinken kreisen. Er erzählt zum Beispiel von den Fischern, wie sie ihm gezeigt haben, an den Lavafelsen vor Acitrezza im Frühjahr und Herbst die Seeigel und Abalone zu pflücken; wie genau sie wissen, wann es Zeit ist, Muscheln aus dem Sand zu graben; warum sie darauf schwören, im Wasser für den Tintenfisch einen ganz bestimmten Stein mitzukochen – sonst bleibt der *polipo* immer hart, behaupteten sie, wird er niemals weich!

Alessandra liest mit ihrer samtenen Stimme – sie war früher am Teatro Bellini in Catania eine gefeierte Sängerin – ein Kapitel nach dem anderen vor, sie spielt die Szenen geradezu vor, mit theatralischer Gebärde und in wunderschönem Italienisch, versteht sich, bis Moritz irgendwann verzweifelt abwinkt, dessen italienisches Sprachvermögen etwa so gut ist wie Martinas Französisch zumal jetzt, zu später Stunde, wo die Konzentration nachlässt. Pippo sitzt da, lauscht mit schräg gelegtem Kopf und mit verklärtem Lächeln seinen eigenen Texten. Er platzt vor Stolz, fragt aber gleichzeitig bang: »Was meint ihr, kann man so ’was drucken?«

»Natürlich, sicher!«, sagen wir unisono.

Aber er wehrt gleich konkrete Überlegungen ab:»Ich bin noch lang' nicht fertig!«

Jetzt warten wir auf die nächsten 500 Seiten.

## In letzter Minute

»Heute werd' ich Treviso zubereiten«, erklärt der Fernsehkoch mit der Pferdeschwanzfrisur und behauptet, während er eine Staude Radicchio di Treviso längs in Streifen schneidet: »Der Treviso ist ein Wintergemüse, eine Neuzüchtung aus Chicorée und Radicchio«. Letzteres spricht er, wie so viele seiner Landsleute, ebenso beharrlich wie falsch als *Raditscho* aus. Bestimmt sagt er auch »Gnotschi«, wenn er Gnocchi meint, und dann löscht er seinen Bratfond mit *Nolly pratt* ab... Aber seine Detailkenntnis ist nicht nur in Bezug auf sprachliche Zusammenhänge getrübt, sondern, wie sich zeigt, auch in fachlicher Hinsicht: Sonst würde er sich mit diesem Thema nicht ausgerechnet jetzt, im April, befassen, also am Ende der Saison, und auch nicht erklären, dass »Treviso wesentlich milder als Chicorée« sei...

Ein Blick auf das Objekt in seiner Hand zeigt, dass es sich tatsächlich um den klassischen *Radicchio di Treviso* oder *trevisano* handelt, eine der uralten Varianten dieser Gemüsesorte. Sie wurde aus der Zichorie gezüchtet und wird in Venetien vor allem ihrer ausgeprägten Bitterkeit wegen geliebt. Von Milde also keine Spur! Man weiß in Italien um die geschmacklichen sowie diätetischen Vorzüge, die vor allem in den Bitterstoffen von Gemüsen stecken. Sie fördern den Speichelfluss und damit die Verdauung, wecken die Geschmackspapillen und ermöglichen differenzierte kulinarische Erfahrungen.

Da die Menschen nördlich des Alpenhauptkamms diese Vorliebe nicht teilen, haben die Radicchioproduzenten Norditaliens

176

die *Rosa di Chioggia* entwickelt, jene feste, kugelrunde und garantiert bitter-, leider auch ziemlich geschmacksfreie Variante, die unsere Märkte beherrscht. Den lang gezogenen, geschmacksintensiven, herzhaften *Radicchio di Treviso*, der nicht nur als Salat, sondern mehr noch als Gemüse oder im Risotto geschätzt wird, muss man dagegen suchen. Wie den kurzen, schmalblättrigen und lockeren *Radicchio di Verona*, den man hauptsächlich zum Braten und Grillen verwendet. Und noch seltener taucht auf unseren Märkten leider der bildschöne *Radicchio di Castelfranco* auf, dessen wie eine alte Rose aufblühende, cremig-weiße, dunkelrot gesprenkelte Köpfe in jedem Blumenstillleben holländischer Meister eine gute Figur machen würden. Trotz seiner duftigen, zarten Erscheinung bietet auch der *Radicchio di Castelfranco* kräftigen Geschmack und herzhafte Bitterkeit.

Wie gesagt, man sieht deutlich: Keineswegs handelt es sich bei dem Gemüse in den Händen des Fernsehkochs um roten Chicorée, den tatsächlich holländischer Züchterfleiß, Chicorée und Radicchio kreuzend, hervorgebracht hat – schlank wie eine Chicoréestange, rot wie Radicchio, aber ebenfalls von wenig ausgeprägtem Geschmack und fast ohne Bitterkeit. So mild eben, wie man es in unseren Breiten mag.

Es ist eine ziemlich aufwendige Sache, Radicchio zu ziehen, kein Wunder, dass es ein vergleichsweise teures Gemüse ist. Beim *trevisano* werden Anfang September auf dem Feld die Blätter hochgebunden und zusammengeschnürt, damit sein Herz bleicht. Ende November, vor den ersten Frösten, gräbt man die Pflanzen aus, säubert die mächtigen Pfahlwurzeln und stellt sie dicht nebeneinander in große, flache Wannen, durch die man Wasser laufen lässt; es darf nur die Wurzeln, nicht aber die Blätter erreichen. Dies geschieht an frostsicherem Ort und vor Licht geschützt. Von Dezember an kann »geerntet« werden: Die zarten Herzen mit den weißen Stängeln werden aus einem riesigen Paket fauler und ledriger Blätter geschält – es gibt unwahrscheinlich

177

viel Abfall! Von der Wurzel lässt man ein bis zu fünf Zentimeter langes Stück daran, das man essen kann: fein geraspelt oder in dünne Scheibchen gehobelt im Salat, auch mitgedünstet im Risotto! Die Italiener lieben ihre stark ausgeprägte, appetitanregende Bitterkeit.

Beim *Castelfranco* werden schon Mitte August alle Blätter abgemäht, man isst sie als Salat oder Gemüse oder verfüttert sie ans Vieh. Die Wurzeln treiben anschließend neu aus und bilden ihre wunderschönen Rosen. Auch diese Pflanzen gräbt man vor dem ersten Frost aus, setzt sie in große Kästen und stellt sie kühl. Zu gegebener Zeit kommen sie in einen ebenfalls dunklen Raum mit etwa 15 Grad – die Wurzeln fangen an zu treiben, und bereits nach zwei Wochen werden die inneren, hellen Blätter mild und zart. Die Saison für diese beiden Spezialitäten – die schönsten Blüten des Winters! – hat man in den letzten Jahren etwas verlängern können, sie dauert jeweils von November bis März!

Wir haben das alles auch in unserem Garten und anschließend im Keller ausprobiert und gute Ergebnisse erzielt. Aber natürlich ist unser Radicchio frühestens zu Weihnachten, meist erst im Januar bis Februar so weit. Um dieses köstliche Gemüse bekannter zu machen und ihm neue Freunde zu verschaffen, haben wir ihm eine ganze Sendung gewidmet. Natürlich musste diese wieder mal zu einem gänzlich ungeeigneten Termin produziert werden, nämlich bereits Mitte September. Ein Zeitpunkt, zu dem es zwar jede Menge der kugelrunden *Rosa di Chioggia* auf dem Markt gibt. Aber gerade die Sorten, auf die es uns ankam, sind um diese Jahreszeit kaum aufzutreiben. In unserer Verzweiflung haben wir lange herumtelephoniert. Schließlich wandten wir uns an einen befreundeten Händler, der sich jeden Sonntagabend mit seinem Lastwagen auf den Weg macht und nach Mailand fährt, um in der Nacht auf den Dienstag mit herrlichem Gemüse zurückzukommen. Natürlich ein Italiener, wer sonst nähme regelmäßig eine solche Strapaze auf sich, nur um der besseren Qualität willen. Er hatte schon vorher seine Lieferanten alarmiert, die wiederum ihre Produzenten angespitzt hatten. Viel war es nicht, was man uns schon mal vorab abzwacken konnte, vor allem waren die Köpfe und Stauden noch klein. Gottlob kann man vor der Kamera ein bisschen tricksen, indem man die Proportionen nicht ganz deutlich werden lässt.

Noch größer war unsere Not bei der Produktion unserer Sendung »Spitzkohl und Sommerwirsing«. Als wir als Drehtermin, der immer schon im Herbst davor festgelegt werden muss, Mitte April nannten, hatten wir nicht bedacht, welches Logistikproblem wir uns damit einhandelten. Diesmal bat Martina eine italienische Händlerin aus der Markthalle in Stuttgart um Hilfe, die bekannt für ihre guten Kontakte in ganz Europa ist. Wir brauchten für dieselbe Drehwoche nämlich zusätzlich rote und weiße Rübchen. Natürlich nicht jene krautlosen Kugeln, die auch wir im Keller eingelagert haben, sondern jene frühlingsfrischen, hübschen Rübchen, die gebündelt wie riesige dunkelrote oder schneeweiße Radieschen aussehen und als Sinnbild für die erwachte Natur stehen. Schließlich wollten wir in unserer Sendung Lust auf das junge Gemüse machen!

Nach einem ungewöhnlich frostigen Januar hatte sich die Gemüseproduktion im Süden Europas in diesem Jahr empfindlich verzögert. Die Gemüsehändlerin versprach ihr Bestes. Aber es sah schlecht aus, selbst der Spargel, den wir für die dritte Sendung in dieser Produktionswoche brauchten, war nicht ohne Schwierigkeiten und nur zu einem atemberaubenden Preis aufzutreiben. Da erinnerten wir uns, dass es im Januar, bei einem Besuch auf Lesbos, wo wir Olivenernte und Ölproduktion besichtigt hatten, herrlichste, zarte, frühlingsfrische Rote Bete gegeben hatte. Ein Anruf bei den liebenswürdigen Betreuern vor Ort, einem deutschen Ehepaar, das ganzjährig auf der Insel lebt, brachte frohe Kunde. Ja, es gibt Rote Bete und, noch besser, die beiden standen kurz vor einer Deutschlandreise, sie könnten sogar rechtzeitig zum Drehtermin bei uns sein, und, das war das Allerbeste, sie reisten mit dem Auto, so dass es kein Problem sei, eine Kiste des begehrten Gemüses einzuladen …

Am Tag vor Drehbeginn standen wir immer noch mit leeren Händen da. Stürmische See hatte die Überfahrt verzögert. Erst am Abend traf das Ehepaar ein. Doch dann kam der nächste Schock für uns: Die lange Reise hatte dem Gemüse sichtbar zugesetzt. Obendrein stellte sich heraus, dass es sich keineswegs um junge Rübchen handelte (die waren auch auf Lesbos Anfang April noch nicht so weit), sondern um die Ernte vom Vorjahr. Die Rüben hatten allerdings – und darauf kam es uns ja an! – noch grüne Blätter, und sie waren klein. Der Kameramann wurde dazu vergattert, stets nur so viel zu zeigen, dass die Makel unseres Materials nicht zu erkennen wären.

Aber zurück zum Spitzkohl: Natürlich hatten wir die strotzenden, riesenhaften Kohlköpfe im Sinn, die im Sommer überall zu haben sind. Vor der Produktionswoche fanden sich gerade mal ein paar ältliche Weißkohl- und Wirsingköpfe auf dem Markt. Aus Portugal hatte die hilfsbereite Gemüsehändlerin vom Stuttgarter Markt jungen Spitzkohl avisiert bekommen, er wurde eingeflogen. Jung waren die Köpfe in der Tat, vor allem klein: Die größten füllten gerade eben Moritz' Handfläche aus. Wir brauchten Berge davon, damit es nicht lächerlich wirkte. Einen großen Batzen Geld kostete uns dieses alberne Gemüse, es wurde die teuerste TV-Produktion unserer Geschichte.

Zwei Wochen nach Beendigung unserer Dreharbeiten stand Martina im Supermarkt. Ihr Blick fiel auf eine Riesenkiste voller Spitzkohl, makellose, strotzende, dicke, armlange Köpfe: ein Sonderangebot, aus Chile.

## Die Wildenten

Jedes Jahr, wenn der Frühling einzieht, bekommt unser Teich Besuch. Schon kurz nach der Dämmerung landen drei Wildenten platschend in aufspritzender Gischt – ein wunderschöner Herr mit blaugrün schillerndem Kopf und zwei eher unscheinbare Damen. Während die eine schon bald am Teichrand ihr Gefieder pflegt, stellt der Erpel der anderen nach. Aber zunächst nur spielerisch und mehr zum Schein.

Die frisch geputzte Verehrerin lenkt nun ihrerseits die Aufmerksamkeit des Kavaliers auf sich, und es beginnt ein hübsches Wechselspiel: Sowie der Erpel Interesse zeigt, wendet sich die umworbene Dame ab und tut so, als sei ihr das alles furchtbar lästig. Schenkt er aber seine Gunst der inzwischen buhlenden anderen Dame, scheint unversehens Eifersucht zu erwachen und die eben noch Abweisende wird zur Werbenden. So geht das zwei, drei Wochen, ohne dass eine Entscheidung fällt. Zwischendurch fliegt die kleine Schar immer mal wieder weg, zur Futtersuche. Und übernachtet anderswo.

Ab und zu kommt es vor, dass noch ein zweiter Erpel auftaucht, aber der bleibt nie lange: Zum einen belieben die Damen nicht, ihm aufmunternde Gunstbezeugungen zukommen zu lassen, zum anderen schießt der Platz haltende Erpel auf den Neuen zu wie eine Rakete, sobald dieser sich nur auf zwei Meter einer der Damen zu nähern wagt. Zunächst nur Geschnatter, Geschrei und Gezische mit rauschendem Flügelschlag, beim dritten oder vierten Mal dann aber ein kräftiges Zwicken in Hals oder Flügel, und schon ist der Eindringling verscheucht. Er nimmt es sich nicht sehr zu Herzen, denn ein oder zwei Tage später versucht er es erneut – oder sollte es ein anderer sein? Es ist ja äußerst schwierig, in den Vögeln Persönlichkeiten zu erkennen.

Plötzlich aber ändert sich das Verhalten der Wildenten. Der Erpel erkiest sich eine Dame und flirtet nun nicht mehr, sondern macht Ernst. Nach jeweils längerem Necken schlägt das Liebesspiel um in ein heftiges Zwicken und Zwacken, um in der raschen Begattung seinen Höhepunkt zu finden. Danach benehmen sich die beiden so, als seien sie einander fremd, und wenden sich beiläufig dem Ordnen des Gefieders oder der Nahrungssuche zu. Es wird gegründelt, hier und dort etwas vom Uferrand herausgezogen, vom Krötenlaich genascht, und schließlich putzen sich alle unter fröhlichem Geschnatter. Dann geht es munter weiter, drei- oder viermal befriedigt der Herr am Vormittag noch seine Lust; gegen Abend werden die Abstände zwischen seinen Bemühungen größer.

Schließlich bleibt das Paar allein zurück, die verschmähte Dame fühlt sich offensichtlich überflüssig, später hat sie hoffentlich einen anderen Partner gefunden, sich vielleicht doch dem zunächst zugunsten des schmuckeren Erpels verschmähten Eindringling zugewandt.

Das Paar fliegt jetzt häufiger weg, schwimmt nicht nur auf dem Teich, sondern stapft auch zwischen den Blumen und Büschen umher. Es baut sich ein Nest, dieses Mal direkt im Beet hinter dem Teich. Wohl geordnet sieht das alles nicht aus, eher wie ein herrenloses Gestrüpp, und ehe es so richtig fertig scheint, liegt schon das erste Ei darin. Wir halten uns nun von dieser Ecke fern, um die Wildenten nicht zu stören. Aber große Hoffnung haben wir nicht, dass einmal eine ganze Kolonie von kleinen Enten auf unserem Teich schwimmen wird, denn die Brutpflege der letzten Jahre endete stets in einem Desaster.

Früher, als Viktor, der schwarze Riesenschnauzer unseres Verwalterehepaars Derksen, noch für Ordnung sorgte, hatten die Enten ohnehin keine Chance, bauten hier erst gar kein Nest oder verließen es schon nach ein paar Tagen, wenn nur ein oder zwei Eier darin lagen. (Viktor stellte übrigens auch dem Fischreiher nach, der es damals nicht wagte, sich an unseren Goldfischen gütlich zu tun.) Als kein Hund sie mehr aufscheuchte, schien es besser zu gehen, denn das Entenpaar brütete auf einem vollen Gelege in den Rosen neben dem Tennisplatz. Aber eines Morgens war alles vorbei: Der Marder war gekommen, hatte das Gelege ausgenommen und die Eier ausgeschlürft. Die Stelle sah fürchterlich aus. Die Enten waren verschwunden und ließen sich auch im nächsten Jahr nicht blicken. Dann aber waren sie wieder da, und letztes Jahr haben sie ihr Nest im Rhododendron gebaut. Allerdings fühlten sie sich auch dort offensichtlich gestört. Eines Tages kehrten sie nicht wieder zurück, obwohl schon fünf Eier im Nest lagen. Dieses Jahr nun also das Nest direkt am Teich – und einmal, als beide gerade weggeflogen waren, schlichen wir uns an und erspähten neun wunderschöne, hellblau-türkisgrüne Eier.

Plötzlich ist es so weit: Die Entlein sind geschlüpft und paddeln munter auf dem Wasser herum. Wir sind entzückt und überlegen schon, ob wir nicht ein Häuschen bauen sollen, das ihnen besseren Schutz böte. Aber zwei Tage später sind sie fortgezogen – Herr Fogel hat sie quer durch die Obstanlagen hasten sehen, kurioserweise im Gänsemarsch. Sie sind durch die Thujahecke geschlüpft (wir wussten gar nicht, dass der Zaun, der in der Hecke verborgen ist, ein Loch hat), schließlich quer über die Straße zum Dobelbach geeilt. Dort hüpften sie unerschrocken ins reißend fließende Wasser und ließen sich zur Glatt tragen, wo wir sie nicht mehr sehen konnten. Erst wieder im Sommer, als sie größer waren.

Aber Herr Fogel hat nur sieben Entlein gezählt, und so machen sich Anton und Georg auf, um die beiden anderen zu suchen. Sie finden die Vermissten, die offensichtlich den Anschluss verloren haben, in jämmerlichem Zustand am Teich. Mit einem Handtuch werden sie ganz vorsichtig getrocknet, in eine Schachtel mit Watte gesetzt und unter eine wärmende Lampe gestellt. Anton und Georg versorgen sie mit kleinen Würmern, Brotkrümeln und Wasser. Wer weiß, ob es diese womöglich unbekömmliche Nahrung war, ob die beiden ihre Eltern zu schmerzhaft entbehrten, vielleicht waren sie aber auch von vornherein zu schwach und von den Eltern bewusst nicht mitgenommen worden – jedenfalls gehen sie am Tag darauf schon ein. Natürlich ist die Trauer groß, und die kleinen Federbällchen bekommen eine würdige Beerdigung.

## Frost!

Nach dem warmen Februar und den schönen Tagen Ende März hat die Natur jetzt einen weiten Vorsprung vor dem Kalender. Der April ist gerade zehn Tage alt, und die Pfirsiche blühen schon. Da wird es kalt: Hochdruck mit Ostwind, sternenklarer Himmel und frostige Nächte. In der kältesten sinkt die Temperatur auf unter sieben Grad unter null, in der Tallage »Priel«, wo auch der Garten liegt, sind es sogar neun. Wir ahnen nicht nur, sondern wissen, dass es mit den Pfirsichen dieses Jahr nichts wird. Auch die Birnen, deren Knospen schon weiße Spitzen zeigen, sind verloren, ebenso die Süßkirschen und die Zwetschgen; die Löhrpflaumen und die Zibärtle, die wir doch so gerne zum Brennen hätten, werden ebenfalls dem Frost zum Opfer fallen.

Eine gute Woche später, es ist wieder typisches Aprilwetter, machen wir eine schlimme Entdeckung: Viele der vor ein oder zwei Jahren gesetzten Apfelbäume haben gelitten. Die Rinde ist bei einigen Bäumen die ganze Stammlänge auf- und abgeplatzt. Bei anderen sieht man nichts, aber die Blätter und Blüten welken. Und im »Priel« sehen die Bäume entsetzlich aus: verkrüppelte, braun geränderte Blätter, die Knospen wie verdorrt. *Seccato* (vertrocknet) oder *bruciato* (verbrannt), sagen ja die Italiener sehr bildhaft, wenn Obst zu Grunde geht. Hier wird es in diesem Jahr überhaupt keine Äpfel geben.

Andererseits stellen wir mit Erstaunen fest, dass die Kirschbäume nur unten herum erfroren sind, oben beginnen sie in den nächsten Tagen prächtig zu blühen. Und den Mirabellen scheint der Kälteeinbruch überhaupt nichts ausgemacht zu haben, sie hüllen sich in strahlend weiße Blütenwolken – merkwürdig.

Zwei Wochen später scheint die Welt vollkommen auf dem Kopf zu stehen: Die Fruchtknoten der Pfirsiche fallen keineswegs ab, wie erwartet, sondern werden immer dicker. Die Birnen, Hauszwetschgen und Löhrpflaumen zum Brennen haben der Kälte ebenfalls widerstanden. Es ist uns vollkommen rätselhaft, warum die eigentlich höchst empfindlichen, in voller oder kurz vor der Blüte stehenden Bäume trotz dieses überaus starken Frostes Früchte tragen. Der Versuch einer Erklärung: Die Luft war sehr trocken, es gab auch keinen Reif. Die Schäden an den Blüten sind besonders zahlreich, wenn am Abend Regen oder Schneeregen niedergeht und gleich danach der Himmel aufreißt und der Frost kommt. Dann gefriert das Wasser in den Blüten, und am Morgen ist alles weiß von Reif.

Im »Priel« allerdings stellen wir fest, dass von den früh blühenden Gravensteinern und Jonagold sämtliche Blätter und Knospen abfallen. Zögerlich treiben Ersatzaugen aus, die Bäume sind in einem Monat wieder zwar spärlich, aber doch immerhin ein wenig begrünt. Es gibt sogar Nachblüten, die befruchtet werden und eine winzige Ernte bringen – sechs bis acht Äpfel pro Baum werden es sein. Die später blühenden Sorten hingegen, Elstar, Idared und Gloster, haben die Attacken der Kälte einigermaßen überstanden, werden nicht üppig tragen, aber wenigstens etwas. Trotzdem ist jetzt bereits klar, dass dies die kleinste Ernte in der über hundertjährigen Geschichte des Gutes werden wird.

Im Garten sind die schwarzen Johannisbeeren erfroren, während Stachel- und rote Johannisbeeren verschont blieben. Bei den Mirabellen ist trotz der traumhaft schönen Blüte kaum etwas befruchtet, wir werden nur eine Handvoll Früchte pro Baum ernten. Auch die Kirschen rieseln durch – es bleiben absolut keine Fruchtknoten erhalten. Von den kleinen Zibärtle werden wir so viele Kilo haben, wie wir Zentner erhofften. Sauerkirschen hingegen angenehm viele!

## Der neue Weg im Park

Die ständigen Wetterwechsel machen dem April alle Ehre. Es ist zu nass, um den Rasen zu vertikutieren. Im Wald ist alles aufgearbeitet, die für dieses Jahr vorgesehenen Obstbäume sind gerodet und zersägt worden. Die wilden Hecken entlang der Zäune wurden ausgeschnitten, aber die Thujahecken zu scheren ist es noch zu früh. Wäre es trocken, könnte man jetzt Äste und Zweige verbrennen – wir haben dafür von der kleinen Naturschutzbehörde eine Sondererlaubnis erhalten, weil der Abtransport sehr aufwendig ist und das Forstamt nicht mehr will, dass dieses Material, wie früher üblich, im Wald entsorgt wird; es könnten biotopfremde Krankheitskeime eingeschleppt werden... Aber es ist einfach zu nass für diese Arbeiten.

Daher hat Alexander gerade nichts zu tun. Herr Fogel bittet mich inständig, mir etwas einfallen zu lassen. Manchmal braucht man auch im ganz normalen Gutsbetrieb Arbeitsbeschaffungsmaßnahmen. Efeu stutzen an der Straßenseite der Mauer vor dem Haus – an einem halben Tag fertig. Unter der Terrasse umgraben – in zwei Stunden fertig. Die wilden Zwetschgen hinter den Forsythienbüschen absägen, damit diese wieder Luft bekommen und üppiger blühen – in einer guten Stunde erledigt. Den alten Flieder einmal radikal ausschneiden? Nein, das sollte man früher machen – jetzt sehen wir schon so viele Knospen, dass es uns Leid tut: Wir werden sie für die Vase schneiden. Also was?

Da kommt mir der Gedanke, unseren Park durch einen neuen

Weg zu bereichern. Bisher konnte man ihn einfach durchqueren: Vom Haus aus unter einer großen Linde hindurch, am Teich und dem Blutahorn vorbei, dann unterhalb davon Richtung Westen, unter der großen Blutbuche und zwischen Tennisplatz und Nussbaum zu einer weiteren Linde, wo dieser Weg in den Fahrweg vom Hinteren in den Vorderen Park mündet.

Will man ein wenig promenieren, biegt man hinter der Linde gleich links ab, geht ein paar Stufen hinab, dann am Sitzplatz vor dem Teich vorbei, um über den so genannten kleinen Weg unter der Terrasse am Blumenbeet bei den Apfelbäumen anzukommen. Von dort geht es über eine Natursteintreppe wieder nach oben hinter das Haus. Oder man biegt unter dem Blutahorn nach rechts in einen vor etwa zehn Jahren von Moritz angelegten Laubengang. Im Abstand von etwa fünf Metern aufgebaut, führen fünf Bögen mit einem leichten Knick auf halbem Wege Richtung Osten genau auf die kleine Statue »mit abbem Arm« (aus Beton, nicht aus Marmor, gewollt als halber Torso) vor einem riesigen Lebensbaum zu. Vom Knick aus führt ein Weg an einem Sitzplatz mit Steintisch vorbei, hinunter zum Tennisplatz, vor dem er sich gabelt – man kann dann entweder steil an der mit Rosen bepflanzten Ostseite des Platzes bis zum Fahrweg spazieren oder oberhalb an ihm entlang, vorbei an einer kleinen, von Kletterrosen umrankten Laube mit Sitzbank, bis man unter der Blutbuche wieder auf den Hauptweg stößt. Ein Rundgang ist nicht möglich, zurück geht es nur über den Hauptweg.

So kam Moritz nun auf die Idee, diese Stelle mit dem zuvor beschriebenen kleinen Weg zum Blumenbeet unter der Terrasse zu verbinden. Dies würde umso attraktiver sein, weil die dazwischen liegende Wiese eine große Änderung erfahren hatte: »Lothar« hatte ja die riesige Birke und die Blaufichte umgeworfen, die hier gestanden hatten. Und nun war aus dem ehemals ziemlich schattigen Areal die sonnigste Stelle des Parks geworden! Vor zwei Jahren hatten wir an Stelle der verlorenen Bäume eine lang ersehnte Magnolie, Goldregen, zwei serbische Fichten und eine blaue Zypresse gepflanzt. Und Alexander hatte im März schon die Brombeerhecke gerodet, welche die Wiese von der Apfelanlage trennt: Der ideale Standplatz für ein Spalier mit Tafeltrauben! Es war also nur folgerichtig, hier einen Weg anzulegen – auch, um sie besser erreichbar zu machen.

Die Beschaffenheit der Wege war lange Zeit ein Problem. Früher, zu Urgroßvaters und Großvaters Zeiten, ja selbst in Moritz' Kindheit noch, wurden die Wege alljährlich mindestens einmal mit frischem Sand bestreut. Mit gemahlenem, anschließend gewaschenem Tuffstein. Das war traumhaft schön: fast weiß, etwas rauh und sehr griffig. Auf alten Photos sieht man, dass auch der Tennisplatz damit bestreut war. Sprengte man den Sand ein, verfestigte er sich und war vollkommen glatt. Allerdings wurde er von den steiler nach unten führenden Wegen bereits beim ersten sommerlichen Gewitterguss abgeschwemmt. Immer wieder neu zu sanden war teuer, und deshalb ließ es Moritz' Mutter irgendwann sein.

Eine der ersten Maßnahmen, als wir nach Neunthausen kamen, war ein gewaltiger Kiestransport: Rund ums Haus ließen wir vierzig Tonnen gemischten Rheinkies mittlerer Größe verteilen, was uns eine völlig neue Lebensqualität verschaffte. Endlich musste man nicht jedes Mal, wenn man das Haus verließ, die Schuhe wechseln.

Im Park hingegen gedieh auf den früheren Wegen zunehmend mehr oder weniger dichtes Gras. Im Sommer wurde es jede Woche zusammen mit dem Rasen vor dem Haus gemäht. Aber im Winter und beginnenden Frühjahr konnte man dort eigentlich nur mit Gummistiefeln unterwegs sein. Dies wollten wir den zahlenden Gästen unserer Kochkurse nicht zumuten. Wir ließen den Hauptweg so tief es ging (die Unterlage aus alten Zeiten war solide!) auskoffern, mit grobem Schotter füllen und mit dem Rüttler verdichten. Darauf kam feiner Schotter, der ebenfalls gut abgerüttelt wurde. An drei Stellen legten wir Rinnen quer über den Weg, um möglicherweise abgeschwemmten Kies auffangen zu können. Und siehe da: Selbst der stärkste Platzregen verschwand an Ort und Stelle im Untergrund. Und: Der Weg sah sehr gut aus, und die Schuhe blieben sauber.

Das machte uns begehrlich. Nach und nach wurde in jedem Frühjahr, wenn Alexander Zeit hatte, ein Teil der Wege auf diese Weise ausgebessert, wobei wir entdeckten, dass auf den weniger steilen und nicht vom Traktor befahrenen Wegen ein einmaliges Schottern mit feinem Bruch vollkommen ausreicht. Nur am Tennisplatz wussten wir lange nicht, was wir machen sollten: Der Fahrweg geht ja sozusagen an der Talseite über ihn hinweg. Würde man die Wirkung des Platzes zerstören, wenn man den Wegbereich schottert? Im letzten Jahr haben wir es gewagt und sind sehr zufrieden mit dem Ergebnis.

Nun also, als krönender Abschluss, der neue Weg: Alexander hebt die Erde aus, und es wird feiner Schotter eingefüllt. Fast vier Tage schafft er ruhig, aber zielstrebig vor sich hin – gelegentliche Zigarettenpausen, gestützt auf sein Werkzeug, inbegriffen. Es ist erstaunlich, was er leistet – und eigentlich auch unerklärlich, wie er das macht –, da er seinen mächtigen Körper niemals eilig oder gar mit Hast zu bewegen bereit ist…

Dann ist das Werk vollendet. Und wirkt umwerfend! Vom Haus aus gesehen, scheint seine Zickzacklinie wie ein Blitz durch die Wiese zu zucken, was dem ganzen Park eine ungeheure Dynamik verleiht. Die Strecken zwischen den Kurven verlaufen, geht man den Weg entlang, vielleicht ein bisschen zu gerade – aber aus der Ferne kommt es der Optik zweifellos zugute.

Inzwischen ist es trocken und wärmer geworden. Alexander kann nun die Thujahecken in Angriff nehmen.

# Tomaten im Wettbewerb

Jetzt sind die Eisheiligen wirklich vorüber: 22 Grad am 13. Mai, tags darauf 24 Grad, und noch einen Tag später klettern die Temperaturen auf 29 Grad. Zeit, die im Glashaus vorgezogenen Tomatenpflanzen in ihr Folienhaus zu setzen. Dabei macht Frau Fogel die Entdeckung, dass in den Töpfchen, in denen zwei Pflanzen stecken, die Stängel kräftiger und die Blütenstände viel weiter ausgebildet sind als bei den alleine stehenden. Kann es sein, dass die Konkurrenz um die nur begrenzt vorhandene Nahrung die Pflanzen zu schnellerer Blüte und vermehrter Fortpflanzung anregt? Pflanzen sind schließlich auch nur Menschen... Im letzten Jahr waren fünf Pflanzen besonders stattlich gediehen. Wir hatten einfach fünf Töpfe dicht nebeneinander auf dem Boden abgestellt, die Pflanzen hatten rasch kräftige Wurzeln in die Erde getrieben und die Plastiktöpfchen regelrecht gesprengt. Sie trugen besonders wohl schmeckende Früchte. Konkurrenz scheint also auch hier das Geschäft mächtig zu beleben!

In diese Richtung zielt auch eine andere Entdeckung, die wir gleich ergründen wollen. Durch vielfältige Versuche will man herausgefunden haben, dass Tomatenpflanzen mehr Blüten ansetzen und schneller Früchte reifen lassen, wenn viel Rot in ihrer Umgebung vorkommt. Sie scheinen dies wahrzunehmen und zu denken, dass benachbarte Tomatenpflanzen weiter gediehen sind als sie und schon reife Früchte tragen – und beginnen deshalb, sich ihrerseits zu sputen. Es wird also eine spezielle, leuchtend rote, lichtbeständige Plastikfolie unter den Pflanzen ausgebreitet, die gleichzeitig den Feuchtigkeitshaushalt günstig gestaltet – weil weniger Wasser verdunstet und die Atmosphäre im Folienhaus dadurch trockener bleibt, die Tomatenpflanzen daher weniger anfällig für Krautfäule sind – und konkurrierendes Unkraut unterdrückt. Wir sind gespannt, ob die Ernte diesmal üppiger wird.

## Pfingsten mit Spargel

Seit halb acht ist Moritz auf den Beinen, um die empfindlichen Gewächse an ihren Sommerplatz vor dem Haus zu bringen. Endlich! Wie schön ist die Welt, wenn die Sonne scheint und alles mit ihrer Wärme durchdringt.

Martina hat von der Näherin die neuen Bezüge für die Gartenkissen abgeholt. Die alten, aus dünnem, blau-weiß gestreiftem Baumwollstoff, waren im Laufe der Jahre verblichen und sahen ziemlich schäbig aus. Das durch die Sonne aufgehellte Blau hatte uns jedoch gut gefallen, es wirkte viel freundlicher als die früheren dunklen Streifen. Was für ein Glück, als Martina endlich den idealen Ersatz fand: ein stabiler Baumwollköper mit breiten, hellblauen Streifen auf weißem Grund, sommerfrisch und fröhlich. Natürlich hat sie gleich die ganze Rolle genommen: Es sind viele Kissen, die wir im Garten und auf der Terrasse brauchen! Sie werden jetzt allesamt frisch bezogen und ausgelegt, auf sämtliche Stühle, um jeden der verschiedenen Esstische, die wir haben; auf die beiden Korbsessel vor der Terrassenmauer, in denen wir gern am Abend sitzen, um im letzten Licht des Widerscheins der Sonne noch zu lesen. Auf die beiden eisernen Schaukelstühle an der Westseite des Hauses, für deren Nackenrollen die Schneiderin den Streifen um 90 Grad versetzt verarbeitet hat, das sieht sehr pfiffig aus. Überhaupt finden wir, dass das himmlische Blau auf unserem dunkelgrün lackierten Terrassenmobiliar besonders einladend wirkt. Neu ist auch die Tischdecke für die große Tafel aus dem blau-weiß gewürfelten, schraffierten Stoff, wie man ihn aus französischen Bistros kennt – wir freuen uns über die Verschönerung. Jetzt können die Gäste kommen.

Gestern war Martina unterwegs, um zu Pfingsten ihre Mutter nach Neunthausen zu holen. War keine gute Idee – ganz Deutschland schien an diesem Tag die selbe Autobahn entlangzufahren …

In Schwetzingen hat sie bei Schuhmachers Spargel gekauft, und am Abend stellen wir fest, dass er eben doch der beste ist: So süß, so mild, so zart gerät er nirgendwo anders! Auch wenn wir immer schreiben, es komme weniger auf die Herkunft als auf die Frische an … Es zeigt sich, dass es eben doch sehr wichtig ist, in welchem Boden er gedeiht und vor allem, was und wie der Bauer düngt.

Isabelle, Moritz' frühere Frau und Mutter von Sohn Felix, zu der wir glücklicherweise ein gutes Verhältnis haben, und ihr Mann Klaus stoßen am Abend dazu. Wir haben sie gebeten, vom Münchner Viktualienmarkt ebenfalls Spargel mitzubringen. Schrobenhauser, Pörnbacher und Abensberger, von den wichtigsten Anbaugebieten im weiteren Umkreis von München. Wir wollen alle vier Sorten probieren und miteinander vergleichen.

Inzwischen ist auch Willy eingetroffen, auch für ihn eine elende Plackerei, mit dem Auto von Berlin hierher. Aber er findet es gar nicht so schlimm, räumliche Distanz auch als solche zu erleben. Außerdem will er seinen Wagen für den Heimweg mit Apfelsäften und Konfitüren beladen. Jetzt ist er erst mal froh, angekommen zu sein. Aber die Neugier lässt ihn nicht lange ruhen. »Gibt es Neues zu bestaunen?«, lautet seine erste Frage.

»Schau' dich nur um, Essen gibt's sowieso erst später!«, sagen wir und schicken ihn durch den Park. Seine vom langen Sitzen steifen Glieder werden es ihm danken.

»Kommst du mit?«, bittet er Marion, Martinas Mutter, und reicht ihr den Arm. Gemeinsam flanieren sie durch den Park. Ein wunderbares Bild: ein hoch gewachsener, schlanker Herr, im schwarzen Architekten-Outfit, mit zerzauster, weißer Künstlermähne, die Dame an seiner Seite, mit gepflegtem, kurz geschnittenem, ebenfalls schlohweißem Schopf, im modischen Sommerkleid. Ein augenfälliges Paar, von eher städtischer Eleganz. Aber, weil die Parkwege so gepflegt sind, wirken sie in dieser ländlichen Umgebung nicht fremd. Beide sind etwas gehbehindert, nehmen beim Spaziergang aufeinander Rücksicht.

Ihr Rundgang endet auf der Terrasse, wo wir uns zum Spargelschälen niedergelassen haben. Moritz sorgt für den Aperitif, einen leichten Muscat von Trimbach. Als Imbiss aus der Hand gibt's Würfel einer Kartoffeltortilla, dazu unsere herrlichen Radieschen (die langen, schlanken, roten, weißspitzigen *petits radis de dixhuits jours*, also die 18-tägigen, deren Samen wir uns am liebsten aus Frankreich mitbringen, weil sie eben doch besser schmecken als ihre deutschen Geschwister), junge weiße Rübchen und Kohlrabi in Scheibchen. Außerdem knabbern wir schon mal ein paar Spargelstangen roh. »Roh mag ich Spargel überhaupt viel lieber«, behauptet Marion – die Ehe mit Martinas Vater, dem gestrengen Gesundheitsapostel, der am liebsten alles roh gegessen hätte, selbst Kartoffeln und grüne Bohnen, hat ihre Prägungen hinterlassen. Später spricht sie aber auch mit Vergnügen dem gekochten Spargel zu, den wir heute so klassisch wie möglich zubereiten: einfach im Sud aus den Spargelschalen mit einem Stich Butter, etwas Salz und einer Prise Zucker gekocht. Er kommt in eine Serviette gehüllt auf den Tisch, die den Spargel warm hält und trocken, dann nimmt er die Sauce besser an.

Die cremige Sauce dazu entsteht aus den weich gekochten Endstücken, die mit ganz wenig Butter und Kräutern glatt gemixt werden. »Spargel in seiner Sauce« nennen wir das und mögen diese Sauce lieber als haselnussbraune Butter oder die noch üppigere Hollandaise. (Obwohl: Von Zeit zu Zeit genossen, ist diese durchaus ein großes Vergnügen, am liebsten als Béarnaise, mit frischem Estragon!) Es darf auf keinen Fall eine gekräuterte Vinaigrette fehlen. Moritz pflegt zu sagen: »Schließlich mag ich Spargel am liebsten als Salat.« »Du tust so«, seufzt daraufhin Martina, die diese Marotte nur zu gut kennt, »als ob es irgendein Gemüse gäbe, auf das dies nicht zutrifft.«

Die Pellkartoffeln stammen noch aus der Vorjahresernte, auch wenn das niemand glaubt. Dank der günstigen Lagertemperaturen im Keller sehen sie jetzt noch wie frisch aus. »Wunderbar, diese neuen Kartöffelchen!« Marion ist von ihrem Geschmack begeistert. »Viel besser als die aus der Pfalz, bei uns auf dem Markt. Die sind jetzt noch so wässrig.« Nein, unsere sind gelbfleischig und fest. Wenn man sie mit der Gabel zerdrückt, erweisen sie sich als ausreichend mehlig, um all die schönen Saucen aufzunehmen.

Verblüffend, wie unterschiedlich die Spargel aus den jeweiligen Anbaugebieten schmecken. Wir sind uns schnell einig über die Reihenfolge. Gleich hinter dem Schwetzinger rangiert der Abensberger, die Stangen sind makellos, eine wie die andere, seidenglänzend. Der Geschmack klar, sauber, angenehm gemüsig, nicht so rund und süß wie der Schwetzinger, »aber schön spargelig«, wie Moritz versonnen findet, »mineralischer, schlanker«. Der Pörnbacher ist in Ordnung, der zarte Bitterton mag vielleicht manchen stören, uns jedoch gefällt er, weil er dem Gemüse Charakter gibt. Der Schrobenhauser rangiert als Letzter. Er schmeckt breit, etwas derb, die Stangen sind unterschiedlich dick, und manche haben unschöne braune Flecken. Trotz Extra-Qualität! Dabei waren die Schrobenhauser früher mal für ihren feinen Spargel berühmt! Und wir selbst haben dort früher unter Führung des Spargelmuseumsdirektors und Spargeldoktors Klaus Englert sensationell guten Spargel bekommen – leider jedoch findet man solchen halt nicht auf dem Münchner Markt.

Das Erdbeerpüree, aus dem das Sorbet für den Nachtisch gerührt wird, stammt noch immer aus unserer Tiefkühltruhe. Bis die Erdbeeren im Garten so weit sind, werden wir mindestens noch drei Wochen warten müssen. Dafür steht der Rhabarber in vollem Saft, und als mit Sternanis gewürztes Kompott bringt er fruchtige Frische. Und die dicken Maiglöckchensträuße, die Martina gestern im Wald gepflückt hat, erfüllen das ganze Haus mit ihrem schweren Duft.

Und morgen bringt sie unsere Winterdaunendecken in die Reinigung – dann ist er wirklich da, der Sommer!


## Pfingstrosen

Dieses Jahr machen diese herrlichen Blumen ihrem Namen alle Ehre: Sie blühen tatsächlich zu Pfingsten, obwohl das Fest auf ein frühes Datum fällt, den 19. und 20. Mai. Freilich sind es die dunkelroten Bauernpfingstrosen, die uns trotz ihrer Kurzlebigkeit erfreuen. Die erste Blüte hatte sich sogar schon eine Woche vorher geöffnet – hinter dem Teich, wo seit »Lothars« beherztem Eingreifen mehr Sonne scheint und wo sich zwischen Wasserfläche und den gestutzten Eiben und Buchsbüschen ein günstiges Mikroklima bilden kann. (Auch die Krokusse blühten hier heuer schon bemerkenswert viel früher als an anderen Stellen.) Zu Martinas Freude haben wir im Garten zwei große Horste dieser Pfingstrosen, von denen sie einige für die Vase schneiden darf – im Park ist ihr das natürlich strengstens verboten. Ihr intensives, warmes Rot leuchtet abends im künstlichen Licht prachtvoll und im neuen, blaugrünen Esszimmer kommen sie besonders zur Geltung…

Sie sind die Vorboten der richtigen Pfingstrosen, die bei uns auf der Terrasse gleich anschließend zu blühen beginnen: Erst eine rosa-weiß geflammte, uralte Sorte, gefolgt von einer karminroten, die sich seit zwei Jahrzehnten – wohl unter Druck gesetzt von den benachbarten Kugeldisteln – immer mehr zurückgezogen hatte, aber nach guter Düngung im vorigen Jahr offensichtlich wieder besser durchsetzen kann: Sieben ungefüllte Blüten trägt sie, eine jede größer als eine Männerhand, mit weit geöffneten karminroten Blütenblättern und wunderschönen gelben Staubgefäßen.

Die Pfingstrosen zum Schneiden, unten im Gemüsegarten, erblühen erst nach und nach. Es sind ganz unterschiedliche Sorten von weiß bis dunkelrot, die zu unterschiedlichen Zeiten so weit sind – wir können uns und unsere Gäste zur Hauptzeit im Juni mit üppigen Sträußen erfreuen. Da sie verteilt stehen, an sonnigeren und schattigeren Plätzen, sogar unter Bäumen, zieht sich die Blütezeit der Pfingstrosen im Park über fast zwei Monate hin. Ab und zu entwendet Martina einzelne Stängel für die zwei eleganten, kelchartigen Glasvasen auf den Fensterbänken im Wohnzimmer oder auf einer der Kommoden im Saal.

Zu unserem Leidwesen lassen unsere klimatischen Bedingungen und der Boden den heiß geliebten Strauchpäonien offenbar keine Chance: Allen Bemühungen zum Trotz halten sie sich höchstens zwei Jahre, bekommen dann Pilzkrankheiten und gehen kläglich ein. Die Staudengärtnerei der Gräfin Zeppelin in Lauffen im Markgräfler Land hat an uns schon ein Vermögen verdient. Denn erst nach fünfzehn Jahren vergeblicher Versuche mit allen möglichen Sorten und Standorten, mit eckbadewannengroßen Löchern, die ausgehoben und mit speziellen Erdmischungen gefüllt wurden, hat Moritz aufgegeben. Eines nämlich, was sie offensichtlich ganz dringend nötig haben, können wir den Strauchpäonien in unserer Tallage und mit all den schönen Bäumen im Park einfach nicht bieten: von März bis Oktober Morgensonne.

*Sommer*

# Warum schimmeln Konfitüren?

Es waren Gäste im Haus, wir haben mehrmals üppig gefrühstückt, übergangslos das Mittagsmahl angeschlossen, also klassisch gebruncht. Dazu gehört bei uns immer ein ziemlich saftiger Kartoffelsalat aus frisch gekochten, noch heiß angemachten Kartoffeln; das sieht nicht übermäßig schön aus, weil die heißen Scheiben zu Püree zerfallen, wenn man sie mischt, duftet aber köstlich und schmeckt jedem! Meist wird er nur mit Salz (*fleur de sel*) und Zitronensaft, viel gehackter Zwiebel und sehr viel Petersilie sowie einem besonders aromatischen Olivenöl angemacht. Außerdem gibt es natürlich Eiersalat, mediterran oder asiatisch gewürzt, etwa mit unserem Apfelbalsam gerundet und im ersten Fall gern mit Kürbiskernöl, auf asiatisch mit neutralem sowie einigen Tropfen Sesamöl angemacht. Nicht fehlen darf ein Fleisch- oder Wurstsalat, entweder aus Resten vom Braten der Vortage oder aus Fleischwurst vom Ring, mit auf der Aufschnittmaschine in hauchfeine Ringe gehobelter Zwiebel, einem frischen Kraut – je nach Jahreszeit Kerbel, Rauke, Pimpinelle, Kresse, Liebstöckel, Estragon, Basilikum oder einfach Petersilie – Apfelessig und einem passenden Öl; am Wurstsalat meist nur ein kleines Löffelchen Olivenöl, weil das die Wurst am wenigsten fett erscheinen lässt, während bei Bratenfleisch aromatische Öle eingesetzt werden: vom seltenen Pistazien- über Hasel- oder Walnussöl bis zu Kürbiskernöl bei dunklem Fleisch. Sind zufällig Würstchen im Haus (Wiener/Frankfurter), werden auch die gerne als Salat angemacht, in feinen »Rädle« (Scheiben), mit sehr vielen ganzen, nur abgezupften Blättern glatter Petersilie, gehackter Schalotte, vielen Kapern (größere werden fein gehackt), Zitronensaft und Olivenöl.

Dazu gibt's erst Kaffee und Tee, später auch ein frisch gezapftes Alpirsbacher Pils und/oder Duttenhofer Pomme-Brut (im Sommer) oder Champagner (im Winter).

Es fehlt selbstverständlich niemals eine Auswahl von Käse, Wurst und Schinken, es stehen Brot (natürlich mehrere Sorten, von italienischem Weißbrot bis zu Kärntner Roggenbrot, meist auch die köstlichen schwäbischen Laugenbrezeln) und Butter (gesalzen aus Frankreich, süß aus Andechs) sowie reichlich würzende Zutaten (Chilis, Gewürzgurken, Saucen, Cremes, Pasten und verschiedene Senfsorten) auf dem Tisch. Und ein großes Tablett mit unseren eigenen Konfitüren. Gekaufte essen wir nicht, weil sie immer Pektin enthalten, sei es zum Andicken oder zum Verkürzen der Kochzeit; und auch fast alle geschenkten werden weitergereicht – pardon! –, weil sie zumeist mit Gelierzucker gekocht wurden, den wir nicht mögen.

Auf dem Tablett liegen dann auch immer ausreichend viele Löffel, für jedes Glas ein eigener. Damit niemand gezwungen ist, mit seinem Messer in die Gläser zu fahren und dort nebst Butterresten, Brotkrümeln oder den Hinterlassenschaften anderer Konfitüren (Cassis oder Brombeer sieht im Apfelgelee oder der Marillenkonfitüre immer besonders appetitlich aus!) auch alle möglichen Keime zu hinterlassen. Der Erfolg bleibt mit erstaunlicher Regelmäßigkeit aus: Obwohl das ganze Tablett stets im Kühlschrank aufbewahrt wird, sind die Hälfte der Gläser, spätestens eine Woche nach Abreise der Gäste, schimmelig.

Was niemals passiert, wenn wir allein sind. Zwar frühstücken wir allein nicht jeden Tag so üppig, aber eine Auswahl von Konfitüren ist doch stets geöffnet: für das kleine Toastbrot oder um den Naturjoghurt zu versüßen (dass so viele Menschen bereits mit winzigen Partikeln von Obstresten und vielerlei Aroma- sowie

Süßstoffen, Geschmacksverstärkern, Emulgatoren, Stabilisatoren und Konservierungsmitteln versehene Joghurtzubereitungen zu sich nehmen wollen, entzieht sich unserem Verständnis: lieber nichts als so was!). Da wir die Abwechslung lieben, sind ständig acht oder zehn verschiedene Konfitüren im Anbruch, die natürlich nicht alsbald aufgegessen werden und die nicht nur Wochen sondern sogar Monate halten. Und niemals schimmeln!

Sollte es dennoch passieren, müssen wir nicht gleich das ganze Glas wegwerfen: Dabei nehmen wir nur 75 bis 80 Prozent der Fruchtmenge an Zucker, rechnen also nicht mit der traditionellen Halb-und-halb-Regel unserer Großmütter. Den Saft, der sich nach dem Einzuckern des Obsts über Nacht gebildet hat, reduzieren wir um etwa ein Viertel, bevor die Früchte hinzugefügt werden. Dadurch konzentrieren wir den Fruchtzucker, und der Zuckergehalt reicht aus, ein Durchdringen schädlicher Schimmelkeime zu verhindern.

Haben sich auf der Oberfläche nur kleine weiße Pölsterchen gebildet, genügt es vollkommen, diese großzügig zu entfernen. Man muss natürlich Geruch und Geschmack überprüfen! Ist beides klar und sauber, auch die Konsistenz der Konfitüre nicht beeinträchtigt und ihre Farbe rein und unverändert, kann man sie bedenkenlos weiterverwenden. Setzt sich hingegen Flüssigkeit ab, gleitet die Färbung ins Bräunliche, gibt es in der Nase einen Stich ins Muffige und sind auf der Zunge leichte Bittertöne und weniger Fruchtaromen zu entdecken, dann allerdings ist das Produkt schleunigst zu entsorgen.

## Rosenblüte

Es ist verrückt: Schon vor Mitte Juni alles in voller Blüte, zwei bis drei Wochen früher als vor zehn bis fünfzehn Jahren, als wir unsere Feste immer Ende des Monats ansetzten, weil dann die Rosen am schönsten waren.

Das Rosenparterre neben dem Haus ist ein einziges Blütenmeer, noch keine Blüte welkt, weil es zwar sommerlich warm ist, aber weder Hitze noch Regen herrschen. Die Einfassungen mit doldig blühenden, rosa Polyantha-Rosen stammen noch von Moritz' Großmutter, die Mitte der vier quadratischen Beete ist mit Edelrosen aller Formen und Farben bepflanzt: Viele »Madame Meilland« (Gloria Dei), die Moritz' Mutter so liebte, auch die herrlich duftende, samtigrote »Crimson Glory«, die kräftigroten »Konrad Adenauer« und »Mildred Scheel«, die leuchtend gelbe »Helmut Schmidt« und andere Sorten. Darunter sind zwei Besonderheiten: Ein Beet mit an die zwanzig Stöcken einer hellrosafarbenen Rose mit wunderbarem Duft und einzigartiger Form, dicht und traumhaft schön gefüllt – die aber leider nur zwei Tage hält; wir haben sie uns trotzdem von der in unserem Dorf ansässigen Baum- und Rosenschule Späth vermehren lassen. Und eine uns ebenfalls unbekannte, schön und immer auf jedem Stängel mit mehreren großen Knospen nacheinander blühende, aber leider nicht duftende Rose, deren zweite Triebe im Spätsommer bis zu zwei Meter hoch werden. Das beeinträchtigt zwar die Harmonie des Beetes ein wenig, ist aber doch sehr imposant.

In den letzten Jahren hinzu gekommen sind die außen silbrig schimmernde »Acapella«, die ballonförmige, innen weiße und außen kirschrote »Nostalgie«, die lachsrosa, oft in ganzen Büscheln blühende »Harmonie«, die ihrem Namen alle Ehre machende, korallenrote »Duftwolke«, die weiße »Pascali« mit den spitz zulaufenden Blütenblättern, die gelbe, teerosenduftende »Marbella«

und schließlich »Auguste Renoir«, »Souvenir de la Malmaison« und eine angenehm klein bleibende Version der wundervollen »Königin von Dänemark«. Da hier seit mehr als achtzig Jahren Rosen stehen, ist der Boden ziemlich erschöpft, und manchmal, vor allem wenn es feucht wird, ist es nicht einfach, Rosenrost und Sternrußtau in Schach zu halten. Wir spritzen möglichst wenig, aber ganz ohne Fungizid geht es nicht, zumal diese Stelle durch eine Mauer zwar vor heftigem Wind, aber eben auch vor gesünder erhaltendem Luftzug geschützt ist. Gedüngt wird mit Mist, Kompost, Steinmehl und Algenkonzentrat. Während Martina stets munter Moritz' grünen Daumen lobt, ist der selbst nie ganz zufrieden…

Im Beet hinter dem Teich blüht es den Sommer über in dunkelroter und hellrosa Farbenpracht, vor dem dunklen Grün von Buchsbäumen und Eiben. Früher wurden diese Büsche regelmäßig gestutzt, aber seit den vierziger Jahren konnten sie ungehindert auswachsen, und so hatten sie das ganze, etwa zwei Meter breite Beet zum Teich hin überdeckt und mit ihren Wurzeln durchwuchert. Gleich nachdem wir hergezogen waren, ließ Moritz sie sehr stark zurückstutzen. Zunächst sahen die kahlen Äste scheußlich aus, aber mit den Jahren sind die Büsche wieder dicht geworden, und jetzt werden sie jährlich getrimmt und in Form gehalten. Die in meiner Kindheit mit Tulpen und Taglilien bestandenen Beete wurden umgegraben, Blumenzwiebeln gesteckt, wieder Taglilien, aber auch Malven (Stock- oder Bauernrosen) sowie Rittersporn gepflanzt. Und in die linke hintere Ecke kamen alte Rosen. Denn dunkel konnte ich mich noch erinnern, dass hier früher ein verrosteter Rosenbogen in den Büschen gestanden hatte. Jetzt blühen hier (wieder?) über drei Meter hoch wohlduftende, jahrhundertealte französische Centifolien in hellem Rosa und dunklem Karminrot.

Seitdem der Orkan gewütet hat, kommt hier nun viel mehr Sonne hin, und es ergeben sich völlig neue Möglichkeiten: Neben

Blaukissen und niedrigen, im Frühjahr leuchtend blühenden Phloxen wollen wir unbedingt eine Sammlung mit verschiedenem Mohn anlegen.

Ganz neue Rosensorten dagegen an den Bögen des Laubenganges, die öfter blühenden »Hero«, »Leander« sowie »Hero und Leander«, deren rosa bis hellrote, mit gelblichen und weißen Tönen unterlegte, nicht sehr große, aber üppig gefüllte Blüten vom aufwärts steigenden Rosentriebbohrer bedroht waren. Mitte Mai hatte Moritz entdeckt, dass sämtliche (wirklich alle!) jungen Triebe der vier Rosen an den Rosenbögen, die so wunderbar kräftig und mit dunkelgrünem Laub von den gebogenen Ruten des letzten Jahres herausgetrieben hatten, davon befallen waren: Die Knospen hingen, die Blätter an den Triebspitzen welkten – er hätte heulen können!

In den Büchern für den naturnahen Garten steht: abschneiden. Dann blüht gar nichts in diesem Jahr? Nein, da muss mit aller Gewalt Einhalt geboten werden! Also wird gespritzt mit Rogor, zweimal im Abstand von vier Tagen. Und, oh Wunder, es wirkt! Die Rosen erholen sich wieder ... Sie erfreuen uns durch ihren intensiven Duft und eine erstaunliche Blühfreudigkeit.

Der Herbst des Vorjahres war fast frostfrei gewesen, und noch im Dezember hatten wir die letzten Blütenbüschel geschnitten, einer blühte gar noch Weihnachten in der Vase; und erstaunlicherweise sind in diesem Winter die Ruten nicht erfroren, obwohl sie eigentlich gar nicht richtig abgeschlossen hatten – deshalb die so überaus üppige Blüte, die aus unserem von Rosenbögen gesäumten Weg eine fast englisch wirkende Laube macht!

Erst Ende Juni erstrahlen die schneeweißen Sterne der »Bobby James« an jenen Rosenbögen, die von den benachbarten Eiben überwuchert werden. Vor deren dunklem Grün kommt das Weiß besonders schön zur Geltung. Großartig ist auch die Rose, die Moritz in die Blutbuche am Sitzplatz vor dem Teich geführt hat: Der ganze Stamm ist eine weiße Kaskade! Traumhaft.

Schon längst, ehe er überhaupt auf den Gedanken kam, dort eine Kletterrose zu setzen, waren die unteren Äste des Baumes entfernt worden. Es handelte sich um einen Sämling, der sich hier wohl in den vierziger Jahren angesiedelt hatte, von Onkel Hans wie sein Augapfel behütet und gegen alle mögliche Gefahren (versehentliches Ausmähen durch den den Park »pflegenden«, stets schnittwütigen Moritz im Kindesalter) verteidigt worden war. Diese Maßnahme war aus zweierlei Gründen nötig geworden: Die Buche steht recht nahe an der großen, hundertjährigen Linde und wirkte plötzlich zu massig, zu breit – die Äste wuchsen zwar ziemlich schräg nach oben, setzten aber sehr tief, in nur zwei Meter Höhe an, und die von ihnen abstrebenden Zweige bildeten dichte Büschel, die sich mehr und mehr auch nach unten entwickelt hatten. Dadurch war der Sitzplatz immer schattiger geworden, erst ab zwei Uhr nachmittags kam die Sonne hin. Und außerdem verwehrte das dichte, dunkelrote Laub den Blick vom Haus auf den Teich.

Es musste also etwas geschehen. Eines schönen Tages im August packte Moritz entschlossen die Astsäge mit dem ausziehbaren Stiel und machte sich an die Arbeit: Zunächst sägte er den untersten Ast einen Meter vom Stamm entfernt ab, verkürzte ihn also. Sein Eigengewicht ließ ihn nun mit einem Keil aus dem stehen gebliebenen Stück bersten. Erst dann sägte Moritz den Stumpf sauber am Stamm ab – trennt man nämlich den ganzen Ast direkt am Stamm, kann er ein ganzes Stück davon herausreißen und schlimme Wunden verursachen. Rundum kam so ein Ast nach dem anderen dran – immer wieder ging Moritz vom Baum weg und in einem großen Bogen um ihn herum, um zu sehen, ob er nun ebenmäßig aufgeastet war oder ob noch ein Ast dran glauben musste. Es war wie beim legendären Kürzen der Beine eines wackelnden Stuhles: Immer war irgendwo etwas zu viel und wirkte unharmonisch. Also musste immer noch ein weiterer Ast weg.

Als er mindestens doppelt so viel weggesägt hatte wie geplant, begann sich der großartige Effekt zu zeigen, den Moritz erstmals im Park von Sanssouci erlebt hatte – freilich in einem ganz anderen Ausmaß. Dort steht neben dem Charlottenhof eine ungeheure Platane, deren Stamm sich haushoch reckt, ehe sich ganz oben die Äste wie ein Schirm von ihm wegwölben. Selbst wenn man direkt am Stamm steht, hat man unter diesem Baum das Gefühl, im hellen Licht zu sein und doch geborgen. Moritz hatte nicht geglaubt, dass dies auch mit einem so jungen und kleinen Baum wie unserer Blutbuche möglich sein könnte. Aber nun: noch ein Kranz Äste weg, und es wurde tatsächlich wundersam licht und klar unter dem Laubdach und dennoch heimelig.

Da der Stamm frei war, gab es genügend Licht für eine kletternde »Bobby James«. Zunächst hatte es allerdings so ausgesehen, als wollte die Rose an diesem Platz nicht so recht gedeihen. Zwei Jahre hatte sie vor sich hin gemikert und keinen kletternden Spross zustandegebracht, sondern nur viele kleine und kurze. Bis Moritz endlich entdeckte, dass sie sehr wohl eine lange Rute getrieben hatte, die allerdings ganz versteckt, dicht am Boden weit in die Wiese vorgekrochen war. Gott sei Dank flach, sonst wäre sie nämlich im Herbst abgemäht worden.

Wie sollte nun aber diese lange, biegsame Ranke den Stamm erklimmen? Alle Mühe, ihr einen Halt zu verschaffen, scheiterte an der Glätte der Buchenrinde. Also wuchtete Moritz die ausschiebbare Leiter zu den untersten Ästen und spannte zwei Drähte hoch, unten mit einem schweren, geschmiedeten Hering in der Erde verankert. An diesem befestigte er mit kleinen Blumendrahtringen – die Ranke immer von einem zum anderen Spanndraht führend – den sieben Meter langen Trieb, der sich dabei zwischen den beiden Drähten verkeilte und deshalb nicht wieder herunterrutschen konnte. Er endete nun einen knappen halben Meter unter den ersten Ästen. Im letzten Jahr haben sich an seiner Spitze mehrere Seitentriebe gebildet und sich regelrecht in die Zweige der Buche gekrallt: Die nach rückwärts gerichteten Dornen haken sich in alles ein, was sie erreichen können, und legt man die Ruten auf Zweige oder Drähte, so rutschen sie nicht mehr ab. Zwei neue Ranken hat Moritz ebenfalls hochgeleitet, so dass wir dieses Jahr die volle Blütenpracht genießen können.

Auch die aprikosengelbe, rosa überhauchte »Abraham Darby« am Rosenpavillon zwischen den Häusern entwickelt dieses Jahr besonders schöne, große Blüten; die Stängel sind strack, und der Duft ist unbeschreiblich … Die rosa Kletterrose an der Vorderseite des Hauses – die eigentlich nicht duftet und keine reizvolle Gestalt aufweist (als wir sie vor zwanzig Jahren kauften, waren die englischen Rosen noch nicht auf dem Markt) – blüht ebenso üppig und neigt ihre schweren Blütenbüschel aus grünem Laub und dem helleren Blattgefieder der Glyzinie, in die sie sich geschwungen hat, dem Betrachter huldvoll entgegen. Ganz anders als in den vergangenen Jahren, in denen sie eher unnahbar aufrecht standen – wer kann sich diese Unterschiede der Erscheinungsform in den verschiedenen Jahren erklären?

Im Apfelgarten des Vorderen Parks waren im Herbst 2000 neue Bäume gepflanzt worden. Nachdem die überalterten Buschbäume, die dort standen, im Herbst davor gerodet worden waren, hatte man den Boden bis in fünfzig Zentimeter Tiefe mit schwerem Gerät gelockert: Seither konnte er sich erholen. Wir entschlossen uns, nicht wieder Buschbäume einzeln zu stellen, sondern Spindelbäume in Reihen am Draht zu ziehen. Herr Fogel hatte dies vorgeschlagen, weil die Ernte dann schneller und die Pflege einfacher sei.

An das Ende jeder Reihe hatte Moritz unbedingt eine Rose pflanzen wollen, wie man das auf vielen Weingütern macht. Dort allerdings nicht nur um der Schönheit willen: Die empfindlichen Rosen zeigen an, wenn Mehltau die Reben bedroht. 47 Rosen wurden gesetzt. Sie trieben im Frühjahr bestens aus. Doch dann spritzte Herr Fogel Herbizid – und passte dabei nicht recht auf: Die nach einem feuchten, milden Winter gut angewurzelten, üppig ausschlagenden Pflanzen verdorrten, die Blätter rollten sich ein oder wurden gelb-braun, die Triebspitzen trockneten ein. Einige Pflanzen schienen nicht oder kaum, die meisten stark, manche sehr stark betroffen. Es lag wohl weniger an der Sorte, als am Abtrieb durch den Wind oder der Richtung der Spritzdüse … Nichts wäre passiert, wenn die Spritzschutzglocke aufgesetzt worden wäre! Moritz war wütend und schimpfte mit Herrn Fogel, der aber ziemlich ungerührt blieb – scheinbar fand er die ganze Unternehmung ohnehin eher hinderlich. Zumal man unter den Äpfeln ja spritzen muss, leider, denn die Bäume vertragen die Konkurrenz des Grases direkt am Stamm nicht. Per Hand alles auszuhacken können wir uns nun wirklich nicht leisten, und befriedigende maschinelle Methoden gibt es noch nicht.

Die erhoffte Rosenblüte war daher im ersten Jahr teilweise ausgeblieben. Eine Hand voll der Rosenstöcke ging ganz ein und musste ausgetauscht werden, ein paar hatten sich bis in den Herbst immer noch nicht ganz erholt. Einige hatte Herr Fogel ersetzt, heimlich, wie er meinte, als wir ein paar Tage verreist waren. In diesem Jahr blühen die meisten jedoch prächtig – der Frost im Januar hat ihnen offensichtlich nicht geschadet, obwohl sie nicht abgedeckt waren! Dabei sollen doch gerade die jungen Rosenstöcke besonders empfindlich und schutzbedürftig sein. Manche Büsche sind sehr harmonisch entwickelt, anderen sieht man die Folgen ihres Kontaktes mit dem Herbizid noch an, wieder andere sehen ein wenig merkwürdig aus. Moritz hatte nämlich eine bunte Mischung von Rosensorten ausgesucht, von Edel- über Polyantha- zu Parkrosen. Während die beiden ersten Arten das herbstliche Stutzen gut verkraftet haben, sehen die ebenso stark zurückgeschnittenen Parkrosen recht ulkig aus. Auf den wie Stämmchen wirkenden Stängeln des letzten Jahres hat sich jeweils eine Art Krone gebildet. Keine schön buschigen Sträucher also, sondern unten nackte Dornenstöcke, deren neue Trieb oben wie Palmwedel auseinander fahren – nicht wirklich harmonisch.

Im Laufe des Sommers wächst sich aber alles zurecht: Zwei der Rosen werden wir in ein freies Rosenbeet verpflanzen, weil sie von ihrem Wachstum und ihrer Art nicht an diese Stelle passen. Die restlichen treiben auch von unten neu aus und gewinnen die klassische Form. Allerdings wird Moritz mit Herrn Fogel, dem selbstverständlich mit vollem Recht die gesunde Entwicklung der banachbarten Apfelbäume wichtiger ist als die Rosenblüte – die einen sollen schließlich Produkte zum Verkaufen tragen, die anderen dienen nur unrentabler Zier –, noch einige Sträuße auszufechten haben, ehe wir uns auf eine minimale Größe der Büsche einigen können. Als dann aber unsere Gäste, privat oder zum Kochkurs gekommen, von der sich im Herbst immer weiter steigernden Blütenpracht schwärmen, ist Herr Fogel doch zufrieden, fast schon ein wenig stolz!

Anfang Juli schließlich erblühen die alten Parkrosen hinter dem Haus. Eine uns unbekannte Sorte, wurzelecht (also nicht veredelt), die in dichten Büscheln erscheinenden Blüten ungefüllt, leuchtend rot mit weißem Herz. Ein einzeln stehender Busch und eine Gruppe aus dreien, die sich wie ein blütenübersätes Gebirge gute drei Meter hoch aufbauen. Letztes Jahr hatte Herr Fogel die langen, sich aus der Mitte über die alten Triebe hinwegwölbenden und sich wieder bis zum Boden neigenden Ruten gestutzt, weil man mit dem Balkenmäher kaum darunter fahren kann, ohne sich an den Dornen aufzukratzen. Eine verständliche Maßnahme, die aber die Büsche wie einen armen Hahn aussehen ließen, dem man die Schwanzfedern ausgerissen hat. Dieses Jahr wurde nichts abgeschnitten, und die Büsche gleichen nunmehr stolzen Gockeln mit langen, prächtig und hoch gewölbten Schwanzfedern. Und auch Herr Fogel gibt zu, dass der Eindruck harmonischer ist.

## Salz & Pfeffer

Aus dem Wok steigt bläulich feiner Rauch. »Jetzt schnell«, ruft Martina, »die Möhrenscheibchen rein.« Es rauscht und zischt. Während Eva mit der Bratschaufel rührt und alles umwendet, steht Inge schon mit den Zwiebelsegmenten bereit. »Halt«, stoppt Martina ihren Schwung, »erst das Salz!« Ruth greift in den Salztopf, fasst eine Prise und streut sie gleichmäßig über die Möhrenscheiben, die jetzt von heißem Öl überzogen glänzen. Die orange Farbe leuchtet geradezu. »Das Salz stabilisiert nämlich nicht nur die Vitamine«, erklärt Martina diesen optischen Effekt, »sondern auch die Farbe.« Und während nunmehr in rascher Folge Zwiebelsegmente, Scheibchen von Zucchini sowie Bleichsellerie zugefügt werden, fährt sie fort: »Und für den Geschmack ist es ebenso wichtig bei dem Salz neben dem nötigen Quantum auch den richtigen Zeitpunkt zu treffen.« Es muss exakt in dem Moment zugefügt werden, da die Oberfläche des Gemüses mit dem heißen Öl in Kontakt gerät und sich zu versiegeln beginnt, wenn also der eigene Zucker in der Hitze karamellisiert. Dann kann es gerade eben noch in die Zellen eindringen, bevor diese sich durch den osmotischen Druck verschließen. Daher muss man immer dem neu hinzukommenden Gemüse in der Topfmitte einen Platz frei räumen, wo es die nötige Hitze abbekommt und wo man gezielt salzen kann, ohne dass es ein Gemüse ein zweites Mal trifft.

Nachdem die letzte Gemüseportion im Wok gelandet ist, steht Inge für das Salz bereit und hält fragend die drei Finger hoch: »Wie viel ist eine Prise?« Normalerweise das, was Zeige-, Mittelfinger und Daumen halten können, wenn man die Fingerspitzen zusammenführt. Je mehr verschiedene Gemüse jedoch beim Anbraten gesalzen werden müssen, desto weniger Körnchen werden nötig sein, denn am Ende addiert sich natürlich alles zu einer

Summe, die ein gewisses Maß nicht übersteigen darf. Und trotzdem, so stellt man immer wieder leidvoll fest, salzen die meisten Köche in Deutschland (anders als etwa in Frankreich, Japan oder China) eher zu schwach als zu viel. Dann schmeckt das Essen irgendwie fad, lasch, charakterlos, uninspiriert, und man weiß nicht so recht, warum. Tatsächlich sind es oft nur ein paar Körnchen Salz, die fehlen.

»Sie salzen immer zu viel!«, sagt Inge streng, »das sieht man im Fernsehen ganz genau.« Den Vorwurf kennen wir natürlich schon, uns ist auch schon aufgefallen, wie erschreckend groß die Menge wirkt, wenn sie vom Scheinwerferlicht erfasst und durch die Kamera übertragen wird. In Wahrheit ist es eine optische Täuschung. Wir nehmen natürlich nicht mehr als unbedingt nötig. Und unser Gaumen ist wahrlich nicht durch Fertigbrühen geprägt, die immer extrem salzig sind.

Soeben ist Moritz mit dem großen Kühler voller Wein- und Apfelsaftflaschen in die Küche gekommen. »Wenn es darum geht, gezielt Aroma und Geschmack zu heben, dann gibt es nur eins: Meersalz, natürlich das ungereinigte, nicht raffinierte, das noch voller Mineralien und Spurenelemente steckt.«

Martina wehrt sich: »Auch im normalen Salzfass ist bei uns natürlich Meersalz, allerdings gereinigtes. Anderes als Meersalz kommt mir gar nicht ins Haus! Für Suppen, Brühen oder ins Blanchierwasser für Gemüse nehmen wir das grobe Meersalz, für Salate und zum Nachwürzen oder aufs Butterbrot das wunderbare *fleur de sel*.«

Moritz stellt den Kübel ab und holt die beiden Vorratsgläser, das große mit dem grauen, feuchten *gros sel* und das kleinere mit dem weißen, je nach Herkunft auch zart rosa, ganz krumigen flockigen Salz. »Dieses hier«, er schüttet sich etwas von dem derben, groben Salz auf die Handfläche und hält sie den Damen und Herren zur Begutachtung hin, »stammt aus Guérande in der Bretagne. Probieren Sie mal!« Martina bringt aufgeschnittenes Weißbrot, womit man sich nach der Salzprobe den Gaumen putzen kann: »Es ist nicht einfach salzig, sondern es schmeckt!«

»Ganz anders als unser übliches gereinigtes, riesel- und streufähiges, aber absolut lebloses Kochsalz. Es ist viel weniger aggressiv.« Moritz leckt den Zeigefinger ab, stippt ihn ins Salz und führt ihn wieder zur Zunge. »Dieses Salz beißt nicht, es duftet sogar, nach Jod, nach Meer, einfach würzig!

Und hier *fleur de sel!*« Moritz schüttet einen Löffel in ein kleines, flaches Schälchen. »Probieren Sie diese so genannte ›Salzblume‹!« Sie wird auf eine ganz besondere Weise gewonnen: In flachen Becken lässt man das Meerwasser verdunsten, bis das Salz zu kristallisieren beginnt. Der Salzmeister schöpft nun dieses krumige Salz, das sich an der Oberfläche wie Schaum absetzt, so behutsam ab, dass es seine wunderbare, sanfte Konsistenz behält. Die Körnchen sind spürbar, aber bröckelig, man kann sie zwischen den Fingerspitzen zerreiben, sie bewahren jedoch stets eine gewisse krümelige Konsistenz. Und der Duft! Reiner als das grobe Meersalz, irgendwie frischer, als sei darin auch Sonne konzentriert.

Schließlich können wir noch das flockige Maldon-Meersalz kosten lassen, das eigentlich aus England kommt; dabei hat Cora, die es uns geschenkt hat, es erstaunlicherweise in der Provence entdeckt. Es hat wieder eine völlig andere Konsistenz, flache, unregelmäßige Kristalle, die etwa aussehen wie frisch gefallener Schnee. Es ist wunderbar aromatisch auf der Zunge, würzig und sanft. Wie auch die anderen Meersalze ist es erheblich weniger salzig als das übliche Haushaltskochsalz. Und trotzdem braucht man deutlich weniger davon. Das ist doch verblüffend!

»Was halten Sie vom Himalayasalz?«, fragt Ruth. Sie führt ein Reformhaus und ist daher in Fragen der Esoterik und Gesundheitsphilosophie besonders beschlagen. Wir haben davon gehört und gelesen, aber es noch nicht probiert, und wir können mit der

Ideologie, die dieses jahrtausendealte und angeblich besonders segensreiche Salz umwabert, nichts anfangen.

»Doch«, bestätigt Inge, »ich finde es auch ganz toll. Morgen bring' ich was zum Probieren mit!« Sie wohnt so nah, dass sie nicht wie die anderen Kochkursteilnehmer im Hotel im Dorf übernachtet, sondern nach Hause fährt, zumal dort ein Hund versorgt werden muss.

Am nächsten Tag hat sie nicht nur eine Tüte mit dem kristallinen Salz und ein Glas mit Sole dabei, in dem ein Salzbrocken in der Auflösung begriffen ist, sondern auch ein Buch. Für die Lektüre haben wir jetzt keine Zeit. Aber wir probieren das krümelige Salz, das nach absolut nichts duftet, im Gegensatz zum *fleur de sel* oder dem groben Meersalz. Aber es schmeckt! Es wirkt geradezu mild und – so paradox das klingt – fast ein wenig süß. Wir salzen damit Zucchinischeiben und die Radieschen, die Moritz aus dem Garten gebracht hat. Einfach köstlich, vor allem, wenn man noch ein winziges Stückchen frische Butter drauflegt, wie es die Franzosen gerne tun. Wir beschließen, ein viertes Salznäpfchen auf unseren Tafelaufsatz zu stellen, neben *fleur de sel*, dem *Maldon sea salt* und dem *gros sel* aus Guérande gibt's jetzt auch noch Himalayasalz, warum nicht?

Ob wir die medizinischen Anwendungen ausprobieren, die in dem Begleitbuch angeraten werden, wissen wir noch nicht. Die Sole soll den Körper innen und außen irgendwie schöner und gesünder machen. Dass es lebendiger als die anderen Salze und weniger belastet mit Umweltgiften ist, können wir dem Buch entnehmen, bessere Schwingungen und lebendigere Strukturen soll es auch haben. Im Geiste hören wir schon Wolfgang schimpfen, der die hohen Preise, die man für das »von Hand im Himalaya« geschürfte Salz berappen muss, für geradezu aberwitzig hält.

»So ein Blödsinn«, hatte Wolfgang ja schon geklagt, als wir sein Kochsalz ablehnten, mit dem er die dick gebutterte Scheibe des Vollkornbrots bestreuen wollte, das er für uns gebacken hatte, und wir stattdessen mit *fleur de sel* würzten, das wir in »Feinschmeckers Notbesteck« stets bei uns tragen. Aber er schimpft immer, wenn er etwas zu teuer findet, und zu teuer findet er schnell etwas. Wenn er auch andererseits widerspruchslos bereit ist, fast 500 Euro für einen Edelstahlsuppentopf gewaltigen Ausmaßes auszugeben, den er einmal im Jahr zum Hummerkochen braucht, nur, weil er ihn um 25 Prozent billiger bekommt. Aber hier geht es ums Prinzip: »Salz ist Natriumchlorid und sonst gar nichts!«, behauptet er und hält uns für übergeschnappt, dass wir für ein 100-Gramm-Tütchen *fleur de sel* zehnmal so viel zahlen wie er bei Aldi für ein ganzes Kilo Steinsalz. Mit den 25 Euro, die das Himalayasalz pro Kilo kostet, könnte er vermutlich seinen Salzbedarf für Jahre decken. Es sei ihm gegönnt.

»Welchen Pfeffer nehmen Sie eigentlich für Ihre Mühle?«, will Inge wissen.

Martina holt die beiden gläsernen Schütten mit weißen und schwarzen Pfefferkörnern aus ihrem Schubfach. »Wenn möglich, bringe ich die Gewürze aus Asien mit. Und für die Mühle mische ich am liebsten weiß und schwarz.«

Der weiße Pfeffer ist ein bisschen milder, weil er reif geerntet und dann vor dem Trocknen geschält wurde, der schwarze Pfeffer wurde noch grün geerntet und so fermentiert und getrocknet. Die Schärfe, das Piparin, konzentriert sich unter der Schale, die beim schwarzen Pfeffer nicht entfernt wird. Der beste schwarze Pfeffer kommt aus Thailand; guter weißer Pfeffer soll aus Java stammen, liest man immer wieder – aber dem Etikett auf dem Gewürzglas kann man im Allgemeinen nicht entnehmen, woher sein Inhalt stammt.

»Deshalb traue ich am ehesten meiner Nase«, erklärt Martina, »wenn ich auf einem asiatischen Markt einkaufe, oder dem Renomee einer Firma, wenn ich ein abgepacktes Produkt nehmen muss.«

»Und wie steht es mit Longpepper und Szechuanpfeffer?«

Ruth hat die beiden Gläser längst im Gewürzregal erspäht. Long-pepper oder Langpfeffer ist gerade in Mode.

»Da gibt's in Paris bei Fauchon eine Mischung mit allen diesen Sorten«, erzählt Inge.

Davon haben wir auch schon gehört. Wir nehmen den Lang-pfeffer gern im Eiersalat oder auch zu Avocados, weil sein pfeffri-ger Duft nach Zimt und Piment dazu passt. Er muss gründlich im Mörser zerstoßen werden, denn die zwei Zentimeter langen Würmchen – sie sehen ein bisschen aus wie männliche Hasel-blüten, die gelben Kätzchen – sind hart und geben ihren Ge-schmack erst frei, wenn man sie pulverisiert hat. Dass man aller-dings eine Gewürzmischung anbietet, in der so ungleiche Pfeffersorten wie diese drei und zusätzlich auch noch der flockige Szechuanpfeffer verarbeitet werden, wundert uns. Nicht nur, weil jede dieser Pfeffersorten anders zerkleinert sein will.

Der Szechuanpfeffer braucht eine ganz bestimmte Vorbehand-lung, um seine Würzkraft überhaupt freisetzen zu können. Man muss ihn vor Gebrauch in einer trockenen Pfanne rösten, damit er seinen Duft entwickelt. Sonst wartet man vergebens auf die Geschmacksexplosion, die im Mund passieren muss, sobald man ein Körnchen auf die Zunge nimmt!

Wir machen die Probe aufs Exempel: Einige der karmesinro-ten, flockigen Körnchen des Szechuanpfeffers werden direkt aus der Tüte im Mörser kurz zerstoßen. Mit dem Finger probieren.

»Mhhh, ja, schmeckt irgendwie strohig, blass«, lautet das ein-hellige Urteil.

Und dann schütten wir eine Portion davon in die Pfanne und lassen sie kurz rösten. Nach kurzer Zeit, man muss die Pfanne immer wieder schütteln und die Körner durch die Luft schwen-ken, entsteigt ihr ein kräftiger, betörender Duft. Es riecht schwer und üppig, wie in einem asiatischen Tempel, ein bisschen nach Anis, pfeffrig, holzig. Wir zerreiben auch diese Körner kurz im Mörser, stippen den angefeuchteten Finger hinein und lecken ihn ab.

»Ho oooh!«

Da passiert was im Kopf, es ist wie Blitz und Donner zugleich, man muss tief Luft holen, regelrecht durchschnaufen. Einen Moment nur, dann ist das Gefühl wieder vorbei, und es breitet sich ein behaglicher Geschmack auf der Zunge aus, warm, weich, würzig, angenehm!

»Das Gericht, bei dem Szechuanpfeffer am besten zur Geltung kommt, ist Szechuanhuhn.« Martina sucht bereits die entsprechenden Zutaten zusammen: »Das bereiten wir ganz schnell zu!« Wir brauchen Hähnchenbrust, zentimetergroß gewürfelt. Ingwer und Knoblauch winzig fein gehackt, vier bis fünf Frühlingszwiebeln, das Weiße in feinen, das Grün in breiten Ringen. Eine Hand voll getrockneter Chilischoten. Die Kochschüler, die allesamt emsig beschäftigt sind, diese Dinge nach Anweisung zuzuschneiden, erbleichen.

»Das wird ja viel zu scharf!«

»Keine Angst!«

Martina knipst die Stiele ab und schüttelt die Schoten aus. Raschelnd fallen die Kerne aus ihrer trockenen Hülle.

»Es sind ja die großen, milden Chilis«, beschwichtigt sie, »die schmecken ja fast schon süß, sind gar nicht so schlimm scharf. Und außerdem sollen sie nur ihre Würze abgeben«. Sie bricht die Schoten in große, zwei- bis drei Zentimeter lange Stücke. »Man kann sie ja später herausfischen, muss sie nicht mitessen!« Und dann brauchen wir den gerösteten Szechuanpfeffer.

Der Wok wird erhitzt, neutrales sowie das nussige Sesamöl hinein. Erst wenn es raucht, das mit Stärke eingepuderte Hähnchenfleisch hinzu. Unter ständigem Rühren braten, salzen, die getrockneten Chilis und das Weiße der Frühlingszwiebeln hinzu. Sofort quillt eine Wolke von beißender Schärfe aus dem Wok. Unsere Gäste husten und ringen nach Luft.

»Das ist noch gar nichts!«, sagt Martina und lacht. »Als ich mal in Singapur in die Küche eines Szechuanrestaurants ging, bekam ich minutenlang keine Luft. Ich japste nur und bekam panische Angst, elendiglich zu ersticken. Aber nach einer Weile hatte ich mich daran gewöhnt. Die Köche dort haben nur gekichert, als sie mich um Atem ringen sahen!«

Es wird gewürzt mit einem gehäuften Esslöffel zerstoßenem Szechuanpfeffer, viel Zucker – zwei Teelöffel! – der jetzt rasch karamellisiert und einen fabelhaften Widerpart zur Schärfe der Chilis und der Würze des Szechuanpfeffers bildet, ein Schuss Sojasauce, Reiswein und Hühnerbrühe und zum Schluss das Grün der Frühlingszwiebeln. Einmal umeinanderwirbeln und alles mischen – fertig! Ein unwiderstehlicher Duft hat sich in der Küche breit gemacht. Jeder hat sich eine Portion Reis in sein Schälchen gefüllt, darauf kommt das Szechuanhuhn.

Stäbchenklappern.

»Boahhh, ist das intensiv – phantastisch!« Alle stimmen überein: ein umwerfender Geschmack!

## Feinschmeckers Notbesteck

»Feinschmeckers Notbesteck?« Unsere Kochschüler horchen auf. Wir haben unsere Ausrüstung mit essentiellen Hilfen für Reisen in die kulinarische Diaspora nach und nach zusammengetragen. Begonnen hatte es mit der kleinen, silbernen Pfeffermühle, die Moritz Martina zum Geburtstag schenkte. In Form und Größe ähnelte sie einem edlen Feuerzeug. In dem schmucken Lederetui passte es vorzüglich in die Handtasche, als Martina das Rauchen aufgegeben hatte und ihr feines Dupont zu Hause blieb. Jetzt waren wir autark und mussten nicht mehr vergeblich nach der Pfeffermühle fragen, wenn im Restaurant nur der trockene Pulverstreuer zur Verfügung stand – oder nicht einmal das, weil der Koch seine Würzkunst für unfehlbar hielt.

Als nächstes kam die nützliche Chilischote. Ein Hauch Cayennepfeffer wirkt oft Wunder bei gar zu faden Speisen. Der Kugelschreiber aus Plastik, den wir in Italien gefunden hatten und den wir umfunktionierten, indem wir die Mine herausnahmen und ihn mit Gewürzen füllten, war zwar nützlich, aber stillos. Unser Freund Günter Krauss, der brillante Goldschmied in Stuttgart, schuf einen Peperoncino aus Silber, mit dessen goldenem Stiel man die mit Cayennepfeffer gefüllte Schote zuschrauben und im Knopfloch befestigen kann. Die wie Perlmutt schimmernde, zehn Zentimeter lange Chilischote am Revers ist ein auffälliges Accessoire, das Neugier weckt und für Gesprächsstoff sorgt.

Um jedoch allseits für unzureichend gewürzte Kost gewappnet zu sein, fehlte noch kalt gepresstes Olivenöl und ein erstklassiger Essig. Aber wie diese beiden Würzen für Notfälle bei sich tragen? Martina fand nach langem Suchen ein elegantes Zigarrenetui, das exakt Platz für drei Reagenzgläser bot. Eines für das Öl, eines für unseren Apfelessig und das dritte schließlich für *fleur de sel*. Jetzt waren wir wider alle kulinarische Unbill gefeit.

Günter Krauss jedoch hatte Spaß am kulinarischen Schmuck gefunden, und als Martina bei ihm einen Anhänger entdeckte, für den er als Vorbild eine südamerikanische Bittergurke genommen hatte, kam ihr die entscheidende Idee: Die hohle Frucht aus Silber wurde im oberen Drittel unterhalb des Stiels aufgeschnitten und erhielt einen Deckel mit Schnappverschluss. Innen war jetzt genügend Platz für eine Muskatnuss sowie eine entzückende winzige Muskatreibe aus Edelstahl, in die ein Lehrling mit bewunderungswürdiger Geduld und Akkuratesse die nötigen Reiblöcher gestanzt hatte, in einem schmalen goldenen Rahmen. Bildschön als Schmuck, wenn die Frucht an einer langen Lederstrippe um den Hals baumelt. Es bereitet Martina jedes Mal ein diebisches Vergnügen, wenn sie lässig ihrem Tischnachbarn eine Prise frisch geriebenen Muskats anbieten kann. Als nächstes plant Günter für Moritz, den Apfelprinzen, den Probierlöffel, dessen Stiel ein Apfelzweig ist.

## Die Wünschelrute

Seit der Brunnen hier steht, lackiert und wunderschön, in so harmonischer Verbindung mit seiner Umgebung, als sei er hierfür geschaffen, denkt Moritz ständig darüber nach, wie das Problem mit dem Anschluss gelöst werden kann.

Schon kurz nachdem die Handwerker uns verließen, hat Moritz mit Herrn Fogel ein Fundament gebaut: Sie gruben ein stattliches Loch, füllten es mit Zement, steckten vier Bolzen aus Edelstahl hinein, um den Brunnen fest verankern zu können. In der mühsam genau waagrecht gespachtelten Oberfläche wurde von der Mitte aus zu einer Seite hin ein Graben ausgespart, in dem Zuleitung und Ablauf Platz haben würden. Aber dann wurde Moritz von anderen Aufgaben in Anspruch genommen, und so verstrichen die Wochen. Der Anblick des toten, nicht seiner Bestimmung übergebenen Brunnens verdross ihn. Annie fragte, warum der Brunnen noch immer nicht laufe, und wollte schon selber einen Handwerker suchen.

Da raffte Moritz sich auf und fuhr in den Baumarkt, kaufte Krümmer und messingene Leitungen, Mundstücke und Verschraubungen, Reduktionsgewinde und Anschlüsse. In einer Schlosserei ließ er aus Edelstahl eine runde Platte schneiden, um das Bodensieb abzudecken, drinnen zwei Löcher mit zwölf Millimetern Durchmesser, eines in der Mitte, eines etwas seitlich. Des Weiteren ein u-förmiges Teil mit derselben Lochung, das er oben zwischen die beiden den Brunnentrog überspannenden Träger klemmen wollte.

Nun schraubte er an das dicke Ablaufrohr einen schwach gekrümmten Bogen, daran befestigte er ein Rohr, das bis zum Fundament reichte. Hier sollten Zulauf vom Haus und Ablauf zum Gully unter den nahen Steinplatten vor dem Haus zusammengeführt werden. In einen engen Krümmungsbogen bohrte er ein

Loch auf der Seite, die später oben sein würde, genau in der Richtung des bis hierhin geführten Ablaufrohrs, nur einen halben Millimeter größer als das zehn Millimeter starke Rohr des Zulaufs. Dieses steckte er von oben in das mittlere Lochs des Ablaufsiebes. Das biegsame Rohr ließ sich leicht durch den schwach gekrümmten Boden vorschieben und kam am Ende des Ablaufrohrs heraus. Moritz schob den Krümmer durch und schraubte ihn auf das Rohr. Die winzige Fuge dichtete er mit Silikon: Zulauf und Ablauf waren getrennt!

Die Edelstahlplatte wurde ebenfalls mit Silikon auf dem Ablaufsieb befestigt, die Halterung zwischen die beiden Stege geklemmt. Jetzt konnte er von oben ein 12-mm-Rohr über den Zulauf schieben und ein Rohr als Ablauf einsetzen.

Allerdings musste er noch den Gully finden, der unter den Steinplatten in der Mitte des Weges liegen musste. Er wusste aber nicht genau, wo. Mit zwei Schweißdrähten als Wünschelrute ging er hin und her – und tatsächlich: Über einer bestimmten Platte »zog« es, egal von welcher Richtung her er kam. Moritz hob sie erwartungsfroh hoch: Darunter befand sich der Gully. Er kann tatsächlich, wie er schon vor langer Zeit entdeckt hat, elektrische und Wasserleitungen, Abwasserrohre oder Quellen aufspüren.

Der Brunnen wurde mit Muttern auf seinem Fundament festgeschraubt. Das Ablaufrohr verlängerte er mit einem Schlauch, den er in einer leichten Biegung zum Gully führen konnte, es fehlte also nur noch der Anschluss an die Wasserleitung. Da verließ ihn der Mut, und er rief unseren Klempner an.

Der schickt uns seinen alten, längst pensionierten Mitarbeiter aus dem nahen Städtchen Dornhan, der jede Leitung und all die Tücken in den Systemen unseres Hauses kennt. Als er den Brunnen sieht, ist er bass erstaunt. »Wo haben Sie den her?«

»Geschenkt bekommen.«

»Von wem?«

»Von Annie.«

»Und wo hat die ihn her?«

»Man hat ihn beim Ausräumen der alten Milchsammelstelle gefunden.«

»Tatsächlich! So ebbes...« Und dann erzählt er folgende wunderbare Geschichte: Dieser Brunnentrog wurde zusammen mit zwei weiteren Ende des 19. Jahrhunderts in Dornhan aufgestellt – die Stadt hatte soeben ihre zentrale Wasserversorgung bekommen. Anfang der fünfziger Jahre wurden die Brunnen wieder abmontiert, und einer von ihnen kam auf den Hopfauer Friedhof. Er selbst hatte ihn damals dort aufgestellt. »Und heute schließ' ich ihn hier an – das ist gewiss das letzte Mal!«

Er begutachtet Moritz' Arbeit: »Respekt! Gute Idee!« Moritz schwillt die Brust. Mit wenigen Griffen hat der Klempner einen zweiten Hahn installiert – den alten brauchen wir ja weiterhin, wenn wir mit der Gießkanne Wasser holen – und die Leitung angeschlossen. Langsam dreht er den Hahn auf, wunderschön steigt ein Strahl hoch...

Wir stellen nun noch ein Bistrotischchen mit zwei Stühlen daneben und haben ein neues Plätzchen zwischen Zitronenbaum und plätscherndem Brunnen für die morgendliche Zeitungslektüre. Der Kaffirzitronenbaum, der früher hier stand, wurde ohnehin an einen anderen Ort gestellt.

Am Wochenende kommen Freunde, die das Haus gut kennen. Wir sind gespannt, was sie zu unserem Brunnen sagen werden. Sie stürmen herein, mit Dackel Ivo, der sofort mit der Inspektion des Parkes beginnt. Unsere Gäste sagen gar nichts, sie bemerken den Brunnen nicht einmal. Als ich sie darauf aufmerksam mache, meint Karl verblüfft: »Ist mir gar nicht aufgefallen.«

Und Herbert fragt zurück: »Hat der net scho immer da gschdanden?«

Gabi wenigstens spendet Lob und fährt mit der Hand durch den Brunnenstrahl: »Herrlich, schön frisch!«

Moritz schwankt zwischen Trauer über die Unauffälligkeit der Anschaffung und Glück über die offensichtlich gelungene Platzierung.

Wir sitzen auf der Terrasse und trinken Pomme-Brut, als Ivo unten an der großen Hecke anhaltend in höchster Aufregung zu bellen beginnt. Nach einer Weile schaut Peter nach: Ein Igel. Ivo will nicht weg, bellt weiter.

Das Telefon klingelt. Ein Nachbar, der sich gestört fühlt, droht, den Tierschutzverein zu alarmieren, wenn der Hund nicht sofort ruhig ist. Seinen Namen nennt er nicht, legt sofort auf. Wie freundlich manche Leute doch sind, und mutig obendrein!

Peter holt das außer Rand und Band geratene Hündchen und taucht dessen blutige Nase in das kühlende Nass des Brunnens. Der hat damit seine Feuerprobe bestanden, ist akzeptiert und das, was er sein sollte: ein schmückender, erfrischender Gebrauchsgegenstand.

## Leid und Freud mit Clematis

Sie welkt. Immer überraschend und so schnell, dass man es nicht glauben kann und denkt, ein hinterhältiges Vieh habe den Trieb abgefressen. Die erste, gestern noch traumhaft schöne, doppelt gefüllte Blüte der »Vyvyan Pennell« hängt heute lasch an einem bräunlichen Strang mit vertrocknet wirkenden Blättern. Wie traurig, wenn man die erwartete Pracht der vielen Knospen so schnöde vernichtet sieht.

In Gartenbüchern wird empfohlen, die Clematis zusammen mit den Rosen gegen Pilzbefall zu spritzen, also etwa mit Saprol. Aber die Wirkung ist nicht verlässlich.

Besonders aufwendig ist diese Vorsorge für uns nicht, denn viele der Clematis stehen mit Rosen zusammen, vor allem am

Laubengang neben dem Teich. Es ist eine wunderschöne Kombination, die zarten Clematisblüten mit ihren filigranen Staubgefäßen neben den kraftstrotzenden Parkrosen, deren Blüten sich üppig entfalten. Und die Kombinationen zwischen jenen Rosen, die erst rosefarben sind und sich in voller Blüte dann gelblich färben, und den taubenblau, lilarosa oder violetten leuchtenden Clematis erfreuen das Auge.

Am Beginn des Laubengangs, unter dem Blutahorn, ranken Waldreben, verschiedene Sorten von wilden Clematis (*alpina* oder *montana*). Ihre blauen, violetten und roten Glocken erscheinen mit schöner Regelmäßigkeit, ehe die Bäume ihre Blätter treiben, später machen uns die wuscheligen Samenstände Freude.

Mühselig sind die Erfahrungen, die man als Gärtner mit der Blühwilligkeit der Clematis machen muss, die sich nämlich keineswegs immer an das halten, was die Züchter über ihr Gedeihen behaupten: Hier sprießen sie prima, dort ganz schlecht, ohne dass sich dies allein mit dem unterschiedlichen Standort erklären ließe. Am Rosenbogen steht eine »Rouge Cardinal« in vor sich hin welkendem Vergissmeinnicht, das nicht entfernt wird, damit es sich aussamt und im nächsten Jahr opulente Polster bildet. Außerdem liegen ein paar Steine um den Fuß der Pflanzen, die Feuchtigkeit halten und ihn zusätzlich beschatten sollen, so, wie es immer propagiert wird. Trotzdem sind selten mehr als 20 oder 25 Blüten dran, und in zwei Wochen im Juli ist alles vorbei. Im Herbst entwickeln sich nur noch einzelne Nachblüten. Dabei haben sie hier Morgensonne, wie im Katalog vom Clematis-Spezialisten Ingwer J. Jensen verlangt – wenigstens sechs Stunden im Sommer. Im weiteren Verlaufe des Tages dann nur noch helles Licht, aber keine direkte Sonne, weil ein Ahorn und eine Linde sie vollkommen abschirmen.

Dieselbe Sorte, »Rouge Cardinal«, steht neben zwei Rosen, der rosa Centifolia »Fantin Latour« und der weißen »Winchester Cathedral«, direkt am Fuß einer Mauer. Das die Mauer überragende Laub bekommt dort den ganzen Tag über volle Sonne, während die Clematis tief im feuchten und kühlen Schatten der Mauer steht, durch den die Mauer überwuchernden Efeu vor jeglichem Sonneneinfall geschützt. Sie entwickelt laufend neue Triebe und blüht praktisch ununterbrochen von Juni bis zum ersten Frost.

Ganz anders an der Nordwand des Hauses, wo die Sonne morgens nur im Hochsommer eine Stunde scheint und abends vielleicht noch knapp vier Stunden. Hier liegt Kies um die Füße einer Dreiergruppe – je eine hellblaue »Prince Charles«, eine rosa-violett gestreifte »Victoria« und wieder die magentarot blühende »Rouge Cardinal«. Gerade letztere dürfte diese Bedingungen eigentlich nicht mögen, während sie für die »Prince Charles« ideal sein sollten und für die verträgliche »Victoria« in Ordnung. Aber alle drei scheinen hier gemeinsam blendend zurecht zu kommen: Sie ranken fast fünf Meter hoch und blühen für unsere Lage schon erstaunlich früh, nämlich ab Mitte Juni, drei bis vier Wochen lang in üppigsten Kaskaden! Es sind doch allesamt höchst eigenwillige Individuen!

## Holländische Tomaten

Da flattert eine Meldung von The Greenery, der niederländischen PR-Organisation für den Absatz von Salat und Gemüse, auf den Tisch: In der Sendung »Alfredissimo« haben sich Biolek und Jean Pütz mit Tomaten beschäftigt: »Tomaten aus der Dose sind besser als viele, die es im Laden gibt«, habe Biolek gesagt, worauf Pütz ergänzte: »Beispielsweise die Wassersäcke aus holländischen Gewächshäusern.« Der Kommentar von The Greenery: »Schon verwunderlich, wie lang sich manche Vorurteile halten. Dass Produzenten wie The Greenery heute Tomaten auf einem Qualitäts-

niveau liefern, das mit den vor zwanzig Jahren (übrigens europaweit) produzierten ›Wassersäcken‹ nichts mehr gemein hat,
scheint an manchen Zeitgenossen ebenso spurlos vorbeigegangen
zu sein wie die Tatsache, dass holländische Tomaten heute bei Ge-
schmackstests mit deutschen Verbrauchern regelmäßig als Beste
abschneiden.« Woraufhin Pütz und Biolek in die Niederlande
eingeladen werden, um sich vor Ort bei einem Gärtner von der
Qualität der Greenery-Tomaten überzeugen zu können. Wir wissen nicht, ob sie der Einladung gefolgt sind. Aber sie hätten schon
zur Kenntnis nehmen können, dass sich der Tomatenmarkt in der
Tat grundlegend geändert hat.

Allerdings stimmt es nicht, dass vor 20 Jahren, wie The Greenery behauptet, europaweit tomatenrote Wassersäcke produziert
worden waren. Früher konnte man auf deutschen Märkten hervorragende Tomaten kaufen, aus Italien, Marokko, Spanien, von
den Kanarischen Inseln und aus Frankreich (zeitweise sogar aus
Bulgarien und Rumänien!). Jene ominösen schnittfesten, geschmacksfreien roten Kugeln gleichen Namens stammten in der
Tat ausschließlich aus den Niederlanden. Und sie haben den Ruf
der holländischen Gemüseproduzenten nachhaltig zerstört. Doch
die haben es sich zu Herzen genommen, sonst wären sie auch
schlechte Geschäftsleute. Und sie haben mit emsigem Züchterfleiß Tomaten entwickelt, die nicht nur aussehen wie Tomaten,
sondern auch wirklich so schmecken.

Allerdings hat sich diese Entwicklung trotz aller Anstrengungen des holländischen PR-Büros noch nicht überall herumge-
sprochen. Vielmehr können wir die Unausrottbarkeit dieses Vor-
urteils bestätigen: Wer nur ein bisschen auf sich als Feinschmecker
hält, schimpft auf holländische Tomaten. Auch der Redakteur sowie der Regisseur unserer Sendung sind beharrlich dieser Meinung. Früher hatten wir eigentlich keine Meinung zu diesem
Thema, da wir ohnehin nur unsere eigenen Tomaten essen. Die
gibt es zwar nur von August bis September. Außerhalb dieser Sai-

son verzichten wir eben auf Tomaten beziehungsweise verwenden das aus unseren Tomaten hergestellte Püree.

Als wir eine Sendung zum Thema Tomaten planten, wollten wir's aber wissen und haben uns auf den Weg nach Holland gemacht, um der Sache auf den Grund zu gehen. Es war verblüffend: Was wir dort zu probieren bekamen und uns in den Glashäusern anschauen konnten, hatte in der Tat mit den besagten Wassersäcken nichts mehr gemein. Zwar ist es durchaus gewöhnungsbedürftig, die armen Tomatenpflanzen mit ihren Wurzeln nicht in Erde, sondern in einem Vlies stecken zu sehen, das vom Computer dosiert mit exakt der Menge an Nährlösung getränkt wird, die sie bei Sonnenschein oder bedecktem Himmel in unterschiedlicher Menge zum Wachsen benötigen. Aber die Vorteile dieser High-Tech-Zucht liegen auf der Hand: Die Gefahr des Überdüngens ist gebannt. Und weil so genannte Nützlinge den Stauden die Ungeziefer vom Leib halten, sind Insektizide überflüssig. Das pflanzengerechte Klima in den mehr als fünf Meter hohen Glashäusern macht sogar Pestizide entbehrlich. So sehen die weit über mannshohen Stauden gesund und munter aus; wenn man an den Blättern entlang streift, duftet es wunderbar nach Tomaten, und die Früchte schmecken intensiv und aromatisch! Wir waren ziemlich begeistert, die Qualität hatte uns überzeugt.

Allerdings, und das ist der Punkt, gibt es natürlich weiterhin die gesichts- beziehungsweise geschmacklose Massenware, die überall da verkauft wird, wo der Preis wichtiger ist als der Wohlgeschmack. So kann es also sein, dass beim Discounter Tomaten im Angebot sind, die man wirklich nicht loben kann. Aber ein solcher Laden ist vielleicht auch nicht die richtige Adresse, wenn man nahrhaftes Gemüse kaufen will.

## Bärlauch

Jetzt ist es Juli geworden, und die Bärlauchzeit ist wieder vorbei! Zum Haareausreißen... Ostern hatten wir uns fest vorgenommen, in diesem Jahr ganz viel Bärlauch zu pflücken und auf verschiedenste Arten zu konservieren.

Dieses wild nach Knoblauch duftende Knollengewächs gedeiht in unserem Glatttal überall an feuchten Berghängen, sowohl in Laubwäldern als auch unter Fichten – man braucht die lanzenförmigen Blätter nur zu pflücken, wobei man sich an den steilen Hängen langsam nach oben arbeiten kann, ohne dass man sich bücken müsste. Immer wieder wird vor einer Verwechslungsgefahr mit den giftigen Maiglöckchen gewarnt, aber in Wahrheit erinnern sie nur sehr schwach an deren Blätter, die viel dunkler und am Stiel eingerollt sind, während die lindgrünen Bärlauchblätter völlig frei an dem Schaft sitzen, der den Stiel umschließt. Außerdem ist der Geruch des Bärlauchs unverwechselbar!

In den letzten Jahren hat dieses würzige Liliengewächs einen unglaublichen Siegeszug durch die deutsche Küche angetreten: Noch vor zwanzig Jahren kannte es hierzulande so gut wie niemand. Nur in der Schweiz war seine aus dem Altertum überlieferte Rolle in der bäuerlichen Küche nie vergessen worden – und so stehen bereits in unserem Schweiz-Buch von 1989 mehrere Bärlauch-Rezepte. Als Erster hatte Eckart Witzigmann ihn im Münchner Restaurant Tantris in den siebziger Jahren auf die feine Tafel gebracht – auf seinen Spaziergängen durch die Auen des Englischen Gartens fand er ihn in rauen Mengen, wo er eigentlich die viel begehrteren Morcheln gesucht hatte (die er in manchen Jahren freilich auch in beneidenswerter Üppigkeit einsacken konnte – wohl dem, der ihn schon damals zum Freund hatte!). Nach und nach entdeckten die Natur- und Bio-Freunde den Bärlauch, andere Köche folgten. Und seit diese nicht mehr darauf angewiesen sind, sich selbst umzuschauen, um das duftende Grün zu entdecken, sondern der Rungis-Express ihn bündelweise in die Restaurants und körbeweise auf die Märkte und in die Feinkostgeschäfte liefert, ist er auch teuer genug, um den Appeal einer echten Delikatesse zu haben.

Die Blätter bieten den größten Genuss, wenn sie gerade erschienen sind, je nach Witterung Ende März bis Anfang Mai; also noch vor ihrer Blüte, dann sind sie noch ganz zart. Sie werden in der Folge immer fester und auch bitterer, nach der Blüte welken sie schnell dahin und beginnen fürchterlich zu stinken. Die Blüte selbst allerdings ist ein hübscher Schmuck auf der Tafel: Als Sträußchen in der Vase für alle »Knofel«freunde oder als wohlschmeckende Dekoration auf dem Teller. Man legt entweder die ganze Blüte neben oder auf das Gericht, oder man zupft die einzelnen Blütensterne von der Dolde und streut sie locker über das Essen.

Am besten, so finden wir nach vielfältigen Experimenten, lässt sich Bärlauch konservieren, indem man die Blätter mit Butter und etwas Salz mixt. Diese leuchtend grüne Kräuterbutter kann man ohne Qualitätsverlust bis zur nächsten Bärlauchsaison einfrieren. Und damit Saucen würzen (einfach ein gutes Stück mit dem Pürierstab in der Sauce auflösen und dabei schaumig aufschlagen), Risotti grün einfärben und mit Bärlauchduft parfümieren sowie Gemüsesuppen frischen Pep geben. Eine Fortentwicklung davon ist der Bärlauchpesto.

Für diese leuchtend grüne, nach Knoblauch duftende Paste wird der Bärlauch mit eingeweichten, geschälten Mandeln sowie frischem Parmesan zum glatten Püree mixt. Dabei salzen, pfeffern und so viel Olivenöl hinzufließen lassen, bis eine geschmeidige Creme entstanden ist. Den Pesto dann mit einem Schuss Nudelkochwasser glatt rühren, abermals einen guten Schuss frisches Olivenöl zufügen und heiße tropfnasse Spaghetti damit vermischen – so steht im Handumdrehen ein fabelhaftes Essen auf dem Tisch. Übrigens: Diese Sauce passt auch ausgezeichnet zu gekochtem Rindfleisch oder zu jungen Pellkartoffeln.

Eines unserer Lieblingsrezepte sind Schnecken in Bärlauchrahm. Die Idee für diese köstliche Vorspeise haben wir im Lameloise kennen gelernt, einem unserer Lieblings-Drei-Sterne-Restaurants in Burgund. Dort nimmt man statt Bärlauch Petersilie und Knoblauch – was ja vom Duft her einen ähnlichen Effekt gibt. Man braucht dafür erstklassige Schnecken; am besten bringt man sie sich aus dem Elsass oder aus Burgund mit, wo sie selbst im Supermarkt sehr gute Qualität aufweisen. Sie sollten im Wurzelsud eingemacht sein. Die Schnecken in Portionsterrinen (ersatzweise Mokka- oder Espressotassen) verteilen und mit etwas Schneckensud benetzen. Neun Minuten im auf 130 Grad vorgeheizten Backofen erwärmen. Jeweils ein Eigelb dazwischen setzen, wo es in der heißen Terrine sofort zu garen beginnt. Salzen und pfeffern, mit kochend heißer Sahne üppig bedecken, die mit Bärlauchbutter aufgemixt wurde. Eventuell die gefüllten Terrinchen für einen weiteren Moment in den heißen Ofen stellen. Mit Tomatenwürfeln und Kräutern dekorieren und glühend heiß, direkt aus dem Ofen servieren. Dazu gibt's schmale, in Butter geröstete Weißbrotstreifen.

## Der große Lehrspaß: Kochkurse

Als wir vor etwa zehn Jahren begannen, Kochkurse zu geben, dachten wir, es sei nötig, jedem Seminar ein bestimmtes Thema zu geben: »Toskana-Küche«, »Pfannengerührtes aus China & Thailand«, »Gemüseküche« oder »Kreative Küche«. Nachdem aber die Kurse, die wir »Unsere ganz persönliche Küche« nannten, immer als Erste ausgebucht waren, stellten wir schließlich fast alle unsere Kurse unter dieses Motto. Was wir mögen, ist ja eine kunterbunte Mischung aus allem: Wir lieben Mediterranes ebenso wie die Küchen der französischen Provinzen oder deutsche Familienrezepte, denen wir allerdings immer einen besonderen Kick geben; und natürlich die Küchen Asiens, von Thailand über Indonesien, Vietnam, allen Regionen Chinas bis zu japanischen Gerichten. So wird praktisch jeder Bereich berücksichtigt. Und wir können uns ganz nach den Jahreszeiten richten, Menüs zusammenstellen mit dem, was der Garten gerade bietet; kurz: das bringen, worauf wir selber Lust haben! Und natürlich immer wieder neue Ideen einbauen, die wir von unseren Reisen mitbringen. Für die besonders ehrgeizigen Feinschmecker aber halten wir weiterhin Asienkurse ab. Das ist schließlich unsere Spezialität!

Unsere Tageskurse richten sich an Menschen, die wenig Zeit haben. Wir beginnen nicht zu früh am Morgen, schließlich müssen manche von weit her anreisen. Bis elf Uhr jedoch sollten alle eingetrudelt sein und möglichst auch schon ihr Zimmer im Hotel bezogen haben. Jeder bekommt eine Schürze umgebunden (die man natürlich mitnehmen darf!) und nimmt sich einen Tagesplan sowie die entsprechenden Rezepte.

Zur rechten Einstimmung gibt es erst einmal einen Bissen aus der Hand. Meist hat Martina den Backstein im Ofen vorgeheizt (oder, bei schönem Wetter, Moritz den Pizzaofen angefeuert) und einen Brotteig angesetzt. Die Zutaten für den Belag stehen auch schon bereit, so dass für den Flammkuchen nur noch reichlich Zwiebeln gehobelt werden müssen oder für eine Pizza Mozzarella gewürfelt, Kräuter gezupft und Schinken geschnitten wird. Wer mag, packt mit an, manche schauen erst mal lieber zu. Nach wenigen Minuten kommt die erste, knusprige, köstliche Pizza aus dem Rohr, die, in mundgerechte Bissen geradelt, sogleich verspeist wird.

Für die meisten ist dieser Backstein eine neue, verblüffende Erfahrung: Er wird durch eine Heizspirale, die sich im Backofen anschließen lässt, innerhalb einer knappen Stunde so heiß, dass man darauf genau wie in einem Steinbackofen in knapp zwei Minuten eine unübertroffen knusprige Pizza backen kann. Er ist ein Zusatzbehör für den Backofen von Gaggenau, das leider andere Firmen nicht bieten. Miele liefert einen Schamottestein, den man ins Rohr legen soll. Er ist allerdings glasiert, und die dadurch versiegelte Oberfläche reagiert natürlich anders als der unbehandelte Backstein der Konkurrenz. »Zum leichteren Reinigen«, preist der Katalog, aber leichter als der unglasierte Stein von Gaggenau ist nichts zu reinigen: Er wird nach Gebrauch einfach umgedreht und beim nächsten Mal durch die Gluthitze des Heizstabs ganz von selbst wieder sauber und wie neu.

Die Pizza in der einen Hand und, je nach Konstitution, mit einem Glas Apfelsaft oder schon einem Glas Wein in der anderen, stellt sich jeder Teilnehmer erst einmal vor, erzählt, warum er gern kocht und was ihn bewogen hat, diesen Kurs zu besuchen. So lernt man sich kennen, und es beginnt der wundersame Prozess der Gruppendynamik: Schnell stellt sich Vertrautheit ein unter den sich bis dahin doch meist fremden Gästen – ein überraschendes Zusammengehörigkeitsgefühl. Es sind zwölf wissbegierige Männer und Frauen, zwischen 30 und 75, aus allen möglichen Berufen, von der Hausfrau über den Hotelangestellten bis zum Betriebswirt und Arzt.

Martina erläutert den Plan: Den ganzen Tag lang wollen wir kochen; anfangs, solange wir Hunger haben, gleich aufessen, was dabei entsteht, danach ein großes Menü vorbereiten. Moritz ist derweilen mit der Logistik beschäftigt, schafft Produkte aus dem Garten herbei, sorgt für Getränke und was sonst noch fehlt. Später wird er den Tisch decken, erst für den Mittagsimbiss, nachmittags auch die Festtafel und (fast) immer im rechten Augenblick zur Stelle sein, um Martinas Ausführungen mit zusätzlichen Hinweisen und Ratschlägen zu ergänzen.

Schließlich sind wir ausreichend gestärkt, auch mit neuen Erkenntnissen gerüstet, so dass wir das große Festmenü für den

Abend in Angriff nehmen können. Als Häppchen zum Aperitif wollen wir kleine Cocktailtomaten mit Frischkäse füllen. Ein Geduldsspiel und eine Fieselarbeit! Erst einmal die Tomaten häuten, dann eine Kappe abschneiden, und schließlich werden mit einem Perlausstecher die Kerne herausgelöst. Da zeigt sich, wer gewöhnt ist, mit winzigen Dingen zu hantieren. Renate, der Hausfrau, geht das leicht von der Hand, während Wolfgang, der als PR-Mann bis zur Rente eher seinen Kopf als seine Hände brauchte, bei so vielen Tomätchen die dünne Wand durchstößt, dass wir ihm eine andere Aufgabe übertragen: Er soll Kräuter von den Stielen zupfen. Dafür ist unser Professor, der Neurologe, so fix und geschickt, dass wir im Handumdrehen mit einer großen Platte voller Mini-Tomaten fertig sind. Er hat übrigens seine Frau mitgebracht. Das kommt öfter vor. Normalerweise haben die Partner erst am Abend Zutritt – sie dürfen dann am Festmahl teilnehmen. Brigitte, die Frau des Professors, hatte jedoch gebeten, schon tagsüber Mäuslein spielen zu dürfen. »Vielleicht fällt ja dabei eine Geschichte für mein Reiseblatt ab«, hatte sie gesagt. Natürlich haben wir immer Verständnis für Kollegen, außerdem gehört Klappern zum Handwerk, und wenn's der Publicity dient... Jedenfalls macht der Journalistin die Recherche so viel Spaß, dass sie sich bald auch eine Schürze umbindet und zum Messer greift. Zum Erstaunen des Ehemanns, der, seit langem für die kulinarischen Belange in der Familie zuständig, schon um seine Zukunft in dieser Funktion bangt.

Wir setzen einen Bœuf Bourguignon an, der ja langsam schmoren soll, damit eine dichte, aromatische Sauce entsteht. Zunächst geht es darum, wie wichtig gerade dafür das richtige Fleischstück ist: am besten die Wade eines ordentlichen Ochsen nehmen, die – dank der gallertigen Schichten, die sie durchziehen und die in der sanften Schmorhitze schmelzen – mürbe und zart wird, aber zugleich saftig bleibt und nicht, wie man das leider allzu oft erlebt, mürbe und trocken auf den Tisch kommt.

232

Als Beilage wollen wir Nudeln servieren, nach dem piemonte-sischen Prinzip mit reichlich Eigelb.

»So viel?«, staunen die Schüler, als Martina auch nach dem zwölften Ei noch zum nächsten greift und es aufschlägt.

»Im Piemont nehmen sie auf ein Kilogramm Mehl«, sagt sie lachend, »25, ja 30 und noch mehr Eigelb! Die sorgen dafür, dass die Pasta einen so unnachahmlichen Biss bekommt.« Sie gibt noch weitere fünf ganze Eier, also mitsamt dem Eiweiß, hinzu.

»Das ist nötig für die Bindung, sonst wird der Teig unangenehm bröckelig.« Der Teig wird von Hand geknetet.

»Wer will?«, fragt Martina. »Nur Mut«, lockt sie scherzend, als sich keiner meldet, »für die Figur ist das sehr vorteilhaft. Denkt an Sophia Loren, die hat deshalb einen so tollen Busen, weil sie immer Pastateig geknetet hat!«

Worauf Wilfried, der sich soeben freiwillig an die Arbeit machen wollte, zurückschreckt: »Den kann ich eigentlich nicht gebrauchen!«

Aber durchtrainierte Muskeln kann schließlich jeder brauchen. Es soll auch jeder ein Gefühl für den Teig kriegen, ihn so lange kneten, bis er glänzt, glatt und elastisch ist. Dann braucht er Ruhe, damit er entspannen kann. Zu einer Kugel geformt und in Plas-tik gehüllt, trocknet er nicht aus. Und wenn ein Fingerdruck nicht wieder zurückweicht, sondern als Delle sichtbar bleibt, dann ist er richtig.

Während die eine Gruppe sich mit den Vorspeisen beschäftigt – Auberginenröllchen mit Mozzarella und Tomatencreme, Pie-monteser Mini-Wirsingröllchen und Schinkenröllchen mit Spi-nat – oder das Zwischengericht ansetzt – nämlich Espuma (ein gelierender Schaum) aus Roten Beten – und schon mal den Käse in seinen Brickteigmantel hüllt, ist die zweite Gruppe damit be-schäftigt, feine Bandnudeln herzustellen. Die Nudelmaschine ist an den Tisch geklemmt, der mit einem Tuch abgedeckt wurde, alles ist mit Mehl bestreut.

»Unbedingt darauf achten, dass alles immer gut bemehlt ist«, warnt Martina, die den Nudelmachern – es sind die fünf Herren unter den Kochschülern, die sich um die Pastaproduktion gerissen haben – erst einmal zeigt, wie groß die Teigportionen sein dürfen (wie eine Kinderfaust), die man zuerst zwischen den glatten Walzen durchdreht; so oft, dabei die Walzen jeweils enger stellend, bis ein wunderbar dünnes Band entstanden ist.

»Ganz wichtig: Immer gut mehlen, sonst klebt alles zusammen!«, betont sie ein weiteres Mal, während sie das Band durchdreht. Schließlich soll es dann mit den Schneidwalzen in Fettucine geschnitten werden.

»In Ordnung«, rufen die Männer, die darauf brennen, ihr Geschick zu beweisen.

Nach einer Weile haben sie bereits die Hälfte des Teigs verarbeitet und fein säuberlich zu Nestern gedreht. Martina nimmt ein Nest hoch, um es auseinanderzuschütteln. Es rührt sich nicht. Auch das nächste Nest behält streng seine Form. Die Herren schauen betreten drein: »Is' was?«

»Mhhhhm! Das machen wir noch mal. Wir wollen doch Bandnudeln, keine Nudelklumpen ...«

Nachdem nun einerseits mehr an Mehl verwendet wurde, als der Teig selbst braucht – wenn auch leider nicht genug, um das Zusammenkleben zu verhindern –, er andererseits auch schon angetrocknet ist, kann man nicht einfach alles wieder zusammenkneten. Ein neuer Teig wird produziert, den alten bekommen die Hühner. Langsam wird's eng mit der Zeit.

Wie gut, dass die andere Gruppe alles vorbereitet hat. Jetzt stehen die Bestandteile für die einzelnen Gerichte parat, mit Klarsichtfolie zugedeckt im Kühlschrank oder im Keller, die Kräuter mit einem feuchten Tuch bedeckt, damit sie schön frisch bleiben. So werden vor dem Servieren jeweils nur noch wenige Handgriffe nötig sein.

Dann geht's ins Hotel, duschen, eventuell kann man sogar ein wenig ausruhen (viel Zeit bleibt dafür allerdings heute nicht) und sich umziehen. Abends treffen wir uns zum Aperitif auf der Terrasse (selbst wenn es etwas kühl sein sollte; nur wenn's regnet, sind wir in der Halle) und begeben uns schließlich an die große, festlich gedeckte Tafel im Saal. Wenn der Wettergott uns gewogen ist, nehmen wir die ersten Gänge auf der Terrasse ein; manchmal sogar das ganze Menü – in unseren Breiten ist es immer ein besonderes Erlebnis, wenn man bis zwei Uhr nachts draußen sitzen kann.

Schon bei den Vorbereitungen, der so genannten *mise en place,* wie das die Profis nennen, sollen sich jeweils zwei bereit erklären, für einen Gang die Verantwortung zu übernehmen. Sie stellen ihn aus den gemeinsam vorbereiteten Bestandteilen fertig und servieren ihn. Natürlich mit Martinas Hilfe – schließlich ist es nie leicht, sich in einer fremden Küche auf Anhieb zurechtzufinden.

Der Fischgang wird Kabeljau auf Linsen sein. Am Nachmittag haben wir miteinander alle Elemente für dieses Gericht vorbereitet: Linsen gekocht, aus einem Teil die Sauce gemixt und bereits fertig gewürzt. Für die Kabeljaustücke am besten geeignet sind die gleichmäßig dicken Rückenfilets, die so genannten Loins: Sie sind immer von besserer Qualität (auch teurer) als normales Kabeljaufilet; weil sie gleichmäßig dick sind, garen sie auch gleichmäßiger! Sie werden gewürzt (nicht gesalzen, Salz entzieht ihnen Feuchtigkeit und trocknet sie aus!) und auf eine mit Öl eingepinselte Platte gesetzt. Mit Folie überspannt, bleibt alles im Kühlschrank bis zum Abend frisch. Auch die Kräuter und Gemüsewürfel zum Dekorieren werden vorbereitet. Abends müssen die zwei, die für diesen Gang verantwortlich zeichnen, nur noch dafür sorgen, dass die Teller vorgewärmt sind – also beizeiten in den Backofen stellen. Die Platte mit dem Kabeljau im rechten Moment in den Wok setzen, den Fisch jetzt salzen und schließlich dämpfen. Währenddessen kann man die Teller ausbreiten und mit dem Anrichten beginnen. Martina zeigt, wie das Gericht präsentiert werden soll: Die nochmals erhitzte, aufgemixte und abgeschmeckte Sauce als dekorativen Spiegel darauf verstreichen, die Linsen, die wir dafür eigens vor dem Pürieren ausgesondert haben, auf dieser Sauce hübsch verteilen, eventuell auch Kräuter (zum Beispiel Schnittlauch, wenn wir eher regional bleiben, Basilikum, wenn wir mediterran, oder Koriandergrün, falls wir asiatisch gewürzt haben) und linsenklein gewürfelte bunte Paprika oder Zucchini oder Chili. In die Tellermitte wird das in wenigen Minuten saftig gedämpfte Kabeljaufilet gebettet. Zum Schluss alles mit einer Sauce beträufeln, die blitzschnell mit dem auf der Platte gesammelten Fischfond sowie einem guten Schuss Butter (wenn hiesige Würze verlangt ist), Olivenöl (im mediterranen Fall) oder auch mit dem asiatischen Sesamöl aufgemixt ist und schaumig emulgiert. Das ist es, was die Kochschüler bei uns suchen: Tricks, die innerhalb von Sekunden aus einem guten Gericht etwas Außergewöhnliches, Pfiffiges machen. Und natürlich auch Tipps zu Fragen der Organisation: Wie man es hinkriegt, dass alles zur rechten Zeit auf den Tisch gebracht werden kann.

Und dann der Wein! Es wird nicht nur zu jedem Gang – es sind mindestens sechs, meist aber sieben oder sogar acht, nicht gerechnet die Häppchen zum Aperitif – der passende Wein serviert. Moritz gönnt sich selbst häufig das Vergnügen, zwei oder sogar drei Weine gleichzeitig zu kredenzen, aus unterschiedlichen Anbaugebieten und/oder verschiedene Rebsorten, zum Vergleich. Dabei verrät er natürlich auch einiges über die Weine selbst, erklärt zum Beispiel, wie man sie richtig einschenkt. Die Gäste staunen, wenn sie hören, wie wichtig auch das richtige Glas ist.

Die Stimmung wird zunehmend fröhlicher, irgendwann sind alle satt und müde – nach einem ereignisreichen Tag. Die Kursteilnehmer gehen und stolpern im Dunkeln – mit Taschenlampen in der Hand, falls der Mond nicht hell genug scheint – die paar hundert Meter ins Hotel hinunter und fallen, voll der guten Dinge und des guten Weins sowie reich an neuen Eindrücken und Anregungen in tiefen Schlaf.

236

Unsere Seminare, für die man sich drei Tage Zeit nehmen muss, beginnen mit einem Abendessen, das Martina allerdings allein kocht und serviert. Die Gäste sollen sich am Tag ihrer Anreise erst mal einstimmen und verwöhnen lassen, bevor es anderntags richtig los geht.

Nachdem alle im Hotel gefrühstückt haben, können wir uns in der Küche an die Arbeit machen. Alle binden sich die Schürze um, und wir verteilen die Rezepte, mit denen wir uns heute und morgen beschäftigen wollen, auch die vom Begrüßungsmenü. Fragen werden beantwortet, Produkte erklärt, Garmethoden vorgeführt, Handgriffe erläutert und Bezugsquellen notiert. Zwangsläufig kommt man vom Hölzchen aufs Stöckchen. Wenn zum Beispiel Anne sich ekelt, »Iiiihhh« sagt und kategorisch behauptet, »Anchovis ess' ich nicht!«, dann lassen wir sofort alle Arten von Anchovis kosten, die im Haus sind – wir haben immer eine Auswahl da, denn in Olivenöl oder Salz eingelegt halten sie sich bestens. Vielleicht mixen wir sogar rasch eine Sardellenbutter, um zu zeigen, dass sie selbst gemacht (natürlich aus erstklassigen Anchovis) noch mal so gut schmeckt, und probieren sie auf dem wundervollen *pane pugliese*, dem italienischen Brot aus Hartweizenmehl, als Crostini. Womöglich werfen wir sogar noch den Speiseplan um und bereiten als Mittagsimbiss die verführerischen Spaghetti *aglio, olio, peperoncino e acciughe* zu und sind glücklich, wieder mal ein Vorurteil überwunden und einen ungläubigen Gaumen gerettet zu haben.

Es verschafft unendliche Befriedigung, wenn man Kenntnisse vermitteln kann, von denen man weiß, dass sie dem anderen eine neue Welt eröffnen. Das ist der Grund, warum diese Kurse, auch wenn sie immens viel Energie und Kraft kosten, uns so viel Spaß bereiten.

Manches, was wir kochen, essen wir gleich, anderes stellen wir für den späten Mittagsimbiss beiseite. Wenn wir dann bei schönem Wetter draußen auf der Terrasse essen können, fällt es schwer, sich wieder an die Arbeit zu machen. Heute ist ein Photograph da. Die Journalistin vom Tageskurs letzte Woche, die »vielleicht eine Geschichte für das »Reiseblatt« schreiben wollte, hat ihn uns geschickt. Schon den ganzen Morgen hat er uns in der Küche über die Schulter geschaut, so diskret und ohne jeden Lichtaufwand, dass wir ihn bald gar nicht mehr wahrnehmen. Und jetzt, beim Mittagessen, läuft er mit seinem Fotoapparat auf der Terrasse umher und macht Bilder. Wie stimmungsvoll sie geworden sind, können wir schon eine Woche später in der *Frankfurter Allgemeinen Zeitung* sehen, auch die schöne Geschichte dazu lesen. Obwohl der Text einen anderen Kurs beschreibt als die Bilder zeigen, sind alle begeistert, wie genau die Atmosphäre getroffen ist.

Trotz gemütlicher Runde und träge machender Sonne siegt nach dem Mittagessen die Neugier über die Faulheit. Und am Abend, nach einem ganzen Tag auf den Beinen, voller Konzentration, aber auch mit reichlichen Genüssen, sind alle Teilnehmer hundemüde. Wir sitzen noch ein wenig auf der Terrasse und süffeln einen leichten Wein... Die meisten sinken bald ins Bett, manchmal allerdings hören wir am nächsten Morgen, dass sich Unersättliche im Hotel noch Maultaschen servieren ließen!

Am Tag darauf wollen wir unser großes Festmenü vorbereiten – zehn Gänge, zu fünfen davon soll es jeweils drei Weine geben. Zunächst erstellen wir einen Plan: Womit beginnen wir am besten, was braucht besonders viel Zeit, abzukühlen, fest zu werden, durchzuziehen? Was wird wann erledigt, damit am Abend alles noch frisch ist, und schließlich: Wer will für welchen Gang die Verantwortung übernehmen? Es dauert jedes Mal eine Weile, bis alle begriffen haben, dass wir zunächst alle Vorbereitungen gemeinsam besorgen wollen, erst am Abend wird die Verantwortung aufgeteilt. Da gibt es welche, die wollen sich ausschließlich um »ihr« Gericht kümmern und sich sofort an die Arbeit machen. Aber schließlich muss jeder wissen, was wir für die einzelnen Rezepte wie, wann und warum tun, damit er alles später auch allein bei sich zu Hause nachkochen kann. Wir sprechen über die Theorie eines Menüs, seinen Aufbau, seine Struktur; wie wichtig es ist, dass sich die Gerichte steigern in Aromen, Aufwand und Eleganz; dass sich die Farben nicht wiederholen sollten, natürlich auch keine Zutaten; und wenden all diese Richtlinien auf unseren Speisezettel an.

Moritz bittet um Weinvorschläge. Die Seminarteilnehmer überlegen, welche Weine wozu passen könnten, bei welcher Temperatur sie serviert und in welchen Gläsern sie am besten zur Geltung kommen.

Wir machen uns an die Arbeit. Die erste, auch die zweite Stunde sind alle sehr konzentriert. Kleinere Abschweifungen gehören dazu, etwa wenn Moritz aus dem Garten französische Radieschen bringt, die länglichen mit dem weißen Schwänzchen, die so unglaublich knackig sind und würzig schmecken. Wir genießen sie wie die Franzosen, streichen ein bisschen Butter drauf und stippen sie in Salz.

Dann kommt das Gespräch auf Sizilien und die Thunfischschlacht. Natürlich glaubt niemand, dass der so erlegte Fisch viel besser schmeckt als der übliche von irgendwo, womöglich vor der Verarbeitung tiefgekühlt oder gar *au naturel*. Also wird eine Dose *ventresca* geöffnet, das Bauchstück vom großen Thunfisch, selbstverständlich in Olivenöl *extra vergine* eingelegt. Niemand käme auf die Idee, dieses allerbeste Stück vom Thun mit einem billigen Öl in Kontakt zu bringen. Wieder können wir Misstrauen vertreiben und Ungläubige überzeugen.

Als wir dann auf *bottarga* zu sprechen kommen, dem gesalzenen, gepressten und luftgetrockneten Thunfischrogen, kostbar und teuer wie Kaviar, den es fast nur noch an der Westküste Siziliens gibt, ist die Neugier groß. Die beste Qualität, im Querschnitt handtellergroß und marzipanrosa, die man hauchdünn aufgeschnitten genießt, lediglich mit etwas Zitronensaft (noch besser Cedratsaft!) beträufelt, können wir leider nur auf dem Photo in unserem Sizilienbuch zeigen. Wir haben nur noch ein kleines, schon recht eingetrocknetes Stück im Kühlschrank. Macht nichts: Wir mixen es mit Zitrone, Knoblauch, etwas Schärfe und einem guten Schuss Spaghettikochwasser und mischen diese Paste unter die heiße Pasta.

»Aaaah!, das ist herrlich, mit intensivem Meeresduft!«

Heute werden wir wieder ziemlich wenig Zeit zum Ausruhen und Umziehen haben…

## Kräuter & Gemüse

Unverzichtbarer Bestandteil jedes Kochkurses: ein Rundgang mit Moritz durch den Gemüsegarten. Für Martina ist er wichtig, weil sie in der Zeit das Schlachtfeld Küche wieder auf Vordermann bringen kann. Und die Gäste sehen und riechen in unserem Garten, was wirklich frische Lebensmittel sind.

Wir gehen zunächst ums Haus, und der Hausherr erklärt den Kochfreunden, was in den Töpfen längs der Wege wächst und gedeiht: Hier ein Muskat- und Honigmelonensalbei, dort eine Zitronenverbene (*verveine*), die kleine Sammlung von acht verschiedenen Salbeisorten, mehrerlei Rosmarine und Thymiane, auf der Treppe neben dem Haus zwölf verschiedene Minzen – im Garten hatten sie sich zu sehr ausgebreitet, seither halten wir sie nur noch in Töpfen. Kaffirzitrone und Zitronengras erregen besondere Aufmerksamkeit, und Moritz erläutert die Bedürfnisse verschiedener eher exotischer Gewächse: Ingwer und Kardamom warm stellen und sehr feucht halten, den Kaffeestrauch in den Halbschatten; Wasabi (japanischer Meerrettich) braucht vollen Schatten.

Wir gehen in den Park hinunter und betrachten die Rosen und Clematis am Laubengang, die Weinstöcke am Tennisplatz, wo auch ein üppiges Schlinggewächs eine Stange umkleidet. »Weiß jemand, was das ist?«

Schweigen.

»Schaut doch mal ganz genau hin!«

»Komische Blüten – ach so: Hopfen!« Genau: die Wappen-pflanze unserer Gemeinde Hopfau.

Im so genannten Vorderen Park leuchten die Rosen an den Apfelbaumreihen in der Sonne. Dieter, leidenschaftlicher Wein-fex, fragt: »Ist das wie im Weinbau, wo die Rosen vor Krankhei-ten der Rebstöcke warnen?«

»Nein, das will ich nicht behaupten. Äpfel sind für Mehltau und Falschen Mehltau wesentlich weniger anfällig als Rebe und Rosen. Bei uns haben diese Blumen keine andere Funktion, als das Auge zu erfreuen«, gibt Moritz zu, »aber das lohnt sich doch, oder!?« Die Zustimmung ist groß. Und die Festtafel am Abend werden wir mit Rosen aus unserem Park dekorieren, so dass jeder Gast eine andere Blüte an seinem Platz finden wird.

Am Obstschuppen vorbei geht es über die Straße und durch die breite Hecke (das Törchen ist so dicht zugewachsen, dass man es kaum findet) in den Garten. Gleich links die ersten Himbee-ren, denen begehrliche Blicke zugeworfen werden.

»Greift ruhig zu, esst so viel ihr wollt!« Einige folgen diesem Rat so eifrig, dass sie der Führung nicht mehr folgen. Auf der an-deren Seite des zentralen Weges wachsen die letzten Erdbeeren – hier verliert Moritz weitere Gefolgschaft. Die Nachzügler werden nachher einzeln erfragen, was er vorher der Gruppe erklärt hat: Das ist immer so, dagegen kann man nichts unternehmen.

Bald kommt die Zeit, in der Erbsen geerntet werden. Moritz pflückt ein paar, und alle ergötzen sich an den jungen, süßen Per-len. Von den Kaiserschoten daneben wird ebenfalls probiert – und die meisten sehen zum ersten Mal den Unterschied zwi-schen Erbsen, deren Früchte man isst, und solchen, deren Schalen man verspeist: »Ich dachte, das wäre ein und dasselbe«, meint Ma-ria.

Wir entdecken die verschiedenen Salatsorten: *Maikönig* ist

noch da, *Kagraner, Roter Trotzkopf,* und ganz hinten beginnt eine der frühen Sorten zu schießen, die wunderbar süße *sucrine* (die übrigens Köpfe bildet und trotzdem kein Kopfsalat ist, sondern aus dem römischen Salat, *romana,* gezüchtet wurde). Sie wird deshalb gleich geschnitten und für den heutigen Salat verwendet.

Hier bewundern wir die Rote Bete (gut tischtennisballgroß, also von idealer Zartheit und feinem Aroma), dort die Rauke: Wir haben immer zwei Sorten von Rucola, die so genannte Gartenrauke breitblättrig und zart, aber jetzt schon ziemlich hochgeschossen und streng, sowie die schmalblättrige, wilde, die um diese Zeit auf dem Freiland recht hart und sperrig ist; wir ziehen sie eigentlich nur im Frühjahr und Herbst im Freien, im Sommer liefert sie allein im Folienhaus ausreichend zarte Blätter, um als Dekoration und würzendes Kraut Verwendung zu finden. Aber anders als die Gartenrauke bildet sie immer weitere Nebentriebe, deren kleine Rosetten sehr hübsch aussehen – und so genügen schon zwei, drei ausgewachsene Pflanzen, um uns kontinuierlich mit ihrem aromatischen und dekorativen Grün zu versorgen.

Schließlich die Kohlrabi, blaurot die einen, hellgrün die andern. »Gibt es da geschmackliche Unterschiede?«, fragt ein Seminarteilnehmer. Moritz enthauptet jeweils einen Kohlrabi, schält ihn, schneidet ihn in Scheiben, die sofort verspeist werden: »Mhhh, Wahnsinn!« »Kein Unterschied im Geschmack.« »So zart!« Es werden zwei weitere Kohlrabi geerntet und verspeist.

Die ersten Möhren, die Moritz findet, sind noch sehr klein. Dafür gibt es verschiedene Zucchini: lang und rund, grün, gesprenkelt und gelb. Auch die probieren wir roh, aber nur die fingerlangen Früchtchen unter den noch kraftvollen Blüten (das darf Martina nicht erfahren, sonst wird sie böse: »Die kann man doch füllen und dämpfen!«).

Rechts befindet sich das Gewächshaus mit den noch sehr kleinen tropischen Kräuterpflanzen und verschiedenen Chilisorten. Links der erste Folientunnel, in diesem Jahr mit Chili und Paprika, einigen Tomaten, ganz hinten die armseligen Strünke des Feigenbaums, der hier im Boden eingepflanzt überwintert hat. Er schien schon erfroren zu sein, aber jetzt treibt er doch wieder aus (zu Herrn Fogels Leidwesen, er hätte ihn gern entfernt, denn der Feigenbaum nimmt viel Platz weg).

Moritz deutet auf den mannshohen Dill: »Den brauche ich unbedingt, denn seine Dolden sind reif, wenn ich die ersten vorgetriebenen Gewürzgurken bekomme – und das beginnt jetzt!« Einige letzte Korianderblüten an den fast kahl gezupften Stängeln, buschig an der Tür die krause Petersilie, die hier überwintert hat und Blütenstängel zu treiben beginnt, über fünfzig Zentimeter hoch die glattblättrige italienische Sorte *gigante*, wunderschön ebenmäßig das Polster des Majoran, den wir wegen der Gefahr kalter Sommernächte auch lieber unter dem schützenden Foliendach ziehen.

Wir gehen auf das Tomatenhaus mit mehr als meterhohen Pflanzen zu, die schon viele Früchte angesetzt haben. Man erkennt bereits die Unterschiede zwischen Fleisch- und normalen Tomaten, den geliebten *costoluti* und *cuore di bue* (Ochsenherz), Rispen- und Kirschtomaten, runden und flaschenförmigen Sorten. Vielleicht nützt die rote Folie auf dem Boden doch. Aber noch sind sie nicht reif – das wird erst Ende Juli so weit sein.

»Was ist denn das?«, fragt Anne.

»Kennst du es wirklich nicht?«

»Nein.«

Moritz reißt ein Stückchen von dem länglichen, blaugrünen Blatt ab und reicht es ihr.

»Riecht wie Knoblauch.«

»Ist auch Knoblauch!«, sagt Moritz.

»Ach was, ich kenne Knoblauch nur als Knolle!«, erwidert Anne. Also gräbt Moritz die Pflanze aus und siehe da: Die Knolle ist schon gut ausgebildet, man kann die einzelnen Zehen deutlich erkennen. Sie wird schon heute Verwendung finden.

Auf dem nächsten Beet säbelartige grüne Blätter. »Müsste ich dieses Gemüse auch kennen?«, fragt Anne.

»Das ist kein Gemüse.«

»?«

»Gladiolen!«

»So viele!« Ja, Gladiolen sind, zusammen mit Sonnenblumen, die ganz hinten im Garten stehen, im Sommer für Saal und Terrasse der wichtigste Blumenschmuck. Nebenan wachsen Nelken und Kornblumen, daneben Astern, Zinnien, Löwenmäulchen, Wicken, Cosmea, Sommermalven und Eschscholtzien. In einem Eck auch verschiedenfarbige Kapuzinerkresse, deren Blüten ja eine hübsche essbare Dekoration sind.

Am Rand des Gartens zu beiden Seiten die Johannisbeer-, Cassis-, Stachelbeer- und Jostabeerbüsche. Dieses Jahr können wir nur Stachel- und rote Johannisbeeren ernten, die anderen sind dem Frühjahrsfrost zum Opfer gefallen. Darunter hocken Bartnelken, Ringelblumen und Sauerampfer, Speise- und Zierkürbisse, dazwischen stehen Rudbeckien, mehrjährige Sonnenblumen, Rittersporn und eine höchst dekorative Rizinuspflanze.

Dann weiße und blaurote, längliche und platte, Haushalts- und Frühlingszwiebeln, Busch- und viererlei Stangenbohnen (*Neckarkönigin*, *Blaue Hilde*, die breite *Algarve* und Feuerbohnen), Brokkoli, Romanesco und Blumenkohl, Wirsing, Spitz- und Rosenkohl. Und immer wieder dazwischen Erdbeerbeete, die ja (wie alle anderen Sachen auch – es gibt stets einen Gartenplan, den Frau Fogel sorgfältig entwirft) von Jahr zu Jahr umziehen müssen, damit sie von den vielerlei möglichen Krankheiten, die über den Boden übertragen werden, verschont bleiben.

Deswegen stehen auch die Kartoffeln nicht an einem Ort zusammen, sondern sind ebenfalls beetweise verteilt, um dem Boden eine Regenerationsphase zu gönnen. Wir haben in diesem Jahr neben unserer Lieblingssorte *Selma* auch österreichische *Kipfler* (wie *Bamberger Hörndl*) und die rosa *Désirée*, auf die Frau Mönch schwört. Bisher hatten wir mit diesen Sorten weniger gute Erfahrungen, denn unser Boden ist schwer und hält die Nässe lang. Das vertragen die meisten Sorten nicht, vor allem kommen die violetten (*truffes de chine* oder *Odenwälder*) damit leider nicht zurecht und faulen einfach weg.

Weiter geht's, vorbei an Sellerie und Lauch (der in einem tiefen Graben steht, der im Laufe des Sommers zugeschwemmt wird, damit der Lauch schön lange, weiße Schäfte kriegt), zum zweiten Folienhaus: Großes Staunen! Hier wächst dieses Jahr das Basilikum, dreiundzwanzig Sorten zählen wir. Die Büsche sind noch kompakt, stehen wie Soldaten in Reih und Glied. Frau Fogel macht das wundervoll. Einmal, als Moritz noch ein paar weitere Pflänzchen dazwischen setzten wollte, meinte sie ebenso lapidar wie poetisch: »Das stört doch die *paysage*.« Beschämt ließ er von seinem Vorhaben ab.

Sie hatte noch aus einem anderen Grunde Recht: Beim Setzen der kleinen Basilikumbüsche kann man sich nur schwer vorstellen, wie groß sie später werden, und pflanzt gerne (wie man im Schwäbischen sagt, was in diesem Fall bedeutet: leicht) zu eng. Basilikum ist ja ein Starkzehrer, das heißt, es möchte kräftig gedüngt werden und wächst dann bis zu einem Meter hoch, ehe es zum ersten Mal geschnitten wird (Ende Juli, Anfang August).

Frau Fogel stößt im richtigen Augenblick zu unserer Gruppe hinzu – sie hat gerade die letzten verwelkten Pfingstrosen ausgeschnitten – und nimmt mit berechtigtem Stolz das ihr dargebrachte Lob entgegen.

Dass Basilikum den ganzen Sommer über nachwächst, begreifen alle. »Aber wie erreichen Sie es nur, dass Sie das ganze Jahr über frischen Koriander haben?«, fragt Maria.

Die Antwort ist nicht leicht. Im September wird der Samen großflächig im ganzen Garten verteilt und zum überwiegenden Teil untergefräst oder beim Umgraben tief in den Boden verbracht. Nur ein kleiner Teil davon treibt gleich aus, nämlich jene

Körner, die vom Licht erreicht werden: Koriander ist ein so genannter Lichtkeimer. Gibt es einen schönen, langen, möglichst regenreichen und doch sonnigen Herbst, so haben wir fast bis Weihnachten eine mehr oder weniger reiche Ernte. Die vollkommen abgedeckten Körner bleiben im dunklen Schoß der Erde ruhig liegen.

Im Frühjahr treiben eigentlich immer einige Pflänzchen neu aus, die den Frost überstanden haben.

Wenn der Boden ab März erneut bearbeitet wird, gelangt ein Teil der dort verborgenen Körner wieder an die Oberfläche und keimt nun seinerseits: In manchen Jahren, wenn es um die Tag- und Nachtgleiche, also bis etwa Ende April, gleichmäßig feucht und schön warm ist, sind alle Beete derart voller Koriander, dass man ihn schon fast als Unkraut betrachten muss.

Nur die kräftigsten Pflanzen bleiben dort stehen, wo sie nicht stören, und dürfen auswachsen, blühen (die Blüten verwenden wir als wohl schmeckende Dekoration auf Suppen, Salaten, gedünstetem Fisch, gebratenem Fleisch und Schmorgerichten) und schließlich Samen bilden. So lange diese Samenbeeren jung und dunkelgrün sind, haben sie noch den Duft und das Aroma der Korianderblätter, erinnern aber auch schon an den Geschmack der reifen Körner – ein vom kulinarischen Gesichtspunkt her höchst interessantes Zwischenstadium, in dem wir die Körner, weil sie noch keine harte, pelzige Schale ausgeprägt haben, gern als Würze verwenden. So lässt sich übrigens Koriander auch einfrieren, denn im Gegensatz zu den Blättern bleiben die Struktur der Beeren und das Aroma ganz rein erhalten – die Beeren lose in eine Box füllen, in der Gefriertruhe aufbewahren und jedes Mal nur schnell die Menge entnehmen, die man braucht; unbedingt gefroren an die Speisen geben, nie antauen lassen, sonst färben sich die Beeren schwarz.

Wenn es im Frühjahr heiß wird, beginnt der Koriander schnell auszuwachsen. Die Form der zunächst eher runden Blätter verändert sich, sie werden länglich und spalten sich wie das Geweih eines Damhirschs, so dass sie auf den ersten Blick kaum mehr von Blattpetersilie zu unterscheiden sind; schließlich bilden sich weiter oben am schnell hoch schießenden Stängel fiedrige Blättchen, die fast wie beim Dill aussehen – bei uns im Schwäbischen nennt man den Koriander bezeichnenderweise »Wanzendill«. Der Begriff verrät, dass man den eigenwilligen Geschmack hier nicht sonderlich schätzt.

Im Laufe des Sommers ist es kaum mehr möglich, Koriandergrün vom ausgesäten Beet zu ernten. Denn obwohl es Licht braucht, um keimen zu können, gedeiht dieses kapriziöse Kraut nicht mehr, sobald es zu viel davon bekommt: Eine in seinem natürlichen Verbreitungsgebiet durchaus sinnvolle Vorsichtsmaßnahme! Ursprünglich stammt der Koriander nämlich aus Ländern mit nur geringen Schwankungen zwischen Tag- und Nachtgleiche, also aus äquatornahen Gebieten. In Thailand, Vietnam, Südchina, Süd- und Mittelamerika sowie Afrika und Arabien gehört er zu den elementar wichtigen Küchenkräutern. Aber in deren eher nördlich gelegenen Gebieten, wohin er sich auch ausgebreitet hat, sind die Sommer regenarm und heiß, so dass die Pflanzen vertrocknen würden, ehe die Samen ausgebildet sind – es hat für sie also keinen Sinn, noch auszukeimen, wenn die Tage länger werden. Will man in unseren Breiten im Sommer Koriander haben, muss man das Beet sorgsam schattieren, pro Tag darf das Licht höchstens zwölf Stunden darauf fallen. Lästig und mühsam – und so sind wir froh, dass wir per Zufall im Laufe der Jahre diese andere, weitaus weniger aufwendige, dafür sichere Methode entdeckt haben: Von den im ganzen Garten ausgeworfenen Körnern keimen immer wieder welche den ganzen Sommer hindurch an speziellen Plätzen, deren Bedingungen mit Hilfe von anderen Pflanzen für ihr Wachstum optimal sind: Wenn Zucchini, Gurken und Kürbisse ihre Ranken austreiben, wenn ihre großen Blätter ein dichtes Dach bilden, das viel Licht abschirmt und gleichzeitig die Oberfläche des Bodens keimfreudig feucht hält, dann wittern manche Korianderkörner ihre Chance und beginnen sich zu entwickeln. Gleiches passiert unter Erbsenpflanzen und Bohnen, so dass wir immer an irgendeiner Stelle im Garten die üppigsten, oft geradezu tropisch fett anmutenden Korianderpflanzen stehen haben, mit wunderbar ausgebildeten Wurzeln, die wir ja ebenfalls brauchen für unsere Thaicurries.

Dasselbe Prinzip verfolgen wir auch für Borretsch, Dill und Kerbel: Wo sich diese Kräuter von selbst ansiedeln, sind die Wachstumsbedingungen im Allgemeinen günstiger als auf dem speziell für sie ausgesuchten Beet, auch wenn man es hegt und pflegt. Wir erleben es in jedem Jahr von neuem, dass dieses oder jenes Kraut, mal ein Kohl, mal die Erbsen, die Möhren oder die Radieschen überhaupt nicht aufgehen wollen, trotz aller Umsicht und Pflege. An den von ihnen selbst erwählten Standorten gedeihen die Pflanzen am schönsten, ertragreichsten und langlebigsten.

Jetzt wird es Zeit, an den Herd zurückzukehren. Moritz schickt seine folgsame Schar zu Martina in die Küche hinauf. Er selbst begibt sich an die Ernte – diese heikle Aufgabe erledigt er dann doch lieber persönlich.

## Überraschender Besuch

Ein ganz normaler Vormittag im Juli, nicht gerade strahlendes Sommerwetter, zu windig, um sich draußen aufzuhalten, aber trocken. Überall im Haus wird gearbeitet. Frau Mönchs Staubsauger dröhnt im ersten Stock. Frau Pfendtner werkelt, wie immer fröhlich und gut gelaunt, in ihrem Büro. Wir sitzen an unseren Computern. Und unsere Praktikantin Kathrin, die seit ein paar Tagen bei uns hilft, ist in der unteren Küche beschäftigt – sie etikettiert die achtzig Gläschen, die wir gestern mit Pesto gefüllt haben.

Es klingelt. Halb zwölf. Für den Kurier zu früh, für den Postboten zu spät. Um diese Zeit kann das eigentlich nur ein Kunde sein, der ins Gutslädle will.

»Ja bitte?«, fragt Martina durch die Gegensprechanlage, die praktischerweise zwischen unseren Büros hängt, und erbleicht, als sie den Namen hört. Denn im selben Augenblick fällt ihr ein, dass diese Herrschaften, die soeben munter durch den Hörer grüßen, tatsächlich für genau diesen Julimorgen, halb zwölf, angemeldet sind, seit langem schon. Sie sind entsetzlich pünktlich. »Ohh wie schön«, lügt sie in den Apparat, selbst überrascht von ihrer Geistesgegenwart, »Sie sind schon da?«

Moritz schaut entsetzt auf: »Wer?«

Keiner von uns beiden hatte bis zu diesem Augenblick daran gedacht, dass Besuch ins Haus stand. Dabei war der erste Besuch dieser beiden Herren vor acht Wochen vergnüglich und interessant verlaufen und hatte eine erstaunliche Verbundenheit zutage gebracht. Einer der beiden Herren hatte, wie sich herausstellte, dasselbe humanistische Gymnasium wie Martina absolviert (ohne voneinander zu wissen freilich, als sie in der Sexta war, stand er schon vor dem Abitur), und sein jüngerer Kollege war kürzlich mit einem spannenden kulinarischen Thema zum Dr. phil. promoviert worden: »Carl Friedrich von Ruhmor und der Geist der bürgerlichen Küche«. Sie hatten uns ihre Idee vorgestellt, eine neue Institution, das »Culinarium Baden-Baden«, zu gründen. Wir waren gern bereit, sie zu unterstützen. Heute sollten zwei weitere Projekte besprochen werden: eine kulinarische Messe, für die man uns als ausstellende Produzenten gewinnen wollte, sowie eine Tagung zum Thema »Das Geheimnis des Geschmacks«, für die man von uns einen Vortrag wünschte.

Beim letzten Mal hatten wir den beiden ein opulentes Mittagessen aufgetischt, das sich mit sechs oder sieben Gängen bis in den späten Nachmittag hineinzog. Wer uns besucht, erwartet sich in dieser Hinsicht einiges; mit Recht, wie wir finden – und es macht uns Spaß, diesen Ruf zu pflegen.

Jetzt sind also die Herren wie verabredet erneut zur Stelle, haben sogar eine Mitarbeiterin mitgebracht, und wir sind überhaupt nicht vorbereitet. Obwohl der Termin natürlich groß im Kalender eingetragen war. Wie peinlich!

Vom Törchen, durch das man zu uns kommt, und seiner Klingel sind es 20 Stufen hinab und dann zur Haustür noch etwa 80 Schritte. Diese Distanz kostet Zeit; und beim ersten Besuch – die Mitarbeiterin! – muss man natürlich ein wenig herumgucken und staunen. Das verschafft uns weitere kostbare Augenblicke. Denn es versteht sich, dass Martina den Gästen nicht gestehen will, diesen Termin vergessen, das heißt: nicht wichtig genug genommen zu haben.

»Kathrin, schnell, alles liegen lassen, bitte rasch die Zeitungen vom Besprechungstisch räumen.« Es steht im Handumdrehn ein Tablett mit Gläsern auf dem Tisch, ein Wasserkrug und prickelnder Apfelsaft. Mit Getränken sind die Gäste fürs Erste versorgt. Und während Begrüßung und Artigkeiten ausgetauscht werden, geht Martina im Geist die Vorräte durch. Sie kann sich ja nicht für längere Kocharien länger aus dem Gespräch ausklinken, dann müsste alles zweimal besprochen werden. Gottlob sind noch die wunderbaren Käsecracker da, die Frau Fogel macht. Sie hat dafür ein spezielles, kleines Waffeleisen und backt immer wieder einen größeren Vorrat von diesen herrlichen, knusprigen Plätzchen, mit Kümmel und Chili gewürzt. Die Schüssel ist allerdings ziemlich rasch leer geputzt. Die Herrschaften haben Hunger!

Kühlschrank auf: Da haben wir immer, mitgebracht von unseren Reisen, eine Auswahl luftgetrockneter Schinken und Würste drin, aus Italien, aus Frankreich und aus Kärnten, wo die Schweine offenbar noch glücklich sind und deren Schinken und Speck in der reinen Bergluft extra würzig reifen. Vakuumverpackt lassen sich diese Köstlichkeiten problemlos aufbewahren und sind bei

Bedarf rasch auf der Aufschnittmaschine hauchdünn gehobelt: Das mag jeder, sofern er nicht gerade Vegetarier ist. (Gott sei Dank stellt sich dieses Problem heute nicht!) Dazu kerniges Vollkornbrot oder krumiges Weißbrot vom italienischen Bäcker – auch das ist bei uns immer in der Tiefkühltruhe vorrätig. Gürkchen, eingelegte Chilis und Ingwerkürbis aus eigener Produktion kommen in ihren hübschen Gläsern auf den Tisch. Im Gemüsekorb im Keller finden sich drei bunte Paprikaschoten, sie werden geputzt, in Streifen geschnitten und auf eine Platte gebettet. Eine Salatgurke ist auch noch da, sie wird so geschält, dass die Schale in schmalen Streifen stehen bleibt, längs halbiert, entkernt und ebenfalls in Streifen geschnitten. Und die Stangen vom Bleichsellerie brauchen nur längs halbiert, gekürzt und gewaschen zu werden.

Das alles nach Farben sortiert auf eine Platte gehäuft sieht hübsch aus. Martina stellt drei verschiedene Olivenöle auf den Tisch und ein Töpfchen mit *fleur de sel*, jenes wunderbare krumige Salz, das so mineralisch würzig schmeckt. Kleine Teller für jeden, um das Öl hineingießen zu können und daraus aufzutunken, Servietten; ansonsten wird mit der Hand gegessen – mit Kathrins Hilfe dauert es keine zehn Minuten, bis die Gäste zugreifen können.

In der Zwischenzeit wird auch das Hauptgericht auf den Weg gebracht: Spaghetti al Pesto, schließlich haben wir gestern aus sechs Kilo Basilikum eine ordentliche Menge produziert. Ein großer Topf Wasser wird aufgesetzt. Die Praktikantin deckt den Tisch. Der Wind hat sich ein wenig gelegt, die Sonne wärmt, wir können draußen essen. In der hellgrünen Riesenschüssel sieht der leuchtend grüne Pasta-Berg umwerfend aus.

In der Käseschublade des Kühlschranks ist eigentlich immer genügend Material für eine Käseplatte. Rohmilchkäse hält sich bestens, und langgereifte Käse – wie Bergkäse, Pecorino oder uralter Gouda (den lieben wir besonders) – werden ja nie schlecht. Die Anschnittflächen abschneiden, an denen sie vielleicht etwas angetrocknet sind oder oxydativen Geschmack angenommen haben, und schon sind sie servierfähig. Dazu gibt's unser Apfelgelee, vom Gravensteiner mit seinem zarten Parfüm oder vom Glockenapfel mit seiner frischen Säure, und Cotognata, wie wir unsere Quittenkonfitüre nach italienischem Vorbild nennen. Deren herbe Süße und der charakteristische Quittenduft passen zu Käse besonders gut.

Dessert? Da haben wir Glück: Frau Fogel bringt zufällig frisch gepflückte Himbeeren aus dem Garten. Sie kommen in einer Riesenschüssel auf den Tisch, dazu flüssige Sahne und Zucker für den, der's braucht. Jetzt hört man nur noch das Klappern der Löffel auf dem Teller.

»Das war richtig gut«, seufzt der frisch gebackene Dr. phil., lehnt sich zurück und legt seine Serviette auf den Tisch, »genau der richtige kulinarische Hintergrund für unser Thema. So sollten Besprechungen immer ablaufen!«


## Saure-Gurken-Zeit

Die Gurken haben's zu kalt gehabt – am 24. Juni erbärmliche zwei Grad in der Nacht: Nach zwei Tagen wurden viele Blätter gelblich, zwei Wochen später sind kaum mehr grüne zu entdecken. Im andauernden Regen sehen sie traurig aus. Kaum Hoffnung, dass sie sich noch einmal erholen. Eine Folge der Kälte war, dass die Gurkenfrüchte, als es dann wieder warm wurde, keineswegs normal weitergewachsen sind, sondern unverzüglich ihr Längenwachstum eingestellt und dafür Kerne ausgebildet haben.

Eine sinnvolle Reaktion der Natur: Wenn die ersten kühlen Nächte kommen, müssen die Gurken sich beeilen, damit es noch mit der Ausbildung von reifen Samen klappt. Also werden jetzt keine weiteren Blüten angesetzt, die schon befruchteten Gurkenwinzlinge sterben ab, und alle verbliebene Energie wird dafür eingesetzt, dass die am besten ausgebildeten Früchte schnellstens notreif werden. Erst wenn diese abgeerntet sind, stellen die Pflanzen sich wieder auf neues Wachstum um, vorausgesetzt, das Wetter bleibt weiterhin schön.

Viele werden wir in diesem Jahr nicht ernten, also im Winter auf gekaufte Cornichons, Gewürz-, Salz- und Senfgurken angewiesen sein. Und das ist schwierig, denn Moritz isst fast jeden Tag irgendwelche Gurken. Aber was der Handel anbietet, schmeckt ihm nur selten.

Die gekauften Senfgurken mag er am wenigsten, weil sie meist wattig sind – nur auf dem Wiener Naschmarkt und dem Viktualienmarkt in München haben wir gute gefunden.

Cornichons besorgen wir uns stets in Frankreich, weil die hiesigen nicht sauer genug angesetzt werden, zu wenig nach dem geliebten Estragon schmecken und obendrein meist mit Süßstoff abgemildert sind.

Gute Salzgurken findet man ohnehin kaum – sie schmecken ja nicht, wenn sie sterilisiert wurden, man muss sie also lose und frisch aus dem großen Fass kaufen können. Das ist zwar inzwischen in ganz Deutschland wieder möglich, seit die Spreewälder ihre Spezialität auf Wochenmärkten und vor größeren Supermärkten oder in Einkaufszentren anbieten. Allerdings gibt es da erhebliche Qualitätsunterschiede, leider! Denn die Bezeichnung »original Spreewälder« sagt lediglich etwas über die Herkunft aus (wobei die Gurken nur dort verarbeitet worden sein müssen, nicht auch dort gewachsen!), nichts über das Herstellungsverfahren. So wird aus Kostengründen immer öfter statt mit dem traditionellen, wohl schmeckenden Zucker mit ekelhaftem, die Zunge noch nach Stunden beherrschenden Süßstoff gesüßt, Konservierungsstoffe sind keineswegs tabu, und manche Hersteller scheinen nicht nur frische Gemüse und Kräuter, sondern auch getrocknete, wenn nicht sogar Farb- und Aromastoffe hinzuzufügen: Die Qualitätsnormen für dieses ehemals vorzügliche regionale Produkt wurden nach der Wende auf Druck der Industrie, wie so häufig bei uns in Deutschland, so tief wie möglich angelegt…

Gewürzgurken kaufen wir von den deutschen Firmen Kühne oder, am liebsten, von Hengstenberg – aber nur in Frankreich! Dort sind sie zwar etwas teurer, aber viel besser. Für den anspruchsvollen französischen Markt nimmt man nämlich nur beste Gurken und natürliche Zutaten, also frische Kräuter und Zucker, während der deutsche Verbraucher sich mit weniger ebenmäßig gewachsenen Gurken, getrocknetem Dillstroh und Süßstoff abfindet, wenn das Ganze nur möglichst billig ist. Es lohnt sich der Blick auf die Zutatenliste, die ja schließlich auf jedem Etikett aufgeführt ist.

Sogar die osteuropäischen Produzenten haben sich voll auf den deutschen Markt eingeschossen, während sie nach Frankreich wunderbare Produkte liefern: In jedem Supermarkt findet man dort die rundlichen *Cornichons malossol à la Russe*, ungarische und rumänische Gewürzgurken, polnische Gurken und manchmal die ganz hervorragenden jüdisch-koscheren Gurkenvarianten in bester Qualität. Aber unsere eigenen, selbst gemachten sind uns doch die liebsten!

Vor allem sind wir auf Salzgurken versessen – und der größte Teil unserer Sommergäste auch. Diese lassen sich in zwei Gruppen einteilen, beiden ist aber gemeinsam, dass sie sich schon Monate vorher auf den Genuss freuen: die einen auf den von ihnen geliebten bewährten Geschmack, die anderen auf neue Kreationen. Beide sollen auf ihre Kosten kommen!

Alle Jahre wieder heißt es im Juni: Rezept für Salzgurken suchen. Seit es den PC gibt, ist das natürlich einfacher. Außerdem – aber das vergisst Moritz auch immer wieder! – liegt ein ausgedrucktes Exemplar in der Schublade, wo die Etiketten für unsere Konserven aufbewahrt werden, gleich neben dem alten Bosch-Kühlschrank. Und weiterhin steht es in unserem *Kochbuch*, allerdings so, wie von Moritz' Mutter ererbt.

Hier das Grundrezept. Man braucht für ein Glas von 2 bis 2 ½ Litern Inhalt (kann auch Steingut sein): 1,5 kg schlanke, nicht zu große Gewürzgurken, einige frische Weinblätter, 2 rote Zwiebeln, 8 Knoblauchzehen, 2 Stücke frischen Meerrettich (etwa 1 cm dicke Scheiben), 2 Dilldolden mit fast reifen Samenkörnchen, 1 EL Pfefferkörner, 1 Hand voll Salz.

Die Gurken sorgfältig waschen, am besten bürsten. Größere Exemplare, die schon eine wässrige, mit Kernansätzen ausgebildete Mitte haben, mehrmals einstechen; das verhindert das Hohlwerden der Gurken – bei kleinen, noch durch und durch festen Gürkchen ist dies nicht nötig. Weinblätter waschen und noch nass eine Lage in das nur abgetropfte (nicht abgetrocknete!) Glas einlegen. Eine Schicht Gurken so dicht wie möglich senkrecht hineinstellen. Die geschälten, halbierten Zwiebeln, Knoblauchzehen, den geschälten Meerrettich sowie die Dilldolden auflegen, hierauf die zweite Lage Gurken stellen, wobei so wenig Zwischenräume wie nur möglich bleiben sollten.

Alles vollständig mit Wasser bedecken – bis zwei Zentimeter unter den Rand des Glases auffüllen. Pfefferkörner einstreuen und Salz über die Gurken rieseln lassen. Mit den restlichen Weinblättern abdecken und mit einem Kieselstein beschweren.

Zunächst zwei Tage offen stehen lassen, dann mit Frischhaltefolie bespannen, jedoch ein paar Löcher hineinstechen, damit die bei der nun einsetzenden Milchsäuregärung entstehenden Gase entweichen können.

Das Glas warm stellen, wenn die Gurken schon nach sechs bis zehn Tagen, hingegen eher kühl stellen, wenn sie erst nach drei Wochen fertig sein sollen. Im Prinzip gilt: Je langsamer die Gärung vor sich geht, desto besser werden die Gurken im Geschmack.

Im Verlauf dieser Zeit ist die Flüssigkeit trüb geworden, und auf der Oberfläche haben sich Blasen gebildet. Falls ein dicker weißer Schleier entsteht, so wird er abgeschöpft. Die Gurken dann kühl stellen und nach und nach aufessen.

Sollen sie für den Winter haltbar gemacht werden, so gießt man die Flüssigkeit durch ein Tuch und kocht sie auf. Ein spezielles Konservierungsmittel für Gurken (Gurkendoktor, Gurkenfest, Gurkenhilfe) gemäß Packungsaufschrift abmessen und auflösen. Die Gurken mit der heißen Flüssigkeit übergießen, Gefäß verschließen und abkühlen lassen.

Wichtig: Peinlichste Sauberkeit bei der Arbeit – vor allem Fett schadet der Haltbarkeit, auch wenn nur Spuren vorhanden sein sollten. Und die Flüssigkeit muss immer über den Gurken stehen, sonst beginnen diese zu faulen.

Tipp: Wenn Sie keinen Kieselstein haben, nehmen Sie ein zur Hälfte gefülltes Glas Wasser, um die Gurken zu beschweren. Oder ein passendes Stück Porzellan. Auf keinen Fall Metall oder Kalkstein (Marmor), denn die entstehende Säure greift diese Materialien an, und der Geschmack verändert sich unangenehm.

Inzwischen sind wir gewiefter, haben nach zehn Jahren zusätzlicher Erfahrung eine, wie wir finden, außerordentlich praktische und relativ zuverlässige Ergänzung entwickelt: Bewährt hat sich nämlich, zunächst das benötigte Wasser abzumessen – und wie angegeben über die Gurken im Glas zu gießen – , dann aber wieder abzugießen in einen Topf und aufzukochen. Eine Tasse Wasser hinzufügen (weil beim Aufkochen etwas verloren geht) und salzen. Moritz nimmt 50 g Salz/Liter Wasser, wenn relativ wenig Wasser zur Verfügung steht, die Gurken also eng aneinander eingeschichtet sind. Das scheint viel zu sein und macht die Lösung sehr salzig, ist aber nötig: Gurken enthalten ja viel Wasser, welches das Salz an sich zieht und den Salzgehalt des Wassers stark mindert. 35 g Salz/Liter Wasser reichen aus, wenn viel Wasser genommen werden muss, weil die Gurken locker und kreuz und quer im Glas liegen (man hat ja nicht immer die genau passende Menge, um das Glas ganz dicht zu füllen). Diese Lösung abkühlen lassen und erst dann auf die Gurken zurückgießen.

Vorsichtshalber sollte man nach zwei Tagen prüfen, ob das Wasser noch deutlich salzig schmeckt: Wenn nicht, könnten Gurken oder Kräuter zu faulen beginnen und sich ein Fehlgeschmack entwickeln. In diesem Falle noch etwas Salz obenauf streuen, das sich dann bald von selbst auflöst.

So weit, so klassisch. Nun aber einige Varianten, die Moritz in den letzten Jahren entwickelt hat:

Mit blauem Basilikum – ergibt eine lila Wolke im Glas! Und einen unglaublich animalischen Duft und Geschmack, vor allem die Sorte *Ararat* in der Kombination mit Knoblauch und Zwiebel.

Mit lila Shiso – das färbt ebenso schräg und gibt seinen herben und doch warmen Geschmack an die Gurken weiter; außerdem, so sein Eindruck, wirkt es konservierend. Natürlich darf man auch das Shisokraut in Verbindung mit Knoblauch, Zwiebel, Pfeffer und Chili würzen. Moritz hat es auch mit zusätzlichen Dilldolden probiert, aber der Zusammenklang der Aromen war nicht von angenehmer Komplexität – ganz im Gegenteil. Sehr harmonisch indes erwies sich die Zugabe von grünen Korianderbeeren.

Interessant war eine Variante mit Sauerkirschen: Pro Gurke etwa eine Sauerkirsche, insgesamt zwei Nelken, je ein Löffelchen Wacholderbeeren und Pimentkörner, jeweils doppelt so viel Pfeffer- und Senfkörner, vier bis fünf frische Lorbeerblätter, ein Stückchen Ingwer sowie die üblichen Dilldolden und Meerrettichstücke.

Der Hit des letzten Sommers aber wurde eine thailändisch-westindische, höchst chilischarfe Variante: Viele junge weiße Zwiebeln, Knoblauch, Zitronengras, Ingwer, fast reife Dilldolden, jeweils etwas Thai-Basilikum und grüne Korianderbeeren und fünf ganze Schoten (!) Madame Jeannette, die gerade in vollem Goldgelb prangten. Sehr scharf, aber von einer unendlichen Aromenfülle und von ausnahmslos allen Gästen gelobt. Natürlich könnte man statt der Madame Jeannette auch Habaneros oder Scotch

Bonnet nehmen, deren Aroma noch filigraner ist, was aber an die Grenze der normalerweise verträglichen Schärfe gehen würde.

Wahrscheinlich dank der aseptischen Wirkung von Ingwer und Chili hielten sich diese Gurken ausgezeichnet. Der Inhalt eines Glases, das Moritz in den Weinkeller gestellt und vergessen hatte, war auch im Januar noch vorzüglich – es geht also doch ohne Konservierungsmittel und Aufkochen der Würzflüssigkeit!

## *Ein Abendessen auf die Schnelle*

Freitag, 13. Juli: Wir sind im Endspurt mit unserem Burgund-Buch. Frau Mönch, unsere Haushälterin, ist noch nicht gekommen. Wir werden von Minute zu Minute nervöser. Dann klingelt das Telefon, und wir vernehmen die Hiobsbotschaft: Frau Mönch ist von der Leiter gefallen und hat sich den Arm gebrochen!

Zu dumm, dass Kathrin schon in ein verlängertes Wochenende gefahren ist! Das Gießen übernimmt heute Frau Pfendtner. Erst etikettiert sie allerdings die 156 Gläser Johannisbeer-Gelee, die Martina gestern gekocht hat.

Herr Fogel hat die Hühner geschlachtet, Frau Fogel bringt uns zwei. Die Hühnerbäuche sind voller halb ausgebildeter Eidotter. Also: Suppe kochen. Mittags gibt's Rührei mit vielen Kräutern.

An den PC: Story schreiben. Es geht einigermaßen voran, aber um 16 Uhr bringt Moni Frey 2½ kleine Spankörbe Stachelbeeren, die Martina sofort wäscht und in den Entsafter gibt.

Noch mal an den Rechner – Blick in die E-Mails: Freitags sind die Leute fleißig, unser elektronischer Briefkasten quillt über. Die Hälfte ist leicht zu beantworten und in einer halben Stunde erledigt. Aber Anfragen zur Rezeptgestaltung und eine Meinung zur Bestechlichkeit von Restaurant-Kritikern bleiben erst mal unerledigt, bis irgendwann einmal Zeit sein wird…

Frau Fogel bringt drei Kilo Spinat, den Martina wäscht und blanchiert. In Eiswasser abkühlen, zu Bällchen formen, leicht auspressen, bereitlegen zum Verpacken und Einfrieren.

Der Stachelbeersaft ist fertig, wird durch den Schlauch in Messgefäße abgelassen, dann in den großen Kupferkessel gefüllt. Gas an, den Saft im Kupferkessel etwas einkochen. Zucker abwiegen, reinschütten, umrühren, aufkochen. Der Küchenboden müsste dringend gewischt werden, denn es klebt und knirscht allenthalben.

Aber gerade in dem Augenblick, es ist Punkt sechs Uhr, kommt – wie vereinbart – Herr Schöck, unser Hersteller, um die letzten Seiten zu besprechen. Also Stachelbeeren abschalten.

Es dauert gute zwei Stunden, bis wir durch sind, 20.15 Uhr. Martina kocht die Stachelbeeren wieder auf, Gelierprobe, sie füllt die Gläser – Moritz schraubt die Deckel auf.

Moritz geht in den Garten, holt einen Kohlrabi, zwei Zucchini, die erste grüne Tomate, Radieschen, einen wunderbar festen Salatkopf. Dill, Petersilie, Basilikum, Schnittlauch. Bis er zurückkommt, hat Martina auch die Spinatbällchen verpackt und eingefroren – auf frischen Spinat hat sie heute keine Lust mehr.

Was werden wir trinken? Eine trockene Spätlese 97 aus Saarburg von Zilliken. Moritz holt Eis, stellt sie kalt.

Martina hat, als sie die Spinatbällchen wegräumte, im Tiefkühler zwei Dosen entdeckt, die nur noch Reste enthalten und mit ihrem unnützen Volumen stören: Ein paar Löffel weiße Bohnen und ein paar Topfenravioli, die beim vorletzten Kochkurs übrig geblieben sind.

Salat, Kräuter und Radieschen werden gewaschen und geputzt, der Kohlrabi geschält: Er ist sensationell zart, und während wir unser Essen zubereiten, essen wir ihn scheibchenweise auf. Die Radieschen auch. Moritz trinkt ein Bier, Martina einen Rest Auxerrois von gestern.

Während Martina für ihre Bohnen zwei Kirschtomaten brüht,

häutet, entkernt und würfelt, hobelt sich Moritz für den Rest des Kalbskopfes vom Montag eine neue Zwiebel, hackt ein paar Cornichons (natürlich eigene vom letzten Jahr) und fischt sich zwei Löffelchen Kapern aus dem von Martina aus dem Kühlschrank geholten Glas. Ach, da sind ja noch die zwei Hühnerlebern, herrlich »blond«, die Tiere wurden schließlich gut gefüttert. Sie werden auf Küchenpapier gelegt und trocken getupft.

Die Bohnen sind in der Mikrowelle aufgetaut, die Tomaten eingerührt und das Ganze mit etwas von unserem köstlichen Apfel-Balsamico, Salz, Pfeffer, einer frisch gehackten Chilischote und Olivenöl gewürzt worden – Martina nimmt vom ganz grünen, das wir gleich nach der Heimkunft aus der Toskana im Herbst eingefroren haben: So bleibt die bittere Fruchtigkeit des frisch gepressten Öls vollkommen erhalten. Jetzt fehlt nur noch ein Kraut: Basilikum bietet Moritz an, gibt etwas von dem ab, was er gerade für seine Tomate gehackt hat – die sieht von außen unscheinbar gelblich aus, ihr Fruchtfleisch leuchtet aber in intensivem Grün. Leider ist nur das ganz normale Genueser Basilikum da – wie schön wäre es gewesen, mit rotem Opal-Basilikum sozusagen eine verkehrte Farbenwelt zu feiern. Na, macht nichts, das saftige Grün des Basilikums sieht auf dem fast giftig wirkenden Grün der Tomate doch auch ziemlich geil aus.

Noch eine Knoblauchzehe schälen, kreuzweise von der Spitze her ganz fein einschneiden, nun quer schneiden und die dabei entstehenden Würfelchen gleich auf die Tomate fallen lassen – ein Hausfrauentrick aus Frankreich. Der Knoblauch, gestern auf dem Markt erstanden, duftet sehr kräftig, nicht wie der schöne violette aus der Provence oder Südwestfrankreich, den wir letztes Jahr hatten – nein, eher laut, wie ein schon angealterter, einfach derb. Wann ist endlich unserer so weit? Würzen mit Pfeffer, dann Olivenöl darüber – Moritz entscheidet sich für das intensive, warmfruchtige von Don Alfonso, dem Spitzenrestaurant bei Neapel.

Schnittlauch und Dill für den Salat schneiden, unseren Apfelessig dazu, Salz drin auflösen, aus der Mühle pfeffern, mit Olivenöl verrühren – dieses Mal nimmt Moritz das von Le Tolfe aus der Toskana.

Jetzt die Lebern: Rasch zwei Schalotten (wahnsinnig zart und gut, die ersten, die aus den thailändischen Knollen erntereif wurden!) gehackt, in Olivenöl – von Le Tolfe – mit den Lebern ganz langsam und sanft bräteln. Die Ravioli allerdings werden, sie sind in kochendem Wasser rasch gegart worden, in Butter geschwenkt – weil es inzwischen dunkel geworden ist, hat Martina keine Lust mehr, sich Salbei aus den Töpfen am Fuß der Eingangstreppe zu holen, und nimmt einfach nur etwas von der Petersilie, die Moritz eben noch für seinen Kalbskopf geschnitten hat. Der wurde in Scheiben geschnitten und in der Mikrowelle etwas erwärmt, jetzt mit den vorbereiteten Zutaten, Weißweinessig, Olivenöl – von Dino Abbo aus Ligurien –, Salz und etwas Tabasco angemacht.

Fertig. Die Zucchini bleiben für morgen übrig, die schaffen wir nicht mehr. Wir wissen: irgendwie müssen wir schon verrückt sein.

Am Tisch lachen wir uns an, jeder probiert natürlich auch, was der andere zubereitet hat – ist aber eigentlich mit seinem eigenen Kram am glücklichsten. Der Saarburger Rausch passt bestens dazu.

Nach dem Essen gehen wir noch einmal das Menü für morgen durch, wir erwarten drei befreundete Paare. Auch die Weine werden im Geiste schon ausgesucht – aber, wie immer, morgen sicher noch einmal durch andere ersetzt...

## Der Weinkeller

Rudolf und Ingo sind wieder da! Nach der wunderbaren Erneuerung des Esszimmers wagen wir uns nun an das Wohnzimmer heran: Beim Blick durch den offenen Durchgang fällt auf, dass das eine Zimmer frisch gestrichen ist, das andere hingegen seit achtzehn Jahren nicht mehr! Solch lange Intervalle kann man sich ohnehin nur auf dem Lande mit fast staubfreier Luft leisten. Jetzt gilt es also, Gleichstand herbeizuführen.

Der Boden ist hier in Ordnung, Moritz' Mutter hatte die Dielen Anfang der fünfziger Jahre erneuern lassen. Fichte, also viel heller als der Lärchenboden im Esszimmer. Wir wollen das Zimmer rot streichen lassen und denken an ein müdes, pompejanisches Rot. Es soll anders kommen.

Gleichzeitig werden nun die Fenster gestrichen, was mit den kleinen Feldern eine mühsame Sache ist. Das Glas ist teilweise uralt – viele der ganz alten Scheiben gingen beim Einmarsch der Franzosen zu Bruch, als die Glattbrücke im Dorf gesprengt wurde. Man hatte vergessen, die Ankunft der Truppen mitzuteilen und die Fenster waren nicht geöffnet worden. Eine Katastrophe, denn damals gab es kein Glas, um die Scheiben zu ersetzen. Man behalf sich allerdings: Moritz kann sich noch an viele Fenster im Haus erinnern, in die zwei oder mehrere Glasscheiben Stoß an Stoß eingekittet waren. Inzwischen sind freilich alle schadhaften Scheiben nach und nach erneuert worden und deshalb einige auch ganz plan, was zu verblüffenden Effekten führen kann: Durch die neuen schaut man ganz normal hinaus, ohne dass der Blick behindert wird. Blickt man dann aber durch die benachbarte Scheibe aus altem Glas hindurch, verzerren Schlieren und die unterschiedliche Stärke die Landschaft zu dynamisch bewegten Bildern.

Die fast auseinanderfallenden Vorfenster der Westfront hatten wir bereits 1987 zusammen mit den Läden erneuert. Man muss diese schließen können, wenn ein Gewitter kommt, andernfalls dürfen die Vorfenster den ganzen Sommer nicht herausgenommen werden. Denn die alten Fenster sind undicht, wenn Regen heranklatscht: Der Wind drückt das Wasser herein. Wie Moritz' Mutter erzählte, war das auch schon in ihrer Jugend so – der durch das Glatttal herunterbrausende Sturm trifft voll unser Haus.

Einmal hatten wir nicht aufgepasst, ein Fenster im zweiten Stock war offen geblieben, als mal wieder ein Gewitter hereinbrach: Der Sturm hatte den Regen bis an die gegenüberliegende Wand gepeitscht, vier Meter durch das ganze Zimmer.

Moritz entsinnt sich, dass in seiner frühen Jugend stets alle Vorfenster herausgenommen und auf den Dachboden des Verwalterhauses geschafft wurden. Vier Mann waren damit einen ganzen Tag lang beschäftigt. Und im Sommer war das Haus – so seine Erinnerung – stets in ein geheimnisvolles Dunkel gehüllt, denn die Läden der Westseite waren geschlossen. Als kein Personal mehr da war, blieben die Vorfenster drin – die Läden waren ohnehin so marode, dass man sie kaum mehr schließen konnte… Die Freuden eines alten Hauses!

Ingo hat nun also alle Vorfenster gestrichen. Und Frau Mönch, deren Armbruch wieder ausgeheilt ist, hat einen lieben langen Tag damit zu tun, die Farbkleckse auf den Scheiben mit der Rasierklinge zu entfernen. Gerade auf den alten, unebenen und teilweise auch von der Witterung schon etwas aufgerauten Scheiben ist das eine Sisyphusarbeit.

Rudolf ist indessen im Weinkeller tätig geworden. In diesem für uns so überaus wichtigen Raum hatte das nackte Chaos geherrscht. Als wir 1985 hier einzogen, hatte Moritz an den Wänden des 4,50 x 3,30 Meter großen Gewölbes Regale mauern lassen – jeweils drei Backsteine auf der Schmalseite übereinandergestellt, dann einen quer gelegt, so dass auf die überstehenden

Nasen ein Brett aufgelegt werden kann. Jeweils vier Fächer hoch. Bis zu 800 Flaschen, so rechnete er sich damals aus, würde er bequem darin lagern können, ohne die Übersicht zu verlieren. Vorausgesetzt, er hat nicht zu viele verschiedene Sorten.

Da wir die Abwechslung lieben und in einem Menü zu jedem Gang den Wein wechseln, brauchen wir natürlich auch viele Weine, zumal für die großen Tafeleien der Kochkurse. Außerdem bringt es unser Beruf mit sich, dass wir viele Einzelflaschen haben. Auf den Reportagereisen kaufen wir nicht immer ganze Kisten, sondern mal hier zwei, mal dort drei Flaschen, um uns zu informieren. Im Piemont etwa oder in Burgund kann man es sich ja ohnehin kaum leisten, die Kreszenzen kistenweise zu erstehen.

So wurde der Keller immer unübersichtlicher, bald hatte auch Moritz keine Ahnung mehr, wie viele Flaschen er eigentlich barg. Um mehr Abstellfläche zu schaffen, fing er an, in der Mitte Holzkisten (die meisten aus Bordeaux) übereinander zu stapeln. Damit schuf er zwar Platz für Flaschen, zerstörte aber die Wirkung des Raums.

Die Mitte war frei geräumt, die Flaschen ausgelagert. Jetzt misst Rudolf den Keller aus und transportiert eine große Menge von Backsteinen herbei. Die Regale werden so breit, wie die Bretter der Bordeauxkisten lang sind.

Die Zementmischmaschine wird angeworfen, und Rudolf beginnt zu mauern. Grauer Dreck erfüllt bald Haus und Keller, von dessen schönen Bodenplatten aus Buntsandstein man nichts mehr erkennt. Als sich zudem noch herausstellt, dass die Wände überhaupt nicht im Lot, sondern recht schief sind, und reihenweise Backsteine erst mit der Flex zugeschnitten werden müssen, um dies auszugleichen, sind wir am Rande der Verzweiflung. Bereits nach dem ersten Tag ist das gesamte Untergeschoss rot überhaucht. Moritz' provisorisches Weinlager sieht aus wie eine Grabstätte der Pharaonen. Hoffentlich werden wir nicht selbst dort zugeschüttet und begraben.

264

Wenigstes sorgt der Ostwind für schönes, heißes Sommerwetter. Während Rudolf mauert, nimmt Moritz die Kisten auseinander. Die Stirnseiten mit dem Signum, Wappen oder Namenszug des Hauses will er für einen Tisch im Gartenzimmer als Einlage verwenden. Wenn wir dort mit Gästen unsere Produkte probieren, können die sich gleich einstimmen mit so wohl bekannten Namen wie Châteaux Pichon-Longueville, Comtesse de Lalande, Cos d'Estournel, Latour, Tertre-Rotebœuf, Domaine de Trévallon, Clos des Lambrays, Graf Adelmann oder Schloßgut Diel.

Rudolf bekommt jetzt Verstärkung von Ingo, der das Wohnzimmer fertig gestrichen hat. Im Keller ist es noch feuchter als sonst, ein hässlicher, schmieriger Mörtelfilm bedeckt den steinroten Boden, man kann sich kaum vorstellen, wie das Ganze je wieder anständig aussehen soll. Die Flaschen, die aus Platzgründen in den Fächern liegen geblieben und mit einer Folie abgedeckt worden waren, sind fast alle mit Zementbatzen verziert, denn die Folie hat dem Luftzug des Ventilators, der zum Trocknen aufgestellt wurde, nicht standgehalten. Und als die Backsteinmauern nun mit einem Schwamm abgewaschen werden, kann Moritz nur flüchten …

Aber bald hat der Schrecken ein Ende. Der Keller ist fertig, die Bretter werden eingelegt, der Boden ist leidlich sauber. Sieht gut aus. Ob Moritz jetzt alle Flaschen hier unterbringen kann? Er ist ebenso skeptisch wie Martina und Rudolf, lässt es sich aber nicht anmerken. Ein paar Tage, sagt Rudolf, möge er noch warten, ehe die Regale belastet werden dürfen.

Moritz braucht vier volle, lange Tage, bis alles geordnet und einigermaßen nach Herkunft so eingeräumt ist, dass er in Zukunft weniger suchen muss. Aber diese Hoffnung erweist sich als Fehler: Er neigt weiterhin dazu, dort zu suchen, wo die Flaschen vorher lagen. Das hat sich eingeprägt, während die neue Ordnung noch längst nicht in seinem Hirn abgespeichert wurde.

Übrigens weiß er noch immer nicht, wie viele Flaschen jetzt in unserem neuen Keller liegen – irgendwann ist er beim Zählen durcheinander gekommen. Aber es werden wohl mehr sein, als wir dachten.

## Die Praktikantin

Bisher war der Sommer so wunderbar, dass wir uns über diese Regentage Mitte Juli nicht beklagen dürfen. Von Unwettern, wie sie in Norddeutschland getobt haben, sind wir bislang verschont geblieben, die Sonne war großzügig, und der Regen sorgte dafür, dass die Apfelbäume nicht verdursten. Es war aber auch eine Menge Arbeit, all den Segen zu verarbeiten, den der Garten dankbar produziert. Erdbeerkonfitüre (diesmal haben wir sie neben den Früchten pur in drei Geschmacksrichtungen gewürzt: mit Campari, mit weißem Rum und mit Ingwerminze), Stachelbeergelee, literweise Himbeermark und Pesto – das Basilikum überwuchert uns dieses Jahr geradezu.

Und Gürkchen einlegen. Die zweite Partie der ins Freiland gesäten, nicht im Gewächshaus gezogenen Gurken hat sich nämlich wider Erwarten vollkommen von den kühlen Juninächten erholt und blendend entwickelt. In diesen warmen Tagen muss man spätestens jeden zweiten Tag frühmorgens durch die Beete kriechen und die Pflanzen absuchen, um jene winzig kleinen Minigürkchen zu ernten, von denen exakt 120 Stück in unser 220-Gramm-Glas passen. »Unglaublich!«, rufen unsere Kunden, wenn sie die Zahl auf dem Etikett lesen, und fragen: »Was ist denn das für eine interessante Sorte?« Sie können es nicht fassen, wenn man ihnen erklärt, dass jede Einmachgurke, bevor sie groß und dick wird, durchaus in Daumennagellänge geerntet werden kann. Wie die grünen Bohnen, die man meist fingerdick auf dem Markt angeboten bekommt: Auch sie könnte man lange vorher in Stricknadelstärke pflücken, dann wären sie ein elegantes, delikates Gemüse. Außerdem sind die Erbsen reif. Sie müssen gepflückt, gepalt, ganz kurz blanchiert und eingefroren werden. Das macht so viel Arbeit, dass nur sehr ausgesuchte Gäste in den Genuss kommen.

Seit gut drei Wochen hilft uns die schon erwähnte Praktikantin. Kathrin, die im zweiten Semester von Buchwissenschaften auf Politologie umgestiegen ist, hatte per Brief angefragt, ob wir sie in ihren Semesterferien für vier Wochen brauchen können. Sie kannte unsere Bücher, unsere Sendung, unsere Homepage, und nun wollte sie sich anschauen, wie das alles in Wirklichkeit aussieht. Es gefiel uns, dass ein junger Mensch aus Neugier Initiative ergreift. Am Telephon klang sie so nett, dass wir sie eingeladen haben. Jetzt hilft sie uns. Sie ist offen, angenehm selbstbewusst und hoch interessiert. Im Handumdrehen hat sie sich eingearbeitet.

Und so ging die ganze Produktion von Pesto, Tamarillosauce, Auberginenpüree, Cornichons und all diesen wunderbaren Spezereien, die wir aus dem Überfluss des Gartens produzieren, schnell von der Hand.

Kathrin wohnt in der Kutscherwohnung im Nebenhaus, wo sie ihr eigenes Reich hat. Jeden Morgen steht sie pünktlich auf und fragt, was sie tun kann. Das sind wir gar nicht gewöhnt. Wir müssen uns also schon am Abend zuvor überlegen, wo sie anpacken kann. Das Problem ist nämlich, dass wir bei unseren Produkten nicht einfach ein Rezept ausdrucken und dann sicher sein können, dass alles klappt. Nicht, weil die Rezepte nichts taugen, sondern weil das Obst, die Kräuter, das Gemüse ja oft unterschiedlich ausfallen.

Zum Beispiel Martinas Marmeladen – beziehungsweise Konfitüren, wie man heutzutage sagen muss. Der Begriff Marmelade ist nach einer EU-Verordnung den Zitrusfrüchten vorbehalten.

Martina verwendet keinerlei Geliermittel, weil wir finden, dass Pektin Geschmack raubt und weil die Konfitüren und Gelees für unseren Geschmack damit viel zu fest geraten. Martina arbeitet also nach der guten alten Großmuttermethode mit normalem Zucker, wie man das übrigens in den handwerklichen Betrieben in Frankreich auch macht. Allerdings gelingt das nur im Kupfer- beziehungsweise Messingkessel, der die Farbe der Früchte stabil hält. Und es dürfen jeweils nur kleine Mengen verarbeitet wer- den – zwei, höchstens drei Kilo Früchte auf einmal –, damit die Kochzeit nicht zu lange dauert.

Prinzipiell werden die Früchte zunächst geputzt, zerkleinert, mit der halben Menge Zucker eingemaischt und dann über Nacht in den Keller gestellt. Anderntags gießen wir den Saft ab, der sich ge- bildet hat, und kochen ihn etwas ein, bevor die Früchte, der restli- che Zucker und der eventuelle nötige Zitronensaft zugefügt wer- den. So kommen wir auf etwa dieselbe Menge Zucker und Früchte, was für die Haltbarkeit wichtig ist, obwohl wir stets 25 Prozent der Fruchtmenge beim Zucker abziehen, damit die Konfitüre nicht zu süß wird. Wichtig sind fürs Gelingen Früchte bester Qualität, die nicht zu reif sein sollten, weil sie dann noch fruchteigenes Pektin enthalten und besser gelieren, sowie genügend Säure haben, die als Ausgleich zum Zucker wichtig für den Geschmack ist.

Die Kunst besteht nun darin, die Masse rasch zu kochen, aber nicht zu heftig, außerdem lange genug, bis sie die richtige Kon- sistenz hat und die Zuckerkonzentration stimmt. Zu langsam kochen ist übrigens ebenso schlimm wie zu lang. In jedem Fall sind häufige Gelierproben nötig und die Erfahrung, wie sich eine Probe anfühlt, die später, im abgekühlten Zustand, richtig ist. Ein Zuckerthermometer hilft allenfalls, die nötigen 106 Grad Baumé zu überprüfen, die eine Konfitüre haben muss, aber allein die Zu- ckerkonzentration zu kennen genügt nicht. Wenn es beispiels- weise zu lange gedauert hat, bis die Masse so weit konzentriert ist, verfärbt sie sich dunkel bis bräunlich, wird zäh und klebrig.

Heute ist Himbeerkonfitüre dran. Moni und Frau Fogel haben gestern schon zwei Körbe voll gebracht. Martina hat sie gewogen, mit dem entsprechenden Zucker vermischt und in großen Schüsseln mit Tüchern zugedeckt in den Keller gestellt.

Da wir Himbeerkernchen störend finden, haben wir die Früchte früher durch die Gemüsemühle passiert. »Himbeerkonfitüre ohne Kernchen? Das ist doch keine richtige Himbeerkonfitüre!«, hörten wir dann aber von unseren Kunden. Jetzt rührt Martina immer nach dem Durchdrehen der abgetropften Früchte wieder ein paar Löffel Kerne in die Fruchtmasse, obwohl sie es eigentlich absurd findet ...

Zuerst wird der Saft abgegossen und etwas eingekocht, dann kommen die passierten Früchte, der restliche Zucker und Zitronensaft hinzu. Im Kühlschrank, im offenen Gefrierfach unseres guten alten Bosch, steht ein Metallschälchen für die Gelierprobe. Nach gut zehn Minuten hat sich der Schaum gelegt, der bis dahin wüst auf der Oberfläche brodelte, die Masse hat Glanz bekommen, sogar eine gewisse Transparenz. Kathrin hat ebenso geduldig wie unermüdlich gerührt und mit dem hitzebeständigen Gummischaber den Rand des Kessels sauber gewischt. Ein Löffel der Masse wird in eine Ecke des Metallschälchens gegossen und zerfließt sofort. Wir stellen es wieder zum Abkühlen ins Eisfach.

»Wie lange die Masse gekocht werden muss«, erklärt Martina jetzt Kathrin, die auf die Uhr blickt, »kann man nicht vorab sagen. Das hängt zum Beispiel auch vom Wassergehalt ab. Nach einem Regentag geerntet, muss man die Beeren länger kochen als nach einer heißen Trockenperiode.«

Nach zwei Minuten ist der Tropfen im Schälchen abgekühlt, es bleibt jedoch keineswegs eine Straße stehen, wenn wir mit dem Finger hindurchfahren. Ein nächster Tropfen wird in die zweite Ecke platziert, diesmal zerfließt er nicht, sondern wölbt sich ein wenig, das Schälchen wird kalt gestellt. Kathrin schöpft mit der Drahtkelle die letzten Schauminseln ab – Moritz wird sich damit morgen früh seinen Joghurt versüßen. Es sind noch vier weitere Gelierproben nötig, bis der Finger jene glibbrige Straße darin hinterlässt, die anzeigt, dass nunmehr die richtige Konzentration erreicht ist. Nachdem die letzte abgenommen ist, schalten wir den Herd aus. Wenn wir jetzt weiterkochen, könnte die Konzentration zu stark werden.

Wir füllen die Konfitüre heiß ab, Kathrin verschließt die Gläser und stellt sie in den großen Einmachtopf. Sicherheitshalber sterilisieren wir stets die gefüllten Gläser, bei den Konfitüren weniger wegen der Haltbarkeit als aus hygienischen Gründen: Im heißen Wasser löst sich garantiert aller Zucker, der womöglich am und unter dem Deckel oder außen am Glas haften geblieben ist, was sich selbst bei größter Achtsamkeit nie vermeiden lässt. Eine halbe Stunde bei ungefähr 85 Grad, dann lassen wir die Gläser im Wasser abkühlen, und wir sind auf der sicheren Seite.

Am nächsten Morgen rennt Kathrin aufgelöst die Treppe hinauf: »Ich glaube, die Marmelade ist nicht richtig fest geworden.« Sie ist ganz entsetzt: Wenn man ein Glas dreht, fließt der Inhalt, sehr langsam zwar, aber die Oberfläche bleibt nicht auf derselben Höhe.

Martina atmet hörbar auf. Auch für sie ist es immer wieder spannend zu erfahren, ob alles gelungen ist. Gott sei Dank, alles in Ordnung! So wollen wir die Marmelade schließlich haben: Sie soll nicht schnittfest sein, sondern streichfähig und dickflüssig, etwa wie Apfelmus.

Wir öffnen ein Glas, damit Kathrin ein Gefühl für diese Konsistenz bekommt. Sie nimmt einen Löffel davon, schleckt ihn ab, ein Lächeln breitet sich auf ihrem Gesicht aus: »Mhhhm, das ist ja das reinste Himbeerkonzentrat!« Und die Konsistenz? Sie streicht sich etwas auf das Butterbrot. »Tatsächlich«, staunt sie, »da fließt nichts runter, aber es lässt sich schön verstreichen.«

# Majoran und Anverwandte

Kurz bevor die Blüten aufgehen, hat Martina den Majoran abge-schnitten – aber nicht ganz unten, sondern über der zweiten noch stehenden Blattachsel, so dass er wieder neu austreiben kann. Jetzt müssen die Blätter abgezupft werden, damit man sie trocknen kann. Nach dem Abendessen, das diesmal in der großen Küche stattfindet, zusammen mit Ingo und Rudolf, fällt Martinas Blick auf das immer noch bereit stehende Trockensieb. *Carpe diem*, denkt sie sich und beginnt die Blätter abzuzupfen. Sofort verbrei-tet sich intensiver Majoranduft im Raum.

»Mmmmh, das macht Appetit«, seufzt Ingo, obwohl er gerade erst sein Besteck auf dem Teller zusammen gelegt hat. »Ja, auf Le-berwurst…« Rudolf bekommt einen sehnsüchtigen Blick. »Oder auf Leberknödel…«

Martina fallen sofort die köstlichen Leberknödel ein, die es im Gasthaus Zur goldenen Gans gab, ganz in der Nähe ihres alten Gymnasiums in Mannheim. Dort haben sie und ihre Freundin-nen im letzten Jahr vor dem Abitur besonders gern gegessen. O selige Zeiten, als in Gasthäusern noch richtig gekocht wurde und nicht einfach Tiefkühlpakete aufgetaut wurden. Im kurpfälzi-schen Mannheim wurden Leberknödel mit reichlich Majoran ge-würzt und nicht, wie in Bayern, in einer klaren Brühe, sondern auf Sauerkraut und Kartoffelpüree verzehrt. Übrigens braucht man zum Würzen die getrockneten Majoranblätter – frische ver-lieren in der Hitze des siedenden Wassers ihre Würzkraft. Diese entwickelt sich in getrockneten Blättern am besten, vorausgesetzt man schneidet sie unmittelbar vor der Blüte.

»Warum machst du die Stiele ab, das ist doch eine Riesen-mühe?«, will Rudolf wissen.

»Die Stiele entziehen den Blättern Aroma, wenn sie trocknen«, erklärt Moritz.

271

»Und dazu legst du sie in die Sonne«, vermutet Ingo.

»Auf keinen Fall! Kräuter müssen so schonend wie möglich trocknen, sonst verfliegen die Duftstoffe, also möglichst luftig natürlich, damit es rasch geht, und im Schatten, weil die Sonne sie verbrennen würde. Darunter würden auch Farbe und Würzkraft leiden«, erklärt Martina. »Unser Dachboden ist dafür ideal. Der ist so luftig, dass man zwischen den Ziegeln das Blau des Himmels sieht. Ausreichend schattig also allemal. Und im Winter so ungedämmt, dass die Wäsche steif gefriert...«

»Und Origano«, fragt Rudolf, »ist das eigentlich eine Kräutermischung oder gibt es ein Extrakraut, das so heißt?« Er staunt, als er erfährt, wie eng diese beiden Kräuter miteinander verwandt sind, obwohl sie so unterschiedlich schmecken. Origano (oder Oregano) ist der mediterrane Cousin des in den gemäßigten Zonen unserer nördlicheren Breiten sich wohler fühlenden Majoran.

Sofort steigen die Bilder einer sonnenflimmernden Landschaft auf, die verwitterten Marmorstufen des sizilianischen Venustempels Segesta etwa, zwischen denen das Origanokraut wuchert und betörenden Duft verströmt. Wir haben davon natürlich eine ganze Tüte voll gepflückt und auf dem Autorücksitz verteilt, den wir zu diesem Zweck mit Zeitungspapier ausgelegt haben. So konnte das Kraut wunderbar trocknen. Martina hat es als Beifahrerin, wann immer möglich, von den Stielen gezupft. Wir sind mit einem fabelhaften Vorrat an allerfeinstem Origano von dieser Reise heimgekehrt.

Origano ist seinerseits wiederum ein Vetter des hierzulande auf kalkigen Böden wachsenden Dosts, den wir uns gerne von der anderen Talseite, dem trockeneren und heißeren »Sommerberg« holen, wo er besondere Würze hat. Dost allerdings verwenden wir am liebsten frisch, getrocknet schmeckt er eigentlich bald nach Heu. Unser Lieblingsrezept damit: Mehrere Stängel in den Bauch von frischen Bachforellen füllen, die mit Salz und Pfeffer ausgestreut sind, ein Stück Butter dazu und schließlich jeden Fisch in

Folie packen und im Ofen garen. Da braucht es gar nichts weiter dazu, außer natürlich Kartoffeln und einer Riesenschüssel grünen Salat, in diesem Fall mit Zitrone, einem eher milden Olivenöl, zum Beispiel aus Ligurien, und reichlich Schnittlauch...

## Das rote Wohnzimmer

»Jetzt will ich aber mal das Zimmer mit der roten Lampe sehen«, bittet Moni, die uns im Garten hilft. Sie wohnt weiter unten im Dorf und kann von ihrem Wohnzimmer geradewegs zu uns hinaufschauen. »Das sieht so schön aus«, sagt sie, »wenn abends Licht brennt und es rot leuchtet.«

Sie steht sprachlos in der Tür, bevor die Erkenntnis kommt: »Das ganze Zimmer ist ja rot!« Sie lässt es einen Moment auf sich wirken, bis es so richtig aus tiefem Herzen tönt: »Schee!«

Wir staunen immer wieder, wie dieses in leuchtendes Rot getauchte Zimmer auf die Menschen wirkt. Uns macht der warme Ton fröhlich, es sieht so frisch und appetitlich aus, mit den weiß umrahmten Fenstern, die wie Bilder in der roten Wand sind. Auch die richtigen Gemälde wirken auf der roten Wand viel lebendiger, eigenständiger, prächtiger. Auf einmal verstehen wir, warum in den klassischen Bildergalerien die Objekte nie vor weißen Wänden hingen. »Mutig!«, finden viele, dass wir das großformatige Bild der Berliner Malerin Ulrike Hogrefe, das aus orangefarbenen Schichten besteht, auf die rote Wand gehängt haben. Spätestens beim zweiten Blick sind die meisten begeistert. Überhaupt stellen wir fest, dass es nur wenige gibt, bei denen diese auffällige Farbe nicht ankommt. Frau Mönch gehört dazu – »aber mir muss es ja auch nicht gefallen«, erkennt sie lachend. Kalt jedenfalls lässt unser Rot keinen!

Es war ja auch schwierig genug, bis wir endlich den Farbton

getroffen hatten, der uns vorschwebte. Dreimal ließen wir uns nach eingehendem Studium der Farbmusterkarten Muster anrühren. Bis wir schließlich alles zusammenkippten und feststellten: Das ist es!

Für Ingo war es allerdings kein Spaß. Wer konnte ahnen, wie kompliziert es ist, diese Farbe aufzutragen. Über der weißen Grundierung waren drei Anstriche nötig, bis die Wände endlich warm und tief leuchteten.

»Ja, ja«, sagte der Farbenverkäufer, als wir noch mal Nachschub anrühren ließen. »Da ist kein Weiß drin, das deckt! In der Turnhalle haben sie eine ähnliche Farbe verwendet. Dort waren fünf Anstriche nötig.« Das hatte er uns bis dahin nicht so deutlich gesagt.

## Das Sommer-Karussell

Die Wochenenden im Sommer sind, soweit nicht durch Kochkurse belegt, Gästen vorbehalten. Wir führen gern diese Tradition fort, denn wir lieben es, wenn sich das Haus ab und zu richtig bevölkert. Zwar fühlen wir uns auch zu zweit auf dem großen, für viele Menschen gedachten Apfelgut nie verloren – aber manchmal ist es doch schön, wenn Gäste die Zimmer mit neuem Leben füllen. Wir teilen unser Haus geradezu leidenschaftlich gern mit unseren Freunden.

Zu Urgroßvaters Zeiten waren es Verwandte gewesen, die den Sommer hier verbrachten. Schon bei seinem Sohn mischten sich mehr und mehr Freunde darunter. Moritz' Mutter pflegte sowohl freundschaftliche wie verwandtschaftliche Beziehungen und hatte den ganzen Sommer über Studienfreundinnen, Tanten und Onkel, Cousinen und Vettern zu Gast. Doch engere Verwandtschaft hat Moritz nicht mehr, sondern Vettern und Cousinen zweiten

Grades oder weitläufiger angeheiratet... Die Freunde gewannen das Übergewicht.

Aber Sohn Felix und Christian, der Sohn seines 1987 verstorbenen Bruders, kamen einige Jahre jeden Sommer und zu Weihnachten. Felix war nach der Scheidung seiner Eltern in München bei der Mutter aufgewachsen. Als er älter wurde, wurden seine Besuche rarer – Neunthausen war ihm doch zu langweilig: keine Disco, kein Kino, lauter Gruftis. Lieber fuhr der Schüler und Abiturient mit Freunden nach Spanien oder Italien, auf die Skihütte oder nach Thailand. Ziemlich verständlich.

Nach dem Zivildienst traf Felix eine unerwartete Entscheidung: Er wollte nicht studieren, sondern eine Kochlehre machen. Praxis statt grauer Theorie. Nach erfolgreicher Beendigung der Lehrzeit (im Victoria, Bad Mergentheim) zog es ihn nach Berlin. Hinein ins Großstadtleben. Er wollte ein Bistro eröffnen. In kürzester Zeit verwirklichte er seine Absichten und führte sie – mit vollem Einsatz, langen Tagen und Nächten ohne Auszeit – zu wirtschaftlichem Erfolg. Jetzt hat er nach längerer Zeit mal wieder den Weg nach Neunthausen gefunden.

Groß und schlaksig ist er, hager, mit rauen, dunklen Zwei-Tage-Bart-Stoppeln, ziemlich bedächtig. Offenbar unvermeidlich die mit zig Taschen besetzten Schlabberhosen, deren Hosenboden in den Kniekehlen hängt, das labbrige, weit über den Hintern reichenden T-Shirt. Um den Kopf hat er stets einen farbigen Turban gewunden. Seine Freundin ist klein und zierlich, hübsch und fröhlich, beredt und ständig in Bewegung, sorgfältig zurecht gemacht, in figurbetonten Jeans und engem, kurzem, den Nabel zeigenden Shirt. Erstaunliche Gegensätze...

Jetzt will Felix ein Studium beginnen: Mittelalterliche Geschichte, BWL und Soziologie. Auch erstaunlich.

Wir gehen gemeinsam in den Garten, richten die Mahlzeiten, kochen zusammen und sitzen endlos an der Tafel. Freunde aus München stoßen dazu: Eberhard und Eva mit ihrer entzückenden

zehnjährigen Tochter Theresa; Lupo, ein ehemaliger Redaktions-
kollege mit seiner Frau Jenny; Manu und Hellmuth, bei denen wir
früher in der Toskana Kochkurse gegeben haben (was wir jetzt
einfach zeitlich nicht mehr schaffen). Kathrin, die Praktikantin, ist
auch noch da.

Mal sitzen wir auf der Terrasse zusammen, dann bilden sich
kleinere Gesprächsgruppen. Hier ernsthafte Unterhaltungen, dort
fröhliches Scherzen. In zwangloser Atmosphäre verstreichen die
Tage. Am späten Nachmittag finden sich alle zu Aperitif und klei-
nem Imbiss ein. Dann gehen die einen in den Garten und holen
frisches Gemüse, Salate und Kräuter. Andere beginnen in der
Küche mit den Vorbereitungen für das Abendessen. Einige bleiben sitzen und plaudern weiter, andere legen sich kurz schlafen...
Tschechow'sche Gelassenheit über allem...

Zur großen Tafelei am Abend sind alle wieder munter. Necke-
reien und Witzeleien fliegen über den Tisch, dann führt die
Unterhaltung in ruhigere Bahnen; mal beteiligen sich alle am Gespräch, mal vertiefen sich die Tischgenossen in Zweiergruppen in
verschiedene Themen. Die Generationen sprechen miteinander,
begleitet von Mozarts Klavierkonzerten im Hintergrund. Wir
speisen köstlich und lange, es mangelt nicht an gutem Wein.
Glückliche Abende.


## Der Avocadobaum und andere Exoten

Im Februar vor fünf Jahren hat uns Wilhelm aus Florida eine Avocado mitgebracht, eine riesige, fast runde, im Garten eines Freundes vollreif geerntete, butterweiche Frucht. Wir schabten das
Fruchtfleisch aus der Schale und aßen es mit reichlich Limettensaft und einer im Mörser gestampften Gewürzmischung aus grobem, ungereinigtem Meersalz, Chilischoten und sehr viel Piment;

276

natürlich ohne die von den meisten Köchen und Rezeptautoren verlangte Ölzugabe, denn die Frucht enthält ja selbst genügend Fett. Nicht umsonst nennt man sie auch die »Butter des Baumes«.

Den Kern hat Moritz dann, eher unachtsam und entgegen allen Empfehlungen, im Vorbeigehen in den Topf einer Geranie gesetzt. Und dann vergessen. Umso erstaunter war er, als sich bereits nach wenigen Wochen aus der Geranie ein spargelähnlicher Trieb schob. Vollkommen gerade wuchs er empor, verzweigte sich nach einigen Monaten und gedieh zu einem kleinen Bäumchen. Nach drei Jahren war er drei Meter hoch, das Bild von einem Baum. Dann mussten wir ihm die Spitze kappen, weil er zum Überwintern nicht mehr ins Gewächshaus von Gärtner Pendl in Sulz passte. Dort verbringen auch die Cedri-Zitrone, unser großer Makrutbaum (Kaffirzitrone) und die Hoja Santa (mexikanisches Pfefferblatt – sie macht jedes Mal besonders große Schwierigkeiten, weil es ihr eigentlich im dort herrschenden mediterranen Winterklima doch zu kalt ist, sie von Monilia befallen wird und dann schimmelt) die kalten Monate.

Der immer raumgreifendere Avocadobaum wandert jedes Jahr an einen anderen Platz: Erst stand er frei hinter dem Haus, dann neben dem Pizzaofen. Dort warf ihn jeder Gewittersturm um, obwohl der Topf mit mehreren Pfählen gesichert war. Dann kam er vors Haus, in Eck der kleinen Buchsbaumhecke neben den Rosen. Aber dieses Jahr musste er der Kaffirzitrone weichen, die dort ideal steht und fortlaufend blüht und reichlich Früchte ansetzt. Der Avocadobaum residiert jetzt, mächtig ausladend mit seinen schwungvoll hängenden Ästen und breiten, wachsglänzenden Blättern, vor der Ecke mit dem Müllwagen hinter dem Haus, abgestützt mit zwei Stäben an den Mauern und mit einem stabilen Draht ins Eck gezogen. Und auf dem zwar großen, inzwischen aber dennoch vom Wurzelwerk fast gesprengten Gummikübel liegen schwere Buntsandsteinblöcke, damit das Ganze nicht von Wind und Sturm einfach hochgehoben wird.

## Sommergäste

Wenn die Besuche sich häufen, muss man flexibel sein. Dass Martinas Mutter mit einem befreundeten jungen Paar kommen wollte, war schon länger ausgemacht, und dann sollte noch die Familie von der Schwäbischen Alb dazustoßen, bei der die Mama im Krieg, als junge Frau, untergebracht wurde, nachdem sie aus dem bombenerschütterten Berlin evakuiert worden war. Bauersleute aus Dürnau, mit großem Herzen, einem genauen Blick und mit Sinn fürs Wesentliche. Und, wie sich herausstellte, nicht nur ihr Blick ist aufmerksam, auch der Gaumen ist aufnahmebereit und voller Neugier. Das Rote-Bete-Gelee als Vorspeise war für die Bäuerin gänzlich ungewohnt, doch sie wollte unbedingt das Rezept wissen. Mit ihren 85 Jahren kocht sie noch immer regelmäßig für die Familie und hat Lust auf neue Geschmacksnoten.

»Das Gelee ist für Gäste besonders praktisch«, erklärt Martina, »weil man es fabelhaft vorbereiten kann. Dann steht es fix und fertig im Kühlschrank bereit, und man braucht nur noch zu servieren.« Meta hört sehr aufmerksam zu, als Martina ihr das Rezept schildert. Notizen macht sie sich keine, das kann sie sich auch so merken. Man braucht eine ordentliche Hühnerbrühe dafür – dass sie selbst gemacht sein sollte, muss man Meta nicht eigens sagen, etwas anderes kommt ihr ohnehin nicht in den Topf. Sie wird mit zwei bis drei zerdrückten Knoblauchzehen, einem halben Löffel Kümmel (mit einem Messer grob gehackt, damit sich die Aromen besser aufschließen), zermörserten Koriander- und Pfefferkörnern sowie einer zerbröselten Chilischote zehn Minuten leise geköchelt und mit Salz und Zucker abgeschmeckt. Alsdann werden in dem gefilterten Sud Rote-Bete-Würfelchen weich gekocht. Diese werden in Servierschalen verteilt und mit Balsamico gewürzt und schließlich mit dem Sud bedeckt, der nochmal sehr kräftig gewürzt und mit Zitronensaft sowie Balsamico gesäuert wird. Damit er schön geliert, muss er mit eingeweichter Gelatine gestützt werden (auf 0,2 Liter genügt ein Blatt). Das Gelee über Nacht im Kühlschrank erstarren lassen und vor dem Servieren mit einem Häubchen aus saurer Sahne und Crème fraîche und reichlich frischem Meerrettich krönen. Ebenso hübsch und wohlschmeckend ist es, wenn man mit einem Löffel Lachskaviar, einem Scheibchen Gravad Lachs oder mit einem Stück Matjes dekorieren kann.

Meta ist begeistert, Rote Bete hat sie auch in ihrem Garten.

Zunächst hatte es so ausgesehen, als ob die Dürnauer – die beiden betagten Schwestern, bei denen die Mama damals lebte, der Sohn der einen und die Schwiegertochter –, doch nicht kommen würden. Deshalb waren wir eigentlich auf einen sommerlichen Sonntag mit nur drei Gästen eingestellt.

Beim letzten Anruf, Samstagabend, wollte Martina nur noch für den nächsten Tag gute Reise wünschen; sie wollte schon auflegen, als ihr gerade noch einfiel, sich nochmals zu versichern: »Ihr kommt also zu viert!?«

»Ja, ja, und dann kommt noch ein zufällig anwesender Gast mit.«

»???«

»Na ja, bei den Dürnauern ist gerade Besuch, den können sie doch nicht allein zu Hause lassen!«

»Kommen die Dürnauer also doch?«, fragt Martina.

»Ja natürlich! Wir werden also elf zum Mittagessen sein...«

Statt drei hatten wir nun also sechs Gäste zu versorgen. Gottlob hatte Martina mehr vom Rote-Bete-Gelee gemacht als nötig. Und Herr Fogel war schon früh am Sonntagmorgen zum Fischen gegangen – mit Erfolg. Die fünf größten Exemplare räucherte er gleich. Das beherrscht er meisterlich: Seine Forellen sind saftig und haben trotz des Räucheraromas ihren eigenen Geschmack. Das ergibt eine fabelhafte zweite Vorspeise: Die ausgelösten, noch lauwarmen Filets, drapiert auf einem Bett von kunterbunt zusammengemischten Salat- und Kräuterblättern, die Vinaigrette mild angemacht mit unserem Apfelbalsamico und einem fruchtigen Olivenöl.

Aus dem einem Pfund Hackfleisch, das für sechs Personen schon nicht gerade üppig bemessen war, wird mit viel Brot und vom Abend zuvor übrig gebliebenem Reis die Füllung für Zucchini und Mangoldblätter hergestellt. Geröstete Pinienkerne verleihen der Füllung Biss und ein nussiges Aroma, Mozzarellawürfel sorgen für Schmelz. Und das ausgeschabte Zucchinifleisch sowie ein Teil der Mangoldstiele, blanchiert und fein gehackt, geben dem Hackfleischteig zusätzlich Volumen.

Die Zucchini, eigentlich schon ein paar Tage zu spät geerntet und nicht mehr, wie wir's am liebsten mögen, gerade eben handspannen-, sondern fast schon doppelt so lang, ein bisschen zu groß also, um sie als zartes Gemüse zu dünsten, werden quer in streichholzschachtelgroße Stücke geschnitten und von einer der beiden Schnittflächen aus mit einem Teelöffel ausgehöhlt. Dort hinein lässt sich eine kleine Menge Füllung häufen. Die Zucchinitürmchen kommen dicht nebeneinander in eine feuerfeste Form, werden mit Olivenöl beträufelt und etwas Brühe benetzt und sind bei 200 Grad nach einer dreiviertel Stunde im Backofen schmelzend weich geschmort. In der Form hat sich würziger Saft gesammelt, der mit zwei Löffeln Crème fraîche zu einer kleinen, sahnigen Sauce verquirlt wird.

Die restliche Füllung wickele ich in blanchierte Mangoldblätter – es entstehen hübsche Röllchen, die dicht nebeneinander in einem großen, flachen Topf zuerst in Olivenöl angebraten, dann, mit etwas Brühe angegossen, ebenso lange geschmurgelt werden. Dazu passt eine Zitronensauce nach griechischer Art: ein Sabayon aus Eigelb, ganz viel Zitronensaft und dem Schmorsud der Röllchen. Sowie Brot, das bei uns ja stets reichlich im Tiefkühler parat ist.

Als Nachtisch gibt's schließlich noch Quarkschnitten mit Aprikosen und Kaffee – alle sind glücklich.

Diese Quarkschnitten sind ein ideales Schnellrezept, das im Handumdrehen zubereitet ist. Man braucht für ein Backblech 200 g Butter, 200 g Zucker, 8 Eier, 200 g gut abgetropften Magerquark und insgesamt 200 g geriebene Haselnüsse. Zuerst muss man die zimmerwarme Butter mit der Hälfte des Zuckers dick und schaumig rühren, dabei nacheinander die Eigelbe einarbeiten. Dann Quark und Nüsse untermischen und zum Schluss das mit dem restlichen Zucker steif geschlagene Eiweiß. Jetzt legt man ein mit Backpapier ausgelegtes Blech dicht an dicht mit halbierten und entsteinten Aprikosen aus, Innenseite nach oben. Darüber wird gleichmäßig die Quarkmasse verteilt. 20 bis 25 Minuten im 150 Grad warmen Ofen hellblond backen und am besten noch lauwarm und dick mit Puderzucker bestäubt servieren!

Nach dem Essen spazieren wir alle durch den Park. Wir gehen an den drei schönen Bäumen vorbei, die Meta uns geschenkt hat, als Trost und Ersatz für die von »Lothar« umgefegte Blaufichte, die uns ja auch ein willkommener Sichtschutz war. Die beiden serbischen Fichten müssen noch gewaltig wachsen, bis sie einen ähnlichen Dienst erfüllen können. Leider kränkelt die eine. Dafür steht die blaue Zypresse dazwischen strack und stolz und völlig unbeeindruckt vom letzten kalten Winter.

Auch den Gemüsegarten inspiziert Meta ausführlich. Sie ist begeistert, was dort alles wächst. Daheim war der Garten immer ihre Domäne, aber allmählich wird ihr die körperliche Arbeit doch zu viel. Verständlich, mit 85 Jahren …

Am nächsten Tag erwarten wir die Behindertengruppe, mit der Martinas Bruder lebt: Samt Betreuern sind es 14 Gäste, die sich für heute angesagt haben. Dass sie jedes Jahr wiederkommen, zeigt, wie wohl sie sich bei uns fühlen. Es ist faszinierend zu sehen, wie ausgeprägt die Persönlichkeit eines jeden von ihnen ist, jeder ein Individualist, trotz oder vielleicht wegen seiner Behinderung. Einer betrachtet die ganze Zeit aufmerksam den Kaffeebecher in seiner Hand. Er dreht und wendet ihn, versetzt ihm schließlich nach eingehender Prüfung gut gelaunt einen kleinen Klapps, ganz Qualitätskontrolleur! Statt die Tasse jedoch anschließend zufrieden wegzustellen, hält er sie erneut vors Auge. Immer wieder, stundenlang. Der andere verblüfft mit witzigen Sprüchen und schöpft offenbar aus einem unbegrenzten Repertoire. Jedenfalls wiederholt er sich nie, und die Scherze treffen stets auf den Punkt. Der Dritte will unbedingt das Rezept für die Quarkschnitten wissen, die ihm so gut geschmeckt haben. Seine detaillierten Nachfragen beweisen, dass er es ganz genau verstanden hat und sicherlich im Heim nachbacken wird.

Es ist ein traumhafter Sommertag, und wir haben den Pizzaofen angefeuert. Sämtliche Zutaten stehen auf dem Mäuerchen daneben bereit: Unter einem karierten Küchentuch wölbt sich in einer Riesenschüssel der Teig. Auf dem Tablett sind die nötigen Gewürze versammelt, Origano, grobes und feines Meersalz, die Pfeffermühle, das Glas mit den getrockneten Chiliflocken. Rosmarinzweige liegen da, andere frische Kräuter – Petersilie, Basilikum, Koriander, Estragon – stehen im Wasserkrug. Das Tomatenpüree in einer kleinen Schüssel, gewürfelte Mozzarella, Oliven, Schinken in dünnen Scheiben, auch Paprikastreifen, Zwiebelringe und gewürfelter, in Olivenöl gewendeter Knoblauch.

Jetzt darf sich jeder selbst als Pizzabäcker ausprobieren! Gar nicht so einfach, den Teig mit dem Nudelholz gleichmäßig dünn auszurollen und anschließend den Belag gerecht zu verteilen. Manche Teigfladen werden auf einer Seite geradezu erdrückt von einem Berg von Zutaten, während die andere Hälfte unberührt bleibt. Da muss man gehörig helfen. Aber man spürt, welchen Spaß es allen macht. Diese Freude, wenn das Ergebnis aus dem Ofen kommt! Stolz wird auf dem runden Tablett das eigene Erzeugnis herumgereicht, auch nachgefragt: »Schmeckt's?« Zufriedene Gesichter. Und am Ende hat sogar der Qualitätsprüfer mal kurz seinen Kaffeebecher beiseite gestellt.

## Lamm vom Markt

Schon seit einigen Monaten steht auf dem kleinen Markt unseres Städtchens Sulz regelmäßig ein Lamm-Metzger. »Coburger Füchse«, meldet das Schild an seinem Verkaufswagen, der Hof muss ganz in der Nähe sein. Immer geht Martina freundlich grüßend an ihm vorbei, weiter zu Herrn Müller, einem Fischhändler, dessen Angebot und Qualität jedes Mal eine richtige Freude ist. Und zu Herrn und Frau Schwarz, unseren Käsehändlern, die eine ungewöhnlich große Auswahl an vorzüglichen Rohmilchkäsen bieten und stets bereit sind, nach Raritäten für uns zu suchen.

Aber der Lamm-Metzger – immer glaubt Martina seinen fragenden Blick im Rücken zu spüren: »Warum kauft die nie bei mir?« Natürlich kennt man Martina auf dem Markt, beobachtet genau, bei wem und was sie kauft. Eigentlich hat sie keinen Bedarf an Lamm: Das bekommen wir in bester Qualität vom Bruder unserer Haushaltshilfe. Er hält Tiere aus Leidenschaft und ist Koch von Beruf. Eine bessere Voraussetzung, erstklassiges Fleisch zu liefern, kann es gar nicht geben: Er füttert und hegt seine Lämmer, Hühner, sogar ein Schwein mit aller Liebe. Sie dürfen auf naturbelassenen Wiesen weiden und sich die Kräuter und Gräser aussuchen, die ihnen am besten schmecken. Ihr Leben ist kurz, das der Lämmer etwa sechs bis acht Monate, aber glücklich. Ihr Ende naht behutsam, ohne Schock und Schreck. Dann werden sie nach allen Regeln der Kunst geschlachtet, abgezogen und ausgenommen, im Kühlhaus bei zwei Grad drei Tage lang abgehängt, schließlich genau nach meinen Wünschen zerlegt und sogar perfekt vakuumverpackt, damit sie die Zeit bis zu den nächsten Gästen unbeschadet in unserer Tiefkühltruhe überstehen.

Die Keulen beispielsweise, jeweils gute drei Pfund, bleiben ganz, sind allerdings vom Hüftknochen befreit, der beim Tranchieren nur stört. Sie werden meist als Braten für eine große Gästerunde ins Rohr geschoben – entweder mediterran mit Olivenöl, Rosmarin, Zwiebeln und viel Knoblauch gewürzt oder auch gern asiatisch mit einer Marinade aus Thaicurrypaste, Kokosmilch, Ingwer und Palmzucker eingerieben.

Die Schultern lasse ich stets in drei Teile zerlegen. Sie sind immer für einen würzigen Thaicurry gut, schmecken aber auch geschmort, mit viel Zwiebeln und ein paar Knoblauchzehen, die dann zur dicken Sauce püriert werden.

Auf die Brustrippen sind wir besonders scharf, wenn sie nebeneinander auf einem Blech bei stärkster Hitze im Ofen knusprig gebraten sind, nur mit Olivenöl, Salz, Pfeffer und Rosmarin gewürzt. Das am Knochen sitzende Fleisch ist nach einer knappen Stunde kross und saftig zugleich. Dann zieht ein verführerischer Bratenduft durch das ganze Haus.

Den Rücken lassen wir uns gern zu Koteletts zerlegen, am liebsten wie es die Spanier tun: Den Rücken längs halbiert und von der Wirbelsäule befreit und dann quer, den Rippen folgend, in Koteletts geschnitten, wobei jeweils ein Stück vom sauber geschabten Knochen als Stiel belassen wird. So sehen die Koteletts auf dem Teller viel hübscher aus als die plumpen deutschen, quer durch den ganzen Rücken geschnittenen, formlosen Scheiben, deren überstehende Rippen brutal gekappt wurden. Und man kann sie sogar elegant mit der Hand essen: einfach am Stiel fassen und das Fleisch abnagen.

Die Innereien – Leber, Herz, Nieren, die zarten Lungen, Zunge, Bries und Hirn – sind natürlich eine besondere Delikatesse, die wir, wenn's geht, am liebsten sofort verspeisen: Aus der Lunge wird ein Beuscherl – mit der Zunge im Wurzelsud gekocht, dann alles in sehr feine Streifen geschnitten und in einer säuerlichen Einbrennsauce, mit winzig gewürfelten Cornichons, kleinen Kapern und abgeriebener Zitronenschale serviert. Das Hirn wird sanft pochiert und mit einer Kapern-Zitronen-Olivenölmarinade verputzt. Das Bries wird in aufschäumender Butter gedünstet, mit Orangenschale und frischem Koriandergrün gewürzt. Herz und Nieren werden auf starkem Feuer ganz schnell auf beiden Seiten gebraten, sie müssen außen richtig knusprig sein, aber innen noch sehr rosa. Sie werden gleich aus der Pfanne genascht, die danach auch noch mit frischem Weißbrot ausgewischt wird, damit nichts vom köstlichen Bratensatz verloren geht. Die Leber schließlich wird sekundenkurz in heißem Öl gebraten, in ganz dünnen Scheibchen und am besten im Wok, worin man sie vom heißen Boden immer wieder an den kühleren Rand schaufeln kann. All dies und natürlich das Fleisch dieser glücklichen Lämmer ist von eindeutigem, sehr feinem Geschmack mit dem würzigen Duft nach wilden Kräutern und immer butterzart.

Warum also anderswo Lammfleisch kaufen? Aber jedes Mal an jenem Stand auf dem Wochenmarkt mit schlechtem Gewissen vorüberlaufen? Wo man doch alle Händler unterstützen sollte, die sich bemühen, Ware etwas außerhalb der Norm anzubieten, erst recht die kleinen Produzenten aus der Region.

Eines schönen Sommertages also nimmt Martina sich ein Herz, bleibt stehen und wirft einen neugierigen Blick auf die Auslage. Sofort entspinnt sich ein Gespräch.

»Ich habe schon eine fabelhafte Quelle für vorzügliches Lammfleisch«, versucht Martina dem rundlichen Händler mit den verschmitzten Knopfaugen ihre bisherige Abstinenz zu erklären.

»Mein Lamm ist aber was Besonderes!«, trumpft er auf. »Diese Coburger Füchse geben phantastisches Fleisch! Erstens von der Rasse her, und dann«, er holt Luft, man spürt, nun naht der endgültige Qualitätsbeweis: »Bei mir stehen die Tiere das ganze Jahr im Stall!«

Martina muss ein besonders begriffsstutziges Gesicht gemacht haben; denn ihr wollte partout nicht einleuchten, warum es für das arme Vieh besser sein soll, im Stall statt auf der Weide zu stehen.

»Da bekommen sie ihr Futter vors Maul geschüttet«, klärt er sie auf, »und sie müssen nicht rumlaufen und danach suchen.«

Martina war stumm vor Überraschung. Das war doch genau das, was Lämmer wollen, oder nicht?

Der Mann spürte, dass sein Verkaufsgespräch nicht in die richtige Richtung lief. »Probieren Sie einfach mal. Dann werden Sie schon sehen!« Er packte vier Koteletts ein, natürlich wie hierzulande üblich quer durch den ganzen Rücken geschnitten, so dass die dicke Wirbelsäule in der Mitte wie ein Klotz zwischen den beiden zarten und in diesem Fall winzigen, gerade mal Zwei-Euro-Stück-großen Lendenteilchen sitzt, die Rippenknochen an der Seite natürlich gestutzt.

»Hier, bitte«, rief er und reichte ihr generös das Päckchen über den Tresen, »schenk' ich Ihnen.«

Diese Geste war Martina peinlich, aber noch peinlicher wäre es gewesen, das Geschenk zurückzuweisen. Mit reichlichen Dankesworten zog sie davon.

Zu Hause hatte sie im Tiefkühlvorrat noch Lammkoteletts von unserem Koch. Sie wurden langsam aufgetaut, und so briet Martina beide Sorten: In der Pfanne in sehr heißem Öl auf beiden Seiten kurz aber rösch angebraten, Rosmarinzweig daneben, zwei zerquetschte Knoblauchzehen dazu und eine Chilischote, dann eine Viertelstunde zum Nachziehen neben den Herd gestellt, dabei immer wieder gewendet, damit der langsam abkühlende Pfannenboden seine Hitze gleichmäßig weitergibt.

Dann wurden die Lammkoteletts Gästen zur Probe vorgesetzt: Die einen waren saftig und zart, ihr Fleisch musste nicht mit Nachdruck zerkaut werden, es zerging auf der Zunge. Die anderen ließen sich schon schlecht schneiden (mit denselben Messern), zeigten Fasern und waren unangenehm zäh.

»Woran mochte das liegen?«, fragt Martina eine Woche später unseren Freund, den Metzger Greiner, der sein Handwerk leidenschaftlich liebt. Er verarbeitet nicht nur das übliche Schlachtvieh – Schwein, Färsen, Rind und Ochsen –, sondern hält außerdem zum eigenen und zum Vergnügen seiner Kunden Schafe, kennt sich also aus.

»War das Fleisch ein wenig bläulich? Und weich?«

»Ja, genau, es sah so matt aus, hatte nicht das frische bräunliche Rot, das ich sonst gewohnt bin.« Da fiel Martina ein: »Vielleicht hat das mit der Rasse zu tun? Coburger Füchse!«

»Nein«, sagt er, »das Fleisch war einfach nicht abgehangen! Deshalb der bläuliche Farbton. Und dann ist es immer zäh, da können Sie machen, was Sie wollen!«

Bei den nächsten Marktbesuchen hatte Martina Glück: Der Lammmetzger war nicht mehr da. Sie hatte schon befürchtet, Lob oder Begeisterung heucheln zu müssen. Aber irgendwann konnte Martina sich seinem erwartungsvollen Blick nicht mehr verweigern. Sie erzählte ihm von dem Vergleich, den sie angestellt hatte. »Geschmacklich war das Fleisch ja gut«, behauptete sie wahrheitswidrig, »aber es war ganz schön fest. Man kann eigentlich sogar sagen, es war zäh«, fügte sie hinzu, als Ungläubigkeit sich in seinem Gesicht ausbreitete. »Vielleicht war es nicht ausreichend abgehangen.«

»Ja, das kann sein«, meinte er kleinlaut. »Im Sommer muss ich oft noch am Tag vor dem Markt schlachten, damit die Ware reicht.«

Das verschlug Martina dann doch die Sprache. Mit schlachtfrischem Fleisch für die Qualität des Produktes werben zu wollen spricht nicht gerade für Sachkenntnis...


## Die Sprache des Marketings

Moritz und Frau Fogel arbeiten im Garten. Sie bücken sich und knipsen alle Gurken ab, von den zentimeterwinzigen Exemplaren, die als Cornichons Nonpareilles eingemacht werden, bis zu den knapp handspannenlangen, die milchsauer vergoren werden sollen. Dabei wird über dies und das gesprochen. Zum Beispiel über Sprachprobleme. Da fällt Frau Fogel ein: »Ich sage immer ›ich will‹. Aber neulich hat die Lehrerin im Deutschunterricht mich ermahnt, dass ich eigentlich ›ich möchte‹ sagen müsste.« Ganz schön kompliziert, den feinen Unterschied zu erklären. Für jemanden wie unsere Verwaltersfrau, die ihr ganzes bisheriges Leben in der Ukraine verbracht hat und erst seit fünf Jahren mühsam unsere schwierige Sprache lernen muss, ist das kaum zu begreifen. Sie ahnt, dass es unhöflich ist zu sagen »...ich will jetzt etwas essen«, aber wie soll sie begreifen, warum sie sehr wohl sagen darf »Das will ich gerne tun!«?

Frau Fogels Sprachprobleme sind verständlich und nachvollziehbar.

Unbegreiflich jedoch ist, warum Journalisten, die unter anderem auch für ihre Beherrschung der Sprache bezahlt werden, so oft ins Schleudern kommen. Besonders häufig übrigens bei Texten zu kulinarischen Themen. Dabei macht offenbar das Geschlecht der Wörter Schwierigkeiten, vor allem bei Begriffen, die aus fremden Sprachen übernommen wurden: Da wird zum Beispiel *der* Rucola als Salat empfohlen oder *das* Cuvée gepriesen, die beide eigentlich doch weiblich sind. Eine*n* großartige*n* Riserva hat man getrunken beziehungsweise *das* Risotto und *das* Sugo in allerbester Erinnerung. Man liebt es überhaupt, alles Fremde zum Neutrum zu machen, obwohl es einen sächlichen Artikel in jenen Sprachen, aus denen man sich bedient, gar nicht gibt. Aber klingt es nicht schrecklich, wenn d*as* Jus über das Fleisch geträufelt wird? Solange es deutsche Begriffe gibt wie Rauke statt Rucola, ließe sich diese Klippe ja mühelos umschiffen.

Manchmal ist jedoch der fremdsprachige Begriff präziser. Wer je in Italien Spaghetti gegessen hat, weiß, dass der *sugo* etwas anderes ist als eine Tomaten*sauce*, erst recht als eine Tomatenso*ß*e.

Und wer redet gern vom Verschnitt, wenn eine *cuvée* gemeint ist, auch wenn es im Prinzip dasselbe ist? Das Wort ›Verschnitt‹ hat in unserer Sprache keinen guten Klang, lässt sofort an Mittelmaß denken, während die *cuvée* geradezu wie ein Adelsprädikat wirkt. Bei uns hat man Weine ›gepanscht‹, während man sie in Frankreich ›vermählt‹.

Es steckt also gleich eine Wertung hinter dem fremdsprachlichen Begriff, eine gänzlich andere Lebensauffassung, sogar die Behauptung: Anderswo ist ohnehin alles besser, und auf kulinarischem Gebiet allemal. Schließlich lebt zum Beispiel in Frankreich doch der liebe Gott sprichwörtlich wie die Made im Speck, wenn dieses schräge Bild erlaubt ist. Da setzt man gern noch einen drauf: Was von dort kommt, ist unseren armseligen Produkten schon mal von vornherein haushoch überlegen …

Dass diese Behauptung Unsinn ist, dafür wird uns heute ein Beweis ins Haus getragen, in Form eines Musterpäckchens der französischen Delikatessenfirma Maille. Drei Produkte, die wie Senf aussehen, abgefüllt in die nicht nur für dieses Haus typischen Senfgläser – einmal *Fine Sélection*, dann *Dijon-Crème* und *Au Miel*. Außerdem ein Fläschchen Rotweinessig, dessen grelles, geradezu künstliches Rot uns misstrauisch das Etikett studieren lässt: »Essig aus französischem Rotwein« steht dort, mit den Zutaten: »Konservierungsmittel E224 und Stabilisator Gummi Arabicum«. Da fragt sich der Laie, wieso man Essig, ein Konservierungsmittel per se, noch stabilisieren muss. Auch der Fachmann wundert sich, aber er weiß immerhin, dass Essig nur sterilgefiltert es unterlässt, immer wieder neue Essigmuttern zu bilden, was die Kundschaft stören würde.

Wir sind neugierig auf die »Senfspezialitäten«. Schließlich steht das Rezept für den in aller Welt begehrten Dijonsenf seit dem 13. Jahrhundert fest: Es dürfen nur die beiden schärferen Senfsaaten Verwendung finden, braune und schwarze (letztere auch grüner Senf genannt, weil das Pulver grünlich schimmert), und zwar im Verhältnis zwei zu eins. Die Zubereitung ist einfach: die Körner werden gemahlen und mit Essig, Salz, Fruchtsaft oder Wein angerührt – basta. Im Lauf der Zeit hat man die Rezeptur verfeinert, mit Säften (Cassis) und anderen Flüssigkeiten experimentiert, entdeckte den Verjus, den sauren Saft unreifer Trauben, würzte mit Kräutern, Schalotten, Knoblauch und allerlei Spezereien.

Aber was findet der erstaunte Verbraucher als Inhaltsangabe auf diesem edel aufgemachten Senfprodukt, einer *Préparation à la moutarde*? Als Erstes (das bedeutet, von dieser Zutat ist besonders viel drin!) etwas, was in Senf absolut gar nichts zu suchen hat: Sonnenblumenöl. Alsdann folgen »Wasser, Senfkörner, Weißweinessig, Salz, Weißwein, Verdickungsmittel (modifizierte Maisstärke und Xanthan), Zitronensäure, Gewürze und Konservierungsstoff«. Mahlzeit! Da ist man froh, dass die Hersteller wenigstens brav aufschreiben, was sie verwenden. Dann kann der mündige Verbraucher selbst entscheiden, ob er seinem Körper das zumuten will oder lieber nicht.

Zubereitungen auf Senfbasis vom Traditionshaus Maille in Dijon, das seit Jahrhunderten für feine Spezereien, vor allem für den klassischen Dijonsenf berühmt gewesen war, aber seit einigen Jahren dem Unilever-Konzern gehört: *sic transit gloria mundi* – das international agierende Unternehmen benutzt den guten Namen einer Firma, die einer örtlichen Spezialität zu Weltruhm verholfen hat, für ein simples Industrieprodukt.

Diese Art von Marketing treibt Schindluder mit den Vorstellungen der Käufer. Natürlich stehen auch ganz handfeste kaufmännische Überlegungen dahinter: Vom scharfen Dijonsenf nimmt der Verbraucher nur kleine Portionen, von den milden, gar nicht mehr so viel Senf enthaltenden Präparationen braucht man viel mehr. Das steigert den Umsatz und damit den Gewinn. Umso mehr, da die in der »Zubereitung mit Senf« enthaltenen Bestandteile billiger sind als die größere Menge an Senfkörnern, die man für reinen Senf benötigt. Das ist, so kann man argumentieren, geschickt angewandte Marktwirtschaft. Aber es ist auch Irreführung des Verbrauchers.

Und es kommt noch schlimmer: Senf, vor allem die (*la moutarde*, Senf ist in Frankreich weiblich!) beißend scharfe *Moutarde de Dijon*, nimmt man als würzende Begleitung, um eher schwer verdauliche, fette Speisen verträglicher zu machen – also zu Würsten und Würstchen, bäuerlichen Terrinen, jeder Sorte von fettem oder stark durchwachsenem Fleisch, besonders Schweinebauch, Lammkoteletts und T-Bone-Steak oder Hochrippe, *côte de bœuf*. Und nun sind diese Präparationen ausgerechnet mit Öl angereichert, um dem Gaumen zu schmeicheln. Die durch »echten« Senf bewirkte positive Wirkung auf die Verdauung wird durch das in den Zubereitungen enthaltene Öl verhindert, sogar ins Negative verkehrt. Man tut sich also nichts Gutes, schadet sogar seiner Gesundheit, wenn man diese neuen Produkte so verwendet, wie es suggeriert wird.

Man kann vielleicht eine Salatsauce damit anmachen und auf diese Weise Öl einsparen. Aber warum sollte man das tun? Es ist doch einfacher und wesentlich besser, sich selbst einen erstklassigen Senf mit einem Öl zu mischen, von dem man weiß, dass es gut ist.


## Der Hummer im Netz

Bei unseren Asienkursen darf Hummer nicht fehlen. Denn auf chinesische Art schmeckt er uns am besten: im Wok pfannengerührt, gewürzt mit schwarzen Bohnen, Ingwer und Chili. Es ist ein interessantes Gericht, das Eindruck macht und immer gelingt. Hinzu kommt, dass Hummer zur Sommerzeit im Gegensatz zur landläufigen Meinung (wie auch andere Krustentiere) ihren geschmacklichen Höhepunkt erreichen, nicht etwa zu Weihnachten, wo sie gerade eben ihre ganze Kraft in einen neuen Panzer investiert haben und also ziemlich mager sind. Trotzdem werden hierzulande ausgerechnet dann die meisten Hummer vertilgt.

Wir bestellen die Hummer immer rechtzeitig im Großmarkt für Gastronomen, müssen sie aber natürlich schon am Vortag abholen. Dieses Mal haben die springlebendigen schwarzen Tiere die Nacht in unserem kleinen Springbrunnen vor dem Haus verbracht. Das gusseiserne Becken ist genau der richtige Aufenthaltsort: Ständig sprudelt eiskaltes Quellwasser hinein und sorgt für ausreichend Sauerstoff. Damit sich die Meeresbewohner wohl fühlen, schmeißt Moritz alle paar Stunden ein Händchen grobes Meersalz hinein. Dass das keine so gute Idee war, zeigt sich anderntags, als die Hummer in die Küche umgezogen sind: Das Salz hat bereits in der kurzen Zeit Löcher in den frischen Lack gefressen, die jetzt in bedrohlicher Geschwindigkeit rosten. Neue Arbeit für Ingo …

In der Küche liegen die beiden Hummer mit fest verschnürten Scheren auf dem großen Arbeitsbrett und blicken ergeben.

»Und jetzt in kochendes Wasser werfen!«, fordert Michael, der bislang eher mißtrauisch Abstand von den urzeitlich wirkenden Tieren gehalten hat.

»Nein«, sagt Eva, »hast du nicht ›Bella Martha‹ gesehen?«, den wunderschönen Film von der traurigen Köchin. »Die erklärt dort nämlich, dass es keine elendere Tötungsmethode für einen Hummer gibt, als ihn ins kochende Wasser zu werfen!«

»Da hat sie Recht!«, bestätigt Moritz, »bis die armen Viecher endlich erstickt sind in dem heißen Wasser, das ihren dicken Panzer ja nur langsam durchdringt, geht's ihnen wirklich nicht gut!«

»Deshalb nehmen die Chinesen ihr Küchenbeil«, erklärt Martina und packt ihres fest am Griff, »und hacken mit einem festen Schlag den Hummer erst einmal längs in zwei Hälften, dann ist er garantiert von jeglichem Leiden erlöst.«

Das mit Schwung hochgehaltene Beil verharrt in der Luft. Zögern. Schließlich ergreift Moritz das Messer und lässt es auf den Panzer krachen, der sich sofort öffnet: die beiden Hälften zeigen ihr glasig-graues Innenleben, Saft fließt aus.

»Vorsicht«, ruft Martina, »dass der kostbare Saft aus den Innereien nicht verloren geht!« Die Hälften werden quer in portionsgroße Stücke geteilt. Der Saft wird mit der breiten Schneide des Küchenbeils zu den Hummerstücken in eine Schüssel gehoben. Er wird später beim Braten im Wok für die Bindung der Sauce sorgen.

Um die betretenen Gesichter – wie nah sind sich doch Tod und Genuss! – ein wenig aufzuhellen, beginnt Friedrich eine Geschichte zu erzählen: Es war kurz nach dem Krieg in Hamburg, der Schwarzmarkt blühte, und seine Mutter hatte einen Hummer ergattert. Den Heimweg in das kleine Dorf konnte sie jedoch erst einige Stunden später antreten. Für die Zeit weiterer Besorgungen parkte sie das wenig handliche Gepäckstück kurzerhand im Waschbecken der Klofrau des Alster-Cafés, wo es erstaunlicherweise unbehelligt und friedlich die Wartezeit überstand. Zum Heimweg mit der Bahn wurde das stattliche Exemplar, so gut es ging, in Zeitungspapier verborgen und in ein Netz verstaut. Große Aufregung jedoch, als Friedrichs Mutter kurz vor dem Aussteigen merkte, dass die Scheren nicht sorgfältig zugebunden waren und sich in den Maschen des Netzes festgeklammert hatten. Der blinde Passagier saß wie angenäht im Gepäcknetz. Der Zug hatte in dem winzigen Dorf nur eine Minute Aufenthalt. Friedrichs Mutter bekam Angst, dass sie ohne ihren teuren Einkauf aussteigen müsste. Panik verleiht Riesenkräfte: Ein heftiger Ruck, und das dicke Vieh war frei. Im letzten Augenblick sprang sie mit dem Hummer in der Hand auf den Bahnsteig. Wie sie ihn zubereitete und wie er schmeckte, daran kann sich Friedrich leider nicht erinnern.

Bei uns werden die Hummerstücke in den heißen Wok geworfen – nicht alle auf einmal, sondern jeweils höchstens vier, fünf Teile, damit das Öl, das darin bereits rauchend heiß geworden ist,

nicht zu stark abkühlt – nicht viel, zwei Esslöffel neutrales Erd-
nussöl und ein Esslöffel duftendes Sesamöl genügen. Sofort werden je ein Teelöffel fein gehackter Ingwer, Knoblauch und Chili
zugefügt, dann alles unter heftigem Schaufeln und Rühren so
lange braten, bis sich die Stücke rot gefärbt haben. Gesalzen wird
mit Meersalz, gepfeffert aus der Mühle. Schließlich kommen noch
ein guter Esslöffel fermentierter schwarzer Sojabohnen (gibt's
getrocknet im Asienladen; sie werden vor Gebrauch in etwas heißem Wasser eingeweicht) hinzu und ein gehäufter Teelöffel Zucker. Zum Schluss eine Hand voll in zentimetergroße Ringe geschnittene Frühlingszwiebeln mitschwenken und schon kann
serviert werden!

Gegessen wird mit den Händen, man muss das Hummerfleisch
aus den Schalen heraussaugen. Feinere Naturen pulen es mit Hilfe
von Krebsgabeln heraus. In Ermangelung dessen sind auch Bam-
busstäbchen gut geeignet, die man zum Auffädeln für Satéspießchen nimmt. In jedem Fall ist es ein Gericht, das jedem – wetten!
– unvergessen bleibt.


## Die Pilzkönigin

Es war so lange warm, jetzt hat's tüchtig geregnet. Das zwingt uns
geradezu in den Wald, zu schauen, ob es Pilze gibt. Bei unserer
ersten Pirsch, letzte Woche, hat es gerade mal zum Rührei für uns
zwei gereicht. Heute wollen wir Kathrin, unsere Praktikantin,
mitnehmen.

»Ich gehe leidenschaftlich gerne mit, aber leider bin ich kein
guter Pilzefinder…«, warnt sie uns, als wir ins Auto steigen. Zu
Fuß ist es uns zu beschwerlich, den Berg hinauf, dann ein großes
Maisfeld entlang. Mit dem Auto ist es zwar verboten – aber wenn
der Förster gerade nicht guckt….

Wir haben große Körbe mitgenommen. Aber nach einer guten Stunde ist bei Moritz, meistens der Pilzkönig, gerade eben der Korbboden schütter bedeckt. Martina hat ein paar schöne feste Maronen gefunden, so klein, dass die gelben Schwämme ruhig dran bleiben dürfen. Wenn sie größer sind, schon löchrig werden, ihr Gelb bräunlich und die Struktur weich, schneiden wir bei den Maronen den Schwamm bereits im Wald ab, das bloßgelegte gelbe Pilzfleisch darunter färbt sich an der Luft beängstigend schnell giftig blau und sieht richtig gefährlich aus.

»Sind die wirklich essbar?«, fragt Kathrin misstrauisch. »Mein Opa sagt immer: ›Man kann alle Pilze essen, manche leider nur einmal!‹«

Wir können sie beruhigen: Die Pilzarten, die in den Wäldern der Umgebung wachsen, sind uns wirklich vertraut. Wir lieben es, in die Pilze zu gehen. Zu einem Spaziergang kann man uns nur schwer verführen, wenn allerdings die Aussicht auf Pilzglück besteht, sind wir ohne Zögern und mit Feuereifer dabei. Und wenn das Wetter danach aussieht, es nach warmen Tagen ausgiebig geregnet hat, dann juckt es uns und hält uns nicht mehr zu Hause, wir ziehen los, da mag die Arbeit sich noch so türmen.

Auch wenn die Pilze vielleicht nicht mehr so schön aussehen, weil manche blau anlaufen, leuchtet es Kathrin ein, dass man sich zu Hause viel Arbeit und Abfall erspart, wenn man sie bereits im Wald putzt, alles Ungenießbare entfernt und dort lässt. Zudem tut man damit dem Wald Gutes: Die Pilzsporen können sich verteilen, so dass der Wald ein Pilzparadies bleibt.

Ein paar kleine, orange leuchtende Reizker finden sich noch in Martinas Korb, vier makellose Schusterpilze. Das sind jene bildschönen drallen Pilze, die auf den ersten Blick besonders wohlgeformten Steinpilzen ähneln, aber ziemlich farbenfroh sind mit ihrem gelben Schwamm und dicken, rot leuchtenden Fuß. Viele Pilzsammler lassen den Schusterpilz stehen, weil er sich an seiner Schnittfläche noch bunter und gefährlicher verfärbt als die Maronen. Man kann ihn leicht mit dem giftigen Satanspilz verwechseln. Weiterhin hat Martina drei allerfeinste Perlpilze gefunden, die erst gerade den krumigen Waldboden durchbrochen haben und deshalb auf ihrem weiß-rosa schimmernden Hut noch dekorative Erdkrümel tragen. Perlpilze hat Kathrin zuvor noch nie gesehen, und als wären wir auf einem Pilzlehrpfad unterwegs, stoßen wir unweit davon auf einen Pantherpilz, an dem sich exemplarisch der Unterschied zeigen lässt: Der rosa-weiße Perlpilz ist ein wohlschmeckendes Vergnügen, der Pantherpilz sehr ähnlich gefleckt, aber weiß-grau und hochgiftig.

Kathrins Korb ist leer, Moritz hat auch nur ein paar Perlpilze, Maronen und Schusterpilze, ein Händchen voller Pfifferlinge sowie einen kleinen Parasol, dessen Hut noch ganz geschlossen ist.

Gute Pilzjahre sind Höhepunkte, von denen wir lange schwärmen. Und angenehmerweise haben wir auch lange was davon, denn im Konservieren sind wir inzwischen Meister. Der Weg dahin war jedoch durchaus von Fehlschlägen gesäumt. Welcher Jammer zum Beispiel, als sich herausstellte, dass die roh eingefrorenen Pfifferlinge – nie zuvor und nie mehr hinterher war ein Fund derart ergiebig gewesen – nach dem Auftauen sich nicht nur als zäh, sondern obendrein als gallenbitter erwiesen. Pfifferlinge werden also bei uns längst nicht mehr eingefroren, sondern in etwas Butter mit fein gewürfelter Zwiebel gedünstet, gewürzt, praktisch als Pilzragout fix und fertig gemacht, dann in Gläschen gefüllt und sterilisiert. Man braucht den Glasinhalt später nur noch mit etwas Sahne aufzufüllen und frische Petersilie zuzufügen und hat im Handumdrehn zusammen mit jungen Kartoffeln, Pfannkuchen oder Semmelknödeln ein fabelhaftes Essen.

Genauso kann man natürlich auch alle anderen Pilze einmachen; im Glas haben sie den Vorteil, dass sie sofort verfügbar sind, während eingefrorene Pilze ja noch auftauen müssen.

Auch als saure Konserve lieben wir Pilze. Dafür werden sie kurz in einem gut gewürzten Essigsud gekocht (viel Salz, Pfefferkörner, Lorbeerblatt, Chilischote), in Gläschen gestopft (wobei auch jeweils von den Gewürzen ein wenig mit eingepackt wird) und mit Olivenöl bedeckt. Besonders gut schmecken so konserviert kleine, noch sehr feste Reizker, auch Hallimasch, aber nur, solange sie höchstens knopfgroß sind, sie ziehen sonst zu viel Schleim.

Die Krönung sind natürlich Steinpilze, die ganz kleinen, walnuss-, höchstens aprikosengroß und mit schneeweißem, dick gebauchtem Fuß unter einem glatten, braunen Hut. Ganz, allenfalls halbiert, in Essigwasser pochiert und dann in Olivenöl gelegt... Schmeckt umwerfend und passt vorzüglich zur Vesper, zum kalten Braten oder zu gekochtem Fleisch.

Auch in guten Jahren schleppt man natürlich nicht ausschließlich bilderbuchmäßige Pilze nach Hause. Aber wenn sie stattlich und gesund sind und noch nicht von Maden durchwühlt, lässt man auch ältere Pilze nicht stehen; sie sind ja mitunter besonders intensiv im Aroma. Ein großer Steinpilz, dessen dunkelgelben Schwamm man nicht mehr essen mag, weil er das ganze Pilzragout verschleimt, schmeckt umwerfend, wenn man ihn in Scheiben oder Würfeln in heißem Olivenöl richtig scharf brät; die Würfel werden regelrecht rösch, es tritt kaum Flüssigkeit aus, weil das Fleisch wenig Saft hat, daher der konzentrierte Geschmack. Sehr fein gewürfelte Zwiebeln mitbraten, die aber nur hellbraun werden dürfen, zum Schluss fein gehackte Petersilie und dann alles mit Bratkartoffeln mischen. Ein besseres Abendessen an einem Spätsommertag gibt es nicht!

Die Schwämme von Steinpilzen wandern, solange sie noch appetitlich und wurmfrei sind, keinesfalls auf den Kompost. Da steckt noch eine Menge Geschmack drin! Sie gehören in die dritte Schüssel unserer Qualitätsstufen, in die wir unsere Ausbeute beim Putzen sorgfältig sortieren.

Die allerfeinste Klasse sind die ganz jungen, festen Pilze, die man sogar roh essen kann, Steinpilze zum Beispiel. Stufe zwei: die etwas größeren, makellosen Pilze, bei denen die Würmer noch keinen Schaden angerichtet haben. Sollten sich einige wenige bereits einen Gang gegraben haben, wird das großzügig weggeschnitten. Wenn wir auch die Nonchalance mancher Italiener im Umgang mit Würmern in Pilzen nicht nachvollziehen können, die auch wurmstichige Exemplare in ihren Sugo schnibbeln, so wollen wir's nicht übertreiben.

Allerdings war es damals ganz schön peinlich, als wir für unsere Dreharbeiten Steinpilze geliefert bekamen, die sich beim Anschneiden als Würmerzuchtanstalt erwiesen. »Tiere schauen dich an«, hätten wir unsere Sendung nennen sollen. Höchst lebendige, winzige, weiße Würmchen mit schwarzen Äuglein wimmelten da herum. Eine Katastrophe, und weit und breit keine Ersatzpilze aufzutreiben. Wie so oft drehten wir außerhalb der richtigen Saison. Die Pilze waren unter größten Schwierigkeiten über den Stuttgarter Großmarkt herbeigeschafft worden. Wir waren mittendrin, alles vorbereitet, das Team, Requisiten, Maske, das Licht gesetzt, die Kameras im Anschlag…

Wir haben dann versucht, das Beste aus der Not zu machen, viel weggeschnitten, die Scheiben und Stücke so gedreht, dass man die löchrigen Stellen nicht so genau sehen konnte, den einzigen einigermaßen intakten Pilz immer wieder abgewaschen und mehrmals verwendet und mit raschem Schnitt dafür gesorgt, dass sich die Unzulänglichkeiten »versenden«, wie man beim Fernsehen sagt. Aber hinterher gab's doch entrüstete Briefe von aufmerksamen Zuschauern, die die miserable Qualität des von uns verwendeten Produkts monierten. »Ausgerechnet ihr!«, empörten sie sich, »die ihr immer auf allerfeinste Zutaten besteht…« So kann man seinen Ruf aufs Spiel setzen.

Auch die Pilze der zweiten Qualitätsstufe, das ist das Gros, dürfen keine Würmer haben, versteht sich, sie werden von dicken und unschönen Schwämmen befreit, der Stiel gesäubert, alles in gleichmäßige Scheibchen geschnitten. Was nicht sofort verzehrt werden kann, wandert in die Tiefkühltruhe. Nicht roh, wie wir das früher gemacht haben, das beansprucht zu viel Platz! Sondern gedünstet, dann verdampft die Flüssigkeit und die Pilzmenge schrumpft auf eine handhabbare Portion zusammen. Sie werden ganz ohne Fett, in einer großen Pfanne auf mittlerer Hitze, langsam gedünstet; dabei immer wieder an der Pfanne rütteln oder mit dem Holzspatel wenden. Die Pilze köcheln im Saft, den sie dabei abgeben, so lange, bis er vollkommen verdampft ist. Nur sparsam salzen und pfeffern. Schließlich abkühlen lassen und luftdicht verpacken. Statt der üblichen Einfrierdosen aus Plastik nehmen wir inzwischen stabile Folienbeutel, worin die Pilze portionsweise luftdicht eingeschweißt werden. So entstehen flache Pakete, die weniger Platz im Tiefkühler beanspruchen und wesentlich schneller aufgetaut sind!

Was jetzt noch übrig bleibt, Stufe drei, wird zu Pilzpaste verarbeitet. Zu große, schon weich gewordene Pilze oder solche, bei denen man viel Wurmiges hat entfernen müssen und keine schönen Scheibchen mehr herausbekommt. Sie werden klein geschnibbelt und mit Zwiebeln, zum Schluss auch fein gehackter Petersilie gedünstet, mit Salz, Pfeffer und Olivenöl gewürzt und im Mixer zu einer glatten Paste püriert. Dabei sorgt Olivenöl, das dann löffelweise mitgemixt wird, für die cremige Konsistenz und guten Geschmack. Hier dürfen auch Steinpilzschwämme (aber nur sie, Maronenschwämme taugen nicht!) mitverarbeitet werden, die dem Püree ein besonders intensives Aroma geben.

Diese sanfte, hellbraune, glatte Pilzcreme sieht appetitlich aus, duftet wundervoll und schmeckt prima als Crostiniaufstrich; man kann sie löffelweise als Würze in Suppen und Saucen verwenden, und als Pastasauce ist sie von unübertrefflicher Güte. Man kocht sie einfach mit einem Schuss Nudelwasser auf und mischt sie mit einem geschmacksintensivierenden Stückchen Butter und fein gehackter Petersilie unter heiße Spaghetti. Man könnte allerdings auch die Zeit nutzen, bis diese gar sind, um zwei Tomaten zu würfeln (vorher kurz ins Nudelkochwasser tauchen und häuten!) und später zusammen mit frischen Kräutern als Farbklecks über die Pasta verteilen. Ein Pastagericht der Extraklasse!

Übrigens: In jedem Fall müssen eingelegte Pilze (siehe oben) und Pilzpaste sterilisiert werden, und zwar 30 Minuten, bei mehr als 95 Grad. Pilzeiweiß ist besonders empfindlich, und es hat fatale Wirkung, wenn es verdirbt! Dann aber kann man sie unbeschadet auch ohne Kühlung aufbewahren. Leider ist uns nicht jedes Jahr das Pilzglück so hold, dass wir im Überfluss produzieren können, deshalb sind unsere Vorräte im Laden immer schnell bis zur nächsten Saison ausverkauft...

»Sieht ja ziemlich mau aus«, mault Moritz, der immer im Eiltempo durch den Wald schnürt, den Blick starr auf den Boden gesenkt, als er mal wieder in unsere Nähe kommt. »Mal sehen, wer heute Pilzkönig wird!« Das ist derjenige, der die meisten, vor allem aber die besten Pilze in seinem Korb hat. Aber Superking wird der, der eine Krause Glucke findet.

»Was ist das, eine Krause Glucke?«, erkundigt sich Kathrin.

»Ohh, das ist überhaupt der allerbeste unter den Pilzen«, übertreibt Martina maßlos.

»So?«, fragt Moritz spitz, »und was ist mit Steinpilzen? Morcheln? Trüffeln?«

Martina winkt ab. »Geschenkt! Alles zu seiner Zeit!« Wenn es Steinpilze gäbe, hätten wir welche im Korb. Und schließlich ist gerade weder Morchel- noch Trüffelsaison.

Die Krause Glucke kann man überhaupt nicht verwechseln. Sie sieht aus wie ein riesiger Badeschwamm, der sich gehörig verirrt hat, wenn er da an oder auf einem Baumstumpf sitzt, meist im Unterholz versteckt. Er hat nicht nur die Farbe eines Badeschwamms, sondern auch dessen luftige, löchrige Lamellen, in denen sich gern Gräser und Tannennadeln verbergen, wenn der Pilz über sie hinweggewachsen ist. Eine Krause Glucke kann die Größe eines stattlichen Blumenkohlkopfs erreichen. Manchmal sieht man eine Schnittstelle, eine bis zu zweihandtellergroße helle, fleischige Fläche, und weiß dann, dass man wieder mal zu spät gekommen ist.

»Sieht das etwa so aus?«, fragt Kathrin und deutet auf den nächsten Baumstumpf. Tatsächlich, ein makelloses, fast rundes, kindskopfgroßes Exemplar. Donnerwetter, das erste Mal beim Pilzesuchen dabei, und schon ist sie Pilzkönigin geworden.

Zu Hause setzen wir uns auf die Terrasse, gerade noch rechtzeitig, bevor die Sonne verschwindet und der Abendwind aufkommt. Wir breiten Zeitungen auf den Tisch, damit wir später allen Abfall einwickeln und leicht entsorgen können. Messer und die verschiedenen Schüsseln zum Sortieren werden geholt. Moritz trägt den Weinkühler und Gläser für einen Kräftigungsschluck herbei. Auf die frisch gekrönte Pilzkönigin muss angestoßen werden.

Ein kleiner Steinpilz findet sich in unserer Beute, wie gemalt: nicht größer als ein Ei (XXL!), fest, mit schneeweißem Fleisch. Daraus wird ein Vorspeisensalat für uns drei. Eine vollreife, gelbe Tomate vom Strauch, gehäutet und in hauchdünne Scheiben geschnitten, auf einer Platte ausgebreitet. Darüber mit dem Trüffelhobel den Steinpilz gehobelt. Glatte Petersilie, ziemlich fein gehackt, *fleur de sel*, ein paar Tropfen Zitronensaft und fruchtiges toskanisches Olivenöl. Frisches Weißbrot. Gibt es Besseres?

Ansonsten wollen wir nicht klagen: Unsere Beute reicht tatsächlich für ein kleines Ragout. Die gescheibelten Pilze werden in Olivenöl gedünstet, fein gewürfelte Schalotten, etwas zerdrückten Knoblauch und Zitronensaft dazu, Salz und Pfeffer. Gründlich durchschwenken, nur wenn der eigene Saft nicht reicht, einen Schuss Brühe zufügen. Dazu Pellkartoffeln, natürlich Salat. Er hat sich doch gelohnt, der Waldspaziergang!

Und nicht zu vergessen unsere Krause Glucke: Sie wird sorgfältig geputzt. Man muss behutsam zwischen den Blättern nach Waldbodenresten suchen, auch Käfer verstecken sich da gern. Am besten teilt man den Schwamm in Stücke, um sie aufzuspüren, hält sie ruhig auch kurz unter fließendes Wasser. Gründlich abtropfen, dann mit einem großen Messer grob hacken. Der festfleischige Fuß kann sehr wattig sein, dann schneidet man ihn ab, ansonsten ebenfalls grob zerkleinern.

Am allerbesten schmeckt die Krause Glucke als Suppe, für die man jedoch keinerlei Brühe zuzusetzen braucht. Sie selbst sondert so viel Flüssigkeit ab, dass man das Gericht im Suppenteller servieren und mit dem Löffel essen muss, allenfalls ein Schuss Weißwein tut gut, nicht nur für die Flüssigkeitsmenge, mehr für den Geschmack!

Zuerst eine oder zwei milde, junge Zwiebeln oder Schalotten fein würfeln und in etwas Butter andünsten. Die Blätter eines Thymianzweigleins abstreifen und mitdünsten, bevor die vorbereitete Krause Glucke zugefügt wird. Gut damit verrühren, salzen, pfeffern und zugedeckt etwa zehn Minuten leise köcheln. Erst dann ein Glas Weißwein zufügen.

In der Zwischenzeit zwei Tomaten überbrühen, häuten, entkernen, das Fleisch würfeln und zu den Pilzen geben. Weitere zwei Minuten köcheln. Nochmals abschmecken, fein geschnittenes Basilikum einrühren und servieren.

Moritz liebt es, in den Teller eine gepellte Kartoffel zu setzen, die er dann mit einer Gabel zerdrückt und als Bindung unter den Pilzsaft mischt. Wir trinken eine Weißburgunder Spätlese trocken von Cornelia und Reinhold Schneider aus Endingen am Kaiserstuhl dazu. Perfekt! Obwohl man doch eigentlich zur Suppe nichts trinken soll. Was einem alles so erzählt wird…

Kathrin löffelt schweigsam ihre Suppe. »Ausgezeichnet!«, sagt sie mit einem Seufzer, »das könnte der Beginn einer neuen Leidenschaft sein.«

# Küche der Zukunft?

Die Weine von Cornelia und Reinhold Schneider aus Endingen am Kaiserstuhl spielen eine wichtige Rolle in unserem Keller. Kennen gelernt haben wir das Ehepaar über Wolf-Dietrich Salwey, bei dem wir für unser Baden-Buch recherchierten. Bei der Weinlese früh morgens waren wir dabei, und mittags photographierten wir, wie die Helfer um einen langen Tisch auf der Terrasse des Winzerhauses saßen und sich für die zweite Tageshälfte stärkten. Jeden Tag während des »Herbstens«, wie man im Badischen zur Weinlese sagt, kochte Frau Salwey in gewaltigen Töpfen für die mehr als zwanzig Helfer ein komplettes Menü, mit Vorspeise und Dessert sowie Kuchen zum Kaffee. Eine schöne Tradition und eine schöne Geschichte für unser Buch, freuten wir uns. »Da wüsst' ich noch jemand, der Sie interessiere könnt': Zu de Schneiders in Endinge sollte Se au hingehe!«, riet uns Dietrich Salwey, »die hawwe grad erscht angefange und mache des ganz prima.«

Das hatten wir bis dahin noch nicht erlebt, dass uns im Ländle einer zu seinem Nachbarn schickte. Wir fanden die Badener damals nicht besonders großherzig. Nur ungern ließ man die Konkurrenz gelten, und Kundschaft schickte man ihr sicher nie: »Was, zu dem wolle Se au?«, entrüstete sich mehr als einer von den Gastwirten, wenn er hörte, wen wir alles besuchen wollten. »Dann sag' i' Ihne nix!« Es wurde gern über die Kollegen geschimpft, und nie hatte uns jemand einen anderen empfohlen. Das hat sich heute, besonders unter den Winzern, geändert: Man hat begriffen, dass man nur gemeinsam stark ist und Konkurrenz das Geschäft belebt!

Zu Schneiders schickte uns der Winzer Salwey mit einem gewissen Stolz. Er hatte den jungen Feierabendwinzer nämlich bestärkt, als der sich selbständig machen wollte. Reinhold Schneider und seine Frau Cornelia waren es leid gewesen, sich als Feierabendwinzer ein ganzes Jahr lang im Weinberg zu plagen, die Rebstöcke zu hegen und zu pflegen, zu beobachten, wie die Trauben gediehen, um sie zu bangen, wenn Frost oder Hagel drohte, sich zu freuen, wenn sie dank genügender Sonne prall und reif wurden, sie schließlich zu ernten und dann in die riesige Bütte der Winzergenossenschaft kippen zu müssen und nie zu erfahren, wie ein gut gemachter Wein daraus wohl schmecken könnte. So begannen sie, ihre Trauben zu keltern und ihre Weine selbst auszubauen, im kleinen Maßstab zunächst. Ermutigt durch Salwey, den schon berühmten Winzer aus dem nahen Oberrotweil, der ihnen nicht nur mit Rat und Tat, sondern auch mit Maschinen und Gerätschaften half. Denn wer ganz von vorn anfangen und sich erst noch die ganze Kellerausstattung anschaffen muss, der steht nicht nur vor großen Auf-, sondern auch vor immensen Ausgaben.

Die Schneiderschen Weine hatten uns von Anfang an geschmeckt. Sie waren so erfrischend, gradlinig und kraftvoll, grad so wie die Produzenten selber, Menschen mit dem Herzen auf dem rechten Fleck, mit aufrechtem Sinn, ohne Allüren, ehrlich, mutig und bescheiden. Sechs Kinder, wie die Orgelpfeifen, »drotzelten« damals noch ziemlich klein herum, die Bilder von der Familie in unserem Buch zeigten die Wirklichkeit einer Idylle. Heute, gut fünfzehn Jahre später, ist das Weingut Mitglied im Verein Deutscher Prädikatsweingüter, dem VDP, seine Weine sind auf den Listen der besten Restaurants zu finden und 2000 sind Cornelia und Reinhold Schneider vom Weinguide Gault Millau als Winzer des Jahres ausgezeichnet worden.

Der Erfolg ist ihnen nicht zu Kopf gestiegen, aber sie betrachten ihn, bei aller Bescheidenheit, für gerechtfertigt. Sie machen eben gute Arbeit. Die Kinder sind mittlerweile (fast alle) erwachsen, die ältesten Töchter, Katharina und Friederike, schon aus dem Haus, die Zwillinge Philipp und Alexander mit dem Wein und der Gastronomie verbunden – Alexander ist im Weingut eingestiegen, Philipp wird Koch, Annette und Victoria gehen noch zur Schule.

Wir hatten Wein bestellt und Schneiders ein Essen versprochen, wenn sie ihn uns bringen würden. Warum nicht an einem Sonntag im August? Wenn man nicht sofort ein Datum festsetzt, wird erfahrungsgemäß nie was draus. »Kommen Sie doch mal vorbei, wenn Sie in der Nähe sind!« – so einen Satz halten wir eher für eine Ungezogenheit als für eine Einladung.

Drei Tage vorher rief Martina nochmals an, um zu erfahren, mit wie vielen Mitgliedern der Familie wir rechnen können. Es würden nur drei Kinder mitkommen. Beim letzten Besuch der Familie vor ein paar Jahren konnte Victoria, die Jüngste, gerade eben auf wackeligen Beinen laufen. Natürlich zog sich damals, wie immer bei uns, das Mittagessen ziemlich lange hin. Endlich durften die Kinder, bis dahin mustergültig brav und mit besten Manieren am Tisch, aufstehen und raus, den Park inspizieren. »Aber unbedingt aufpassen, dass niemand in den Teich fällt!«, lautete die strenge Ermahnung, denn man konnte leicht mitsamt den zum Teil lockeren Saumsteinen ins kalte Wasser rutschen. Und dann das Wunder gelungener Erziehung, wie die Kinderschar im Park Fangen und Verstecken spielte und die Großen die Kleinen beschützten und stets ein Auge darauf hatten, dass nichts passiert.

Heute also ein strahlender Hochsommertag. Es ist nicht heiß, sondern wunderbar warm, am Granittisch auf der Terrasse im Schatten der Traueresche herrscht genau das richtige Klima. Er ist mit weißen Leinensets gedeckt und dem Margeritengeschirr von Royal Kopenhagen. Mit Aperitif und Häppchen halten wir uns nicht lange auf, unsere Gäste haben mehr als zwei Stunden Autofahrt hinter sich und Hunger. Wir setzen uns, die Eltern und wir jeweils einander gegenüber, jeder bis auf Moritz an seiner Seite ein »Kind«, allesamt ja (fast) erwachsen: Die ruhige Annette (14), Victoria (11) mit ihren blitzblauen Augen und Philipp (18), der Kochlehrling, der nur anfangs ein ganz kleines bisschen schüchtern wirkt. Alle drei sind sie von erfrischender Fröhlichkeit und strahlen ein gesundes Selbstbewusstsein, Offenheit und Zutrauen aus. Es ist ein Vergnügen zu sehen, mit welchem Genuss sie zulangen, mit welcher Verständigkeit sie urteilen und wie selbstverständlich sie zur Unterhaltung beitragen.

Als erste Vorspeise gibt es junge Rote Bete, als ganze Knolle gekocht, gepellt, in Scheiben gehobelt und noch warm mit einer Marinade aus Salz, grob geschrotetem Pfeffer, Haselnussöl und Apfelbalsam angemacht; zum Servieren sind die Scheiben akkurat auf einem Teller ausgelegt, darauf jeweils ein Matjesfilet angerichtet. Natürlich von den unvergleichlichen »Primtjes« aus Holland, die schmelzend zart sind und garantiert sogar jenen schmecken, die Matjes hassen. Dazu ein Klacks Frischkäse, mit viel Schnittlauch und Zitronenschale verrührt, als besänftigende Begleitung.

Es wird schweigend gegessen, bis Philipp fragt: »Was sind das für Matjes? So zart, so klein habe ich sie noch nie gesehen!« Er hat Recht, diese »Primtjes« sind phantastisch! Wir sind glücklich, dass wir endlich herausgefunden haben, wo diese erstklassige Ware auch bei uns zu haben ist. Meist muss man den Fischhändler bitten, sie eigens bei der Deutschen See zu bestellen – und man muss dann für Absatz sorgen. Sie sind nämlich teurer als die übliche Ware und dafür kleiner. Aber, wie wir immer wieder feststellen, jeden Cent wert!

Zum Matjes das richtige Getränk zu finden, ist nicht leicht, wenn man kein Bier dazu trinken mag. Am besten, so glauben wir, passt unser Pomme-Brut dazu, der supertrockene Apfelsekt, den wir nach der traditionellen Methode, also in Flaschengärung, ausbauen lassen. Das finden Schneiders auch. Die Kinder trinken unseren prickelnden Apfelsaft dazu, Pomme-Pure, der so betörend nach Apfel schmeckt.

Als nächsten Gang hat Martina fünf verschiedene Tomatensorten in Scheiben geschnitten – natürlich gehäutet! Sie hasst Tomatenhaut und zieht sie immer ab, ein immer wiederkehrender An-

306

lass für Kabbeleien mit Moritz, der das übertrieben findet: »Das sind doch wertvolle Ballaststoffe«, behauptet er. »Papperlapapp!«, widerspricht Martina, »die gehen raus wie rein und bewirken im Körper nichts, nur Verdruss auf dem Gaumen.« Und schließlich ist es ja sie, die sich die Mühe damit macht... Sie hat die Scheiben wie Schuppen auf einer großen runden Platte ausgebreitet. Es sind gelbe, orange, eine rote Fleischtomate aus Kasachstan, die außen grün gestreifte, innen giftiggrüne Tigertomate und eine so genannte schwarze Tomate, die allerdings lediglich ein wenig dunkler ist als Tomaten sonst. Jedenfalls sieht der große Teller verblüffend farbenfroh aus, und es hat jede Sorte einen ausgeprägten, sehr charakteristischen Geschmack.

In der Mitte häuft sich ein Salat aus allerfeinsten grünen Böhnchen: bissfest gekocht, mit reichlich Bohnenkraut, Walnussöl und Zitronensaft angemacht. Auf den Tomatenscheiben Würfel von wundervoller Büffelmozzarella, angemacht mit toskanischem Olivenöl, grob gemahlenem Pfeffer, zerzupften Basilikumblättern und Apfelbalsam. Es duftet nach Sommer, sieht schön aus, wir sind zufrieden mit unserer Variation zum immer beliebten Thema »Insalata Caprese«.

Die Tomatenvielfalt wird ausführlich gewürdigt, wir werden später miteinander in den Garten gehen, wo noch eine ganze Menge mehr Sorten gedeihen. Den Wein dazu schenkt Moritz aus einer umhüllten Flasche aus. »Mal sehen, ob Sie drauf kommen, was es ist!«, sagt er und grinst. Reinhold Schneider schnüffelt am Glas, schwenkt es, steckt wieder seine Nase hinein, betrachtet den Wein gegen die weiße Serviette, ein bräunliches, geradezu goldenes Rosa, nimmt einen Schluck, wälzt ihn im Mund, schnalzt mit der Zunge, bewegt ihn nochmal im ganzen Gaumen, bevor er ihn endlich runterschluckt. Ein Grinsen breitet sich aus: »Des isch e Weißherbscht«, und nimmt noch einen Schluck, »der isch vo uns.«

Moritz nimmt das Tuch von der Flasche. »Welches Jahr?«, will er jetzt noch wissen.

»Des isch scho länger her.« Schneider wiegt den Kopf und blickt auf die Flasche, die ihm Moritz jetzt hinhält. Das Etikett ist nur noch in Rudimenten vorhanden, aber die Jahresbanderole zeigt noch: 1981, Schneiders erster eigener Jahrgang. Und der Wein ist noch immer frisch! Natürlich nicht mehr ungestüm, sondern eher abgeklärt, aber absolut sauber und klar, ohne Fehltöne oder unangenehme Firne.

Als kleines Zwischengericht werden unsere eigenen Melonen aufgeschnitten, die Schiffchen nur mit grob gemahlenem Pfeffer bestreut und mit hauchdünnen Scheiben vom luftgetrockneten Speck aus Kärnten belegt. Annette ist begeistert, Melonen liebt sie besonders, und »die schmeckt ja besser als die Cavaillons, die wir im Elsass kaufe.« Wir sind selber stolz auf unser Gewächs: süß, voller Aroma, absolut reif, duftend. Dazu trinken wir ein Glas vom 99 Meursault »Genevrières« von Bouzereau, und alle finden, dass er ideal dazu passt.

Der weiße Burgunder begleitet ebenso famos den nächsten Gang: Kalbskopf mit Thaivinaigrette und mit Pimientos de Padron. Diese kleinen dunkelgrünen Paprika aus einer Stadt im Nordwesten Spaniens mit Namen Padron gedeihen prächtig in unserem Gewächshaus – die Pflanzen produzieren so fleißig, dass wir uns schon den ganzen Sommer über daran freuen. Unmittelbar bevor man sie isst, schwenkt man die kleinen dunkelgrünen Schoten kurz in sehr heißem Olivenöl – das Röstaroma intensiviert ihr Aroma, das herzhaft und unverwechselbar ist; sie schmecken ungemein würzig und in manchen steckt eine explosive Schärfe.

Der Kalbskopf wurde aufgerollt, zusammengebunden und in würziger Brühe weich gekocht; anschließend, damit er eine geschlossene Form bekommt, hat Martina die Rolle in einer Kastenform abkühlen lassen. Danach lässt er sich auf der Aufschnittmaschine dünn schneiden. Er wird auf vorgewärmten Tellern angerichtet – notfalls kann man sie auch kurz in die Mikrowelle oder in den Backofen stellen, bis der Kalbskopf ganz sanft ein kleines bisschen schmilzt. Auch sorgen die warmen Pimientos, die obenauf verteilt werden, dafür, dass der Kalbskopf seine im kalten Zustand gummiartig feste Konsistenz verliert. Die Thaivinaigrette, die schließlich darüber gelöffelt wird, besteht aus Zitronensaft, Fischsauce (der thailändischen Universalwürze), fein gehacktem Ingwer, Knoblauch, Chili, Thaibasilikum, Koriandergrün und Zucker.

»Ich weiß ja nicht«, sagt Martina, als sie vor jeden einen hübsch dekorierten Teller stellt, »ob ihr so 'was überhaupt esst«. Damit meint sie natürlich vor allem die Kinder. Die beugen sich jeder neugierig über ihre Portion.

»Kalbskopf!«, erkennt Victoria sofort und versetzt uns in Staunen. Kulinarisch so bewanderte Kinder haben wir noch nie erlebt. »Doch, das mag ich!« Tatsächlich sind die Teller in kürzester Frist leer geputzt, die scharf-säuerlich-süße Thaivinaigrette wird auch noch mit Brot restlos aufgewischt. Und der 97er Grüner Veltliner Smaragd Honivogl vom Weingut Hirzberger in der Wachau, den Moritz dazu serviert, kann gut den kräftigen Aromen Widerpart bieten.

Wir kommen zum Hauptgang. Martina stellt zwei Thaigerichte auf den Tisch: ein grünes Rehcurry mit Kokossauce, Bambus und grünen Bohnen sowie Kalbsfilet aus dem Wok mit jungem Spitzkohl. Dazu natürlich Duftreis. Beide Gerichte von einer ausgeprägten Würze, der Curry feurig, wenn auch durch die Kokossahne besänftigt, das Wokgericht mit dem durchaus gewöhnungsbedürftigen Duft von gelben, fermentierten Sojabohnen.

»Probiert erst mal ganz vorsichtig«, rät Martina den Kindern, »vielleicht ist es euch zu scharf oder zu würzig, dann lasst es stehen!« Aber die sind ebenso begeistert wie die Eltern, es ist eine Freude, zu sehen, wie es allen schmeckt. Hierzu kommt ein 99er Rosenberg von Markowitsch ins Glas, dem Kultwinzer aus der niederösterreichischen Weinregion Carnuntum, der reich und üppig die Süße und Würze des Kokoscurry aufnimmt und widerspiegelt. Wir probieren aber auch noch eine 2001 Muskateller Spätlese von Schneiders aus der neuen Lieferung. Es ist die erste Spätlese, die ihnen vom Muskateller in den langen Jahren gelungen ist: Die Schwierigkeit besteht darin, dass der Muskateller seine Säure abbaut, ehe der Zuckergehalt eine volle Spätlese verspricht. Zu den beiden asiatischen Gerichten passt er vorzüglich! Wir lieben überhaupt zu asiatischen Gerichten die schlanke, gradlinige Schneidersche Version des Muskateller Kabinett, die im Allgemeinen den gesetzlichen Anforderungen einer Spätlese entspricht, allerdings nach den Schneiderschen Regeln heruntergestuft wird. So kann es vom Weingut Schneider auch mal einen Weißherbst Kabinett von 13 Prozent Alkohol in der Literflasche geben, den so mancher andere Winzer gerne als seine Spitzen-Spätlese hätte.

Wir reden darüber, wie verblüffend sich so unterschiedliche Bestandteile, wie wir sie heute auf dem Teller haben – Mediterranes, Hiesiges und dann auch noch die Düfte Asiens –, letztlich doch zu einem harmonischen Menü, zu einem abgerundeten Ganzen zusammenfügen. Weil, da sind wir uns einig, es sich jeweils um erstklassiges Material handelt, Produkte, die gewissenhaft erzeugt wurden – das bedeutet: im Einklang mit der Natur –, also ihre Würde haben.

Wie auf Kommando nähern sich leise gackernd unsere Hühner der Terrasse. Victoria und Annette sind begeistert: »Was, die habbe Sie au!« Und sie erzählen von ihren Hühnern, die sie bei sich zu Hause halten und deren Erzeugnisse, die Eier, für ihr persönliches Einkommen sorgen. Da sind sie ganz Geschäftsfrauen, die ihre Investitionen abwägen und mit dem Verdienst aufrechnen. Nicht ohne Stolz berichten sie, wie sie ihre Kundschaft pflegen (Großabnehmer kriegen Rabatt), wie sie sich um ihre Produktionsmittel kümmern und vor allem das Wohl ihrer Hühnerschar im Auge haben.

Reinhold Schneider lacht: »Auf dem Hühnerhof is es doch wie sonst im Leben au: Wenn irgendwo 'was los isch, renne se alle hin, scharre wie verrückt un rege sich uf un mache Krach. Un im nägschte Augeblick isch wieder Ruh, als wär nie 'was nix passiert.«

Beim Käse können wir wieder mit der fabelhaften Rohmilchauswahl des Käsehändlers Schwarz vom Sulzer Markt punkten. Unsere Idee, den alten Gouda mit einem Klecks duftenden Gravensteinergelees zu würzen, findet Beifall.

Zum Abschluss kommt Rosas Apfelkuchen auf den Tisch, unser Leib-und-Magen-Rezept: der, wie wir schon mal im Fernsehen gezeigt haben, schnellste Apfelkuchen der Welt! Man braucht dafür lediglich einen süßen, mit viel flüssiger Butter und Eiern angerührten, fast dickflüssigen Teig. Darunter werden in Scheibchen geschnittene, geschälte und entkernte Äpfel gemischt, in einer Form, die möglichst unten geschlossen ist (aus einer Springform kann der Teig heraustropfen), schließlich goldbraun gebacken. Ein flacher, saftiger Kuchen ohne Boden, heute mit den allerersten Gravensteinern, lauwarm und dick mit Puderzucker bestreut, ein göttlicher Genuss! Dazu ist unser prickelnder Apfelsaft das einzig wahre Getränk, zumal ja noch zwei Stunden Heimfahrt bevorstehen. Alle sind satt und zufrieden.

»Vielleicht haben wir heute die Küche der Zukunft genossen«, schreibt Vater Schneider uns ins Gästebuch, und Annette malt ein üppiges Blumenbouquet darunter: »Danke schön für einen wunderschönen Sonntag.«

# Chilis: Schärfe gibt mehr »Tiefe«

Wer nicht hören will, muss fühlen – eine uralte Binsenweisheit. Dass man aufpassen soll, wenn man mit Chilis arbeitet, schreiben wir immer wieder und werden nicht müde, zu erklären, warum: weil deren ätherische Öle in die Haut und Schleimhäute kriechen und dort eine so ausdauernde wie schmerzhafte Wirkung entfalten, dass sogar die Medizin diesen intensiven Reizstoff, dieses Capsaizin, sich zunutze macht und sehr wirksam zu Heilzwecken einsetzt. All das weiß Martina, und sobald ihr jemand in der Küche hilft, besteht sie darauf, dass nur mit Handschuhen hantiert wird, und bricht selbst den heftigsten Widerstand, wenn sich jemand dagegen sperrt. Aber was für andere gilt …

Es sind doch nicht viele, denkt sie und macht sich an die Arbeit, zwei Spankörbe voll Chilis zu entstielen, mit kochendem Essig zu überbrühen und nach kurzem Abkühlen in Gläschen zu stopfen. Obwohl sie weiß, dass man selbst bei milden Chilis auf die Dauer zu spüren bekommt, was an Schärfe in ihnen steckt, hat sie wieder keine Handschuhe angezogen. Warum zum Teufel! Dabei besitzen wir doch diese wunderbaren hauchdünnen Chirurgenüberzieher, die bei der Arbeit kaum stören. Einen ganzen Karton davon hat uns einmal ein Kochschüler, der die Dinger vertreibt, für eben diesen Zweck geschenkt, weil er unsere Leidenschaft fürs Scharfe kennt. Und Martina ist zu faul, sich ein Paar überzustreifen!

Anfangs spürt man nichts. Aber dann kommt der Schmerz mit einer Macht, die kaum auszuhalten ist. Eine gewaltige Schmerzwelle, die ihren Ausgang in den Händen nimmt und mit donnernder Kraft den ganzen Körper erfasst, bis ins Hirn! Unbeschreiblich. Einzige Linderung: die Hände unter kaltes Wasser halten. Aber das lässt sich ja nicht stundenlang durchhalten. Und es dauert viele Stunden, bis die Wirkung vergeht. Martina nimmt eine Schüssel Eiswasser mit zum Schreibtisch und versucht mit schmerzenden Fingern zu tippen, alle paar Minuten allerdings müssen die Finger ins Eis. Hoffentlich hält die Tastatur es aus, mit nassen Fingern beackert zu werden!

Im Spätsommer, ab September beginnt unsere Chiliernte. Wir müssen sie auf mehrere Partien verteilen, so viel produzieren die Pflanzen in den beiden Gewächshäusern. Außerdem sind natürlich nicht alle Sorten gleichzeitig reif. 18 verschiedene Sorten haben wir in diesem Jahr. Manche werden separat verarbeitet und in Essig eingelegt, andere miteinander zu Püree verarbeitet. Auch hier werden die verschiedenen Sorten nach Schärfe sortiert, so dass wir Pürees in drei Schärfegraden herstellen: x für scharf, xx sehr scharf und xxx höllisch scharf. Letzteres entsteht aus den schärfsten Chilis der Welt, den karibischen Habaneros, jenen bildschönen, dünnfleischigen Früchten, die aussehen wie kleine Lampions, von leuchtender, merkwürdig transparenter Farbe – grün, rot, gelb oder sogar braun. Sie haben ein unerreicht betörendes Parfum. Moritz wünscht sich immer ein Rasierwasser mit diesem Duft. Habaneros bieten eine unübertroffene Intensität der Schärfe. Auf der in Amerika entwickelten Scovillescala, mit der man Chilischärfe messen kann und die von 0 (süße rote Paprikaschoten) bis 100 000 reicht, kommen sie als Einzige auf den höchsten Wert. Selbst in ihrer Heimat würzt man selten mit der ganzen Schote, man betupft vielmehr mit ihrer Schnittfläche die Speisen.

Schärfe zu ertragen muss und kann man lernen – und dann wird man sie lieben! »Das erschlägt ja jeden Geschmack«, behaupten viele und bevorzugen die milde Küche. Tatsächlich wird, wer zum ersten Mal seinen Gaumen mit Schärfe konfrontiert, zunächst gar nichts schmecken, bevor dann geradezu explosionsartig ein Schmerz den Körper erfasst. Sobald dieser jedoch abgeklungen ist, breitet sich genau jenes Glücksgefühl aus, das die Endorphine immer als Trostpflaster bereithalten, wenn dem Körper ein Tort angetan wird. Diese Schmerzschwelle lässt sich durch

Training immer höher legen, das heißt, die Dosen lassen sich steigern. Und damit das Lustgefühl! Jetzt wird man natürlich fragen: »Warum sucht man überhaupt Schärfe?« Darauf ließe sich antworten: »Weil es so schön ist, wenn der Schmerz vergeht!« Aber auch: »Weil man süchtig danach wird.«

In der Tat, wird man das, aber es ist ja gottlob eine harmlose Abhängigkeit. Das Beißen der Chilischärfe auf Zunge und Lippen wird dem Hirn als »Verbrennen«, also als Verletzung gemeldet. Warum das so ist, weiß man noch nicht; die Schärfe von Pfeffer oder Meerrettich beispielsweise wird nicht so gedeutet! Das Hirn erkennt also »Feuer! Feuer!« und schaltet auf den höchsten Gang: Das Herz klopft schneller, der Mund produziert mehr Speichel, die Nase beginnt zu laufen, der Verdauungstrakt kommt in Fahrt und die Schweißdrüsen arbeiten unter Hochdruck. Und vor allem: Das Hirn gibt, unter dem Eindruck, der Körper sei verletzt worden, den Befehl aus, ein Antischmerzmittel auszuschütten – das körpereigene Endorphin. Und so entsteht eine Art von Rausch, vergleichbar etwa dem Glücksgefühl, das man durch stundenlanges Joggen oder Marathonlaufen erreichen kann. Jedoch angenehmer und einfacher! Und vor allem genussvoller! Denn – ganz im Gegensatz zur landläufigen Meinung!!! – zerstört Chilischärfe nicht den Geschmackssinn, sondern schärft ihn sogar! Allerdings: Wer Chili nicht gewöhnt ist, achtet nur auf den brennenden Schmerz und meint daher, nichts mehr schmecken zu können. Geübte Chilifans wissen jedoch, dass hinter der Schärfe ein präzises Geschmacksempfinden erwacht!

Übrigens spricht man heute längst nicht mehr nur von den vier »klassischen« Geschmacksrichtungen süß, salzig, sauer und bitter, die unsere Zunge erschmeckt, sondern nimmt (wie schon Aristoteles) die Schärfe hinzu, die auch fade Speisen würzig werden lässt. In Japan nennt man diese fünfte Geschmacksrichtung »umami«. Wir haben dafür den Begriff »Tiefe« geprägt, denn alle Speisen schmecken anders, nämlich würziger, intensiver, wenn man sie mit Chili schärft. Sie gewinnen, wie wir finden, dadurch eine neue Dimension.

DIE ZEIT meldet Erstaunliches: Chilis machen schlank, haben wissenschaftliche Untersuchungen gezeigt! Da müssten wir ja spindeldürr sein… Aber wir finden gleich den Haken: Die Leute essen nur dann bei Chili-Genuss um etwa 1000 Kalorien weniger, wenn sie auch viel Kaffee trinken. Das kommt daher, dass die Untersuchungen in Südamerika gemacht wurden. Wir trinken aber nur zwei bis drei doppelte Espressi pro Tag. Vielleicht ist das nicht genug?

Die Sache könnte tröstlich sein, wüssten wir es nicht aus Erfahrung besser: In heißen Ländern – deren Klima für die Menschen erträglicher wird, wenn sie, durch Chilikonsum angeregt, ins Schwitzen kommen, weil dadurch Verdunstungskälte entsteht – mag Schärfe tatsächlich die Esslust bremsen. Unserer Erfahrung nach regt Chili jedoch in unseren kühleren Breiten den Appetit eher an. Und wenn man Langweiliges mit Chili aufpeppt, genießt man es plötzlich mit Vergnügen, isst also mehr… Chili hat dann den Effekt vom Senf zur Bratwurst: Wenn der Körper sich über das Sättigungsgefühl gegen die zu reichliche Zufuhr von Fett zu wehren beginnt, kann etwas Senf wieder Appetit wecken – der Körper erkennt, dass der Senf ihm bei der Verdauung helfen wird und verweigert sich dem Fett nicht mehr. Ein solcher rein physiologisch erklärbarer, aber auch kulinarisch listiger Effekt sorgt leider nie und nimmer für schlanke Linie!

*Herbst*

## Unser Handwerk

Wieder stehen Dreharbeiten ins Haus. Herbstliches und die unvermeidliche Weihnachtsbäckerei. Das einzige Thema, das neben dem Festmenü immer wieder neu erarbeitet werden muss und sich nicht im Laufe des Jahres spielerisch entwickeln kann. Beim Backen kann man kaum improvisieren, Präzision ist gefragt – höchstens mit den Gewürzen bei den Plätzchen lässt sich spielen...

Wieder stellt sich Lampenfieber ein. Dabei ist die Arbeit vor der Kamera ein Handwerk, dessen Regeln wir gelernt haben. Wollen wir zum Beispiel dem Zuschauer etwas eindringlich mitteilen, ihm Grundsätzliches vermitteln, dann sprechen wir in die Kamera, sehen also den Zuschauer an – das weckt und steigert seine Aufmerksamkeit. Zum Beispiel, wenn es um die Qualität von Produkten geht, wenn wir Kochtechniken oder Geräte erklären. Da es langweilig und auch weniger informativ wäre, wenn wir minutenlang mit starrem Blick in die Kamera reden, werden diese Texte mit Bildern der Produkte oder Geräte unterlegt.

Oder wir erklären das, was wir tun, direkt vor der Kamera: Wie etwas geschnitten, gewürzt, richtig gebraten etc. wird. Da genügt dann ein ganz kurzer Blick, um den Kontakt zum Zuschauer zu intensivieren und seine volle Aufmerksamkeit zu erlangen. Dann arbeiten wir weiter, sprechen aber nicht mehr zur Kamera, sondern nach unten, wohin wir mit dem Blick ja auch die Kamera und damit den Zuschauer dirigiert haben. Wir versuchen, dies möglichst konsequent umzusetzen, den Zuschauer immer zu führen – und da wir es (manchmal ganz gut, manchmal nicht so perfekt) schaffen, gleichzeitig zu arbeiten und zu reden (übrigens nicht auswendig gelernt, sondern stets spontan und auf den jeweiligen Arbeitsschritt bezogen) und außerdem noch möglichst unverkrampft miteinander zu agieren, wirkt das Ganze natürlich. Oder, um es anders auszudrücken: Der Zuschauer hat den Eindruck, als schaue er einfach mal so bei uns rein. Was natürlich nicht zutrifft – alles ist durchdacht und auf eine bestimmte Wirkung hin angelegt. Und hart erarbeitet: durch sorgfältige Planung, langes Stehen, schmerzende Füße, ein kaputtes Kreuz – wir bitten um Mitgefühl!

Und durch Warten. Ein Beispiel: Martina wird Spinat blanchieren, und Moritz wird ein Stück Fleisch braten – beides soll parallel passieren, von zwei Kameras gleichzeitig, Schuss und Gegenschuss, aufgenommen. Alles ist vorbereitet. »Ruhe bitte«, ruft der Regisseur. Doch die Pfanne zum Braten des Fleischs ist nicht schnell genug heiß geworden. Endlich ist es so weit. Da kocht das Wasser zum Blanchieren des Gemüses über und muss mit einem Schuss kaltem Wasser wieder heruntergekühlt werden. Schließlich ist dieses Problem behoben, so dass wir schwungvoll beginnen können. »Ruhe bitte!« »Stop!« Es gibt ein Tonproblem – ein Mikro muss ausgetauscht werden. Wieder fertig – da stellt die Maske Glanz auf Moritz' Nase fest. Abtupfen, nachpudern – fertig. »Ruhe bitte!« Die Kameras werden geschultert, in Stellung gebracht, wir lächeln uns an, holen Luft. »MAZ ab«, tönt Arno. »MAZ läuft«, bestätigt der Aufnahmetechniker. »Noch drei Sekunden« – dann beschlägt das Objektiv der Kamera, weil das Blanchierwasser schon wieder zu heftig kocht: Alles zurück. Einen Schluck Wasser trinken, erneut die Ansagen, schließlich: »Noch drei Sekunden«. »Und bitte!« Los geht's, und wir sind so unbeschwert und natürlich, wie wir es sein können, und nachher im fertigen Film schließt die Szene ohne Bruch an die vorherige an.

Ist da jemand versucht zu sagen: »Alles Lüge!«? Vielleicht – aber das wäre auch wieder zu einfach. Denn wir versuchen mit allen Mitteln – nennen wir sie mal »künstlich« – das herzustellen, was der Zuschauer als Realität erfahren soll (und will). Er bekommt eine Scheinwelt vorgestellt, von der er allerdings meint, dass sie sich so auch in Wirklichkeit darstellt. Und die sich tatsächlich, wenn wir einmal vom direkten Ansprechen des Zuschauers absehen, auch ohne Kamera so abspielen könnte: Was wiederum unser großer Vorteil gegenüber Schauspielern ist, die ja etwas vorspielen, was es in ihrem wirklichen Leben nicht – oder nur kaum – gibt. Wir dagegen stellen uns selbst dar – wir sind keine Schauspieler, die in eine Rolle schlüpfen. Auswendig gelernte Texte überzeugen, wenn sie von uns vorgetragen werden, daher überhaupt nicht. Wir zeigen dem Zuschauer nur das, was wir auch ohne Kamera tun. So diszipliniert und kontrolliert wie nötig, so frei wie möglich.

Die Situation, die vorhin geschildert wurde, zeigt auch die Gefahr einer weiteren Verfälschung: die geraffte Zeit. Indem wir für jeden »Take« die Dinge so vorbereiten, dass sie im richtigen Augenblick parat sind, können wir Handgriffe nahtlos aneinander fügen, ohne dass die in der Realität dafür notwendige Zeit verbraucht wird. Das lässt die Rezepte natürlich manchmal einfacher aussehen und schneller ausführbar erscheinen, als sie tatsächlich sind. Aber es erhöht unsere Glaubwürdigkeit – vor allem, wenn nicht, wie bei manch anderer Kochsendung zu sehen, schon alles in verschiedenen Stadien vorbereitet ist und wie von Zauberhand herbeischwebt. Und es fördert die Konzentration des Zuschauers, weil er keine Zeit hat, seine Gedanken schweifen zu lassen.

Natürlich ist der weitaus wichtigere Faktor der Zeitersparnis der Schnitt. Dem fallen leider immer mal wieder Dinge zum Opfer, auf die wir Wert legen. Aber mit dem Schnitt kann man natürlich auch beseitigen, was danebengegangen ist, man kann Anschlüsse korrigieren und vor allem Zeit sparen. Beispiel: Martina rührt eine Hollandaise. Eigelb rein, Topf auf's Feuer. Eigelb schaumig schlagen. Immer wieder Butterflöckchen rein. Heiß und dicklich abschlagen, mit Salz würzen. Zum Schluss Zitronensaft dazu, abschmecken. Das dauert in Wirklichkeit vielleicht sechs, acht Minuten. Aber es wäre öde, dem ganzen Prozess zuschauen zu müssen – und so viel kluge, unterhaltsame Sachen lassen sich auch nicht dazu sagen. Also wird geschnitten: Großaufnahme – das letzte Ei wird auf dem Topfrand aufgeschlagen, das Eigelb gleitet in den Topf. Dieser wird auf den Herd gestellt (mit einer unnatürlich langsam ausgeführten Bewegung, damit die Kamera mitschwenken kann!). Ein paar Mal Schlagen des Schneebesens, dann die Totale: Man sieht Martina schlagen, Moritz gibt zwei Butterflöckchen dazu. Schnitt: Martina (Großaufnahme, nur Gesicht) sagt:»Wenn alle Butter eingeschlagen ist, muss die Sauce dicklich sein und wird mit Zitronensaft, Cayenne und Salz abgeschmeckt.« Schnitt – Nahaufnahme – Schneebesen in der Sauce, dicke Straßen im festen Schaum: Die Sauce ist fertig – und es sind nur 30 Sekunden vergangen.

Der Fernsehzuschauer hat diese Technik längst so sehr verinnerlicht, dass er keine präzise Angabe braucht, um zu begreifen, dass in der Realität der heimischen Küche mehr Zeit benötigt wird als im Fernsehen. Er glaubt dem Ablauf und macht sich ein eigenes Bild, erlebt die gesendete Zeit ganz anders als die vorgestellte: In seiner Vorstellung sind statt der 30 Sekunden gewiss vier bis sechs Minuten vergangen – Zuschauer erzählen uns häufig, unsere Sendung sei ihnen viel länger als eine halbe Stunde vorgekommen. Das freut uns, solange sie damit nicht auf den alten Witz anspielen:»Als ich nach zwei Stunden auf die Uhr schaute, waren erst zehn Minuten vergangen …«

Der Schnitt ist auch dafür verantwortlich, welches Tempo eine Sendung hat. Dieses beschleunigt man, entgegen der landläufigen Vorstellung, nicht durch inhaltliche Kürzungen. Und auch nicht durch die schon erwähnte Raffung der Zeit. Selbst wenn man bei beiden Verfahren an der Obergrenze des Vorstellbaren arbeitet, bleibt die vom Zuschauer empfundene Geschwindigkeit in einem angenehmen Verhältnis zu den vermittelten Inhalten, sofern man nur jeweils nach Ende eines Satzes oder einer Aktion eine kleine Pause lässt.. Dreht man aber ganz normal und setzt jeweils unmittelbar ans Ende einer Aussage oder einer Aktion die nächste Sequenz, so entsteht ein größerer Drive oder gar der Eindruck von Hektik – dies mag als jung und cool gelten, doch auch die Jüngeren messen dem Kochen eine ganz uncoole Sinnlichkeit zu, die zu erfahren eine gewisse Zeit und Ruhe braucht.

Leider spricht das Fernsehen die für die Freude am Kochen eigentlich wichtigsten Sinne nicht direkt an: Geruch und Geschmack können ja nicht übertragen werden. Man muss also zu einem Trick greifen – den für die deutsche Fernsehlandschaft tatsächlich wir schon ganz am Anfang in aller Konsequenz entwickelt haben. Inzwischen machen das auch die meisten anderen Kochsendungen so: Wir versuchen immer, mit Bild und Ton geschmackliche Sensationen zu schaffen, Illusionen zu wecken, die Sinne in der Phantasie der Zuschauer zu besetzen: Wenn die Boulette in der Pfanne brät, muss in der Nahaufnahme die Butter mit weißen Bläschen um die braune Kruste aufschäumen und in Verbindung mit dem akustischen Signal im Betrachter nicht nur Appetit wecken, sondern ihn schon den Braten geradezu riechen und den Röstgeschmack auf der Zunge entstehen lassen…

Wir verlassen uns nicht allein auf die Kraft der Nahaufnahme, sondern bedienen uns eines weiteren Mittels, um den Zuschauer gleichsam zu aktivieren: die bewegliche Kamera. Bei unseren ersten Produktionen für den WDR drehten wir mit dessen Kameraleuten, die (abgesehen von Bela) nur vom Stativ aus arbeiteten. Die Kamera war gänzlich unbeweglich, nur mit dem Zoom ließ sich der Bildausschnitt ändern. Gelegentlich kam eine fahrbare Kamera zum Einsatz, die auf einem Stativ mit Rädern befestigt war, mit dem man auch hoch und runter fahren, also den Neigungswinkel der Kamera schnell verändern kann. Das war schon ein erheblicher Fortschritt, konnte man jetzt doch eine Szene, für die man sonst zwei Einstellungen gebraucht hätte, in einem durchdrehen: Etwa Gemüse schneiden, was von der Seite gezeigt wird, und dieses gleich in einen Topf geben, was man möglichst steil von oben aufnehmen muss, damit der Zuschauer in den Topf hineinsehen kann. (Man kann auch einen Spiegel anbringen, was früher oft geschah – doch für den Zuschauer ergibt das eine recht verwirrende Perspektive, weil die Seiten vertauscht werden; unsere Küche ist dafür auch nicht hoch genug). Aber noch besser ist eine frei bewegliche Kamera auf der Schulter des Kameramanns. Der kann der Bewegung folgen, ausweichen, wenn etwa im Eifer des Gefechts eine Flasche oder die Pfeffermühle genau in die Mitte seines Gesichtsfelds gestellt wird – und gibt damit dem Zuschauer das Gefühl, unmittelbar dabei zu sein. Indem die Kamera auf unser Tun reagiert, wird sie stellvertretend für den Zuschauer aktiv, dessen Aufmerksamkeit dadurch gewaltig erhöht wird. Das Geschehen gewinnt an Authentizität. Wenn also die Kamera um mehrere Hindernisse schwenkt, ganz nah auf eine Zwiebel zufährt, die Martina gerade schneidet, und dann hunderttausende von Zuschauern zu weinen beginnen... Das wäre doch ein schöner Erfolg, oder?

## Kreative Küche und neue Sachlichkeit

Wir schauen uns die Teilnehmerliste des nächsten Kochkurses an: Oh Gott! Schon wieder mehr als die Hälfte »Wiederholungstäter«! Das Erschrecken hat natürlich nichts mit mangelnder persönlicher Wertschätzung dieser »Schüler« zu tun, sondern liegt schlicht und einfach darin begründet, dass es – vor allem für Martina! – wieder mal sehr viel mehr Arbeit gibt. Schließlich will, wer

324

schon ein, zwei, vielleicht sogar sechs Kurse bei uns mitgemacht hat, auch dieses Mal wieder Neues erfahren. Das heißt: Wir brauchen neue, noch nicht in Kursen vorgestellte Rezepte!

Glücklicherweise fällt uns immer noch genügend ein. Auf den Reisen für unsere Bücher tauchen wir so tief in die Küchen der jeweiligen Region ein, dass sich daraus jede Menge neuer Ideen ableiten lassen. Aber in einem Kurs muss auch alles zusammenpassen. Da soll es ganz kreative Dinge geben, dann die kleinen Tricks und schließlich Abwandlungen alltäglicher Gerichte, jeweils basierend auf verschiedenen Kochverfahren und geeignet für die unterschiedlichsten Gelegenheiten, vom schnellen Snack bis zum festlichen Menü.

Stellt sich die Frage: Was ist das eigentlich, »kreativ«? Alles, was Spaß macht und schmeckt, könnte man einfach sagen. Warum aber misslingt dann so vieles, was man in Restaurants essen kann, die sich kreativ nennen? Versuchen wir es anhand eines Beispiels zu ergründen: Ein thaitypisches Kraut in ein europäisches Rezept einzuarbeiten, das macht doch einen kreativen Eindruck, oder? Ein klassischer Pesto, einmal mit Thaibasilikum gestampft statt mit Genueser Basilikum, mag durchaus wohlschmeckend sein. Aber doch befremdlich, wenn man Spaghetti damit anmacht. Mit Eiernudeln, wie in Thailand üblich (dort oft aus Entenciern), geht das prima. Aber ist das schon perfekt? Vielleicht eher, wenn man statt der Pinienkerne Cashews nimmt, die vorher kurz geröstet wurden. Und das Olivenöl durch geschmacksneutrales Öl ersetzt, für den Geschmack eventuell noch einen Schuss geröstetes Sesamöl. Gut passen würde auch etwas Chilischärfe. Und ein paar Blätter Koriander. Vielleicht auch ein wenig frischer Ingwer… Und schon haben wir eine ganz komplexe, für Thailand typische Gewürzkombination und dennoch etwas Neues!

Sie erkennen das Prinzip: Es braucht eine gewisse Sensibilität, wenn man kreativ sein will, damit genau definierte Aroma-Muster entstehen. Wahllos einfach irgendetwas zusammenzukoppeln oder wild draufloszumischen führt zu keiner harmonischen Verschmelzung der Aromen. Man muss sich Zeit dafür nehmen, den Dingen nachschmecken, sie ständig ergänzen, sensibel weiterentwickeln... Und man sollte die Grundregeln und Grundaromen sowohl der angezapften wie der aufgepfropften Küche vollkommen intus haben. Denn nur, wenn alles sich ohne Brüche ineinanderfügt, kann man das Ergebnis lieben.

Wir finden, das ist ganz einfach. Aber natürlich haben wir auf diesem Gebiet mehr Erfahrung als andere, dank unserer Reisen und der damit verbundenen intensiven Beschäftigung mit fremden Küchen, ihren anderen Garmethoden und typischen Produkten. Auch mehr Erfahrung als die meisten Berufsköche, für die Kreativität eigentlich unabdingbar ist, die sich aber damit offenbar besonders schwer tun. Seit Jahren dröhnt in der deutschen Restaurantkritik der laute Ruf nach Kreativität! Hätte sich ein bekannter oder gar berühmter Koch etwa auf inzwischen zu Klassikern gewordene Gerichte so spezialisiert, wie das in vielen der großen Häuser Frankreichs üblich ist – es wäre ihm Phantasielosigkeit vorgeworfen worden, und man hätte reihenweise Nachrufe auf ihn geschrieben...

Allerdings ist Kreativität, wie gesagt, nur sinnvoll, wenn die Basis stimmt, und da hapert es leider beträchtlich in den deutschen Restaurantküchen. Vor allem die jungen Köche scheinen haltlos zu schwimmen. Es fehlt ja schon an der richtigen Ausbildung, die zunächst die Grundlagen unserer eigenen Küche, die Prinzipien der verschiedenen Zubereitungsarten vermitteln müsste. Dann erst sollten die speziellen Eigenheiten der Küche anderer Länder hinzukommen und andere Garmethoden. Aber lernen Köche heute noch, worauf es bei einem Schmorbraten ankommt? Wie man einen Fisch dünstet? Wie Gemüse behandelt wird? Wie man ein Steak oder eine Entenbrust richtig brät? Der große Schweizer Koch Hans Stucki hat schon vor fünfzehn Jahren beklagt, dass seine fertig ausgebildeten Jungköche nicht mehr wüssten, wie man Kartoffelpüree zubereitet und welche Kartoffeln dafür nötig sind.

Heute werden Schmorbraten in der Gastronomie kaum mehr serviert, Kurzgebratenes und Tellergerichte sind eben einfacher zu handhaben. Leider, dabei wären doch gerade Schmorgerichte ideal, um die Gäste anzulocken. Jeder liebt diese dichten, aromatischen Saucen, das mürbe Fleisch, aber kaum einer bereitet sie mehr zu Hause zu, weil sie zu viel Zeit brauchen. Außerdem kann ein solcher Braten nur dann von exzellenter Qualität sein, wenn das Fleischstück ausreichend groß ist: Ein Schmorbraten für zwei Personen funktioniert nicht. In Burgund, so haben wir entdeckt, spezialisieren sich genau aus diesem Grund wieder mehr Restaurants auf die Zubereitung dieser einstigen Klassiker der Familienküche. Fisch und Gemüse kommen heute in den Steamer, bei dem man die Garzeit einfach nach Vorgabe des Herstellers einstellt. Und das kurz (blutig oder rosa) zu bratende Fleisch wird vakuumiert und bei Niedertemperatur gegart, wobei es zwar nicht trocken werden kann, aber seinen Biss verliert – was man dann zart nennt. Wir hassen dieses Fleisch! Manchmal versuchen die Spezialisten, ihm noch nachträglich in der Pfanne Röstgeschmack zu verleihen, was aber misslingt, weil das Eiweiß längst abgebunden hat und die schöne Kruste eines perfekt gebratenen Steaks nicht mehr entstehen kann. In solchen Fällen trauern wir der jahrhundertelang geübten Braten- und Grillkunst der Chaîne des Rôtisseurs nach – die sich allerdings mit ihrem altväterlichen Gehabe und vielerlei Firlefanz selbst ins Abseits manövriert hat. (Man denke nur an die lange Jahre »klassische« Begleitung eines Steaks in den entsprechenden Häusern: unsägliche Dosenbohnen, mit einem blassen Speckstreifen umgürtet, zusammen mit der zu diesen ihren Triumphzeiten absolut geschmacksfreien Grilltomate.)

Heute erleben wir in den Restaurants der »Jungen Wilden« und manch anderer Tellerstürmer ein Zusammenwerfen und

Übereinanderschichten, wie es die Amerikaner in den vergangenen Jahrzehnten propagiert haben. Während dort dieser Trend abzuklingen scheint und wieder eine seriöse Auffassung von Kochkunst Anhänger findet, feiert dieses »Akkumulationsverfahren« und Aufeinanderstapeln hierzulande (aber auch in England, Frankreich, Spanien und Italien) fröhliche Urständ.

Zu erklären ist dies wohl nur als ein Aufbegehren gegen die Dominanz der erfahrenen Köche aus den Revolutionszeiten der *Nouvelle Cuisine*. Diese Erkenntnis haben wir jedenfalls während der Recherchen zu unserem Burgund-Buch gewonnen. Der einerseits puristische, andererseits kreative Küchenstil, den seinerzeit einige wirklich geniale Chefs entwickelt hatten und der dann von einer Vielzahl weniger begabter Köche nachgeahmt wurde, lässt schließlich nur sehr begrenzten Spielraum. Die nachfolgenden Entwicklungen, nämlich die Integration asiatischer Aromen und Methoden (*east meets west – crossover*), sowie die Rückkehr zu bodenständigen Gerichten und der Regionalküche (*down to earth – cuisine du terroir*) waren in wünschenswerter Qualität jedoch nur auf der Basis der *Nouvelle Cuisine* möglich. Und eher in Frankreich, Österreich oder der Schweiz, wo gutbürgerliche Traditionen besser erhalten geblieben sind als hierzulande: Die durch die Notzeiten von Kriegen, Inflation, Arbeitslosigkeit und »tausendjährigem Reich« geschaffene »deutsche Plumpsküche« (Wolfram Siebeck) gibt es schließlich bei uns noch überall.

Die einst lebendige Tradition der guten bäuerlichen und bürgerlichen Küche (Montaigne fand, im Allgäu und in Bayern speise man weit besser als in Frankreich!) war in Deutschland zu lange verschüttet. Vor allem hatte man die ausgezeichneten, manchmal geradezu sensationell modern anmutenden Rezepte der wohlhabenden großbürgerlichen Küche des 19. Jahrhunderts in den verschiedenen deutschen Regionen zu nachhaltig vergessen, als dass sie einfach hätten wiederbelebt werden können; auch fehlten die Produkte der nötigen Qualität und das Wissen um sie – da bedurfte es schon der Anregung aus Frankreich. Und aus Italien! Nicht umsonst ist die italienische Küche mit ihrer ganz auf die Qualität des Ausgangsproduktes bezogenen, hausfraulichen Direktheit heute weltweit beliebter als die oft viel zu komplizierte französische, männerbezogene Haute Cuisine, die den Kontakt zur bürgerlichen Familienküche mit ihren wunderbaren Ragouts, Eintöpfen und Schmorgerichten leider oft verloren hat.

So fanden wir auch in Burgund Köche, die es sich allzu leicht machten und meinten, mit etwas Kreuzkümmel oder Zitronengras in einer ansonsten klassischen französischen Zubereitung würden sie ein neues Gericht kreieren. Gegen sorgfältig arbeitende und dabei mit Kreativität brillierende Klassiker wie Marc Meneau, Jacques Lameloise oder Michel Troisgros sanken sie alle ab (ganz besonders dann, wenn sie versuchten, deren Rezepte nachzuahmen oder abzuwandeln!). Es sei aber auch nicht verschwiegen, dass einige der hochgerühmten Dreisternekönige, allen voran Georges Blanc und Bernard Loiseau (der sich inzwischen tragischerweise, total überarbeitet und vor dem wirtschaftlichen Ruin stehend, das Leben genommen hat), eine Routineküche von unglaublicher Dürftigkeit abliefern, für die jeder Euro zu schade ist.

Nur wenige Köche in Deutschland jedoch arbeiten mit der inspirierten Präzision der besten Vertreter der Nouvelle Cuisine. Und so stürzen sie sich ins Abenteuer der Beliebigkeit, wo als Devise gilt: »Hummer schmeckt gut, Filetsteak schmeckt gut, Mango schmeckt gut – wie gut muss dann erst Steak mit Hummer und Mango schmecken!« Wirklich sehr kreativ! Und dann wird in einer Mischung aus Haselnuss- und Pinienkernöl (Hauptsache: teuer. Außerdem: nur eine Ölsorte? Wie langweilig!) angebraten, mit Ingwer ein Hauch Asien reingeworfen, wird mit »obergeilem« Sauvignon Blanc aus Neuseeland abgelöscht (klingt »Hummer mit Rinderfilet an Cloudy-Bay-Sauce, getoppt mit Mango« etwa nicht toll?), mit Crème double und Fond schwer und klebrig reduziert, Balsamico und Trüffelöl (die Allzweck-würze der Möchtegernsterneköche) schaden ohnehin nie, alles auf einen Teller getürmt, mit einem Kräutermix (ja nicht nur auf ein Aroma bauen!) aus Estragon, Dill, Koriander und Basilikum (weil das ganz bestimmt sehr kühn ist) aus dem Paco-Jet (der die eingefrorenen Kräuter hauchfein abschabt und ein sehr glattes, leuchtend grünes Püree daraus macht) garniert, mit einem krassen Rote-Bete-Espuma (der gelatinierten Erfindung des genialen Katalanen Ferran Adrià, die jedoch wirklich gekonnt sein muss, um zu überzeugen!) umspritzt und, »das Auge isst mit«, den Mangostreifen noch eine Kiwischeibe draufgesetzt: Guten Appetit. Da geht selbst der *toughe* Cloudy Bay in die Knie …

Allmählich scheint sich das Blatt zu wenden. Und man kommt unserer seit Jahrzehnten propagierten Vorstellung einer klaren, sich auf das Wesentliche beschränkenden Küche näher. Josef Viehauser, unternehmerisch begabter Sternekoch in Hamburg und Berlin, will nicht mehr als drei, maximal vier geschmacksbeherr-schende Komponenten auf dem Teller haben, die anderen Zutaten hätten sozusagen dienend zurückzutreten. Für eine Sterne-Küche durchaus richtig. Und Wolfram Siebeck postulierte gerade im Sommerseminar: »Weniger ist mehr. Großartige Köche machen um das Essen nicht viel Brimborium. Ihr Geheimnis sind die guten Zutaten.« Das ist auch unser Credo! Und er fuhr fort: »Oft sind es stilistische Verirrungen, die vom Hauptprodukt eines Gerichts ablenken, unnötige Verfremdungen und Dekorationen, die Virtuosität beweisen sollen, wo der Gast doch nichts anderes will als reine Qualität in höchster Vollendung.«

Aber gerade jene Küchen dieser Welt, die Produktqualität an allererste Stelle setzen, hat Siebeck bislang eher stiefmütterlich behandelt, kennt sie nicht oder nur wenig, lehnt sie sogar ab (zum Beispiel die japanische, die ja noch nicht einmal über Sahnesaucen verfügt, wie er einst beklagte!). Höchstes Lob hat er immer für Frankreich reserviert. Der italienischen Küche, die in ihrer produktbezogenen Einfachheit manchmal so schlicht wirkt, dass jemand, der französische Sterne-Küche gewohnt ist, Schwierigkeiten haben muss, die spektakuläre Qualität zu erkennen, hat er nie die Wertschätzung zukommen lassen, die sie verdient. Doch wer einmal frisch gefangene Naselli, kleine Seehechte, gegessen hat, die eine halbe Stunde nach ihrem Tode in Meerwasser gekocht und nur mit einem Faden allerbesten Olivenöls beträufelt wurden, weiß, dass *la purezza della natura* einfach nicht zu übertreffen ist.

Alain Ducasse, der intelligenteste (und geschäftstüchtigste!) der großen französischen Köche, den wir das Glück haben, seit 1991 zu kennen, hat als Erster die Grande Cuisine entrümpelt und die Purheit des Geschmacks zu drei Sternen geführt. Er hat die italienische Auffassung von Produktverarbeitung, die mediterrane Diätetik mit enormer Kreativität in die trotz aller Entschlackungsbemühungen der Nouvelle Cuisine immer noch schwerere, kalorienträchtigere französische Hochküche eingebracht. Damals, als wir für den *Feinschmecker* ein Portrait von ihm machten, hat er uns gestanden: »Das Beste, was es auf dieser Welt gibt, ist eine frisch gefangene Rotbarbe, natürlich eine Felsenrotbarbe, in ihrem Schuppenkleid auf den Grill gelegt, auf den Punkt gegart und dann einfach von den Gräten genagt. Nichts dazu. Doch: ein gutes Brot und ein großes Glas Wein...« In seinen Augen meinten wir Tränen des Glücks zu entdecken, als er dieses Bild entwarf.

So pur kann es nur in wahren Sternstunden zugehen. Aber die Idee ist richtig. Hat man sie vor Augen, wird man auch beim alltäglichen Kochen nicht zu viele Dinge vermischen, sich auf das Wesentliche beschränken und sich vor allem nicht mit mieser Qualität abspeisen lassen. Das wirklich gute Produkt genügt sich selbst.

Man könnte auf den Gedanken kommen, dass ein großer Teil der Rezepte, vielleicht gar ein ganzer Bereich der Kochkunst, nur den Zweck hat, mangelnde Qualität des Grundproduktes zu überdecken. Verfeinerung soll den anspruchsvollen Gaumen kitzeln, könnte aber auch bedeuten: kaum vorhandenem Geschmack auf die Sprünge zu helfen, ein mickriges Grundprodukt aufzupäppeln, bei einem verdorbenen die Fehler zu kaschieren. Nicht selten ermöglicht ein und derselbe Trick sogar beides: Zitronensaft kann dem Fisch vom Vorvortag seinen nicht mehr ganz so frischen Duft nehmen – er kann aber auch die wundervollen Aromen eines absolut frischen Fisches vollendet zur Geltung bringen. Einer konzentrierten, vielleicht ein wenig zu intensiven Sauce kann ein Schuss Sahne zu ungemeiner Eleganz verhelfen, einem langweiligen, dünnen Ansatz verleiht sie hingegen bei reichlicher Verwendung pappige Fülle. Die hoch aromatischen, sauren Marinaden für Wild, die in der Küche unserer Eltern gefordert waren, dienten sicherlich nicht nur der längeren Haltbarkeit, sondern wurden auch zur Übertönung des Hautgoûts, des Geschmackes der Verwesung, eingesetzt. Und wenn der Wirt eine Sardelle auf das Schnitzel legt, so weiß er, dass der Gast nach Verspeisen dieses intensiv fermentierten Fischchens garantiert nicht mehr erschrickt, wenn er sich das nicht mehr ganz so frische Ende des Fleischs in den Mund schiebt.

Je mehr ein Koch also auf den Teller häuft, desto sicherer kann er sein, dass möglicherweise vorhandene Mängel nicht mehr wahrgenommen werden. Wir haben in Häusern gegessen, wo die abenteuerlichsten Kombinationen die einzelnen Geschmackselemente störten, derart scharfe Disharmonien gesetzt waren, dass eine Ausgewogenheit des Geschmacks gar nicht aufkommen kann.

Zum Beispiel: »Saibling aus eigener Zucht!«, pries ein Wirt hochtrabend an. Aber dann kam statt des ganzen Fischs ein zerrupftes Filet auf den Tisch, derart zerbraten, dass es nicht nur völlig ausgetrocknet war, sondern auch noch traurig schwärzlich angebrannte Stellen aufwies. Auf dem Teller drängelten sich außerdem dreierlei Gemüsezubereitungen (jede aus der Großverbraucherpackung des Tiefkühllieferanten), und als Krönung lag ganz obenauf noch ein kalter, harter Fleuron aus Fertigblätterteig. Der Hang zum Überdekorieren verrät aber auch eine gewisse Unsicherheit im Umgang mit den Zutaten. Und das vor allem hierzulande übliche Maskieren des Hauptgeschmacks durch allerlei süße und abmildernde Zutaten dokumentiert das Unvermögen, mit deutlich ausgeprägten Geschmacksmustern umzugehen. »Die Gäste mögen das so«, argumentieren die Köche stets, »sie möchten nicht so viel Würze, so kräftige Aromen.« Dass dies nicht stimmt, können wir nach den Erfahrungen in unseren Kochkursen mit absoluter Sicherheit behaupten: Viele sind zunächst entsetzt, wenn sie sehen, welche Mengen von Kräutern wir verwenden, wie großzügig Martina mit Muskat, Pfeffer, Chili umgeht. Aber ausnahmslos alle bestätigen nach dem Probieren staunend: »Unglaublich, das schmeckt wunderbar! Das öffnet ja eine ganz neue Geschmackswelt…«

Diese Erfahrungen zu vermitteln bereitet uns natürlich eine Riesenfreude. Martinas pädagogischer Eros lebt auf, und Moritz stürzt sich mit Eifer in die Weinkunde. Da merken die »Schüler« dann gar nicht mehr, dass sie etwas lernen »müssen«, sondern sie beginnen − fast spielerisch − mit allen Sinnen zu begreifen, wie kulinarische Wahrheit entsteht, was das Wesen des Geschmacks ist, wie sich die Rätsel der Kochkunst entwirren.

Die Erkenntnis, dass man mit einer großzügigen Portion eines oder zweier sich ergänzender Kräuter mehr bewirkt als mit kleinen Portionen von vielen Kräutern, ist eigentlich nicht neu. Aber wir machen immer wieder die Erfahrung, dass sich das kaum jemand traut. Nur Schnittlauch und Estragon an einem gartenfrischen Blattsalat bringt weitaus mehr als die gesamte Auswahl von Kräutern für Frankfurter »Grie Soß«. Tatsächlich sagen unsere Gäste oft: »Wie mutig, so verschwenderisch mit Kräutern umzugehen!« Mut? Es schmeckt doch!

Auch das Wissen um das richtige Quantum müssen wir fast

immer neu vermitteln: Gibt man an einen Burgunder Schmorbraten schüchtern zwei Zweiglein Thymian und ein halbes Lorbeerblatt, so entsteht nie burgundisches Aroma – ein ganzes
Sträußchen muss es sein und mindestens drei ganze Blätter! *Dosis
facit venenum* (Die Dosis macht das Gift), wie der gute alte Hippo-
krates wusste, aber es gilt auch *Dosis facit gustum* (Die Dosis macht
den Geschmack). Erst in der richtigen Dosierung entsteht in Verbindung mit Knoblauch und Zwiebeln, dem Fleischsaft, Bratfett
und Wein der typische komplexe Geschmack. Mit zu wenig Lor-
beer stellt sich dieser Effekt jedoch nicht ein – die Würze des Lor-
beers bleibt, erstaunlicherweise, vordergründig dominant, weil
seine Intensität nicht ausgereicht hat, die anderen Aromen zu er-
obern und sich mit ihnen zu vermählen.

Weniger ist mehr! Das gilt vor allem für die Verwendung von
Garnituren. In manchen Restaurants der »Spitzengastronomie«
pflegt man die Unsitte, alle Gerichte – von Fisch über Geflügel
bis zu dunklem Fleisch – mit ein und derselben Garnitur zu um-
legen: zwei Minimöhrchen, zwei zugeschnitzte Kohlrabiseg-
mente, ein tournierter Champignonkopf, drei kleine Böhnchen,
zwei Brokkoliröschen, drei Kaiserschoten, ein Löffelchen Erbsen,
drei Streifen Wirsing und zwei Kirschtomatenhälften sollen Raffinement vorspiegeln und sind doch nur Ausdruck von Phantasielosigkeit. Natürlich verfällt keine vernünftige Hausfrau auf den
Gedanken, eine Garnitur aus sechs, acht, gar zwölf verschiedenen
Gemüsesorten auf den Tisch zu bringen. Das konnte einst nur die
erlesene Gastronomie leisten, mit einem Heer von dienstbaren
Geistern, die nötig waren, diese aufwendige Begleitung herzurichten. Deshalb war diese Vielfalt Ausdruck von Luxus und
Kostbarkeit. Heute, wo diese Gemüse aus der Tiefkühltruhe der
Lebensmittelindustrie stammen, sind sie weder ein Genuss noch
luxuriös, sondern nur noch Krampf.

Lange Zeit wagte kaum mehr jemand zu gestehen, dass ihm die
traditionelle Bürgerküche gut schmeckt: *Zurück zur bürgerlichen*

*Küche!* lautet der Titel eines Buches von Moritz aus dem Jahre 1983. Untertitel: *Alte Hausrezepte nach den Erkenntnissen der Neuen Küche zubereitet.* Das Buch war kein Erfolg. Kaum jemand wollte damals glauben, man könne unsere deutsche Plumpsküche mit den Vorstellungen der Nouvelle Cuisine verbinden, die dank der in vielen Restaurants »sehr übersichtlich« (Loriot) angerichteten Portionen inzwischen einen üblen Ruf hatte. Ein Missverständnis mit lang nachwirkenden Folgen. Erst jetzt beginnt man zu verstehen, dass die Prinzipien der Nouvelle Cuisine großartige Ergebnisse bewirken, wenn man sie auf bürgerliche und bäuerliche Gerichte überträgt: Eintöpfe und Schmorgerichte, Aufläufe, Saucen, Salate. Mit erstklassigen Zutaten richtig zubereitet, verschlankt und von allem unnötigen Firlefanz befreit, schmecken sie am besten! Zum Beispiel der bürgerliche Linseneintopf. Mit einer Mehlschwitze wird er traditionellerweise angesetzt, selbst wenn Kartoffelwürfel mitgekocht werden, die ja mit ihrer Stärke bereits für Sämigkeit sorgen. Heute binden wir den Eintopf statt mit Mehl mit ein paar Löffeln pürierter Linsen und schon ist er nicht so schrecklich pappig, obendrein intensiver im Geschmack.

Bei vielen Gerichten lohnt es sich, die Tradition neu zu entdecken. Indem wir die modischen Accessoires aus unseren Traditionsgerichten entfernen, finden wir zu den klaren Strukturen erprobter Kombinationen zurück. Aber wenn wir diese Speisen schlanker, moderner, unserem veränderten Lebensstil gemäß zubereiten, dürfen wir nicht Ersatzlösungen suchen, wie leider von den Gesundheitsaposteln und Organisationen, die sich um gesunde Ernährung kümmern, jahrzehntelang propagiert. Genau dies hat nicht nur zur Verhunzung unserer Leibgerichte beigetragen, sondern auch zur Polarisierung: Entweder kann man gut essen oder gesundheitsbewusst. Wir behaupten vielmehr: Wer richtig kocht, mit anständigen Produkten und nach sinnvollen Garmethoden, der wird beides haben, geschmackvolles, vergnügliches und gesundes Essen!

Dafür sollten wir, bei aller Wahrung der Originalität, neue Kochprozesse und moderne Küchentechnik einsetzen sowie uns die Möglichkeiten des Weltmarktes zunutze machen. Die Konzentration auf das Wesentliche und eine perfekte Umsetzung lassen uns sowohl traditionelle Gerichte wieder neu entdecken wie neue Speisen und Kombinationen entwickeln. Gerade so, wie es unsere Vorfahren schließlich auch taten, als sie nach der Entdeckung Amerikas (und Asiens) vollkommen neue Produkte in unsere Küchen integrierten, die wir heute ganz selbstverständlich verwenden: Kartoffeln, Tomaten, Auberginen, Paprika, grüne Bohnen und Bohnenkerne, Mais...

Kreativität und Besinnung auf Tradition sind kein Widerspruch. Es ist erneut Alain Ducasse, der dies beweist. In seinem Pariser Bistro »Aux Lyonnais« lässt er Gerichte servieren, die Wolfram Siebeck als »Hausmannskost, wie man sie sich vorstellt« bezeichnet, weil »sie der beste Koch der Welt zubereitet mit den besten Zutaten, die seine Lieferanten zu liefern imstande sind. Seine persönliche Zutat ist die Verschlankung der einzelnen Gerichte: das heißt, ihre Befreiung vom üblichen Zierrat. Die von ihm praktizierte Sachlichkeit könnte das Ende bedeuten für all die ziselierten und barocken Tellergerichte, welche weltweit Gäste und Kritiker verwirren.«

Die Sterne vergibt der Michelin jedoch noch immer an andere Restaurants von Alain Ducasse, in denen raffiniert zubereitete Luxusprodukte im Mittelpunkt stehen. Es ist fast 50 Jahre her, dass Mère Brazière, die große Köchin, für die klassischen, unspektakulär präsentierten Gerichte der Lyonnaiser Küche sogar drei Sterne erhielt. Und wie war das mit der Diskussion, die sich im Reprobetrieb bei der Herstellung unseres letzten Buches am Spinatthema entzündete, in dem der Satz vorkam: »...so entsteht ein Gericht der feinsten Sterneküche«? Da wurde heftig palavert, man war empört, denn »Spinat kann doch keine große Küche sein!« Weil man der irrigen, aber weit verbreiteten Meinung anhängt, dass zur feinen Küche eben Luxusprodukte und teuerste Zutaten nötig seien.

Im nächsten Kochkurs werden wir – neben Thaicurry, Forellen-Carpaccio (rohe Scheiben von Regenbogenforellenfilets mit Limettensaft, antillaiser Gewürzen und Habanero-Chilis) und Spaghetti alla Norma, also mit frischer Tomatensauce und gebratenen Auberginenscheiben sowie Pecorino – eine Rindsbacke auf klassische Art in Burgunder schmoren mit Möhren, Zwiebeln, Thymian, viel Lorbeerblatt und Knoblauch …

## Essen und Genießen in Italien

Anfang Oktober sind wir – nach einer entsetzlichen Zwangspause von zwei Jahren – endlich wieder! für ein paar Tage in Italien: Südtirol und Toskana. Uns geht das Herz auf! Diese Freundlichkeit, diese arglose Mitteilsamkeit der Menschen, die einerseits ganz unverstellt und einfach sind, andererseits einen Hang zur ständigen Selbstinszenierung haben – alles das lässt uns lustvoll eintauchen in eine sehnsuchtsvoll vermisste Lebensfreude.

Mehr noch als bei den letzten Besuchen fällt uns auf, dass Billigangebote hier keine Rolle spielen. Qualität wird gesucht und bezahlt, weil jeder weiß, dass man sie nicht unter Preis bekommen kann. Die Schönheit der Frauen auf der Straße verdankt sich nicht nur einer gewissen Koketterie, sondern auch der Sorgfalt, mit der sie sich kleiden, ihrer wie beiläufig wirkenden, freilich höchst bewusst gestalteten Eleganz. Die Männer gockeln, die Haare gegelt, mit taillierten schwarzen Jacketts über nicht ausgerissenen, sondern gepflegten Jeans, zu blank blitzenden Schuhen und unifarbenen, im Ton sorgfältig abgestimmten Socken. Welch ein krasser Unterschied zu den Männern in Deutschland mit ihren entweder tristen oder gleichförmig spießigen (selbst wenn es sich um modisches Outfit handelt), nachlässig und provinziell wirkenden Zusammenstellungen – bei denen der Wunsch nach Bequemlichkeit nichts als Formlosigkeit nach sich zieht. In Italien fallen die Touristen in ihrer Freizeitkleidung, den schlabbernden Trainingshosen und mehrfarbigen Sweatshirts, in ihren bunt gemusterten Anoraks oder weißen Socken in schrillen Turnschuhen besonders auf.

Die Vernachlässigung des Äußeren scheint ein Spiegelbild ihres Innenlebens zu sein, wie wir in den deutschen Städten immer wieder feststellen: Muffigen Gesichtsausdrucks schleichen die Menschen mit schlechter Haltung durch die Fußgängerzonen und verbreiten Missmut, finden alles zu »teuro«, nur Schnäppchenpreise und noch ein weiteres Mal herabgesetzte Sonderofferten können ihe Laune aufhellen. »Geiz ist geil!«, lautet das Motto und macht eine einstige Todsünde zur Tugend. Jegliches Wissen um den Wert der Dinge scheint verloren gegangen zu.

Diese Einstellung ist auch im Lebensmittelsektor zu spüren, wo die Discounter mit Dumping-Preisen (sie verkaufen die Waren unter dem Einkaufspreis – was ist das bloß für ein Geschäftsgebaren!) jegliche gerechte Preisgestaltung aufgekündigt haben. Dadurch ist bei den Verbrauchern der Eindruck entstanden, die Lebensmittel seien tatsächlich so billig, wie sie angeboten werden. Ein fataler Irrtum! Diese Lockangebote haben das Wissen um die wahren Preise und die damit verbundene Wertschätzung ad absurdum geführt: Nur noch über den Preis wird gehandelt, der Wert ist gleichgültig. Und so ist denn auch der Wert der Waren weitgehend zerstört: Wenn es nur billig ist, kann man alles anbieten!

Auf dem Höhepunkt der BSE-Krise richteten die Macher der WDR-Sendung »Kostprobe« in der Kölner Innenstadt einen Stand ein und informierten über die Gefahren der Seuche. Um das Verhalten der Verbraucher zu testen, boten sie gleichzeitig zum halben Preis angeblich BSE-verseuchtes Fleisch an. Das

Fleisch, das natürlich in Wahrheit in Ordnung war, fand reißenden Absatz. Die Menschen fressen sich also freiwillig krank, wenn es nur schön billig ist! Es ist in diesem Sinne auch sicherlich nicht zu kühn zu behaupten, dass der Druck, den ein Teil des Handels auf die Erzeuger ausübt, zur Herstellung von eiweißhaltigem Mastfutter aus verseuchtem Fleisch führte, wodurch die ganze BSE-Problematik erst entstand.

Was ist das nur für eine Gesellschaft, die sich und ihre Werte mutwillig zerstört und dabei nicht aufhört, über den Werteverlust zu lamentieren? Deren Mitglieder andauernd ihre Orientierungslosigkeit beklagen, aber jegliche Verantwortung für die Folgen ihres Tuns von sich abwälzen? Die Gutes verlangen, ohne den entsprechenden Preis dafür entrichten zu wollen? Die angeblich Qualität suchen, aber nur Schrott zu bezahlen bereit sind?

Doch zurück nach Italien: Trotz des regnerischen und für die Jahreszeit viel zu kalten Wetters sind die Leute fröhlich, heiter, mitteilsam und offen für alles. Allerdings sind die politischen Verhältnisse desaströs, die Kluft zwischen rechts und links ohne eine wirkliche, sich artikulierende Mitte dramatisch. Das soziale Klima verschlechtert sich zusehends, die Mafia-Strukturen innerhalb der regierenden Klasse verfestigen sich wieder, die Unabhängigkeit der Justiz ist in größter Gefahr. Die Regierung beweihräuchert sich selbst in unappetitlicher Selbstgefälligkeit und ihr Machtanspruch ist beängstigend totalitär.

In der Toskana ist der Hang der Restaurants, einfaches und keineswegs sorgfältig zubereitetes Essen überteuert an die Touristen zu verkaufen, nicht zu übersehen. Sowohl in Südtirol wie in der Toskana sind ja die Deutschen unter den Touristen im Herbst in der Überzahl – die durch den Euro transparent gewordenen Preisvergleiche mit dem heimatlichen Angebot geben ihrer miesen Laune neue Nahrung. Zu Hause werden sie erzählen, auch in der Toskana habe der »Teuro« entsetzlich zugeschlagen und man müsse wohl das nächste Mal nach Thailand oder in die Dominikanische Republik fliegen, wo das Geld noch etwas wert sei. Also werden sie sich auf die Suche nach dem billigsten Flug machen, noch billiger übernachten wollen und den miesen Fraß widerspruchslos zu sich nehmen, der ihnen von den auf solche Touristen spezialisierten Straßenküchen vorgesetzt wird. Sie werden dort ebenso glücklich sein wie bei McDonalds, Pizzeria und Paninoteca, die sie in ihrem Urlaub in Italien wie zu Hause aufsuchen, um uns später zu erzählen, die italienische Küche sei auch nicht mehr das, was sie einmal war. Heulen könnte man vor Wut bei so viel Selbstzufriedenheit, Geiz und Lebensunlust.

Wie wunderbar aber die guten Restaurants in den beiden Regionen: In Südtirol essen wir im Gasthaus Kirchsteiger in Völlan ein Menü, wie wir es seit Jahren nicht mehr genossen haben! Alles ausgezeichnete Produkte des Landes, die Pilze von der Mutter des Wirtes in den umliegenden Wäldern gesammelt, der Speck vom Nachbarn, die Weine von ausgesuchten Winzern im Tal…

Zum Aperitif, einem 2001er »Manna« von Franz Haas, der auch die beiden ersten Gänge begleitete, eine Thunfischmousse-Nocke von unnachahmlich zarter Konsistenz, hauchdünn überzogen von einem erfrischenden Zitronengelee.

Danach ein Rehcarpaccio. Das Fleisch hat Wirt Christian Pircher von seinem Freund, dem Jäger. Daher weiß er genau, dass das Tier absolut gesund war und es kein Problem ist, das ausgelöste Rückenfilet roh zu servieren. Nicht zu dünn aufgeschnitten und auf einem Teller ausgebreitet, mit Pfeffer bestreut, mit Olivenöl bepinselt und mit einigen Tropfen eines alten, aromatischen Balsamico bekleckst. Fein gehackte Rosmarinnadeln darüber verströmten ihren würzigen Duft. In der Mitte thront aufrecht ein Steinpilz, ein Bild von einem Pilz, dick und knubbelig, mit jenem dunkelbraunen Hut, der zeigt, dass er unter Esskastanien gewachsen ist; im eigenen Saft eingemacht und daher sowohl hinsichtlich Konsistenz wie des Aromas sensationell.

Alsdann wurde eine kleine Lasagne mit Hummer serviert: Zwischen dünnen Nudelblättern zarte Stücke von kräftigem Geschmack, mit Brokkoliröschen in einer intensiven hummerduftenden, zart cremigen Sauce. Und, die Krönung, dünne, hausgemachte Tagliatelle mit Ovoli, jenen seltenen Pilzen, die dem Fliegenpilz so ähnlich sehen (allerdings orange und nicht rot sind) und so köstlich schmecken, dass man sie auf deutsch Kaiserlinge nennt – weil sie des Kaisers würdig sind! Jung, wenn sie am besten schmecken, gleichen sie einem Hühnerei – daher ihr italienischer Name. Hier in Scheibchen geschnitten, kurz gedünstet und mit frischer Pasta vermischt, nur etwas gehackte glatte Petersilie dazu und ein Hauch von Käse – einfach umwerfend!

Als Hauptgericht gibt es ein Stück vom Milchlammrücken. Das Fleisch wurde nur am Rückgrat entlang vom Knochen gelöst, nicht aber von den Rippenknochen, so dass es am Knochen gebraten und durch und durch rosa werden kann. Es wird erst am Tisch ganz abgetrennt und tranchiert. Es ist butterzart und trotzdem kraftvoll im Geschmack. Gewürzt mit einer Gremolata aus geriebener Orangenschale, Petersilie, Semmelbrösel und Olivenöl. Dazu eine Peperonata, zuerst geröstete, dann geschmorte gelbe und rote Paprika, natürlich gehäutet und mit deutlichem Röstgeschmack. Und ein 2000er »Tor di Lupo«, ein Lagreiner von besonderer Kraft und dunkler Farbe. Zum Apfeldessert gibt's noch ein Glas Rosenmuskateller aus der Klosterkellerei Gries bei Bozen, ein 1997er, mit welkem Rosenduft und betörendem Aroma.

Ein großartiges Menü, Produkte von perfekter Qualität, alles passte so wunderbar zusammen, brachte so viel Fülle an Geschmack, dass man fast weinen konnte – dieses Mal aber vor Glück. Und der Preis? Natürlich nicht billig, aber nicht einen Cent zu teuer.

In der kleinen Gaststube waren übrigens alle Tische besetzt: An zweien saß jeweils ein junges italienisches Paar, das ebenfalls ein ausführliches Menü verspeiste und sich die passenden Weine in ausführlichen Diskussionen von der jungen Chefin empfehlen ließ; zwei ältere italienische Damen am Nebentisch labten sich an einem kleineren Menü; weiterhin, außer uns und einem einsamen Herrn, zwei deutsche Paare, etwas älter, wohl situiert; sie wählten beide kein Menü, nur je eine Vorspeise und ein Hauptgericht. Lediglich eine Dame beschloss ihre Mahlzeit mit einem Dessert. Ihr Mann hatte bereits vor dem Blick in die Speisekarte seinen Wein, einen Rotwein aus der Toskana (Tignanello), ausgewählt, die anderen tranken sparsam offene Achtel, die sie deutlich nach dem günstigsten Preis ausgesucht hatten. Der einsame Herr, der fehlerfrei Italienisch parlierte und sein Menü sowie die Weine bis ins letzte Detail mit der Wirtin besprach, entpuppte sich als Österreicher – ein Epikureer, wie er im Buche steht, der jeden Bissen genüsslich prüfte und abwog, jeden Schluck Wein im Munde rollte und lustvoll dessen vielfältigen Nuancen nachspürte. Und der den ganzen Abend über eine geradezu ansteckend heitere Miene zur Schau trug. So unterschiedliches Genießen, und alle sind wir Europäer...

Am nächsten Tag ging's weiter, zur Erkundung der Gegend. Da wir ein Buch über Südtirol schreiben wollten, fuhren wir schon früh am spätherbstlich kühlen Morgen durch die Obstgärten und über das Gampen-Joch hinunter gen Süden, durch das wunderschöne, für seine hervorragenden Äpfel berühmte Val di Non nach Mezzolombardo. Dort schließlich auf die Autostrada und *direttissimamente* Richtung Meer.

Zur Mittagszeit wollten wir picknicken. Wie immer hatten wir unseren wohl bestückten Picknick-Korb dabei. Mehrere Male am Tag in einem Restaurant zu essen, das mögen wir wirklich nicht. Leider sind wir auf unseren Reportage-Reisen zu solch ungesundem Verhalten gezwungen. Dieses Mal aber wollen wir nur ein paar Dinge überprüfen, nachschauen, was sich geändert hat. Also dürfen wir uns mittags ein leichtes Picknick gönnen, erst Abends geht's dann zur Arbeit in ein Restaurant.

Schon in der Poebene begann der Hunger zu nagen, aber nirgends konnten wir ein hübsches Plätzchen finden. Glückliches Frankreich, wo fast in jeder Haltebucht und bei allen Tankstellen fabelhafte Picknicktische eingerichtet sind! Schließlich beschlossen wir, als wir hinter Parma die Apenninen erreicht hatten, die Autobahn zu verlassen und unser Glück an der Landstraße zu versuchen.

Es ist bereits nach zwei Uhr, Moritz stößt jenseits des Cisa-Passes am zweiten Feldweg rechts in die Büsche. Für Martinas Geschmack geht's ein wenig zu steil über eine Kuppe, aber wir entdecken hinter Brombeeren und anderem Dornengesträuch ein vom kalten Nordwind geschütztes Plätzchen mit weitem Blick ins unberührte Tal der Magra. Die Sonne blinzelt durch den Dunst und wärmt.

Die große, vor Jahren auf einem Flohmarkt erstandene Patchwork-Decke wird ausgebreitet, der Picknickkorb geöffnet: Die Salatschüssel herausgeholt und eine Sauce für den Tomatensalat angerührt – natürlich haben wir immer zwei oder drei Essigsorten und Öle zur Auswahl mit, frischen Knoblauch, ein paar Zwiebeln und aus dem Autokühlschrank frische Kräuter. Sie haben sich, in feuchtes Küchenpapier gewickelt und in eine Plastiktüte gesteckt, von zu Hause bis hierher bestens gehalten. In der riesigen 3-Liter-Thermoskanne ist das Eis noch nicht geschmolzen, und wir können unser eigenes Quellwasser genießen! Trinken werden wir weiterhin einen Champagne Lanson, 1989, den wir aus München mitgenommen haben, wo Moritz am Vorabend unserer Abreise der Jury des Champagnerhauses vorsaß, um den alljährlichen Journalistenpreis zu vergeben. Auch dieser edle Tropfen wird ideal temperiert dem Kühlschrank entnommen.

Ein Kühlschrank im Auto ist schon ungeheuer praktisch. Man hat stets erfrischende Getränke und kann auch mal Fleisch oder Fisch von einer Reise mit nach Hause nehmen. Bei unserem Modell handelt es sich nicht um eine der billigen Kühlboxen, die man am Zigarettenanzünder anschließen kann, sondern tatsächlich um einen Kühlschrank, den die Autobatterie speist. Ein Spannungswächter sorgt dafür, dass sie immer genügend Saft zum Starten behält. Er verbraucht so wenig Strom, dass er selbst nach drei Tagen in südlicher Sonne die (freilich verstärkten) Batterien noch nicht leer gefressen hat, während uns das früher mit einer Kühlbox bereits über Nacht passiert war – höchst ärgerlich, wenn man sich mitten im Sommer Starthilfe geben lassen muss...

Unseren Kühlschrank, der leider ziemlich teuer war, brauchen wir hauptsächlich, um die Filme auf unseren Reportagereisen kühl und sicher aufzubewahren. Die circa hundert Filme, mit denen wir losfahren, müssen kalt gelagert werden, überhöhte Temperaturen können die Emulsionen verändern oder Farbabweichungen verursachen.

Diesmal haben wir jedoch nur wenig Filmmaterial dabei, so kann Martina aus dem Kühlschrank Schinken, Leberwurst und hart gekochte Eier holen, die wir nun mit Senf, Chilisauce, Worcestershire Sauce, Balsamicoessig und Olivenöl zu einem wunderbaren kleinen Salat anmachen. Ein köstliches Mahl, zusammen mit dem reinen Roggenbrot, das wir uns im Frühjahr aus Kärnten mitgebracht haben, von einem Bauern, der es auf dem Spittaler Markt verkauft. Es lässt sich ohne weiteres zehn Tage aufbewahren, prima einfrieren und ist auch hinterher noch lange wunderbar saftig! Warum finden wir bei uns kein solches Brot?

Selbstverständlich reisen wir auch dieses Mal wieder mit unserem von Martina ausgestatteten Gläserkoffer. Das in Quadraten zum beliebigen Herauslösen vorgeschnittene Schaumgummipolster, in dem Metallkoffer eigentlich für Kameras gedacht, hat sie so ausgehöhlt, dass die fünf wichtigsten Riedel-Gläser genau hineinpassen: jeweils eines für Jahrgangs-Champagner, Bordeaux/Chardonnay (auch für Sangiovese, also Chianti und Brunello geeignet), Burgunder/Barolo, Riesling und Montrachet (das auch für die schwereren Chardonnays, Weiß- und Grauburgunder Italiens passt). Wir trinken dann aus einem Glas (Martina hat den Lippenstift weggelassen). Übrigens packen wir unseren Gläserkoffer ohne falsche Scheu auch in Restaurants aus, wenn sie keine adäquaten Gläser bieten. Denn wie sagt der Gläserproduzent Riedel, und wir geben ihm Recht: »Das Leben ist zu kurz, um guten Wein aus schlechten Gläsern zu trinken.«

Nach dem Essen fehlt uns mal wieder die heiß ersehnte mobile Espressomaschine. Normale Kaffeemaschinen zum Aufbrühen gibt es durchaus für's Auto (Camping), aber wir lieben Espresso. Vielleicht führt der derzeitige Boom doch noch dazu, dass sich ein Hersteller unser erbarmt.

Dann geht's weiter, die Landstraße ins Tal hinab und schließlich wieder auf der Autobahn nach Pietrasanta in das von uns geliebte Albergo di Pietrasanta, ein sehr persönlich und exzellent geführtes Hotel mitten in der heimeligen Stadt der Steinmetze und Marmorkünstler. Ein Glücksfall, dieses Haus, denn es ist selten in Italien, dass einerseits die Räume so wunderschön gestaltet sind wie in diesem alten Palais mit seinen hinreißenden Zimmern und traumhaften Bädern, andererseits aber auch der Service in herzlicher Atmosphäre reibungslos funktioniert.

Abendessen bei »Lorenzo« im nahen Forte dei Marmi, einem unserer Lieblingslokale am Meer. Fischgerichte in Vollendung: Die frischesten rohen Scampi, die man sich denken kann, ein sensationelles Carpaccio von der Orata (Goldbrasse), die besten Austern (aus Frankreich, den italienischen traut Lorenzo nicht), einen wundervollen, im freien Meer geangelten und nicht aus der Zucht stammenden Branzino (Wolfsbarsch), eine Languste von der Felsenküste Sardiniens, serviert mit einer sensationellen Mayonnaise.

Diese jeweils am Tisch vor den Gästen frisch aufzuschlagen ist Lorenzos Spezialität: Seine Ober stellen ihm auf einem fahrbaren Beistelltischchen alles bereit, eine Glasschüssel mit Schneebesen, außerdem Eigelb, Salz, Pfeffer, Zitronensaft und Öl. Lorenzo nimmt nur auf speziellen Wunsch reines Olivenöl – er selbst findet es zu mächtig zu Fisch, Languste oder Hummer –, er zieht eine Mischung aus geschmacksneutralem (aber natürlich erstklassigem) Pflanzenöl und einem milden Olivenöl aus Ligurien vor. Selbstverständlich kann der Gast hier auch aus einer Ölkarte auswählen, gegliedert nach Herkunft der Öle, nach ihrer Sorte und nach dem Herstellungsverfahren – ganz neu die von Luigi Veronelli initiierten Öle aus reinem Fruchtfleisch, ohne Kern und langes Zermahlen sortenrein gepresst, teilweise von unerhörtem Aroma: eine neue Öl-Dimension!

Wenn es so weit ist, tritt Lorenzo mit schnellem, ausgreifendem Schritt an den Tisch. Natürlich in schwarzem, tailliertem Jackett, die offenen Manschetten des blütenweißen Hemdes heruntergeschlagen und weit über die Handgelenke heraustehend. Krawatte braucht er nicht, das Hemd offen, der Kragen, hinten hochgeschlagen, reicht über die sich lockig kringelnden Enden des mittellang gehaltenen, stark gegelten und straff nach hinten gestrichenen grauen Haars. Mit sicheren, gezielten Bewegungen füllt Lorenzo die Zutaten in die Schüssel, schlägt Eigelb mit Salz, Pfeffer und Zitronensaft schaumig auf. Dann lässt er das Öl in dünnem Strahl in die Schüssel laufen, unter stetem Rühren mit dem Schneebesen, verblüffend locker aus dem Handgelenk. Die Manschetten und die Jackenschöße fliegen – knapp drei Minuten und die Mayonnaise ist fertig! Und der Gast, begeistert von dem Schauspiel und ob der ihm persönlich gewidmeten Aufmerksamkeit, findet die Mayonnaise noch viel besser, als sie ohnehin schon ist… Keine Hexerei, sondern gastronomische Kultur.

Das Restaurant ist seit unserem letzten Besuch vor zwei Jahren renoviert, dabei schöner und größer geworden. Schon nächstes Jahr will Lorenzo erneut umbauen, die Küche in den jetzigen Garten verlegen, so dass man den Köchen bei ihrer Arbeit zuschauen kann. Dadurch wird er noch einmal etwa 20 Plätze gewinnen. Denn er ist immer ausgebucht: Werktags muss man Tage vorher reservieren, im Sommer und an Wochenenden oder Festtagen sogar Wochen im Voraus. Es sei denn, man kennt ihn gut – und das tun natürlich die meisten Gäste!

Das Publikum ist nämlich weitgehend einheimisch. Marmorhändler, Künstler, Industrielle. Es gibt viele Villen in Forte dei Marmi, das als schickes Sommerbad gilt, seit die Agnellis hier eine ihrer Residenzen haben. Alle großen Juweliere, Modehäuser und Wohnspezialisten unterhalten eine Filiale in dem ansonsten eher unspektakulär wirkenden Ort. Lorenzo versteht sich auf den Umgang mit prominenten oder reichen Leuten, ein *arbiter elegantiarum* der italienischen Modewelt, vergleichbar Charles Schumann in München. Selbstbewusst und weltläufig geht er mit seinen Gästen um, dabei immer auf dem Sprung, hier oder dort auszuhelfen. Ist sich auch keineswegs zu schade, abgegessene Teller abzutragen oder Wein nachzuschenken. Ein Vollprofi, dem seine Arbeit Spaß macht und der weiß, dass die ganze Sache nur mit ihm an der Spitze funktioniert. Die Italiener wissen dies zu schätzen, sie lieben erfolgreiche Menschen – und ganz besonders, wenn diese es auch noch verstehen, ihren Erfolg so zu inszenieren, dass jeder ihn miterleben kann.

Natürlich kommen, vor allem in der Badesaison, auch Deutsche hierher. Schließlich ist »Lorenzo« kein Geheimtipp mehr, er wird in sämtlichen Führern als eines der besten Fischrestaurants der Region gepriesen. Die Gäste genießen nicht nur das großartige Essen, sondern auch die Weine, die im famosen »Keller« dieses Restaurants ruhen, genau gesagt: in klimatisierten Räumen im ersten Stockwerk, also über dem Restaurant. Berühmt ist Lorenzo für seine großartigen Rotweine, vor allem aus Frankreich und Italien – und das in einem Fischrestaurant? Natürlich: »Es gibt viele Fischgerichte, zu denen Rotwein ausgezeichnet passt – man darf ihn nur nicht zu warm servieren«, meint Lorenzo.

Wer hier essen will, sollte eine gut gefüllte Brieftasche haben.

250 Euro muss man für zwei Personen mit zwei Flaschen einfachem, aber der Qualität der Speisen entsprechendem Wein schon anlegen. Nach oben sind, des exquisiten Kellers wegen, kaum Grenzen gesetzt. Wir haben später auf unserer Reise in einfacheren, aber ebenfalls guten Restaurants gegessen, in denen man vielleicht mit einem Drittel weniger rechnen kann oder sogar mit der Hälfte auskommt. Wir haben aber gefunden, dass das von uns Deutschen so gerne bemühte »Preis-Leistungs-Verhältnis« nirgends so sehr zu Gunsten des Wirtes ausfiel wie bei Lorenzo: wegen der absolut sensationellen Qualität der Zutaten.

Und, nicht zu vergessen, wegen eines untadeligen Service. Alle Kellner sind fröhlich und freundlich – bis auf einen arroganten »Muffkopf«, der nur dann liebenswürdig ist, wenn er sich vorab des guten Trinkgeldes seiner Stammkundschaft sicher ist. Es ist ja in italienischen Restaurants immer wieder eine Freude, wie effektiv und elegant die Ober bedienen, wie geduldig und lächelnd sie auch die ausgefallensten Wünsche erfüllen, wie herzlich sie dem Gast begegnen, ohne sich dabei anzubiedern. Sie sind stolz auf ihren Beruf, freuen sich, ihren Gästen Freude bereiten zu dürfen, und vermitteln niemals das Gefühl, einen Dienst nur wegen des Verdiensts zu verrichten.

Und schon gar nicht kommen sie auf den Gedanken, dass es ein niederer Dienst sei, den sie leisten müssen. Der italienische Gast betrachtet den Kellner auch aus einem völlig anderen Gesichtswinkel als der deutsche: Er respektiert dessen Arbeit und lässt ihm Spielraum, sich zu entfalten, befiehlt ihm nicht etwa, sondern bittet um einen Gefallen. Und so ist das persönliche Verhältnis immer geprägt von gegenseitiger Wertschätzung – der Kellner verdient sich seinen Lebensunterhalt durch die Bewirtung des Gastes, aber der Gast ist auf den Kellner angewiesen, wenn er ein paar schöne Stunden verbringen will. Sie treten sich nicht als Chef, der sich bedienen lässt, und als Unterstellter, der bedient, gegenüber, sondern als ebenbürtige Menschen. Und der Gast anerkennt die Leistung, weshalb selbstverständlich ein gutes Trinkgeld angemessen ist.

Wir verlassen Lorenzo weit nach Mitternacht, verabschieden uns mit dem Versprechen, bald wieder zu kommen. Als wir schon zwanzig Meter vom Lokal entfernt sind, ruft uns ein Ober nach. Nein, wir haben nichts vergessen! Er schenkt uns einen Flakon Olivenöl extra vergine, sortenrein, ohne Kerne gepresst, zum Probieren!

Auf dem Nachhauseweg diskutieren wir die Gründe für die so angenehme Atmosphäre in italienischen Restaurants. Das unbelastete Verhältnis zwischen Gast und Ober lernen die Italiener spielerisch. Denn schon von Kindesbeinen an ist jeder es gewöhnt, ein Restaurant zu besuchen. Alle Familienfeste – von der Taufe über die Kommunion, die Hochzeit bis zum Begräbnis – werden im Restaurant gefeiert. Daher kennt man keine Schwellenangst. Jeder weiß sich richtig zu benehmen und stellt das Personal nicht auf ein anderes soziales Niveau als sich selbst. Schließlich speist der Ober mit seiner Familie ja auch ab und zu im Restaurant. Auch der Kellnerlehrling war in seinem Leben bestimmt häufig in einem Haus zu Gast wie dem, in dem er seine Lehrzeit beginnt. Anders als in Deutschland, wo diejenigen, die in einem vom Michelin bestirnten Haus ausgebildet werden, sich oft zum ersten Mal in ihrem Leben in einer solchen, sie einschüchternden Umgebung bewegen.

In Italien kommt noch eines hinzu. Gast und Kellner essen täglich im Prinzip dasselbe: Pasta, Risotto, Parmigiana oder Ribollita haben keinen sozialen Status, sondern gehören dem ganzen Volk.

Und schließlich geht man in Italien nicht einfach in irgendein Restaurant und überlegt sich beim Studium der Speisekarte, was man eigentlich essen will. Vielmehr hat man bereits vorher erwogen, worauf man Lust hat, eine bestimmte Spezialität, Fisch oder Fleisch, und sich danach genau das Restaurant ausgewählt, von dessen Koch man weiß, dass er das Gewünschte besonders gut beherrscht. Oder man richtet sich bei der Wahl nach Stimmung, Anlass, dem Prestige, das der Gast verdient: Nie geht man einfach irgendwohin. Und wenn trotzdem die endgültige Speisenfolge so lange diskutiert werden kann, dann spricht das für die Sorgfalt und Kennerschaft, mit der das aktuelle Angebot des Hauses begutachtet, erörtert und zu einem Menü zusammengefügt wird, und zeigt, welch hohen Stellenwert eine solche Mahlzeit hat.

Diese Gespräche finden stets unter der Ägide des Gastgebers statt, der die Verantwortung für das Wohlergehen seiner Tischgenossen und später auch die Rechnung übernimmt; sollte man sich jedoch vorher geeinigt haben, dass jeder für sich selbst bezahlt, macht man das später, nach Erhalt der Rechnung, unter sich aus und behelligt damit nicht den Kellner. Denn die Diskussion darüber, wie viel was gekostet und wer wie viel zu bezahlen hat, nimmt dem Genuss die Würde.

Anders in deutschen Restaurants, wo oft jeder selbst bestellt und für sich allein bezahlt! Das mag ja dem einzelnen Geldbeutel gerecht werden – der Tafelfreude bekommt es nicht. Da sucht sich jeder das aus der Karte, was er mag, jeder bestellt sein eigenes Wasser und sein eigenes »Viertele« Wein (welches dann meist nicht vom besten ist, denn offen werden ja im Allgemeinen nur die schlichteren Weine ausgeschenkt), jeder isst im Grunde für sich allein. In Italien hingegen haben alle am Tisch (wenigstens was Antipasti und Pasta betrifft) das Gleiche auf dem Teller, wodurch sich bereits ein Gefühl der Zusammengehörigkeit ergibt. Die Flasche Wasser ist für alle da, kommt also immer frisch und kalt auf den Tisch. Und alle trinken den gleichen Wein und bewegen sich, gleichgültig ob mit einem einfachen Landwein oder einer erlesenen Flasche, auf einem gemeinsamen geschmacklichen Niveau, sind im Genuss miteinander verbunden. Man kann das alltäglich in den kleinen Locanden und Trattorien beobachten, in den lauten Studentenkneipen der Städte oder in bescheidenen Landgasthäusern genauso wie in den oft wenig gemütlichen Restaurantsälen der Ferienhotels in den Urlaubsorten. Man speist mit Bedacht und Ruhe und mit einer Ausstattung, die zur Kultur gehört: Nie käme man auf den Gedanken, auf ein sauberes, für jeden Gast selbstverständlich neu aufgelegtes Tischtuch und Stoffservietten zu verzichten.

Das ist Lebensart, das ist gelebte Kultur. Bei Lorenzo spielt sie sich auf höchstem Niveau ab. Und dafür sind seine Gäste auch bereit, tief in die Tasche zu greifen. Ein kulinarisches Gesamtkunstwerk, das zu genießen man natürlich erlernen und verstehen, das man kultivieren muss, bekommt man nicht für einen Pappenstiel. In Italien weiß man das.

## HiLight-Körper in Perfect-Clean-Ausstattung mit Booster-Funktion

Wir brauchen einen neuen Herd für unsere Küche. Der alte hat jetzt gut 18 Jahre auf dem Buckel, seine Masseplatten funktionieren nicht mehr korrekt, zwei haben sich sogar aus ihrem Feld gehoben und ragen jetzt seltsam empor, zwei lassen sich kaum mehr sensibel dosieren, sondern donnern los, wenn man sie einschaltet, und lassen erst wieder nach, wenn man sie abstellt. Eigentlich arbeitet nur eine einzige Herdplatte problemlos. Und die Backofendichtung ist auch kaputt, das Gummi hat sich gelöst und lässt sich nicht mehr befestigen. Jetzt heizt der Backofen die Küche.

Martina weiß, welche Platte in welcher Zeit welche Hitze liefert, schaltet sie kurz aus, falls sie doch zu heiß wird, wieder ein, wenn sie an Kraft nachgelassen hat – Erfahrung ist schließlich alles. Außerdem hat sie neben der Mulde noch die praktische Induktionsplatte stehen, so flach und so groß etwa wie ein Telephonbuch, die sie vor allem für den Wok benutzt, aber auch für unseren Kartoffeltopf und den Eiertopf, die beide aus Eisen, also magnetisch und induktionsgeeignet sind.

Einen Fremden jedoch kann man hier nicht hantieren lassen. Selbst Moritz ist überfordert. Wir müssen also etwas tun! Schließlich kochen wir mit diesem Herd und Backofen nicht nur für uns, sondern auch für die Teilnehmer unserer Kochkurse. Unsere so genannte kleine, meist privat genutzte Küche liegt neben dem Saal, in dem unsere festlichen Abendmenüs stattfinden. Hier wird fertig gestellt und angerichtet, was wir in der großen Küche im Untergeschoss vorbereitet haben. Deshalb ist unsere schnelle, semiprofessionelle Spülmaschine auch hier installiert, die, angeschlossen an Starkstrom und ans heiße Wasser, innerhalb einer halben Stunde schafft, wofür Haushaltsmaschinen dreimal länger brauchen. Dringend nötig bei zehngängigen Menüs. Nach jedem Gang werden die benutzten Teller sofort eingeschlichtet und die Maschine wird angestellt. So haben wir ständig sauberes, sogar vorgewärmtes Geschirr!

Mit dem Herd stehen wir jedoch vor einem Problem: Leider kann man ihn ja nicht im Laden ausprobieren! Also muss man die Katze im Sack kaufen. Wir wissen, was wir nicht wollen, dank der Herdmulde in unserer großen Arbeits- und Fernsehküche, mit der wir unzufrieden sind. Sie treibt uns immer wieder in den Wahnsinn mit ihren Sensortasten, die nie reagieren, wenn die Hände nass oder, schlimmer noch, fettig sind – und das sind sie beim Kochen schließlich ständig! Wann immer einer auch nur ein Blatt Papier (zum Beispiel ein Kochschüler seine Rezepte) auf das Bedienungsfeld legt, wird sofort alles ausgeschaltet und, wenn man Pech hat, obendrein die Kindersicherung in Gang gesetzt, die sich erst wieder lösen lässt, wenn man die Bedienungsanleitung gefunden hat …

Wir besorgen uns jede Menge Prospekte, um uns zu informieren, was sich in den letzten Jahren auf dem Herdsektor getan hat und was es alles an Neuem gibt. Gewitzt durch die oben geschilderte Erfahrung suchen wir nach einem Modell, das sich mit Knöpfen regeln lässt. Herdmulden mit Knöpfen sind, wie sich zeigt, selten oder es handelt sich um Einfachmodelle, die kaum etwas leisten. Wir wollen wissen, welche Power so eine Herdplatte liefert. Kein unzumutbares Ansinnen, sollte man meinen, aber das verrät keiner der Prospekte, die überhaupt in einer Sprache abgefasst sind, die sich nicht ohne weiteres entschlüsseln lässt. Wir verstehen nur Bahnhof und werden zunehmend ungeduldig, ja richtig ärgerlich: Unter Ankochautomatik kann man sich ja noch was vorstellen, aber was bitte ist ein CombiSet-Element? Und was ein HiLight-Körper? Wer oder was ist die Booster-Funktion? Wie auch immer, ein Backofen benötigt, das versteht sich von selbst, Vorschlagstemperaturen(?), Perfect-Clean-Ausstattung, Schnellverschlüsse für Aufnahmegitter und Grill.

Zahllose Eigenschaften werden für die einzelnen Herde aufgelistet. Aber kein Hinweis darauf, und das wüsste man doch wirklich gern, welches die höchste Temperatur ist, die der Backofen erreichen kann. Und dann: Unser alter Backofen von Miele verfügt über eine fabelhaft praktische, backofengroße Bratenpfanne, die jedoch in keinen anderen Herd passt. Sie ist entweder zu breit oder zu tief, so dass sich die Tür nicht schließen lässt. Wir können also das gute Stück mit dem alten Herd wegwerfen, wenn wir nicht bei Miele bleiben, und andere Herdhersteller bieten eine so praktische Zusatzausrüstung gar nicht erst an.

Wir studieren die Kataloge lange und gründlich, bis Martina sie dann entnervt und frustriert in die Ecke pfeffert. Sie glaubt, der alte Herd tut's noch eine Weile…

Dem widerspricht Moritz energisch. Wir werden mit den Händlern reden müssen, uns in die kryptische Sprache einweisen lassen, bis wir verstehen, was »HiLight-Körper« in »Perfect-Clean-Ausstattung« unter besonderer Berücksichtigung der »Booster-Funktion« sein könnten. Dann werden wir unsere Wahl treffen. Die nächsten Kochschüler haben schließlich ein Anrecht darauf, dass der Herd einwandfrei funktioniert. Vielleicht können wir bald auch Übersetzungskurse in Fachchinesisch anbieten.

## Von »Brut« und »Pure«

Endlich sind alle Äpfel sortiert, und Herr Fogel beginnt mit Alexander das diesjährige Pressen der Äpfel, die nicht als Tafelobst verkauft werden. Die beiden werden das an einem einzigen Tag schaffen. Morgen soll der Saft nach Rheinhessen gebracht und dort zum prickelnden POMME PURE werden. Da die Ernte schlecht war, werden dieses Jahr ausnahmsweise auch die später reifenden Sorten wie Berlepsch, Boskoop, Gloster und Glockenapfel (die, weil kaum etwas an den Bäumen hängt, ungewöhnlich früh pflückreif wurden) für den Saft gebraucht, neben Cox Orange, Rubinette, Elstar und Jonagold – es sind jeweils nur ein paar Kisten. Schaumwein, Perlwein, Wein oder naturtrüben Apfelsaft wird es dieses Jahr überhaupt nicht geben.

Unsere heutige Produktpalette war natürlich nicht auf einen Schlag da, sondern wurde nach und nach entwickelt. Begonnen hatte alles mit dem typischen einfachen Schwäbischen Apfelwein, dem »Mooscht«, den schon der Urgroßvater in mehreren Fässern im Keller des Verwalterhauses liegen hatte: Wie alle Menschen im Schwarzwald schätzte auch er dieses Getränk. Allerdings nur, so lange es frisch war, also noch Kohlensäure von der Vergärung enthielt und keine Oxidationstöne den klaren Genuss trübten. Obwohl der Keller über ein fabelhaftes Klima verfügt, lässt die angenehme Frische des Mostes im Laufe eines Sommers nach. Dieser Prozess wird beschleunigt, sobald das Fass angestochen ist und die vergrößerte Oberfläche des Mostes der ins Fass strömenden Luft viel Angriffsfläche bietet.

Wenn der Most auf diese Weise müde geworden war, gaben Urgroß- und Großvater ihn den Arbeitern. Der Großvater ließ sich immer mehrere kleine Fässchen füllen, damit er länger frischen Apfelwein hatte. Aber das genügte ihm nicht, und so verfiel er auf die Idee, nach dem Stillstand der ersten Gärung, im Allgemeinen zwischen Weihnachten und Neujahr, geleerte Weinflaschen mit dem Most zu füllen. Tatsächlich hielt sich das Getränk so wesentlich besser, denn die noch enthaltene Kohlensäure konnte nicht entweichen und der Sauerstoff wurde fern gehalten. Nur in wenigen Jahren geschah es, dass wegen einer kleinen Nachgärung ein paar Korken herausschossen – das war zu verschmerzen.

Zu Zeiten von Moritz' Mutter wurde diese Übung beibehalten, bis der Keller sich im heißen Sommer 1971 über Gebühr erwärmte, so dass eine Flasche nach der anderen aufploppte. Es konnte nur eine kleine Zahl gerettet werden, indem man die Korken mit Draht zuband und so am Herausfahren hinderte. Vielleicht war die Gärung im vorangegangenen Herbst besonders früh abgebrochen und mehr Zucker als üblich verblieben. Jedenfalls veränderten wir in den folgenden Jahren nichts an der überlieferten Methode.

Da so viele Freunde unseren Most liebten und auch gern davon getrunken hätten, versuchte Moritz 1987 zum ersten Mal, ihn etwas früher abzufüllen, und zwar in Sektflaschen, so dass sich eine zweite Gärung, eine Flaschengärung, entwickeln konnte. Entsprechende Flaschen und die nötige Ausrüstung zum Verschließen wurden angeschafft. Die Gärung funktionierte, aber das Ergebnis war ungenießbar, floss übel riechend und fast zäh aus der Flasche: Moritz hatte, um möglichst viel Alkohol und Körper zu erreichen, ausschließlich die süß wirkenden Golden Delicious genommen und mit den natürlichen Hefen vergoren. Diese Äpfel enthielten, obwohl sie bei uns so herrlich fruchtig-frisch und etwas säuerlich schmecken, für dieses Unterfangen zu wenig

Säure. Und die auf den Schalen sitzenden Apiculatus-Hefen hatten lange, schleimige Zellfäden gebildet. Es gab nur eine Konsequenz: Alle Flaschen leeren und spülen.

Diese Zusammenhänge kannten wir damals noch nicht, konnten auch niemand so recht fragen. Wir sprachen mit alten Bauern, leidenschaftlichen Mostliebhabern, studierten alle mögliche Literatur und erkundigten uns bei Winzern nach ähnlichen Problemen. Langsam lernten wir dazu: Moritz entschloss sich, neue Fässer zu kaufen, auch einen Refraktometer, um den Zuckergehalt der Äpfel in Öchsle messen zu können, sowie eine Lösung, um die Säure zu bestimmen. Unter 9,5 Gramm (Promille) Säure wollte er gar nicht mehr anfangen. Denn wenn nach der ersten Gärung auf der Flasche womöglich noch eine zweite, die malolaktische Gärung einsetzt, die der Apfelsäure die Spitze nimmt und in die weichere Milchsäure umwandelt, sollte noch genügend Säure übrig bleiben, um den Wein frisch und reintönig zu halten.

Beim Überprüfen der Werte fand er schnell heraus, dass Boskoop, Berlepsch und Glockenäpfel ideal für einen guten Apfelwein sind: Erstens enthalten sie mehr Säure – Boskoop zwischen 10 und 14,5 Gramm – und wesentlich mehr Zucker als Golden Delicious (an die 50 Grad Öchsle, Boskoop meist etwas über 50 Grad, in manchen Jahren hat Moritz über 60 gemessen!). Der 86er wurde gut, wir hatten 250 Flaschen gefüllt, die bald getrunken oder verkauft waren.

Jetzt war Moritz sich seiner Sache sicher, und wir ließen den alten Pferdestall als Gärkeller und Lagerkeller für Fässer und Flaschen herrichten. Alle für Wein üblichen Werte ließ er über ein Labor überprüfen. Der 87er geriet noch besser. 500 Flaschen, ebenfalls binnen Jahresfrist weg.

1988 konnten wir die Sache professionell angehen – endlich! Wir füllten nun schon 1500 Flaschen. Der Wein wurde sofort nachdem er vollkommen blank war, direkt von der Hefe in die Flasche abgezogen. Er war sozusagen *sur lie*, aber eben noch nicht ganz durchgegoren, so dass es nur einer kleinen Erwärmung im Sommer bedurfte, um die zweite Gärung in Gang zu setzen. Das Ergebnis überraschte und überzeugte uns und unsere Freunde. DUTTENHOFERS MOUSSIERENDER APFELWEIN war geboren. 1989 war ein unglaubliches Apfeljahr: Die besten Äpfel, die wir je hatten. Vollreif, süß, gleichzeitig mit kräftiger Säure, ungeheuer aromatisch. Als das Labor die Proben untersuchte, rief man Moritz an: »Mit Ihrem Saft muss eine Verwechslung passiert sein, der hat viel zu hohe Werte für zuckerfreien Extrakt! Bitte schicken Sie uns eine neue Probe.« Das gleiche Ergebnis: 28,5 mg, also im Beerenauslese-Bereich für Wein. Für normalen Apfelwein sind 22 mg, für Apfelwein extra 22,5 mg Mindestextrakt vom Gesetzgeber verlangt – wir lagen also sensationell weit drüber! Auch die anderen Werte, vor allem die flüchtige Säure, waren erstklassig, der natürlich gewonnene (nicht durch eine Dosage erhöhte) Alkoholgehalt 7,4 Vol. Prozent, der Restzucker 0,8 g. Also Brut de Brut. Diesmal füllten wir 2400 Flaschen.

Die Flaschengärung ohne das bei Champagner oder Sekt übliche Degorgieren (Entfernen der Hefe) vor dem endgültigen Verkorken hatte jedoch einen Nachteil: Unaufgeklärte, von uns mit dem Produkt nicht vertraut gemachte Kunden waren verwirrt. Der Wein war natürlich nach der zweiten Gärung in der Flasche nicht mehr klar, sondern hatte ein deutliches Hefedepot! Außerdem duftete er nach frischer Hefe. Für Biertrinker kein Problem, aber für eingefleischte Weinliebhaber gänzlich ungewohnt. Immer wieder bekamen wir zu hören: »Euer Apfelwein ist ja verdorben…« Es ärgerte uns, dass etwas, was bei anderen Getränken (Hefeweizen, naturtrüber Apfelsaft) positiv gewertet wurde, hier als Fehler galt. Wider unsere Überzeugung mussten wir einsehen, dass es für diesen prickelnden Apfelwein keine große Nachfrage gab. Nicht einmal die Hälfte der erzeugten Flaschen konnten wir absetzen.

Aber so schnell gaben wir nicht auf. 1990 produzierten wir

wieder 900 Flaschen. Aber neue Kunden gewannen wir nicht. 91 wurde nichts gefüllt.

1992 dann ein neuer Versuch: Apfelwein nach klassischer Methode zu Schaumwein gemacht, also den Wein durchgären lassen, klären und filtern, mit Zuckerdosage in Sektflaschen füllen, mit Kronenkorken aus Edelstahl verschließen und den Wein vergären lassen; so lange wie möglich lagern; dann folgt das Rütteln (zunächst per Hand, heute maschinell) und Degorgieren – dazu werden die auf dem Kopf stehenden Flaschen mit dem Hals in eine sehr kalte Salzlösung getaucht, so dass die im Flaschenhals sitzende Hefe gefriert, dann die Flasche umgedreht und geöffnet, wobei durch den Druck der Kohlensäure der Hefepfropf herausgeschleudert wird. Dann wird mit gezuckertem Apfelwein die gewünschte Dosage zugefügt (wir stellen unseren Schaumwein – Sekt dürfen wir ihn leider nicht nennen – auf 2 g Restzucker ein, also sehr brut), die Flasche verkorkt und mit der Agraffe versehen. Sehr aufwendig. Und bei uns auf dem Gut nicht zu machen. Daher haben wir diese Aufgabe der Sektkellerei Raumland in Flörsheim-Dalsheim, einem Weinort zwischen Worms und Grünstadt, anvertraut. Das Ergebnis, nach zweijährigem Lager auf der Hefe, war bereits ausgezeichnet. Der DUTTENHOFER POMME-BRUT war gefunden. Bei einer blinden Verkostung anlässlich eines Empfanges, auf dem üblicherweise Champagner gereicht wurde, sprach man ihm munter zu. Erst als ein Gast lobte: »Der hat aber einen wundervollen Apfelton!«, konnte Moritz sich nicht länger zurückhalten: »Der ist aus Äpfeln!«

Der Rest ist schnell erzählt – die Produkte wurden ja bereits vorgestellt. Der POMME-BRUT der folgenden Jahrgänge liegt noch länger auf der Hefe, wird dadurch noch runder und besser strukturiert. Da einigen Liebhabern von Apfelwein der Brut zu brut war – sie suchten einen weniger herben Genuss –, entwickelten wir den POMME-SECCO mit 20 Gramm rundendem Restzucker, aus frischem Apfelwein. Natürlich auch zu günstigerem Preis, weil man ihn direkt aus dem Gärtank sofort auf Flaschen füllt. Ein guter Erfolg.

Dann experimentierte Raumland für uns mit dem rohen, mit Kohlensäure versetzten Apfelsaft, den wir zunächst Pommona genannt haben, was man uns aus markenschutzrechtlichen Gründen untersagte. Also *POMME-PURE*, der reine Apfel. Ein großer, wenn auch wegen des hohen Preises leider nicht der riesige Erfolg, den wir uns erträumt hatten.

Für Liebhaber füllen wir eine kleine Menge stillen Apfelwein mit Barriquenote und lassen, um große Ernten aufzufangen, naturtrüben Apfelsaft herstellen. Dafür bringen wir die Äpfel in eine hochmoderne Anlage in der Nähe, wo sie schonend gepresst werden und wo der Saft sofort sterilisiert wird. Bei der Produktion beachten wir ein paar qualitätsfördernde Details, die wir allerdings nicht verraten. Ein paar Jahre wollen wir die von uns entwickelten Vorteile schon ausnutzen, denn dieser Saft ist im Gutsverkauf ein echter Renner geworden! Gott sei Dank reicht die letzte Produktion wohl gerade über die Lücke hinüber, die dieses Jahr entsteht.


## Die verschwundenen Nüsse

Wir haben einen jungen Walnussbaum, der dieses Jahr zum ersten Mal ein paar mehr Nüsse trägt – bisher waren es immer nur einzelne Exemplare, die sehr plötzlich verschwanden. Martina hatte sich daher vorgenommen, ganz genau zu beobachten, was da eigentlich vor sich geht – und sich nicht wieder die herrlichen Schälnüsse, die sie so sehr liebt, rauben zu lassen.

Pustekuchen – vier konnte sie heute retten, vorgestern hingen noch mindestens hundert dran. Mit schier unglaublichem Fleiß haben die Eichhörnchen an zwei verregneten Tagen alle Nüsse zusammengerafft. Die vier Walnüsse, die Martina noch entdeckte, ließen sich nur sehr schwer abschlagen, die grüne Schale haftete ganz fest. Hingegen lagen viele grüne, offensichtlich abgeplatzte Schalen unter dem Baum. Sollten die Früchte an ein und demselben Baum zu so unterschiedlichen Zeiten reif werden? Da fiel Martina auf, dass an den abgesprungenen oder entfernten Schalen (Nagespuren waren nicht zu entdecken) teilweise noch die Stiele dran waren, diese aber eindeutig angenagt: Die raffinierten Eichhörnchen scheinen also zunächst einmal die Versorgung zu kappen, damit die Nüsse schneller reifen, die Schalen trockener werden und aufplatzen. So haben sie in der Höhe, wo wir das ja gar nicht bemerken können, leichtes Spiel…

Ihren Drang, in Windeseile aus riesigen Mengen von Nüssen an den unterschiedlichsten Stellen Vorräte anzulegen, konnten wir im letzten Winter bewundern: Von der Weihnachtssendung des Vorjahres waren noch einige Kilogramm Mandeln, Hasel- und Walnüsse übrig geblieben, die inzwischen allerdings leicht ranzig geworden waren. Martina hat sie einfach unter einen Busch im Park gekippt. Bereits am nächsten Tag war keine einzige Nuss mehr zu sehen. Die dünne pudrige Schneeschicht war durchzogen von einem Gewirr von Spuren, die in alle Himmelsrichtungen wegliefen. Freilich nicht geradewegs hin zu einem Versteck, sondern mit Haken und Kurven – ein von niemandem zu enträtselndes Labyrinth! Einige Wochen später lagen unter mehreren Bäumen, auch über hundert Meter entfernten, die geleerten Schalen.

## Saftige Birnen

Schon Ende Oktober werden dieses Jahr die Alexander Lukas reif, die Birnen, die wir normalerweise erst um Weihnachten haben – wenn sie getrennt von den Äpfeln aufbewahrt werden, deren Äthylenausdünstungen die Birnen zu schnellerem Reifen veranlassen. Da unser Apfelvorrat nach der extrem schlechten Ernte aber gar nicht so lange reichen wird, hat Herr Fogel beide Obstsorten nebeneinander gelagert, und so sind die Birnen jetzt schon goldgelb geworden und zum Verkauf bereit, mit herrlich roten Backen.

Es war ja überhaupt ein gutes Birnenjahr. Die Williams Christ wurden Anfang September geerntet und hatten kaum Zeit, ganz auszureifen, da waren sie schon verkauft. Das war gut so! Denn Birnen sind ja die schwierigsten aller heimischen Früchte – nur ganz kurz, zwei oder drei Tage, sind sie auf dem Höhepunkt ihrer Reife. Vorher sind sie noch zu fest, danach werden sie rasch mehlig, färben sich von innen her braun und enden als Matsch. Die meisten Menschen wissen heute gar nicht mehr, wie eine ideale Birne beschaffen ist: süßer, aromatischer Saft in fester Form. Selbst wenn man die Frucht noch so vorsichtig schält (was unbedingt nötig ist, denn die Schale würde den Genuss verderben!), tropft es nur so. Das Messer fährt durch das Obst wie durch weiche Butter, das Fruchtfleisch zergeht auf der Zunge. Kein Beißen ist nötig, die Zunge findet keinen Widerstand – alles ein einziges, himmlisch süßes Schmelzen …

Freilich kann man das nur erleben, wenn die Birnen nicht zu früh geerntet werden. Dies ist aber leider die Regel, denn der Handel kann sie dann länger lagern, bevor sie unansehnlich werden. Das Nachreifen zu Hause gelingt leider selten. Meist verschrumpeln die Früchte, ohne je das perfekte Genussstadium zu erreichen.

Von den Williams Christ, die wir erst vor vier Jahren an die steilste Stelle des Gühringackers gesetzt haben, weil hier die

Nachmittagssonne am ehesten für die nötige Wärme sorgt, hatten wir erstmals so viele, dass wır welche zum Brennen einschlagen wollten. Die Birnen wurden also gewaschen, mit der Mühle der Apfelpresse zerkleinert und in zwei 120-Liter-Fässern eingemaischt. Wir fügten vorsichtshalber Reinzuchthefe dazu, damit die Gärung schnell in Gang kommt und keine Fehltöne entstehen, und setzten die wassergefüllten Gärkolben auf. Deren heftiges Glucksen und Blubbern zeigte uns bereits zwei Tage später, dass die Gärung in Gang gekommen war.

Nach knapp zwei Wochen war die Gärung abgeschlossen, und die Maische duftete wunderbar nach Birnen und Wein, wie wir bemerkten, als wir den Deckel des Gärbottichs abhoben. Herr Fogel rief Herrn Schaber an, einen erfahrenen Bauern in einem benachbarten Weiler, der als ausgefuchster Brennmeister für die Qualität all unserer Brände garantiert. Er hatte aber keine Zeit – das Getreide musste mähgedroschen und eingebracht werden.

Weitere zwei Wochen später sollte dann gebrannt werden. Doch statt die Fässer abzutransportieren, kam Herr Fogel mit bedröppelter Miene zu uns: Er hatte den Eindruck, ein Fass habe einen säuerlichen Geruch bekommen. Wir überprüften es genau: Tatsächlich hatte sich so genannte »flüchtige Säure« entwickelt, der Wein einen Essigstich bekommen. Dies ist bei Birnen stets eine Gefahr, denn ihr ph-Wert ist ziemlich hoch – je niedriger dieser den sauren (beziehungsweise basischen) Bereich anzeigende Indikator liegt, desto höher ist die biologische Stabilität eines Weines. Das Dilemma besteht nun darin, dass man für einen guten Brand möglichst reife, aromatische Früchte will – je reifer und aromatischer die Birnen aber sind, desto weniger Säure haben sie noch. Hätten wir gleich nach der Gärung gebrannt, wäre vermutlich nichts passiert. Nun aber war es zu spät – aus diesem Material konnten wir keinen guten Brand mehr bekommen, höchstens Alkohol zum Abliefern ans Monopol. Das aber wäre ein herber Verlust gewesen.

Hatten wir etwas falsch gemacht? Wo kamen die Essigbakterien her? Wir hatten doch nur beste, gepflückte Früchte genommen und die vorher sorgfältig gewaschen. Auch die Presse war peinlich genau gereinigt worden. Gewiss, man kann sie nicht vollständig beseitigen, diese Erzfeinde des Weines, aber bei sauberer Verarbeitung kann man sie unter der kritischen Schwelle halten. Möglicherweise drangen sie ein, als wir den Deckel abgehoben haben…

Es gelingt uns dann aber doch, den Schaden gering zu halten: Wir seihen den Wein ab, filtern ihn und lassen ihn zu Essig weitervergären. Nach vier Wochen schmeckt er schon sehr gut, wir beschließen aber, ihn zur Abrundung des Geschmacks noch einige Monate in einem Holzfass reifen zu lassen.

Birnenwasser gibt es erst im nächsten Jahr. Hoffentlich!

Nach den Williams wurden die »Köstlichen von Charneux« reif, eine exquisite, sehr elegante, lang gezogene Birnensorte, die weniger intensiv und aromatisch schmeckt als die Williams, dafür voluminöser, üppiger, mit langem Nachhall. Auch sie sind dieses Jahr perfekt, so dass wir eine Woche lang jeden Tag drei oder vier von ihnen verspeisen. Dann ist ihr Höhepunkt vorbei, sie werden matschig.

Jetzt also die Alexander Lukas. In den Kisten liegen die großen neben kleineren, schon voll ausgereifte Früchte neben noch grünen. Die Natur beschert ja nicht lauter absolut gleich aussehende und zur gleichen Zeit reifende Früchte: An der Nordseite der Bäume bleiben sie kleiner und reifen später als an ihrer Südseite, die mehr Sonne abbekommt. Natürlich wurden die Früchte nach der Ernte entsprechend der Handelsklassenverordnung sortiert in Klasse I und II, also nach Mindestgröße, Unversehrtheit der Schale, Schorf- und anderen Flecken sowie makellosem Wuchs – verkrüppelte Früchte haben grisselige Steine im Fruchtfleisch ausgebildet und werden deshalb ausgesondert. In den Genossenschaften oder Großbetrieben folgt jetzt ein weiterer Sortiergang: Die Früchte werden nach gleicher Größe und Ausfärbung sortiert, so dass mehrere Partien entstehen mit jeweils lauter zwillingsartigen, gleichmäßig gefärbten Früchten. Alle sehen schön aus – dennoch gibt es natürlich erhebliche Qualitätsunterschiede unter ihnen, die der Kunde aber kaum erkennen kann, weil er ja im Laden keine Vergleichsmöglichkeit hat. Bei uns liegen die besten, schönsten, reifsten Früchte mit den noch nicht nachgereiften und kleineren in einer Kiste. So können unsere Kunden die Verschiedenheit erkennen, sie wissen das zu schätzen und lassen sich das Gewünschte zusammenstellen – meist eine Mischung von schon genussreifen Früchten und solchen, die zu Hause noch nachreifen werden, außerdem große für die Erwachsenen und kleine für die Kinder.

Aussortiert wurden natürlich auch jene Birnen, die von Vögeln angepickt wurden – es sind immer die schönsten! Das ist eine leidige Sache: Eichelhäher lieben es, sich an hellgrünen oder gelben Früchten gütlich zu tun. Diese Vögel, die zwar ein wunderschönes Federkleid besitzen, aber abscheulich krächzen, gehören widersinnigerweise nämlich zu den Singvögeln und dürfen daher nicht geschossen werden. So sind sie zu einer echten Plage geworden – vor einigen Jahren war es besonders schlimm: In wenigen Tagen vernichteten sie die gesamte Jakob-Klar-Ernte des einzigen für unseren Hausgebrauch verbliebenen Baumes dieser früh reifenden Apfelsorte – kommerziell ist sie nicht sehr interessant, die Äpfel werden sehr schnell mehlig. Wir erbaten daraufhin bei der »Unteren Naturschutzbehörde« eine Abschusserlaubnis, die uns jedoch trotz eindringlichster Schilderung des Vorfalls verweigert wurde. Was uns bei den später reifenden, gelbgrünen Schweizer Glockenäpfeln einen Verlust von mindestens 800 Kilogramm bescherte. Da trug unser Apfelgut Trauer …

Inzwischen ist die Plage ein wenig zurückgegangen, die Natur scheint selbst regulierend eingegriffen zu haben. Trotzdem waren von den Birnen zwei Kisten mit beschädigten Früchten angefallen und für den Jäger bereitgestellt worden, der angefaultes Obst zum Anfüttern der Rehe verwendet. Er hatte sich die Birnen angeschaut, die ihm zunächst aber noch zu grün waren. Eine Weile vergaßen wir sie. Als sie uns wieder einfielen, befürchteten wir schon, einen einzigen faulen Brei in den Kisten vorzufinden. Wie groß war unsere Überraschung, als wir entdeckten, dass mitnichten alles verfault war! Gewiss, einige Birnen waren dunkelviolettbraun mit weißen Schimmelpünktchen. Aber die meisten strahlten uns in goldener Reife mit herrlich roten Backen an! Die von den Schnabelhieben verursachten Löcher waren verholzt, hatten nur einen schmalen, braunen oder lila Rand. Und die Früchte schmeckten eindeutig viel besser als die besten der Klasse I! Aus Abfall war eine Delikatesse geworden – unverkäuflich, aber uns zum Genuss.

Jetzt endlich verstand Moritz, warum sein Onkel Hans einst wehmütig von den Kongressbirnen (*Conférence*) eines alten, oben am Waldrand stehenden Baumes geschwärmt hatte, die immer und ausnahmslos von Vögeln angepickt worden waren. Der Großvater war darüber so verbittert, dass er den Baum eines Tages hatte umhauen lassen …

## Herbstregen

Es regnet und regnet – seit Anfang Oktober hatten wir nur vier wirklich schöne Tage. Zwei davon verbrachten wir in der Toskana, einen dritten haben wir in einem Restaurant gesessen – manchmal muss ein Testessen frühzeitig festgelegt werden, vor allem, wenn es sich um ein Drei-Sterne-Restaurant handelt.

Den vierten schönen Tag, der sich Mitte Oktober zwischen lauter Regentage gemogelt hatte, verbrachte Moritz auf den

Orangerien sowie am Gewächshaus: Durch den vielen Regen und die nasse Luft in diesem Sommer waren die Scheiben grün von Algen. Sie bilden einen undurchdringlichen Belag, den man immer wieder mit dem Hochdruckreiniger herunterspritzen muss – eine herbe Aufgabe, wenn man dafür nicht einen schönen, warmen Tag erwischt: Man wird dabei bis auf die Haut durchnässt! Moritz zog sich also das älteste T-Shirt und eine Badehose an und Turnschuhe, die bereits so undicht sind, dass das Wasser gleich herauslaufen kann. Es gibt nämlich noch eine Gelegenheit, bei der dieses Schuhwerk zum Einsatz kommt: beim Entmoosen der Springbrunnenmündung im Teich.

Das Gewächshaus im Garten hatte dieses Jahr für das Dach neue Stegdoppelplatten bekommen, nachdem kräftiger Hagel sie schwer beschädigt hatte: Die Hagelkörner hatten zwar die Oberfläche nicht komplett durchschlagen, aber sie doch an vielen Stellen durchlöchert, so dass zusammen mit dem Regenwasser viel Dreck zwischen die beiden Scheiben geschwemmt wurde. In der dort herrschenden feuchten Atmosphäre konnte sich in Verbindung mit den Algen eine lichtundurchlässige Schicht bilden. So war es diesmal einfacher als sonst gewesen, weil nur die seitlichen Scheiben abzuspritzen waren – und auch nur von außen, denn innen stehen ja noch immer ganz prächtig tragend die Pimientos de Padron, Cayennechilis, Quillquina (das unglaublich aromatische, leicht an Koriandergrün und Moschus erinnernde südamerikanische Kraut) und japanischer Shiso. Das Innere kommt erst im Frühjahr dran.

Bei den Orangerien war es schwieriger: Moritz klettert auf eine Leiter, und damit der scharfe Wasserstrahl nicht Richtung Haus spritzt und dort die Saalfenster nässt, muss er sozusagen in seine Richtung hin arbeiten: Triefend von dreckigem Wasser, die Brille total beschlagen, gibt er ein wunderbares Bild ab. Zum Schluss bekommt auch der marmorne Urgroßvater unter der großen Linde noch eine scharfe Dusche, so dass er jetzt wieder in strahlendem Weiß über sein Anwesen wacht. Dann braust Moritz sich selbst ab – allerdings mit sanftem Strahl! –, zieht sich bereits vor der Haustür aus und huscht so schnell wie möglich ins Bad, unter die warme Dusche. Gott sei Dank ist diese Arbeit normalerweise nur einmal im Jahr nötig…

Dann wieder Regen. In Mannheim, an der Weinstraße, an Nahe und Mosel, im Rheingau: Mit wem wir auch telephonieren, alle berichten von sonnigem Wetter! Wo leben wir bloß? Alle paar Jahre wieder richten sich bei uns im Süden solche Schlechtwetterströmungen dauerhaft ein, während anderswo in der Republik herrliches Wetter herrscht. Aber dann kommt es auch wieder mal umgekehrt!

Nach wochenlangem Regen also und kühlen Temperaturen – einem Oktober, der eigentlich eher einem November glich, was aber die merkwürdig distanzierten, von Städtern gemachten Wettervorhersagen offensichtlich nicht wahrnehmen – haben wir in der Nacht vom 29. auf den 30. Oktober zum ersten Mal leichten Bodenfrost. Morgens ist im Tal unten alles weiß! Der Kälte aber folgt ein Föhneinbruch, von minus 2 Grad um halb sechs in der Früh steigt das Thermometer nachmittags um halb drei auf fast 24 Grad. Wir sitzen im Hemd draußen und bereiten Chilischoten zum Püreekochen vor.

In der Nacht dann eine böse, in dieser Jahreszeit noch nie erlebte Überraschung: Schnaken sirren, wir schlafen schlecht, stehen mehrmals auf, um sie zu jagen, erwischen auch welche, die wir an die Wand klatschen, aber es scheint ein unerschöpfliches Reservoir zu geben. Es ist nicht auszuhalten, und so schiebe ich neue Plättchen in die kleinen Verdampfer-Apparate und diese in die Steckdosen. Unverzüglich kehrt Ruhe ein. Man kann halt auf die moderne Chemie nicht immer verzichten.

Allerdings wirken diese Dämpfe überhaupt nicht gegen die kleinen Mücken, die tags drauf allenthalben zum Vorschein kommen. Sie lassen sich durch gar nichts stören, auch nicht durch Lavendel oder Nusslaub, das Moritz zermahlt (Empfehlung aus einem alten Haushaltsbuch). Abends entschließen wir uns zur brutalen Methode und holen die Viecher mit dem Staubsauger von der Decke, an der sie sich in Schwärmen tummeln.

Der Staubsauger tritt auch zwischen Haupt- und Vorfenstern in Aktion, wo unentwegt neue Kolonien von Stubenfliegen schlüpfen. In den Zimmern gibt es Gott sei Dank nur wenige, aber in manchen Fensterkästen wimmelt es nur so von Fliegen. Natürlich auch wegen des warmen Wetters, aber im Grunde sind wir selber schuld: Wieder mal haben wir vergessen, die Fensterfalze im Spätsommer mit einer Essiglösung abzuwischen. Das hilft nämlich, die Fliegen mögen dann dort nicht mehr ihre Eier ablegen.

Am nächsten Tag schneidet Moritz draußen die vielen verfaulten Dahlien- und Rosenknospen ab, die nicht mehr aufgehen werden. Es besteht ja die Gefahr, dass sie die guten Knospen mit Fäulnis anstecken − und wer weiß, was der Herbst noch bringt? Vielleicht werden sich doch noch einige Blüten öffnen?

Und noch etwas muss erledigt werden, so lange es trocken ist: das Zusammenrechen der nach der Kälte nur so herunterrieselnden Blätter des wilden Weins. Sie sind, wenn sie nass werden, kaum mehr aus dem Kies zu entfernen und kleben auf scheußliche Weise an den Glasscheiben der Orangerien fest. Als Moritz diese Arbeit in Angriff nimmt, ziehen schon Wolken auf − er wird gerade noch rechtzeitig fertig.

Nach den vielen Regentagen ist das Wasser des Teichs jetzt ganz klar geworden. Die Seerosenblätter sind vergangen und abgesunken, man sieht wieder deutlich bis auf den Grund. Die großen Karpfen und die Schleie scheinen mächtig gewachsen zu sein, die Goldfische auch.

Moritz betrachtet sie mit Wohlgefallen − und glaubt plötzlich seinen Augen nicht zu trauen: In der rechten hinteren Ecke des Teichs entdeckt er einen ganzen Schwarm kleiner Fischchen.

Nicht zehn oder zwanzig, sondern hunderte! Auf sein freudiges Rufen eilt Martina herbei und kann deutlich erkennen, dass einige von ihnen goldene Flecken haben. Also haben sich die Goldfische vermehrt. Oder mit den Karpfen gekreuzt. Mal sehen, was draus wird. Und ob uns der Fischreiher im Winter nicht wieder alles herausholt …

## Zeitgeist und Biosiegel

Sieht edel aus, das neue Buch vom Küchenchef des ökologischen Betriebs. Schwarzweiße oder pastellige Photos in zeitgeistgemäßer Unschärfe. Schönes, glänzendes Papier, großzügiges Layout, ästhetische Typographie. Aber wer sich lesend hineinvertieft, bleibt ratlos.

Als »Kleine Warenkunde vom Küchenchef« sind in beliebiger Folge und ohne erkennbaren Sinn Texte zu verschiedenen Gemüsen, Fleisch, Fisch aneinandergehängt. Weisheiten frei nach Dr. Binsen, oft sogar grottenfalsch: Weißkohl, Spitzkohl, Rotkohl, ja sogar der Rosenkohl, so behauptet der Fachmann, schmecken am besten im Frühjahr, wenn sie noch zart seien. Denn, so erklärt er weiter, junger Blumenkohl und Rosenkohl haben einen feineren Geschmack als die ausgereiften Exemplare. Den Garten möchten wir sehen, wo im Frühjahr bereits (oder noch?) Weißkohl oder gar Rosenkohl gedeiht. Und Rosenkohl, das weiß doch jedes Kind, braucht wenigstens eine Frostnacht, um geschmacklich zu Höchstform aufzulaufen. Und damit ist gewiss nicht die Nacht vor der Kalten Sophie gemeint.

Außerdem: Was hat der Leser vom klugen Rat, er möge vor allem Kohl beim Biohändler kaufen, wenn lediglich die lapidare Begründung folgt, dort sei er frischer − sinnvoller wäre der Hinweis, dass gerade Kohl besonders viel Dünger aus dem Boden aufnimmt und dass man es schmeckt, wenn dieser nicht von bester, also biologisch einwandfreier Qualität ist.

Man möchte doch erfahren, *warum* es besser ist, auf das Biosiegel zu achten. Frische ist kaum der Grund – die findet man in jedem sorgfältig gepflegten Gemüseladen oder auf dem Wochenmarkt. Sondern es sind die inzwischen strengen und im Prinzip auch immer wieder überprüften Maßgaben, an die sich jeder halten muss, der seine Produkte mit dem Bio-Etikett kennzeichnen will. Bei Pflanzen, was Art und Menge des Düngers sowie die Verwendung von Pflanzenschutzmitteln angeht, bei allen tierischen Produkten die vorgeschriebene Ernährung mit biologisch produziertem Futter und die artgerechte Haltung des Viehs – denn dessen elendes Leben ist nicht nur würdelos, sondern lässt sich in den Erzeugnissen schmecken!

»Bio« allein genügt freilich nicht. Nicht immer sind Bioprodukte den anderen überlegen. Manche konventionell beziehungsweise, wie der Terminus heißt, *kontrolliert integriert* arbeitende Produzenten können mit ihren selbst auferlegten Qualitätsbestrebungen den Bio-Maßstäben unter Umständen voraus sein, obwohl sie möglicherweise nicht – wie zum Beispiel wir mit den Äpfeln in unserer ungünstigen Tallage – alle Auflagen befolgen können, um das Siegel zu erlangen. Wir beispielsweise können auf Spritzmittel nicht vollständig verzichten, weil wir sonst in unserem Tal, wo die Sonne erst spät den Tau der Nacht abtrocknet, kaum einen Apfel ernten würden, der nicht von Schorf befallen wäre. Es versteht sich, dass wir so wenig wie nur irgend möglich spritzen, aber auch so viel wie eben nötig. Wir halten uns an das unterste Limit und beachten alle Fristen, aber zum Bio-Siegel wird es leider nie reichen.

Dabei lautet die allererste Frage von neuen Kunden immer: »Die sind doch sicher Bio, Ihre Äpfel, oder?«

»Nein«, pflegt Herr Fogel, durchaus offensiv, zu antworten und greift zum Taschenmesser. »Mögen Sie lieber süße oder säuerliche

Äpfel?« Dann schneidet er einen Apfel auf. Man sieht, wie es in den Hirnwänden des Kunden rickelt und rackelt und die Frage erörtert wird:»Soll ich wieder gehen?« Aber wenn der Kunde erst einmal gekostet hat, sind alle Bedenken zerstreut. Denn unsere Äpfel sind hocharomatisch und besonders kräftig im Geschmack. Wie alle Früchte, die an der Vegetationsgrenze gedeihen und Tag und Nacht großen Temperaturunterschieden ausgesetzt sind. Das fordert sie heraus, spornt sie an, Kraft und Würze zu entwickeln. Gottlob schmeckt man das schon beim ersten Biss! Auch mit noch so viel Bio könnte man das an einem ungünstigen Standort nicht erreichen – das Biosiegel ist eben nicht die allein selig machende Richtlinie für Qualität. Man muss auch darauf achten, woher die Lebensmittel stammen.

Hinzu kommt: Zwischen den verschiedenen Plaketten und Siegeln gibt es enorme Unterschiede. Nach unseren Begriffen ist durchaus nicht immer Bio drin, wo Bio drauf steht. Das verärgert vor allem hierzulande zunehmend die Erzeuger. Die Anforderungen der EU-Bio-Richtlinien liegen nämlich deutlich unter denen deutscher Ökoverbände. So sind zum Beispiel Futtermittel aus Nicht-Bio-Betrieben ebenso zugelassen wie der Einsatz konventioneller Gülle. Das verzerrt den Wettbewerb! Großzügigere EU-Regeln ermöglichen es, deutlich billiger zu produzieren. Und wenn der Öko-Weizen nach EU-Bionorm aus Ungarn ein Sechstel weniger kostet als Weizen mit dem strengeren hiesigen Naturland-Siegel, wo sollen dann die hiesigen Produzenten bleiben?

Wir haben uns immer schon gewundert, wie es möglich ist, auf den gigantischen Flächen früherer Landwirtschaftskombinate in den ehemaligen Ostblockländern biologisch zu produzieren. Mit Zugeständnissen wie den oben beschriebenen ist das kein Problem. Aber es stellt sich die Frage: Was bitte ist Bio daran, wenn auf industrielle Weise monströse Mengen erzeugt werden? Wo bleibt die ursprüngliche sinnvolle Forderung, dass die Produktionsmenge mit der vorhandenen Fläche vereinbar sein soll? Und was ist mit dem Prinzip der regionalen Vermarktung, der Idee der kurzen Wege?

Zurück zur Warenkunde des oben zitierten Küchenchefs. Er liebt Kartoffeln.»160 Sorten«, schwärmt er,»hat der Markt zu bieten – in vier verschiedenen Reifegraden«. Was mag er mit Reifegraden meinen? Denkt er an früh oder mittelfrüh reifende, an späte und noch spätere Lagerkartoffeln? Oder meint er ›festkochend‹, ›vorwiegend festkochend‹ oder ›mehlig kochend‹? Offenbar kennt er sich da nicht aus. Vielmehr fährt er zwei Absätze später fort:»Ich verarbeite zwei Kartoffelsorten…« – da ist man doch platt! Manchmal kommt noch eine dritte hinzu, schreibt er, und schildert alle drei ziemlich ähnlich in Geschmack, Farbe und Konsistenz. Warum also gerade diese zwei oder drei, da könnte er dann doch mit einer einzigen auskommen?

Dampfgeplauder, viele Worte ohne jeglichen Informationswert und obenauf noch so genannte»Tipps vom Fachmann«. Damit lassen sich Bücher und Zeitungsartikel füllen, Fernsehsendungen bestreiten und, leider, auch Minister(innen) beeinflussen: Und niemand unter der Leser- oder Zuschauerschaft, noch schlimmer, auch keiner in der Umgebung der Ministerin ist offenbar kenntnisreich genug, die Landwirtschaft ohne die ideologische Brille zu betrachten. Sinnvoll wäre es, einerseits mit den Landwirten zusammenzuarbeiten, auf sie zu hören, wo es nötig ist, ihnen aber auch Tatsachen und Erkenntnisse zu vermitteln, mit denen sie noch nicht vertraut sind (damit es nicht weiterhin heißt:»Des habbe mer noch nia so gmacht!«), um ihnen einen neuen Weg zu zeigen, der die Landwirtschaft in die Zukunft führt.

Ein Blick über unsere Grenzen nach Österreich kann nur neidisch machen: 72 Prozent der Österreicher kaufen Bio-Lebensmittel ein, ein Drittel davon regelmäßig. Leider geben 63 Prozent als Hauptmotiv den positiven Einfluss auf ihre Gesundheit an und nur 19 Prozent greifen zu, weil diese Produkte ihnen besser

schmecken. Aber wir behaupten ja immer schon: Wenn die Feinschmecker und die Gesundheitsapostel sowie die Ökobewussten
alle miteinander an einem Strang zögen, gäbe es bald sehr viel
mehr anständig gezogene, wohlschmeckende und biologisch
wertvolle Lebensmittel.

Interessant ist, dass bei dieser Umfrage (aus dem Jahr 2003)
Personen mit höherem Einkommen eher auf den gesundheitlichen Wert achten, während für die Einkommensschwächeren der
Geschmack das wichtigere Argument ist. Aber das ist vielleicht
österreichspezifisch. Denn dort spielt der Geschmack und die
Freude am Essen grundsätzlich eine wichtigere Rolle als bei uns.
Während man hierzulande isst, um zu leben, ist es in Österreich
genau umgekehrt: Man lebt, um genussreich zu essen, und zwar
ohne Rücksicht aufs Einkommen. Man legt nicht nur Wert auf
Qualität, man kann sie auch besser unterscheiden: Die Kenntnis
der Produkte und das Wissen um deren Einfluss auf die Gesundheit sind erheblich ausgeprägter als bei uns. Und man ist bereit,
mehr Geld dafür auszugeben. Lebensmittel sind in Österreich
deutlich teurer als in Deutschland! Seit wir den Euro haben, lässt
sich das mühelos überprüfen. Den Österreichern ist das gar nicht
so bewusst, wie wir immer wieder verblüfft festgestellt haben, als
wir für unser Österreichbuch im Lande unterwegs waren.

Allein die Tatsache, dass eine strikte Vorschrift den Buschen-
schänken auferlegt, fast ausschließlich Selbstproduziertes anzubieten, sorgt dafür, dass man keine billige Supermarktware vorgesetzt
bekommt. Dass die Wirte dann wetteifern, wer das Beste bietet,
ist freilich nicht den Vorschriften, sondern dem Ehrgeiz zu verdanken. Und der Tatsache, dass die Kundschaft lieber dorthin
geht, wo es gut schmeckt und eine reiche Auswahl lockt. Eine
Binsenweisheit?

Hierzulande fallen den Kunden die Unterschiede kaum auf.
Häufig nehmen sie es gar nicht wahr, wenn das Essen im Land-
gasthof gänzlich aus industrieller Fertigung stammt – wichtig ist

ihnen nur, dass es nicht viel kostet. Wer mag sich denn da noch Mühe geben und auch noch selber kochen? Hauptsache, der schöne Schein ist gewahrt, wie im edlen Coffeetablebook mit den schönen Photos auf hochglänzendem Papier...

## Theater mit dem Törchen

Jahrelang haben wir es herauszögern können, immer wieder hat Moritz mit einer neuen Schraube sich lösende Bohlen an den Querträgern befestigt, die Türe hochgehoben und ein Brettchen zwischen Stützträger und Querbalken geschoben... Aber jetzt ist es endgültig aus: Unsere über 100 Jahre alte Eingangstür in der Mauer, Törchen genannt, ist nicht mehr zu reparieren. Törchen, weil es auch ein Tor gibt; dieses allerdings führt dem Hauseingang gegenüber durch die Mauer auf die unmittelbar davor verlaufende Straße und dient nur noch dekorativen Zwecken.

Dekorativ ist freilich auch das alte Törchen: graues, verwittertes, von einem langen Leben erzählendes Eichenholz. Dieses in Ehren ergraute und vom Wetter gefurchte Holz nun durch neue, glatte Bretter aus jungem, nicht abgelagertem Holz ersetzen?

Moritz hatte Jürgen gefragt, den Metallkünstler, dem wir unsere sechs Meter lange Platte für den Terrassentisch verdanken, ob er sich nicht vorstellen könnte, einen festen Rahmen aus Edelstahl zu fertigen, in dem das alte Holz wie ein Bild säße – vielleicht könnte es noch einige Jahre halten, wenn es keine tragende Funktion mehr hätte. Er versprach darüber nachzudenken.

Zwei Wochen später brachte der Postbote ein schmales, langes, erstaunlich schweres Paket. Eine meterlange, vier Zentimeter starke Eichenbohle. Und Jürgen schrieb, wir sollten mal ausmessen, ob wir mit solchem Holz zurechtkämen – er habe aus einem westfälischen Bauernhof den 250 bis 300 Jahre alten Holzboden ergattert, umsonst, sozusagen als Bauschutt. Das Brett war gehobelt worden und zeigte jetzt einen wunderschönen, goldgelben Eichenton mit herrlicher Maserung. Es schien uns stabil, solide, genau richtig für unsere Zwecke. Also ließ Jürgen eine Palette mit den benötigten Eichendielen von über zwei Metern Länge an uns liefern.

Wir zeigten die Bretter Manfred, unserem geschickten Handwerker, der bei uns schon an vielen Stellen des Hauses segens- und hilfreich gewirkt hat – als Schreiner, Maurer, Maler, Tapezierer, Fensterbauer. Er nickte, hielt mit der rechten Hand den Eichenbalken prüfend von sich weg, schob mit der linken den widerborstigen dunklen Haarschopf aus der Stirn, wackelte bedächtig mit dem Kopf: »Klar, mache mir«, er grinst zuversichtlich: »Koi Problem«.

An einem sonnigen Märztag rückte er mit seinen zwei Gesellen an: Sie bauten die alte Tür aus, nahmen Maß, übertrugen die Umrisse auf eine Pappe, legten die Konstruktion fest; dann wurde ein Bierchen gezischt, die Position des Türschlosses eingezeichnet und die schönen Eisenbeschläge wurden abmontiert, denn die sollten natürlich erhalten bleiben. Und schließlich verstauten sie das Türblatt in ihrem Lieferwagen und verschwanden.

Eine Woche fehlte die Tür im Törchen, so lange hatte jedermann aus den vorbeifahrenden Autos freie Sicht zu uns herein. Wir hörten schon am Quietschen der Reifen, wie Neugierige ihre Schussfahrt, zu der sie nach der Kehre angesetzt hatten, abbremsten, sobald sie das offene Tor bemerkten; manche hielten sogar an, um in aller Ruhe den ungewohnten Einblick auszukosten. Wir fühlten uns unbehaglich wie auf einem Präsentierteller.

Leider konnte das alte Schloss nicht übernommen werden, dafür waren die Dielen doch zu dünn – die alten Bohlen waren fünf Zentimeter stark gewesen. Es musste noch einiges nachgebessert werden beim Einpassen der neuen Tür; die Scharniere saßen nicht ganz genau, die Mauerrundung war nicht ebenmäßig, was durch die verrutschten Dielen der alten Tür kaschiert worden war. Kleinigkeiten! Nach einem weiteren Tag Anpassen, Hobeln, Schleifen, überschüssige Zentimeter Wegstemmen saß die Tür.

Manfred hatte das Holz vorsichtshalber noch nicht endgültig verleimt, er wollte damit warten, bis es sich den klimatischen Bedingungen im Freien angepasst haben würde. Außerdem sollte alles noch imprägniert werden. Wir aber wollten das Holz lieber unbehandelt lassen, damit es bald wieder den vertrauten silbrigen Grauton annehmen würde.

Eine Woche lang freuten wir uns an der neuen Tür. Dann begann es zu regnen. Am nächsten Morgen hatten sich die Wolken verzogen. Aber wie sah unsere Tür aus! Sie war von oben bis unten blaugrau verfärbt, die Sandsteinplatten unter ihr waren mit hässlichen blauschwarzen Flecken übersät, die Eisenbeschläge mit einer weißlichen Schicht überzogen: Da die Dielen nicht im Freien, sondern in einem Haus gelegen hatten, waren noch alle Gerbstoffe darin enthalten und jetzt durch den Regen rausgewaschen worden. Manfred nahm die Tür wieder mit, säuberte alles und trug nun doch einen biologischen Holzschutz auf.

Es regnete weiter, die Tür färbte noch eine Weile nach, aber das legte sich bald. Dafür klemmte sie zwei Tage später. Sie fiel nicht mehr ins Schloss: Die Bohlen hatten sich mit Wasser voll gesogen und ausgedehnt. Also wurde die Tür erneut ausgehoben – drei Mann mussten fest zupacken, so schwer war sie inzwischen geworden! Zurück in die Werkstatt, die Bänder abgeschraubt und längs, parallel zum Faserverlauf, ein zentimeterbreiter Streifen aus der Mitte des Türblatts herausgesägt. Ebenso viel wurde an der entsprechenden Stelle aus den Eisenbändern entfernt, diese dann wieder aneinander geschweißt – damit die vorhandenen Löcher für die Bolzen, die alles zusammenhielten, weiterhin verwendet werden konnten. Jetzt lief die Tür einwandfrei.

Es regnete weitere zwei Tage: Dieselbe Prozedur noch einmal – Tür ausheben, Bänder weg, kürzen, Holz rausnehmen, zusammenschrauben, Rundung wieder perfektionieren. Das Holz, das wir in drei Jahrhunderten zur Ruhe gekommen wähnten, spielte uns schon einen argen Streich! Wir sehnten uns nach unserer schönen alten Tür zurück. Die aber war unwiederbringlich dahin, die Bohlen waren beim Auseinandernehmen einfach zerbröselt.

Endlich besserte sich das Wetter. Nach zwei herrlich sonnigen und trockenen Sommerwochen gab es jedoch ein neues Problem: Jetzt war das Holz getrocknet, es hatte sich wieder zusammengezogen – und nun griff die Türschnalle nicht mehr hinter den elektrisch zu betätigenden Riegel des Öffners. Die Tür wird übrigens dank eines ebenso ungewöhnlichen wie praktischen Mechanismus geschlossen: Ein schweres Gewicht zieht sie an einem durch zwei Rollen laufenden Drahtseil mit lautem Knall vernehmlich und sicher ins Schloss. Jetzt also schnappte das Schloss nicht ein, die Tür war nur mehr angelehnt und es konnte jeder einfach frei hereinmarschieren.

Dies hatten wir früher ja öfter erlebt, als sich unser Törchen noch von außen mit der Türklinke öffnen ließ. Obwohl deutlich lesbar unser Name auf einem Messingschild an der Tür steht, drangen immer wieder Fremde ein. Wenn wir zufällig in der Nähe waren und fragten: »Können wir Ihnen helfen?«, waren sie oft ungehalten: »Das ist doch ein Schloss!« Tatsächlich ist unsere Villa mit einem Schloss-Symbol in Landkarten eingetragen.

»Ja, es ist trotzdem privat!«

»So, wir dachten, man könne es besichtigen.«

»Dann würden wir es doch dranschreiben!«

»Ach so«, sagten sie dann und zogen widerstrebend ab.

Eines schönen Sommertags saßen wir mit Freunden auf der Terrasse, als plötzlich wildfremde Leute langsam schlendernd um die Hausecke bummelten. Moritz bat alle, so zu tun, als ob wir uns nicht für sie interessierten. Die ungeladenen Besucher gingen an uns vorbei, setzten sich an den anderen Tisch auf der Terrasse und warteten. Wir plauderten mit unseren Freunden, tranken lustig unseren Wein, verspeisten eine Auswahl von Würsten und Schinken mit Radieschen und Cornichons. Da wurde es denen am Nachbartisch dann doch zu lang, und einer fragte uns, wo denn die Bedienung bleibe. Wir sagten:»Bedienung? Die haben wir hier nicht.«»Hääh?« (schwäbisch für»wie bitte«?) Die Herrschaften waren eher schlichter Natur und ihre Umgangsformen rustikal.

»Und wir haben auch nicht vor, noch weitere Gäste zu bewirten«, fügte Martina hinzu,»dies ist unser Privathaus... – haben Sie nicht unsere Namen auf dem Eingangstor gesehen?« Sie bekamen wenigstens rote Köpfe, als sie sich entschuldigten und unter dem Gelächter unserer Freude trollten.

Vor einigen Jahren haben wir deshalb die äußere Türklinke stillgelegt und das Törchen mit Gegensprechanlage und einem Zahlenschloss zum Öffnen versehen. Jetzt war also diese praktische Lösung wieder außer Kraft gesetzt. Was also war zu tun, um das Problem der zu kurzen Türschnalle zu lösen? Die vom alten Schloss war aus gutem Grund fast fünf Zentimeter lang.

»Aber so lange gibt's heute gar nicht mehr«, sagte Manfred.»Da hilft nur eins: Den Riegel von der elektrischen Schließe nachstellen.« Er lachte rau,»des muess i' bei mir au' mache. Im Sommer raus und im Herbscht wieder rei'...« Sprach's, stellte nach und wurde mit einem Bierchen belohnt – alles wieder paletti.

Nach einer weiteren Woche genügte aber auch das Nachstellen nicht mehr, die Tür sprang immer wieder aus dem Schloss. Wir ergaben uns in unser Schicksal – sicher würde es bald wieder regnen, eventuell können wir das Törchen ja auch jeden Abend mit Wasser einsprengen....

»Ha, ha«, grinste Martina und stellte sich den Hausherrn beim abendlichen Gießen vor (»ich geh' sprengen« –»aber mach' bitte nicht so viel Krach dabei!«), wie er nun auch das Törchen mit dem Gartenschlauch abschwenkt.

Doch schon kam ein Gewitter auf, das diesmal freudig empfangen wurde, denn es regnete kräftig. Und am nächsten Morgen fiel die Tür wieder ordnungsgemäß ins Schloss.

Ende Juli meinte Manfred gut gelaunt, jetzt habe sich alles zurechtgerückt, er werde jetzt die Hölzer ordnungsgemäß verleimen. Er nahm also die Tür wieder mit, nach drei Tagen bekamen wir sie wieder. Der August war erst gewittrig, dann gab's tagelang anhaltenden Regen. Die Tür klemmte leicht, aber sie ließ sich weiterhin öffnen. Jetzt entdeckte Moritz, dass die vorderste Bohle mit Klinke und Schloss sich von den Querbalken, an die sie geleimt worden war, gelöst hatte und locker hin und her schwang. Manfred anrufen – oh je! Jetzt sind Handwerkerferien, alle im Urlaub. Selbst ist der Mann: Also bohrte Moritz durch die beiden tragenden Querbalken oben und unten ein Loch, leicht schräg, steckte Bolzen durch und zog die Muttern so fest an, dass die lose Diele gleichzeitig an den Querbalken wie auch ein wenig zurück in die alte Stellung gespannt wurde. Die Tür schloss wieder einwandfrei.

Schließlich kam der Herbst. Fast zwei Monate lang Feuchtigkeit, kaum ein Tag ohne Regen. Weiter arbeitete das Holz, dehnte sich erneut: Das Törchen ist jetzt fast einen ganzen Zentimeter zu breit. Es ist geradezu absurd, wie viel Nerven, Kraft und Geld wir schon in das schöne Teil investiert haben. Und ein Ende ist nicht abzusehen.

Nur eines wissen wir jetzt: Es kommt bei Holz nicht darauf an, wie alt und abgelagert es ist, sondern aus welchen Stämmen man es wie geschnitten hat. Diese Bretter wurden, so vermuten wir, nicht aus der Mitte von Eichenstämmen gesägt, sondern aus dem Randbereich. Und wahrscheinlich stammen sie obendrein von Eichen, die zu ihren Lebzeiten nicht kontinuierlich mit Wasser versorgt wurden und deshalb nicht in Ruhe und stressfrei schön langsam und gleichmäßig haben wachsen können. Hinterher ist man immer klüger.

Vielleicht sollten wir diese neue Tür in einen so stabilen Rahmen aus Edelstahl packen, dass sie sich keinen Millimeter mehr bewegen kann!

# Die Palme

Zu Moritz' erster Hochzeit, 1972, schenkten Brigitte und Franco ihm eine Palme aus San Remo. Eine Dattelpalme, vierzig Zentimeter hoch. Ein wunderbares Geschenk, denn damals gab es in München kaum Palmen zu kaufen.

Heute steht diese Palme im Sommer neben der Treppe, die zwischen Villa und Mohnshäusle zum Sitzplatz hinter dem Haus führt. Mit ihren weit ausladenden Wedeln beschattet sie eine Bank mit rundem Tisch und vier Stühlen. Tritt man durch das »Törchen« auf unser Apfelgut, so fällt der Blick unwillkürlich auf diese Pflanze. Zusammen mit den in Reih und Glied aufgestellten Blumentöpfen verströmt sie mediterranes Flair. Damit sie nicht durch einen Sturm umgeworfen wird, beschwert Moritz den Topf, aus dem sich die Palme immer höher herauswurzelt, mit Steinblöcken. Dennoch muss er sie zuweilen nach Windböen wieder aufrichten.

Im Winter kommt die Dattelpalme natürlich ins Haus. Eine Unternehmung, die von Jahr zu Jahr schwieriger wird. Die Palmenzweige werden zusammengebunden und reichen dann gute vier Meter hoch. Früher stand sie in einem Terrakotta-Topf. Inzwischen hat Moritz ein Gefäß aus Lärchenholz schreinern lassen, mit zwei stabilen Griffen an der Seite. Mit einer Sackkarre wird die Palme transportiert, dann von Alexander und Herrn Fogel hereingetragen, wobei Moritz den Wipfel stützt. Alexander weist ihn jedes Mal mit spöttischem Grinsen darauf hin, dass er schon vor sechs Jahren behauptet habe, dieses sei aber nun wirklich das letzte Mal, dass wir uns diese Arbeit machen. Aber wir haben halt noch immer nicht im Lotto gewonnen und deshalb auch nicht das ersehnte Gewächshaus...

Die Palme steht in der Halle unter dem großen Fenster mit Jugendstilornamenten und gedeiht dort prächtig: Jedes Frühjahr treibt sie ein paar neue Wedel. Und sie füllt den Raum mit Makartscher Pracht.

## Zwischen Hysterie und Verbraucherschutz: Acrylamid

Als ein landwirtschaftlicher Betrieb beziehen wir das »Organ des Landesbauernverbandes in Baden-Württemberg«, die Wochenzeitung »Schwäbischer Bauer«. Alles, was den Bauern und die Bäuerin an Technik, Tierhaltung, Pflanzenschutz, Düngung, Gartenpflege, aber auch rund um Haushalt und familiäres Leben interessieren kann, wird hier besprochen. In seiner neuen Ausgabe berichtet der »Schwäbische Bauer« kurz, prägnant und zunächst weitgehend richtig über die neu entdeckte Gefahr des Acrylamids als Krebs erregender oder gar Erbgut schädigender Substanz.

Acrylamid entsteht vor allem dann, wenn stärkehaltige Lebensmittel mit Fett erhitzt und gebräunt werden. Pommes frites, Kartoffelchips, Bratkartoffeln, Gebäck, dunkle Brotkruste, Toast- oder geröstetes Brot stehen daher im Mittelpunkt des kritischen Interesses. Die Wissenschaft weiß zwar noch nichts Genaues, aber ihre Vertreter gehen davon aus, dass das Acrylamid bei der Maillard-Reaktion entsteht, die auch für die Geschmacksbildung beim Braten, Rösten, Backen, Grillen und Fritieren verantwortlich ist. Wir beginnen bereits zu ahnen, dass es mal wieder dem Wohlgeschmack an den Kragen geht ...

Für weitere Informationen besuchen wir im Internet die angegebene Info-Adresse www.acrylamid-forum.de.

Hier ist viel Material zu lesen, das verschiedene Verbände, Institutionen und Universitäten zu diesem Thema herausbringen, Verbraucherfragen werden beantwortet. Klar ist: In hohen Dosen ist Acrylamid gefährlich – aber man weiß noch nicht, in welcher

Dosis und wie sehr. Wie bei allen Krebs erregenden Stoffen lässt sich keine Unbedenklichkeitsgrenze angeben. Schließlich können solche Stoffe auch in geringen Mengen ein Risiko bergen. Wie groß ist die Gefahr nun tatsächlich?

Um das herauszufinden, bestimmt man erst einmal im Tierversuch, von welcher Dosis an eine Schädigung auftritt. Dann wird diese in Gramm, Milli- oder Mikrogramm pro Kilogramm Körpergewicht auf den Menschen umgerechnet. Dadurch erhält man einen Faktor, den NOAEL (No Observed Adverse Effect Level), der für neurotoxische Wirkung bei 0,5 mg je Körpergewicht und Tag liegt, für Erbgut schädigende Wirkung bei 2 mg/kg Körpergewicht/Tag. Bei einer geschätzten durchschnittlichen Belastung der europäischen Verbraucher (genaue Untersuchungen liegen noch nicht vor, nachdem erst im Laufe des Jahres 2002 praxistaugliche Tests entwickelt wurden) von 0,3 bis 0,8 Mikrogramm liegt die Aufnahme also um einen Faktor 1000 (MOE – Margin of Exposure) unter dem Schwellenwert für eine im Tierversuch bewiesene Schädigung.

Also doch alles im grünen Bereich? Die MOE für andere karzinogene Substanzen, für die bereits gesetzliche Regelungen geschaffen wurden, beträgt bei den Aflatoxinen (beispielsweise in Paranüssen vorhanden) und flüchtigen Nitrosaminen 100 000 und bei den Nitrofuranen 1 000 000; das Acrylamid-Risiko ist also um 100 bzw. 1000 mal höher. Dies klingt nun wieder bedrohlich!

Hieraus nun leiten die Wissenschaftler ab, dass aus der Sicht des gesundheitlichen Verbraucherschutzes unverzüglich Maßnahmen zur Minimierung des Acrylamidgehalts in manchen Lebensmitteln ergriffen werden müssen. Vor allem die industrielle Produktion hat sofort reagiert und sich um neue Verfahren gekümmert. Denn gerade Pommes frites, Kartoffelchips, Knäckebrot und Butterkekse, in denen die höchsten Acrylamidwerte gefunden wurden, werden ja fast ausschließlich als Fertig-Produkt gekauft und nur selten im eigenen Haushalt zubereitet. Die neuesten Werte dieser Produkte liegen mittlerweile gehörig unter den bislang gemessenen Daten.

Untersuchungen haben gezeigt, dass vielerlei Faktoren zur Bildung des Acrylamids beitragen. In erster Linie bestimmen Temperatur und Bräunungsgrad seine Konzentration. Aber auch die Auswahl des Frittierfetts, der Kartoffelsorte, des Mehls und die Intensität des Röstvorgangs sind von Bedeutung. Bis alle Faktoren erkannt und bewertet sind, wird noch einige Zeit verstreichen. Auch gilt es noch zu klären, inwieweit wir gleichzeitig (wenigstens bei ausgewogener Ernährung) Krebs hemmende Verbindungen zu uns nehmen und wie diese die Auswirkungen des Acrylamids beeinflussen.

Aber bis dahin wird erst einmal fleißig Angst gemacht, vor Pommes frites gewarnt und von Chips abgeraten. Verschwiegen wird, dass die oben erwähnte MOE nicht einmal dann erreicht werden kann, wenn man das Zeug jahrelang kiloweise in sich hineinschlingt. Dass eine solch einseitige Ernährungsweise nicht gesund wäre, müsste ohnehin jedermann bewusst sein. Aber die durch lauter Junk-Food immer dicker werdenden Amerikaner und deutschen Kinder beweisen ja, dass dies offenkundig nicht der Fall ist. Man halte sich nur die Unmündigkeit jenes Mannheimer Richters vor Augen, der die Firmen Mars und Coca Cola für seine Zuckerkrankheit verantwortlich machen wollte, deren Produkte er täglich als Mittagsmahlzeit zu sich nahm!

Bratkartoffeln, so der resümierende Ratschlag im »Schwäbischen Bauern« soll man im Haushalt, um möglichst wenig Acrylamid zu erzeugen, in wasserhaltigem Fett (vorgeschlagen wird Margarine) und nur langsam bei milder Hitze anrösten, vor allem nicht dunkelbraun werden lassen. Langsam haben wir Bratkartoffeln immer zubereitet! Denn behutsam gebraten, können die Kartoffelscheiben das in ihnen enthaltene Wasser weitgehend abgeben, sie werden rösch und golden und schmecken viel besser, als schnell durchs Fett gejagte, daher überhitzte Matschkartoffeln!

Allerdings nehmen wir selbstverständlich Butterschmalz dafür (oder Olivenöl oder Gänseschmalz): ein natürliches Fett also, auf keinen Fall hochtechnisch extrahierte, raffinierte und gehärtete Fette wie Margarine. Was unsere Großeltern in ihren Eisenpfannen neben dem offenen Feuer auf der mäßig heißen Herdplatte langsam der Vollendung entgegenbraten ließen, war eben nicht nur wohlschmeckender, sondern auch gesünder als das, was auf möglichst schnelle und effektive Weise industrieller Fertigung unterliegt oder in aller Eile und Unlust auf privaten Kochstellen gebrutzelt wird.

Andererseits: Ist es tatsächlich so schlimm, wenn wir in unseren Bratkartoffeln – die wir ja nicht unentwegt und nicht jeden Tag essen – möglicherweise auch einmal mehr als ein Tausendstel der als schädlich erkannten Menge zu uns nehmen? Mit den heutigen Messmethoden lassen sich so unglaublich geringe Spuren aller möglichen Substanzen aufspüren, die vor 20 oder 5 Jahren noch gar nicht nachweisbar waren. Wahrscheinlich stecken wohl in jedem Lebensmittel irgendwelche Mengen gesundheitsschädlicher Substanzen, und nicht alle Kochprozesse laufen vollkommen ohne Entstehung schädlicher Stoffe ab (beim Grillen wissen wir das ja schon lange).

Vor der Aufnahme größerer Mengen ungesunder Stoffe, die durch falsche Zubereitung entstanden sind, schützt uns eigentlich ein Sinnesorgan, das indes offenbar viele Menschen vernachlässigen – anders kann man sich den Andrang vor grauenvoll stinkenden Frittenbuden und Würstchenständen auf Wochen-, Jahr- und Weihnachtsmärkten nicht erklären: Unsere Nase rät uns dringend ab, dort etwas zu verspeisen! Missachten wir diese olfaktorische Warnung, dürfen wir uns nicht wundern, wenn wir uns nicht nur mit Nitrosaminen und Nitrofuranen, die wir bislang schon kannten, sondern auch mit dem neu entdeckten Acrylamid überversorgen.

Lassen wir uns also nicht verrückt machen! Braten Sie Ihre

Bratkartoffeln und frittieren Sie Ihre Kartoffelstäbchen selbst. Achten Sie dabei auf ein gutes Fett (Öl); verwenden Sie es höchstens drei oder viermal, filtern Sie es nach jedem Gebrauch und passen Sie auf, dass die Temperatur in der Fritteuse 175 Grad nicht überschreitet. Lassen wir uns den Genuss unserer Leibgerichte nicht verbieten, sondern kochen wir vernünftig, sorgfältig und mit guten Zutaten!

# Jahresausklang

## Der Kamin

Sie naht unerbittlich, die Winterkälte. Noch ist es recht mild, aber Moritz muss sich allmählich mit dem Gedanken vertraut machen, dass er uns morgens nicht gleich den heiß ersehnten Espresso bereiten kann, sondern sich erst einmal um die Gemütlichkeit kümmern muss – indem er für angenehme Wärme im Haus sorgt! Das einst als Sommerdomizil erstellte Haus hat da so seine Ansprüche!

Ihm bleibt nichts anderes übrig, als demnächst wieder allmorgendlich den Kamin in der Halle zu entzünden und den Kachelofen des Esszimmers zu schüren.

Wenn es hinter dem Haus gewaltig rumpelt, ist dies das sicherste Zeichen, dass es bald wieder so weit sein wird: Alexander bringt das Holz für den Kamin und schichtet es unter dem Balkon auf, wo es einigermaßen vor Regen geschützt ist.

Holz haben wir ja genug aus unserem Wald. Moritz benutzt für den Kamin nur Hartholz (Tanne, Fichte oder Kiefer würden wegen ihres Harzgehalts ja auch für gefährlichen Funkenflug sorgen). Also Ahorn, Esche, Buche und natürlich Apfelbaumholz, das in der jetzigen Umstellungsphase von den großen Buschbäumen auf Spindeln reichlich anfällt. Es brennt schön langsam und gleichmäßig. Aufgesägt wird es von Alexander, der auch regelmäßig für Nachschub sorgt, denn der Vorrat unterm Balkon reicht nur für zwei Monate; wenn Kälte, Schnee, anhaltende Nässe keine Arbeiten auf dem Gut oder im Wald mehr erlauben und Alexander abgemeldet ist, wird Herr Fogel diese Arbeit wieder übernehmen.

Der Kamin hat seine Tücken, und es hat einige Winter gedauert, bis Moritz diese in den Griff bekommen hat. Eigentlich ist er nämlich nicht ausreichend tief im Verhältnis zu seiner Höhe, außerdem geht der Abzug schräg ab, so dass der Rauch sich stauen kann und dann in die Halle ausweicht. Moritz' Mutter erzählte aus ihrer Kinderzeit, dass ihre Großmutter an kühlen Tagen auf den Kamin nicht verzichten wollte, auch wenn sie hustend und mit Tränen in den Augen im Rauch saß, wobei die dem Kamin zugewandte Seite geröstet wurde, die abgewandte aber eiskalt blieb. Eine andere Wärmequelle gab es im Haus nun einmal nicht. Außerdem zog es wie im Affenhaus, weil kalte Luft durch den großen, offenen Zugang vom Treppenhaus zur Halle strömte, dann über die oben quer durch den Raum verlaufende Galerie, die ebenfalls mit dem Treppenhaus verbunden ist, wieder hinaus; es war also ein andauerndes Drehen und Wenden nötig, das nicht eben zur Gemütlichkeit beitrug.

Zu Zeiten der Eltern wurde nicht mehr versucht, den Kamin zu benutzen. Die Halle blieb kalt, der Durchgang wurde mit einer Tür verschlossen, oben an der Galerie ein schwerer Teppich aufgehängt, und die Halle selbst wurde zur Rumpelkammer.

Wir haben diese nach unserem Einzug gleich aufgeräumt und die Tür wieder entfernt, denn nur durch die zentrale Halle gelangen wir in unsere Arbeitszimmer, die einst als Bibliothek und Behandlungszimmer von Moritz' Mutter dienten, die Ärztin war.

Der Schmied hat schließlich am oberen Rand der Kaminöffnung ein kleines Lenkblech angebracht. Wir haben die mit Hirschköpfen und gefährlich spitzen Geweihen verzierten, eisernen Holzträger zweckentfremdet: Sie tragen nun statt Kaminholz zwanzig Zentimeter über dem Boden eine dicke Eisenplatte, auf der das Feuer entzündet wird. Jetzt zieht der Kamin auch ordentlich.

Zwischen der Palme, die in einer Ecke der Halle unter dem großen Fenster ihr Winterquartier hat, und dem Kamin lässt sich

Holz für drei Tage lagern. Dann muss Nachschub her: Ein Vorrat für schlechtes Wetter liegt im Untergeschoss in der Nische, wo einst der Eisschrank seinen Platz hatte. Ein Gully im Boden, um das abtauende Wasser aufzunehmen, zeugt noch davon. Davor steht eine Kiste mit Spächele und Kiefernzapfen. Der Hauptvorrat an Holz lagert, wie gesagt, hinterm Haus unter dem Balkon. Wenn Moritz wieder mal was braucht, lädt er die Sackkarre voll mit Kloben und fährt sie vors Haus; von dort werden sie dann Stück für Stück hineingetragen. Wenn die Sonne scheint, läuft Moritz auch schon mal den ganzen Weg hin und her, in jeder Hand ein Scheit: eine schöne sportliche Übung! So hält der Winter ihn fit, obwohl Herr Fogel ihm inzwischen das Schneeschippen abgenommen hat.

## Geburtstag mit weißen Trüffeln

Alle fünf Jahre gibt's bei uns ein großes Fest, dann steht bei einem von uns beiden ein runder Geburtstag an. Da wir beide mitten im unwirtlichen Winter geboren sind, verlegen wir die Feiern in die warme Jahreszeit und laden Ende Juni zum Sommerfest. Auf der Festwiese, dem früheren Tennisplatz, wird dann ein Zelt aufgestellt, sämtliche Sitzplätze im Park sind erwartungsvoll gerichtet. Eine weiße Tafel erstreckt sich auf dem Parterre hinter dem Haus fast über dessen ganze Länge, auf der Terrasse sind mehrere große Tische gedeckt. Zwischen Villa und dem Mohnshäusle steht das Pagodenzelt unserer Alpirsbacher Freunde bereit, falls später am Abend der kühle Wind aus dem Dobeltal die Gäste von der Terrasse scheucht. So sind wir einigermaßen unabhängig von den Launen des Wetters. Meist haben wir Glück und können bis spät in die Nacht draußen sein, in der linden frühsommerlichen Luft.

Es ist einfach schön, wenn bis zu hundert hoch gestimmte Menschen im Park flanieren! Einige haben sich auf den Rand der grünen Wanne gesetzt und naschen Walderdbeeren, die den Rosenhang wild überwuchern; andere spazieren die Wege entlang, so sehr ins Gespräch vertieft, dass sie kaum einen Blick für die weißen Rosen haben, die in schwelgerischen Kaskaden von der hohen Eibe fallen; dort drüben haben sich zwei zum intimen Plausch in die Schaukelstühle zurückgezogen; und am Teich macht sich's eine ganze Schar gemütlich, deren Lachen man weithin hört.

Zu Beginn tragen Frau Pfendtner und Frau Mönch Platten mit Snacks und Häppchen zum Aus-der-Hand-Essen umher. Einmal ließen wir einen Sushimeister kommen, dessen mobiler Stand heftig umlagert war. Das eigentliche Essen müssen sich die Gäste dann in der großen Küche abholen. Alle nur denkbaren Getränke – von den eigenen Produkten über Weiß- und Rotweine bis zu Bier, Säften und Wasser – stehen im Souterrain bereit (Bier, Wein und Wasser gibt's auch im Festzelt).

Das Catering besorgen wir am liebsten selbst. Was wir gern essen, könnte uns ja doch niemand liefern. Geschirr, Besteck und Gläser stellt jedes Mal unser Freund Hermann Bareiss zur Verfügung, damit ist ja schon mal ein Löwenanteil der Logistik geklärt, wir wollen ja nicht mit Blechlöffeln von Plastiktellern essen.

Besonders begehrt sind Martinas thailändische Buffets. In der Küche kann sich jeder von verschiedenen Curries bedienen, es gibt Thaisalate, Satéspießchen mit Saucendips und andere Snacks und Reis. Beim letzten Fest hat Felix – schließlich ausgebildeter Koch – im Wok für die Gäste frisch und fröhlich pfannengerührt: vorbereitete, zurechtgeschnibbelte Zutaten, ganz individuell nach ihren Wünschen zusammengestellt.

Der riesige Brie de Meaux, den Herr Schwarz, unser fabelhafter Käsehändler vom Markt, so rechtzeitig für uns beiseite gestellt hatte, dass er, in absolut perfektem Zustand, beim Anschneiden einfach träge schmolz, blieb den Gästen noch lange im Gedächtnis. Als Desserts gab es Bavaroises von verschiedenen Früchten, eine gewaltige Terrine aus dreierlei Schokoladen (Weiß, Vollmilch und Bitter), Martinas Spezialmohnkuchen, in den kein Stäubchen Mehl gehört, und die besten Erdbeeren der Welt in riesigen Schüsseln (Senga Sengana, eine unglaublich aromatische Sorte, die dicke, dunkelrote, saftige Früchte erzeugt, süß und voller Aroma und natürlich aus unserem Garten). Dass von alledem nichts übrig blieb, obwohl in beträchtlichen Mengen serviert, spricht dafür, dass die Dessert geschmeckt haben.

Natürlich klingt ein solches Sommerfest am nächsten Tag mit einem späten Frühstück im Festzelt aus, das sich jedoch alle erst mit einem Spaziergang durch das schöne Glatttal verdienen müssen. Und wenn gegen Abend die letzten Gäste abgereist sind, bei uns wieder Ruhe einkehrt, sind wir ebenso erschöpft wie glücklich!

Allerdings, wie gesagt, finden diese Feste nur alle fünf Jahre statt. Die Geburtstage dazwischen werden mit weniger Aufwand und im kleineren Kreis gefeiert. Wenn Martina Geburtstag hat, zwischen Weihnachten und Neujahr, drängeln sich die Feste ohnehin. Und Moritz liebt es, zu seinem Geburtstag zu verreisen.

Einmal wollte Martina ihn mit dieser Reise überraschen. Sie packte also die Koffer heimlich, damit er nicht sah, ob es in eine warme oder eher gemäßigte Gegend ging. Am Nachmittag stiegen wir in den Zug. In Frankfurt am Flughafen musste Moritz auf einem Bänkchen warten, bis Martina eingecheckt hatte.

»Wo ist der Mitreisende?«, fragte der Steward am Check-in.

»Dort drüben, er darf nicht wissen, wo's hin geht«, antwortete sie und deutete vage in seine Richtung.

Der Mann am Schalter verstand jedoch keinen Spaß: »Was soll das heißen?«, herrschte er Martina an, als wolle diese jemanden entführen. Er drohte schon mit Ordnungskräften und Disziplinarstrafen, bis sie ihm Moritz' Pass unter die Nase hielt. Da begriff er endlich, dass es sich wirklich nur um eine harmlose Geburtstagsüberraschung handelte.

Im Flieger nahte Mitternacht. Schon beim Einstieg hatte Martina den Steward vorgewarnt und gebeten, Punkt zwölf Champagner zu servieren. Als es so weit war, nestelte sie aus ihrer Tasche den mitgebrachten, selbst gebackenen Guglhupf hervor, entzündete die Kerze in der Mitte und präsentierte mit den Glückwünschen endlich den Reiseplan: Zuerst nach Bangkok sollte es gehen, anschließend nach Hongkong und schließlich nach Bali.

Moritz grinste gerührt: »Hättest du mich nicht direkt unter die Anzeigetafel mit den Flügen platziert, wüsste ich wahrscheinlich wirklich noch nicht, wohin.«

In diesem Jahr wollten wir ganz bescheiden zu Hause seinen Geburtstag feiern. Aber als wir Anfang Oktober in der Toskana Manu und Hellmuth trafen, änderten wir unsere Pläne. Die beiden hatten bis Ende November in Italien zu tun, danach noch im Piemont. Da lag es nahe, dass sie auf dem Nachhauseweg bei uns Station machten, weiße Trüffeln würden sie dann auch mitbringen! Eine verlockende Idee.

Sofort wurden Pläne für ein gewaltiges Festessen gemacht und überlegt, wer noch Spaß daran haben könnte. Wenn weiße Trüffeln das Herzstück eines Menüs sind, dürfen auch die anderen Gänge nur vom Feinsten sein und die Weine dazu natürlich ebenso. Auch sollte die Gästerunde sachkundig und in kulinarischen Dingen versiert genug sein, um schätzen zu können, was auf den Tisch und ins Glas kommen würde. Tagelang war Martina mit der Menüplanung beschäftigt, immer wieder fielen ihr neue Gerichte ein, wurden andere verworfen. Die zentrale Frage war: Welcher Gang sollte der wichtigste, der getrüffelte sein? Und was konnte anschließend noch aufgetischt werden, ohne dagegen abzufallen?

Wir luden so viele Gäste ein, dass wir jedem ein Bett bieten konnten. Am Menü wurde noch getüftelt, da mailte Hellmuth:

»Sorry! Leider können wir doch nicht kommen, dringende Geschäfte sind dazwischengekommen, schade ...«

Für uns war das nicht schade. Es war die reinste Katastrophe! Hatten wir doch unseren Gästen großmundig versprochen: »Es gibt weiße Trüffeln!« Peinlich, und sehr traurig! Aber Martina gab so schnell nicht auf. Sie ließ alle Verbindungen spielen und klemmte sich hinters Telefon.

Ein befreundeter Dreisternekoch hat ihr die entsprechende Menge in der erträumten Qualität besorgt. Auch sonst hatten wir Glück: Basilico, unser italienischer Gemüsehändler, brachte aus Mailand bottarga mit, den gesalzenen und getrockneten Thunfischrogen – eine Rarität, die es nur in Sizilien gibt. Herr Müller, unser Fischhändler, lieferte erstklassigen Stockfisch. Der lag bereits seit drei Tagen im leise fließenden Wasser, um zu weichen und zu entsalzen. Aber erst am Tag vor dem Fest stand das Menü fest: Erst da wussten wir, welchen Fisch es noch geben würde. Leider kann Herr Müller nie vorhersagen, was er mitbringen wird, vor allem nicht die Qualität. Und so entscheidet sich immer erst am Markttag, wie der Fischgang aussehen wird. Und davon wiederum hängen natürlich die weiteren Vorspeisen ab, schließlich muss ein Menü einen dramaturgischen Aufbau haben, die Speisenfolge sich entwickeln und steigern, die Effekte sich potenzieren.

Diesmal fiel der Geburtstag von Moritz auf einen Freitag. Gegen sechs Uhr abends waren alle Gäste eingetroffen, hatten ihre Zimmer bezogen und sich fein gemacht.

Als Begrüßungshäppchen gibt es Topinki, jene unvergleichlich köstlichen Crostini auf böhmische Art: geröstetes Graubrot, mit Knoblauch abgerieben und mit einer Creme aus Gänseleber bestrichen, die im Gänseschmalz mit Äpfeln und Zwiebeln gesotten und dann püriert wurde; dafür braucht man ganz normale Gänseleber – Stopfleber soll es als ersten Gang geben!

Zweites Häppchen sind Röllchen aus roher Rinderlende, flach geklopft, mit der abgeriebenen Schale von Cedratzitronen und grobem Pfeffer gewürzt und mit einer Creme aus Frischkäse bestrichen, aufgerollt, quer in Bissen geteilt und auf Rucolablättern serviert (die sogar jetzt noch im Freien üppig gedeihen!). Und das dritte *amuse-gueule*: Zucchiniblüten (von Basilico aus Mailand mitgebracht) in einem Buchweizen-Bierteig knusprig ausgebacken.

Zu all dem passt prima unser Pomme-Brut, der mit einem kleinen Schuss Quittenlikör versetzt wird und deshalb betörend duftet. Erweckt die Sinne für das, was noch kommen soll.

Wir, insgesamt zwölf Personen, begeben uns zu Tisch, von erwartungsfrohem Appetit beflügelt.

Die *Foie gras* serviert Martina roh: Manfred, ein Freund und Sterne-Koch, hat uns eine Leber von erstklassiger Qualität besorgt. »Lass' sie erst mal bei Zimmertemperatur ruhen, wenn du sie aus der Folie genommen hast, damit sie atmen kann«, hatte Regine, seine Frau, uns noch geraten, als sie Martina das vakuumverpackte Teil in die Hand drückte. Martina hatte die Leber also ausgepackt (sie sah makellos aus, glänzte hell wie poliertes Elfenbein, hatte keinerlei Verfärbungen oder gar Flecken) und eine Stunde offen liegen lassen. Dadurch war sie weich geworden. Behutsam zog Martina die Sehnen heraus und drückte die Leber mit beiden Händen vorsichtig so zusammen, dass sich die beiden Teile zu einer gleichmäßigen Rolle zusammenfügten. Stramm in Klarsichtfolie gewickelt, ließ sie die Leber dann im Kühlschrank wieder kalt und fest werden. Zum Servieren wurde die Rolle in fingerdicke Scheiben geschnitten und jeweils auf Tellern angerichtet. Statt des üblichen Sauternesgelees hatte sie den Saft aus Elstaräpfeln, die sie mit Schalotten und grünem Chili püriert hatte, mit Gelatine fest werden lassen. Das Gelee hat eine geradezu schrille, leuchtend grüne Farbe, duftet frisch und chiliwürzig, sieht klein gewürfelt neben der blassen Foie gras bildschön aus und passt in seiner süß-scharfen Fruchtigkeit sehr gut dazu. Je ein Häufchen grob zerstoßener Pfeffer und *fleur de sel* kommen noch auf den Teller und quer darübergelegt ein Zweig von junger Pimpinelle. Davon würzt sich jeder jeden Bissen nach Gusto … Verblüffend, wie das Kraut zur Leber sein Parfüm entwickelt, das Grasige bekommt geradezu Pfefferwürze. Dazu gibt es ein Gläschen 97er Riesling Beerenauslese, Escherndorfer Lump von Horst Sauer – eine ideale, wenn nicht perfekte Kombination!

Nächster Gang: Lachs und Garnelen, beides roh, mit Thaivinaigrette. Kaffirzitronenschale, -saft und -blätter, rote und grüne Chilis, Korianderwurzel (-grün), natürlich Ingwer, Knoblauch, Galgant, alles sehr fein gewürfelt, mit braunem Zucker, Fischsauce und Limettensaft verrührt. Den Lachs (der fabelhafte Biolachs, der in riesigen Gehegen im freien Meer vor Irland gezüchtet wird) hat uns Herr Müller vollendet filiert: Von dem makellosen Stück schneidet Martina nicht zu dünne Scheiben. Die Garnelen (eine phantastische Qualität, die unsere Freundin Jutta importiert) hat sie schon am Vortag im Kühlschrank langsam auftauen lassen, aus der Schale gelöst, entdärmt und schließlich dicht aneinandergefügt (wie Löffelchen!) in Folie kurz im Gefrierfach fest werden lassen. Jetzt kann man sie wunderbar auf der Aufschnittmaschine dünn aufschneiden und wie ein Carpaccio auf dem Vorspeisenteller anrichten. Die Lachsscheiben liegen orangefarben leuchtend und dachziegelartig übereinander geschichtet daneben und werden mit den goldenen Kügelchen von frischem Forellenkaviar bestreut. Schließlich träufelt Martina die süß-scharf-säuerliche, kräuterduftende Marinade darüber – sieht toll aus und schmeckt auch so! Moritz hat dazu eine Magnum geöffnet, 95er Gold Label von Lanson. Der kraftvolle Champagner mit seiner ausgeprägten Säure ist nach der süßen Beerenauslese die richtige Erfrischung und der ideale Einstieg zum Menü mit seinen Weinen.

Zur Abrundung der Thaigeschmäcker gibt es als nächsten Gang Laab Ped, den geliebten Thaisalat aus frisch gebratener Entenbrust, die mit Koriandergrün, Thaibasilikum und Ingwer, Galgant, Chilis, reichlich Frühlingszwiebeln und milden Schalotten gehackt und dabei mit allen Würzzutaten innig vermischt wird. Eines unserer Lieblingsgerichte! Tatsächlich gibt es niemanden, der von diesem Salat nicht begeistert wäre: diese Fülle von Aromen, diese unterschiedlichen Konsistenzen – von knackig über knurpselig bis weich und sanft –, und dann diese Explosionen von Düften und Geschmäckern! Auch heute zeigt das Gericht seine Wirkung, zumal Moritz zwei Weine in Konkurrenz serviert: einmal die 99er Riesling Spätlese trocken »Forster Pechstein« von Bürklin-Wolf aus der Pfalz und daneben den 97er Grüner Veltliner Smaragd »Von den Terrassen« von F. X. Pichler aus der Wachau. Wir können uns nicht entscheiden, welcher besser passt. Klar ist, dass beide über genügend Kraft verfügen, den intensiven Aromen des Entensalats Widerpart zu bieten. Dem Pichler tut die Reife gut; das Vordergründige, Fette, das den Wein in seiner Jugendzeit ein bisschen schwierig machte, ist ganz zurückgetreten; jetzt wirkt er plötzlich bei aller Kraft schlank, hat an Eleganz gewonnen. Eigenschaften, die der Pfälzer jetzt schon zeigt, ein großes Vergnügen, ein reiches Maul voll üppiger Aromen.

Es folgt die *bottarga*. Leider hat unser Gemüsehändler nicht die großartige Qualität auftreiben können, wie wir sie aus Sizilien kennen; der Durchmesser ist kleiner, die Scheiben nicht einmal streichholzschachtelgroß. Aber sie duften wunderbar nach Meer, sobald sie, hauchdünn auf der Aufschnittmaschine gehobelt, auf dem Bett von frischer *brandade* von unten ein wenig durchwärmt werden. *Brandade*, dieses weiße, meeresduftende Püree aus Stockfisch, den man lange genug einweichen, dann pochieren und schließlich pürieren und mit Olivenöl aufschlagen muss, liebt man vor allem in der Provence. Die *bottarga*, sozusagen eine Art sizilianischer Presskaviar, passt im Aroma glänzend dazu. Auch hier stehen zwei Weine im Widerstreit: 87er Château de Fonsalette von den Côtes-du-Rhône, ein reicher Weißwein, so eigenwillig wie sein Produzent Jacques Reynaud aus Rayas, der schrullige, geniale Hagestolz, der leider nicht mehr lebt. Und einen noch zwei

Jahre älteren Marquès de Murietta aus dem Rioja. Beide Weine trotz ihres nicht unbeträchtlichen Alters von männlicher Kraft, kein bisschen müde und zu den eigenwilligen, starken, mediterranen Aromen die ebenbürtige Begleitung.

Ein kleines Zwischengericht soll den Übergang von den weißen zu den Rotweinen erleichtern. Es gibt Zickleinleber, in dünnen Scheibchen im Wok nur einige Sekunden lang umhergewirbelt, am Ende mit blanchierten Rosenkohlblättern vermischt, die Biss und Farbe geben, mit Apfelbalsam parfümiert. Wiederum zwei Weine: Eine Riesling Auslese »Brauneberger Juffer-Sonnenuhr« von Fritz Haag, aus dem Jahre 79, bei der sich die einst vorhandene Süße herrlich umgewandelt hat und nur noch als Kraft, nicht mehr als Zucker zu schmecken ist, und, schon mal als Ausblick auf die roten, einen 95er Calon-Segur aus St.-Estèphe, nicht zu dicht und von angenehmer Fruchtigkeit. Ein interessanter Kontrast.

Endlich die weißen Trüffeln: Es gibt für jeden einen Teller mit sahnigem Kartoffelpüree in der Mitte, mit dem Löffelrücken etwas glatt gestrichen, darauf einen Klacks absolut glatt pürierte Spinatcreme und in der Mitte obenauf jeweils ein perfekt pochiertes Ei – das Eigelb so flüssig, wie es sein soll! Darauf ist Martina besonders stolz, denn natürlich bedarf es eines Tricks, will man zwölf Leuten pochierte Eier servieren: Sie werden schon am Nachmittag, wenn genügend Zeit für das diffizile Geschäft ist, sanft pochiert, allerdings je nur zwei Minuten, dann vorsichtig herausgehoben und auf einer dick mit Küchenpapier ausgelegten Platte beiseite gestellt. Bis zum Abend können die Eier so warten, ohne dass es sie beeinträchtigt. Und zum Servieren werden sie auf einer Schaumkelle nur kurz in leise siedendes Wasser getaucht, bis sie wieder schön durchwärmt sind.

Der Teller sieht schon mal appetitlich aus. Und jetzt marschiert Moritz mit dem hölzernen Trüffelhobel in der Hand herbei, den er Weihnachten von Willy geschenkt bekommen hat und jetzt zum ersten Mal seiner wahren Bestimmung zuführen kann, und hobelt über jeden Teller großzügig hauchdünne Trüffelscheiben. Ein betörender Duft, und es herrscht andächtiges Schweigen. Jeder beugt sich über seinen Teller und schnuppert erst mal – »Mhhhm«, wird an allen Seiten vom Tisch geseufzt. Kartoffeln passen nun mal extra gut zu Trüffeln; aber auch die erdige Frische des Spinats und die Cremigkeit des Eigelbs… alles zusammen ergibt eine meisterliche Kombination! Obwohl die Trüffeln aus Alba stammen, serviert Moritz dazu einen Burgunder: 89er Clos de la Roche von Hubert Lignier, wahrlich ein großes Gespann!

Fehlt immer noch der Hauptgang. Er ist schlicht: Die Hochrippe vom Atterochs', auf dem Knochen so gebraten, dass außen das Fett schön rösch ist, innen das Fleisch von makellosem Rot. Dazu nichts als einen Salat aus blauen Kartoffeln mit Rapunzeln – eine Variante zum Erdäpfel-Vogerl-Salat, den man am Attersee vielleicht essen würde. Schließlich lautet Moritz' kulinarischer Leitspruch: »Ein Tag ohne Kartoffelsalat ist, kulinarisch gesehen, ein verlorener Tag.« Die blauen Kartoffeln schmecken ja besonders kartoffelig, sind wunderbar mehlig, ohne dass sie beim Schneiden allzu sehr zerfallen. Und die lila Farbe wirkt wunderbar schräg im Grün des Feldsalats.

Zum Fleisch gibt's eine 93er Riserva Chianti Rufina, Botte Nr. 1, von Selvapiana. Sie sitzt eine ganze Weile sehr verschlossen im großen Glas, entwickelt sich nur langsam, gibt aber dann mit der Zeit wunderbar würzige Töne preis, nach Waldboden, Zimt und Nelke. Der 93er Léoville Barton daneben ist mit seinem Duft nach herber Schokolade schneller da, wirkt auf der Zunge dicht, geradezu körnig und zum Beißen.

Tatsächlich macht keiner von den Gästen schlapp, selbst beim Käse verweigert sich niemand. Schließlich sind sie alle erfahrene Genießer, die wissen, dass dessen Enzyme die Verdauung fördern und helfen, mit dem enormen Pensum, das wir heute Abend unserem Körper zugemutet haben, fertig zu werden. Es gibt Pecorino in unterschiedlichen Reifestufen, dazu vom frisch gekochten Quittengelee sowie Quittenkonfitüre. Diesmal sind es drei ganz unterschiedliche Weine: ein 97er Pin von La Spinetta aus dem Piemont, der mit seiner Wucht und Kraft die Zunge noch mal tüchtig fordert. Dann ein weißer Burgunder, ein 93er Puligny-Montrachet von der Domaine Leflaive, der mit dem Käse und seiner fruchtig-süßen Begleitung ein Muster an Harmonie abgibt. Und schließlich ein blutjunger, einfacher Morellino di Scansano von La Selva, fruchtig, kirschig und ungestüm, der die matt gewordenen Lebensgeister wieder weckt.

Zum Dessert ein Torroneparfait nach dem einfachsten Rezept der Welt. Wir haben es mal aus dem Piemont mitgebracht und zum festen Bestandteil unseres Repertoires gemacht: Unter im Mixer zerkrümelten *torrone* (jene weiße Eiweißsüßigkeit mit Mandeln oder Haselnüssen, die man so ähnlich auch vom Jahrmarkt kennt) steif geschlagene Sahne heben, in eine Form füllen und gefrieren. Manchmal gibt es verschiedene Fruchtsaucen dazu. Heute überzieht Martina die Scheiben auf dem Teller mit Linien von eingekochtem Balsamico, dessen konzentriertes Zusammenspiel von Süße und Säure das Halbgefrorene wunderbar erfrischt. Der Champagner, wieder ein 95er, diesmal die Cuvée »Femme« von Duval-Leroy, meistert sogar diese Anforderung bravourös.

Und als wir ermattet, aber zufrieden nach diesem kulinarischen Marathon auf die Uhr schauen, stellen wir fest, dass schon lange kein Geburtstag mehr ist...

## Butter an die Bratkartoffeln?

Wir bereiten die nächste Fernsehsendung vor. Thema: Bratkartoffeln – trotz oder wegen des Acrylamids! Moritz liest das Konzept, das Martina geschrieben hat. Bratkartoffeln sind eine Delikatesse, wenn man sie richtig zubereitet. In der Sendung soll gezeigt werden, worauf es beim Zubereiten ankommt. Auf das richtige Fett zum Beispiel. »Butter ist dafür absolut ungeeignet«, heißt es da im Konzept.

»Also, meine Mutter hat immer Bratkartoffeln in Butter gebraten!«, behauptet Moritz.

Martina blickt ungläubig auf: »Das kann doch gar nicht sein. So etwas tut niemand, der kochen kann!«

»Also, ich weiß nicht, aber … « Jetzt wird er doch unsicher, denn seine Mutter war eine großartige Köchin. Sie hat es erst spät gelernt, in den Zeiten ihrer goldenen Jugend, als genügend Personal den Haushalt versorgte, hatte sie natürlich keine Notwendigkeit gesehen, die Küche zu betreten. Später hat ihr dann die bayrische Schwiegermutter alles Nötige beigebracht. Und sie erwies sich als gelehrige Schülerin. Deshalb kann sich Martina nicht vorstellen, dass sie wirklich jemals Butter für Bratkartoffeln genommen haben soll.

»Vielleicht hat sie ein Stück Butter später darauf schmelzen lassen, für den Geschmack!«, bietet sie als Kompromiss an. Und weil Moritz es partout nicht glauben will, werden unverzüglich Kartoffeln aufgesetzt, damit am nächsten Tag ein Test ablaufen kann.

Gute Bratkartoffeln können nämlich nur aus Kartoffeln vom Vortag entstehen (falls man sie nicht aus rohen Kartoffeln zubereitet, aber das ist eine andere Sache!), zu frisch sind sie ebenso ungeeignet wie zu alt, denn entweder ist ihre Stärke noch nicht ausreichend abgebunden oder sie sind bereits zu trocken. Man nimmt also am besten Pellkartoffeln vom Vortag; bewahrt sie bei Zimmertemperatur auf, nicht jedoch im Kühlschrank: Dort werden sie nur hart.

Am nächsten Tag dann die Probe aufs Exempel: Butter schäumt in der Pfanne auf, die Kartoffelscheiben werden darin verteilt, dann die Hitze so reguliert, dass sie langsam braten. Die Butter brodelt mächtig, aber die Kartoffeln bleiben lange blass, länger als sie es bei der gleichen Temperatur in einem stärker erhitzbaren Fett täten. Sie schwitzen, und man hat das Gefühl, dass sie im Fett schwimmen, statt eine Kruste zu bilden und über dem Fettfilm zu schweben. Es ist das Wasser, das austritt, aber nicht verdampft, sondern sich mit der ebenfalls wasserhaltigen Butter verbindet. Es riecht köstlich, schließlich duftet erhitzte Butter ja wunderbar. Aber von *Brat*-Kartoffeln kann keine Rede sein.

Endlich, es dauert bestimmt 15 bis 20 Minuten, zeigt sich eine erste leichte Bräunung. Immer wieder die Pfanne schwenken, damit die Scheiben herumgewirbelt werden, ohne dass sie die Bratschaufel zerdrückt. Nach etwa 45 Minuten sehen die Kartoffeln so aus, dass man sie servieren kann: golden, appetitlich, sie werden erst jetzt gesalzen, wie man das auch sonst bei Bratkartoffeln tut, damit sie knusprig bleiben und nicht durch das hygroskopisch wirkende Salz aufweichen.

Diese Vorsicht jedoch ist vollkommen überflüssig, die Bratkartoffeln sind nämlich keineswegs knusprig, selbst die gebräunten Scheiben nicht, sie sind weich, als hätten sie alles erreichbare Wasser aufgesogen wie kleine, flache Schwämmchen.

»Solch merkwürdige Bratkartoffeln hab' ich ja mein Lebtag nicht gegessen«, sagt Martina, eine charakteristische Redewendung unseres Freundes Werner zitierend. »Jetzt verstehe ich endlich, warum Bratkartoffeln oft der Inbegriff für miese Küche sind!« Wenn sie diese Konsistenz haben und überdies nicht in Butter, sondern in Margarine gebraten wurden, dann kann man nachvollziehen, warum sie in Feinschmeckerkreisen einen schlechten Ruf haben.

»So haben die Bratkartoffeln meiner Mutter natürlich nie geschmeckt!«, gibt Moritz zu

»Wahrscheinlich«, meint Martina ungewöhnlich nachsichtig, »hat sie Butterschmalz genommen – das wäre verständlich, geht ja prima und schmeckt gut. Und du hast das nur vergessen oder dir nicht richtig gemerkt.« (Letzteres sagt sie dann doch so, dass ein

»mal wieder« mitschwingt). »Ihre Spezialität waren doch die Goldtaler, die du dir als Kind immer gewünscht hast!« Dafür werden gleich starke Scheiben von Pellkartoffeln nebeneinander in einer großen Pfanne in heißem Öl so langsam und lange gebraten, dabei jede Scheibe geduldig einzeln gewendet, bis lauter goldene Taler entstanden sind, außen knusprig und innen schmelzend zart... Ein Gericht, das wie jedes gute Essen eben Sorgfalt und Zeit verlangt.

Übrigens haben bei Martina die in einfacher Butter zubereiteten Bratkartoffeln nachts wie Wackersteine im Bauch gerumpelt. Seither kann sie sich endlich unter Wolfram Siebecks Begriff der »Plumpsküche« etwas Konkretes vorstellen. Sie hätte möglicherweise ein oder zwei Schnäpschen trinken sollen...

## Weihnachten

Heute ist unser Weihnachtsbaum durchs große Fenster im Erker in den Saal gehievt worden. Herr Fogel stemmte ihn von außen die Leiter hoch, und Moritz zog ihn von innen herein. Jetzt steht der Baum im Saal und soll erst mal seine Zweige, die für den Transport hochgebunden waren, ausbreiten und senken. Gut fünf Meter hoch ist er, makellos gleichmäßig gewachsen, bildschön, eine richtige Schwarzwaldtanne.

Früher, als unser alter Verwalter noch jedes Jahr dafür sorgte, dass ein passender Baum gefunden wurde, fragten wir schon Anfang November: »Na, Herr Derksen, wissen Sie schon, wo unser Baum steht?« Das gehörte zum vorweihnachtlichen Ritual dazu. Dann lächelte er verschmitzt, wiegte seinen Kopf hin und her, sagte aber nichts. Wahrscheinlich hatte er schon im Sommer Ausschau gehalten. Aber in den vierzig Jahren seiner Verantwortung für den Duttenhofer'schen Wald hatte er natürlich zu jedem

Baum ein beinahe persönliches Verhältnis entwickelt. Es fiel ihm von Jahr zu Jahr schwerer, einen davon zu opfern – zumal es ja nicht irgendein armes, verkrüppeltes Tännchen sein sollte, das ohnehin entfernt werden musste und um das es nicht schad' war, sondern ein stolzer, ausgewachsener Baum, der auch den Wald zieren würde. Den Widerstreit seiner Gefühle, wenn er dann zwei Tage vor Heiligabend den Baum ins Weihnachtszimmer brachte, konnte man spüren: Stolz einerseits, dass er es wieder geschafft hatte, uns ein Prachtexemplar zu liefern, aber auch eine leise Trauer, weil daraus ein noch imposanterer Baum hätte werden können, etliche Festmeter, die man hätte verkaufen können, oder mindestens ein paar solide Balken.

Jetzt steht der Weihnachtsbaum also an seinem Platz im Saal, am Übergang des Tonnengewölbes zu dem hinteren, etwas niedrigeren Teil. Oben ist er mit einem soliden Draht am Holzbalken festgebunden. Der Fuß steht in einem mit Wasser gefüllten, gewaltigen grün lackierten Eisenbehälter, den der Schmied Maier aus dem Ortsteil Reinau schon vor vielen Jahren für uns angefertigt hat und der so schwer ist, dass es fast zwei Männer braucht, um ihn zu transportieren. Das Wasser, das jeden dritten Tag ergänzt werden muss, hält die Nadeln natürlich viel länger frisch. In manchen Jahren übrigens, wenn der Baum gefroren eingestellt wird, kann es passieren, dass er anfangs jeden Tag fünf Liter säuft – um die entwässerten Nadeln wieder aufzufüllen. In diesem Jahr kommt er frisch aus dem Regen und braucht daher die ersten Tage fast gar kein Wasser. Auf jeden Fall ist unser riesiger Weihnachtsbaum ein wunderbarer Regulator für die Luftfeuchtigkeit im Saal.

Unser Christbaum ist jedes Jahr etwas Besonderes: Der Schmuck wurde von sämtlichen Generationen der letzten 150 Jahre gesammelt, sorgsam aufbewahrt und immer wieder ergänzt. Glaskugeln in allen Größen, Farben und Arten, alte, noch mundgeblasene, kitschige, schöne, sogar hässliche dürfen auf den Baum, auch witzige und schrille aus moderner Produktion. Viele stammen aus Lauscha, der Geburtsstadt von Martinas Mutter. Eindrucksvoll die unzähligen Spielarten von Eiszapfen, wie sie sich im Laufe der Jahrzehnte verändert haben. Aus Glas, aus Glitzerdraht, aus bunt bemaltem Pappmachée, aus irgendwelchen längst nicht mehr existierenden Materialien. Kunstvolle, filigrane Sterne aus Goldfolie und aus Stroh, mehr als fünfzig Jahre alt und schon sehr fragil, von Martinas Großmutter väterlicherseits einst angefertigt. Jedes Jahr werden all diese Dinge liebevoll ausgepackt und an den Baum gehängt und nach dem Dreikönigstag sorgfältig verstaut, bevor sie wieder für ein Jahr in gewaltigen Kisten auf den Dachboden geschickt werden.

Zum Ritual gehört, dass Moritz zwei Tage vor Heiligabend mit dem Schmücken beginnt. Die große Stehleiter wird aus dem Keller geholt, mit der er auch die obersten Zweige erreichen kann. Zwei normale Trittleitern helfen, die Etagen darunter zu bestücken. Auf dem großen Saaltisch, an dem sonst bis zu vierzehn Gäste tafeln, werden sämtliche Kartons und Schachteln nebeneinander ausgebreitet, es sieht aus wie in einer Weihnachtsausstellung. Und dann wird der Baum »geputzt« (ein Wort, unter dem Moritz sich als Kind nie etwas hatte vorstellen können, und das ihn jedes Jahr aufs Neue zur Verzweiflung trieb! Warum konnte man nicht einfach »geschmückt« sagen?): Ganz oben prangt der Weihnachtsstern. An den Stamm gehört ein Wachsbild der Mutter Gottes, das von Moritz' Großmutter väterlicherseits stammt; darunter ein Rhombus aus rotem Glas, gefasst von einem golden glänzenden Rahmen und funkelnd wie ein Rubin, der aus der Familie von Moritz' Großmutter mütterlicherseits eingebracht wurde; in Augenhöhe schließlich eine mexikanische Sonne, die Freund Karsten in den sechziger Jahren von einer Reise mitbrachte.

An den obersten Astkränzen darf nur ganz bestimmter Schmuck hängen. Kleine Möhren aus Filz, zum Beispiel, an den Enden des obersten Astkranzes; an dem nächsten dann Sterne aus Draht und Glas aus Gablonz; darunter eine bestimmte Sorte Eiszapfen; innen zunächst nur ganz kleine Kugeln und Glöckchen, dann, je weiter man nach unten kommt, immer größere. Deshalb sind Helfer erst an den unteren Zweigen zugelassen. Dieses Jahr hilft Felix das erste Mal mit und passt auf, was an welcher Stelle aufgehängt wird. Das freut uns besonders: Wir haben Hoffnung, dass auch in Zukunft der Baum in alter Familientradition erstrahlen kann.

Willy repariert derweil, was im vergangenen Jahr in Mitleidenschaft gezogen wurde, biegt aufgegangene Haken zurecht, steckt rausgerutschte Klammern wieder richtig rein und tauscht gebrochene Drähte aus. Außerdem brennt er alle Kerzendochte kurz an, damit sie im entscheidenden Augenblick schneller angezündet werden können, und setzt sie in die Halter. Die uralten sind zwar schön, aber schwierig, denn alle Kugelgelenke sind verbogen. So war es zunehmend unmöglich geworden, die Kerzen auf dem Baum gerade auszurichten. Seit einigen Jahren gibt es jedoch wieder die nach einem alten Prinzip aufgebauten Halter, die immer gerade sitzen, weil ein kleiner Bleitannenzapfen an einem dicken, biegsamen Draht unter dem Kerzenteller sie im Lot hält.

Während des Baumputzens gibt es für alle Beteiligten zum ersten Mal Weihnachtsgebäck: eine von Moritz' Mutter nach dem Krieg erfundene List, um die eigentlich eher unwilligen, sich lieber anderen Beschäftigungen hingebenden Gäste des Hauses – ausgebombte Verwandtschaft und befreundete Familien – zum Mitmachen zu animieren. Wir haben das mit Vergnügen und Erfolg beibehalten. Und natürlich gibt es dazu auch das eine oder andere gute Fläschchen, je nach Witterung und Befinden weiß oder rot, trocken oder süß, still oder prickelnd…

Aber weiter geht's, denn unter fünf Stunden ist die Arbeit selbst zu dritt nicht zu erledigen. Jetzt kommt auch Martina zu Hilfe: Die Pappfiguren und -tiere aus dem Biedermeier – ein ganzer Zoo abenteuerlichster Bestien, friedlicher Haustiere, wilder und zahmer Vögel, arabischer Kamelreiter und indianischer Krieger – dürfen nur an den Zweigspitzen im unteren Bereich hängen, damit auch die Kinder sie bequem betrachten können. Die winzigen porzellanenen Trachtenpüppchen, die in den vierziger Jahren des letzten Jahrhunderts gegen Bares verteilt wurden, um kurz vor Kriegsende noch Geld für Waffen zu mobilisieren, werden eher in Erwachsenenhöhe angebracht. Bunte Glasvögel, metallene Musikinstrumente, selbst gebastelte Engel (einer mit einer blonden Locke von Moritz' damaliger Haarpracht) aus Kiefernzapfen, die laubgesägten Figuren oder gläsernen Künstlerportraits des Winterhilfswerks, die Engel, Sterne und Schneeflocken der Vereinigten Werkstätten schweben schließlich einträchtig nebeneinander.

Ganz zum Schluss werden Kettenschnüre locker aufgehängt, die den Baum regelrecht umkränzen; die hauchfeinen, Engelshaar genannten Gold- und Silberfäden werden wie ein Gespinst darübergeworfen. Endlich können wir die Kerzen aufstecken – zwischen 80 und 120 sind es, je nach Dichte und Art des Baums. Natürlich in Weihnachtsrot!

Wenn es am Heiligen Abend zu dämmern beginnt, ziehen wir uns um und setzen uns zum Tee zusammen, und es gibt Christstollen. Wenn wir genug Zeit haben, selbst gebackenen auf Dresdener Art, immer häufiger allerdings Dresdner Stollen von Kreuzkamm. Aus alter Tradition kommt die Verwaltersfamilie dazu. Irgendwann verschwindet Moritz, und wenn dann das Christkind alle Kerzen angezündet hat und das Glöckchen bimmelt, wird die Tür zum Weihnachtszimmer geöffnet. Früher, als Felix noch klein war, und auch sein Cousin Christian immer mitfeierte, warteten die Kinder im Esszimmer, und wenn sie aus dem Fenster schauten, sahen sie von oben Sternschnuppen (in Form von brennenden Wunderkerzen) geflogen kommen, immer mehr und in immer schnellerem Abstand, bis endlich das Weihnachtsglöckchen zu hören war. Und dann ertönt vom uralten Grammophon, das man noch aufkurbeln muss, damit es sich überhaupt dreht, die Schellackplatte mit einer inzwischen nur noch wimmernden Aufnahme von »Stille Nacht« (nur für Orchester, keine Stimmen, gottlob!). Alle stehen ergriffen vor dem Baum im Kerzenschein, diesem Weihnachtswunder. Erst wenn die Platte dann mit pompösem Glockengeläut endet, darf man sich wieder bewegen, die Tränchen wegwischen, die sich mancherorts vor Rührung auf die Wangen gestohlen haben, und sich gegenseitig »Frohe Weihnachten« wünschen. Jedes Jahr sind wir von neuem überrascht, wenn wir den Baum zum ersten Mal im Lichterglanz betrachten. Und jedes Jahr staunen wir über das immer wieder unterschiedliche Ergebnis: Wenn die Zweige ganz dicht mit Nadeln besetzt sind, weil es sich um den Wipfel eines größeren Baumes handelt, scheint er direkt aus dem Barock zu stammen, so stolz trägt er seine Dekoration zur Schau. Dann wieder, wenn die Äste stark und waagrecht abstrebend den Baum gliedern und aller Schmuck wie in Etagen hängt, erinnert er bombastisch an die Gründerzeit. Sind die Zweige weniger stark und beginnen sie sich unter der Last nach unten zu biegen, weil die Tanne unter dem Schatten größerer Bäume aufwuchs, – dann erscheint sie kompakter, zeigt mehr Oberfläche und wirkt fast wie ein Bild. Und schließlich, wenn es eine junge Tanne ist, die frei stand, so funkelt der Schmuck selbst von der anderen Seite des Baumes her noch durch das filigrane Geäst und er erscheint in anheimelnd biedermeierlicher Gestalt.

Nach dem Austauschen der Glückwünsche verlassen uns die Verwaltersleute mit ihren beiden Söhnen und ihren Geschenken, ziehen unter den eigenen Weihnachtsbaum. Und bei uns geht die Bescherung los. Dieses Jahr sind wir wieder eine ganze Runde: Martinas Mütterlein, Matthias, der Bruder, Sohn Felix und Freund Willy. Vielleicht trudelt während der Feiertage noch der Herr Neffe ein.

Heute bleibt die Küche kalt, niemand hat an diesem Tag Lust

auf ein großes Menü. Das Mittagessen liegt noch nicht lange zurück, es gab statt der traditionellen Kartoffel- eine herzhafte Linsensuppe. Die Wiener Würstchen dazu schneidet der Hausherr auf einem großen Brett in dünne »Rädle« (Scheibchen), bevor er jedem seine Portion zuteilt.

Zur Bescherung kommt der Champagner aus der Magnum. Damit er uns nicht zu Kopf steigt, werden dazu rasch zubereitete Häppchen serviert: Crostini mit Gänseleber, mit Gänseschmalz und Harzer Roller oder mit *Crema di lardo* – mit Rosmarinnadeln, Chili und Pfeffer püriertem, rohem Rückenspeck. Hauptgericht ist diesmal Lachs von so phantastischer (Bio-)Qualität, dass wir ihn roh essen, das Filet in halbfingerbreiten Scheiben; dazu schmecken Béchamelkartoffeln mit ordentlich viel Dill, der in der Tiefkühltruhe sein sommerwürziges Aroma bewahrt hat. Die Kartoffeln in ihrer sahnigen Sauce sind schon seit dem Morgen fertig und werden nur noch erwärmt. Moritz hat dazu zwei Weine von Ghislaine und Jean-Hughes Goisot ausgewählt, einen Sauvignon und einen Chardonnay »Corps de Garde«, also Weine von besonders großer Dichte und Fülle. Burgunderweine aus Saint-Bris-le-Vineux bei Auxerre, westlich von Chablis – enorme Qualität zu höchst günstigem Preis, die wir für unser Burgund-Buch über Bernd Kreis in Stuttgart entdeckt haben. Dessert? Jede Menge Weihnachtsplätzchen...

Das opulente Festmenü gibt es am ersten Weihnachtstag. Nachdem alle genüsslich ausgeschlafen und sich zum ausführlichen Frühstück versammelt haben, wird erst wieder abends groß getafelt. Das ist praktisch für die Köchin, die nicht so unchristlich früh aufstehen muss wie für ein Mittagessen.

Dieses Jahr gibt's zum ersten Mal Kapaun. Solche kastrierten und auf besondere Weise gemästeten Hähne sind in Deutschland eine Rarität. Gute Geflügelhändler bieten zu Weihnachten welche aus der Bresse an, jener Region in Burgund, die berühmt ist für das beste Geflügel der Welt. Wir haben uns einen Kapaun aus

Österreich vom Attersee schicken lassen, wo sich die Mannschaft von Karlo Wolf ebenfalls gut darauf versteht. Diese Eunuchen unter den Hähnen verbringen ein verwöhntes Leben im Luxus: Sie haben weiträumigen Auslauf auf immergrünen Wiesen und können nach Herzenslust Würmchen und Gräser picken, sie bekommen zusätzlich Milch und Quark, damit sie sattes Fleisch ansetzen, Aroma entwickeln und kräftig werden. So ein Vogel bringt dann vier Kilo (und mehr!) auf die Waage. Sein Fleisch ist fester und kerniger als das eines gewöhnlichen Brathuhns; schließlich ist er nicht nur lediglich vier bis sechs Wochen, sondern mehr als acht Monate alt.

Martina verpasst dem Kapaun eine Weißbrotfüllung mit gedünsteter Zwiebel, Ei und Spinat; das Pfund schwarzer Trüffeln, die laut Produzenten dem Aroma zuträglich gewesen wären, war leider gerade nicht zur Hand. Diese Füllung stopft sie nicht nur in den Bauch, sondern verteilt sie auch unter der Haut über der Brust, damit diese – vor allzu viel Hitze geschützt – nicht austrocknet. Der Vogel kommt dann bäuchlings auf den Rost in den nur 150 Grad mäßig heißen Backofen, darunter die mit Wasser gefüllte Fettpfanne. Nach zwei Stunden wird er auf den Rücken gedreht und natürlich immer wieder fleißig begossen. Nach weiteren zwei Stunden sieht er schließlich aus wie aus dem Bilderbuch: goldbraun, prall und strotzend; die knusprige Haut ein bisschen über der grünen Fülle aufgeplatzt, die dort appetitlich und verlockend herausquillt. Es duftet einladend durch das ganze Haus.

Der Rosenkohl kam aus dem Garten, er hatte ja tatsächlich noch rechtzeitig vor dem Fest den nötigen Frost zur Geschmacksentfaltung abbekommen. Er wird blanchiert und kurz vor dem Servieren kurz in Butter gedünstet, dabei mit Muskatblüte und einer Spur Cayennepfeffer gewürzt. Die feinsten grünen Böhnchen, natürlich ebenfalls aus dem Garten, allerdings bereits seit Anfang August im Winterschlaf unserer Tiefkühltruhe, werden mit viel feinst gewürfeltem Knoblauch und gehackter Petersilie kurz in Olivenöl geschwenkt. Zusammen mit der lockeren, würzigen, vom Hühnerduft durchzogenen Spinat-Semmel-Füllung lauter wunderbar schnelle Beilagen.

Sogar die Sauce ist blitzschnell gemacht: Der Bratenjus aus der Fettpfanne soweit entfettet, dass nur noch ein dünner Film auf der Oberfläche verbleibt (dieses Fett ist ungeheuer aromatisch und wird in den nächsten Tagen für Bratkartoffeln und überall da gebraucht, wo intensiver Hühnerduft passt, zum Beispiel in vielen chinesischen Gerichten), und dann mit dem Mixstab aufgeschlagen, bis Saft und Fett sich zu einer cremigen, sanften Sauce verbunden haben. Gewürzt mit einem Schuss Apfelbalsam für die Süße und eine milde Säure sowie mit einem Löffelchen hausgemachter Chilisauce zur Vertiefung des Geschmacks!

Dazu trinken wir einen 97er Clos St.-Jacques von Armand Rousseau aus Gevrey-Chambertin:

»Passt ideal!«, sind sich alle einig, und der Hausherr ist froh, dass er eine Magnum ausgewählt hat.

»Mein Gott, schmeckt diese Sauce gut…«, stöhnt Felix, immerhin selbst gelernter Koch, und beobachtet entgeistert, wie sein Vater die Saucière ungenutzt dem Nächsten weiterreicht.

»Schmeckt sie dir nicht?«, fragt er verblüfft.

»Ooch«, meint Moritz, der ja unter den Saucen allenfalls die Vinaigrette als Gaumenkitzel anerkennt, zögerlich, »danke.«

Jetzt werden auch die anderen am Tisch neugierig: »Wenigstens probieren solltest du sie!« Endlich kostet er vorsichtig ein Tröpfchen: »Mhmm, tatsächlich, ganz gut.«

Das zu verstehen, muss man Schwabe sein: Ein höheres Lob kennt er nicht. Auch nicht an Weihnachten…

# Die Gartenalben

Jedes Jahr schenkt Martina ihm zu Weihnachten ein Album mit Photos, die sie im Laufe des Jahres vom Garten, den Blumen, den Stimmungen gemacht hat. Wunderschön! Moritz ist jedes Mal gerührt, dass sie es schafft, zu photographieren, ohne dass er es merkt. Manchmal ahnt er zwar etwas oder beobachtet sie gar bei der Motivsuche, aber das Ergebnis ist stets eine Überraschung.

Diese Alben zeigen die Entwicklung, die Garten und Park in den letzten Jahren nahmen, sie dokumentieren viele Veränderungen und Verschönerungen. Sie lassen ganze Sommer mit ihren Eigenheiten wieder auferstehen, zeigen längst vergessene Anordnungen von Pflanzen – denn jedes Jahr stehen die Kübel an einem anderen Ort, was sowohl mit neuen Vorlieben als auch einfach mit dem Größerwerden der Gewächse, zum Beispiel der Kaffirzitrone oder dem Avocadobaum, zu tun hat. Und man sieht erstaunt, welch unterschiedliche Blütenpracht die verschiedenen Jahre hervorgebracht haben: Im einen Jahr die schönste Akelei und dafür keine Astern, die an der Welke eingegangen sind, im nächsten dafür die prächtigsten Rhododendren, die in einer großen, mit Torf ausgefüllten Grube mühsam herangezogen wurden (auf unserem kalkigen Boden gedeihen sie sonst nicht). Einmal standen die blühenden Rosmarine unter den Olivenbäumchen, im nächsten Jahr bei den Zitronen.

»Schau, damals hatten wir noch den Rittersporn hinter dem Teich, der dann eingegangen ist, weil die Wurzeln der Büsche ihn vollkommen verdrängt haben.«

»Und Sonnenblumen!«

»Die will ich nächstes Jahr dort auch wieder versuchen. Und der große Rosmarin kommt wieder neben den Oleander...«

# Register
## Rezepte und Tipps